基础教育治理模式创新与学校变革

曾晓洁 主编

辽宁师范大学出版社
·大连·

图书在版编目 (CIP) 数据

基础教育治理模式创新与学校变革 / 曾晓洁主编 . -- 大连 : 辽宁师范大学出版社 , 2021.9

（“世界基础教育改革与发展最新研究”丛书 / 顾明远 , 鲍东明主编）

ISBN 978-7-5652-3403-3

Ⅰ . ①基⋯ Ⅱ . ①曾⋯ Ⅲ . ①基础教育－教育管理－世界－文集 Ⅳ . ① G639.1-53

中国版本图书馆 CIP 数据核字 (2020) 第 256605 号

JICHU JIAOYU ZHILI MOSHI CHUANGXIN YU XUEXIAO BIANGE

基础教育治理模式创新与学校变革

出 版 人：王　星
责任编辑：苏洋洋　杨人格
责任校对：李　鹏
装帧设计：宇雯静

出 版 者：辽宁师范大学出版社
地　　址：大连市黄河路 850 号
网　　址：http://www.lnnup.net
　　　　　http://www.press.lnnu.edu.cn
邮　　编：116029
营销电话：（0411）82159126　82159915　82159912（教材）
印 刷 者：大连图腾彩色印刷有限公司
发 行 者：辽宁师范大学出版社

幅面尺寸：185mm × 260mm
印　　张：15
字　　数：383 千字

出版时间：2021 年 9 月第 1 版
印刷时间：2021 年 9 月第 1 次印刷
书　　号：ISBN 978-7-5652-3403-3

定　　价：68.00 元

教育要在扎根本土基础上开放、交流与互鉴

21 世纪以来的 20 年，是世界教育改革最频繁的 20 年。自从联合国教科文组织于 1996 年发表《教育——财富蕴藏其中》（*Learning*：*The Treasure Within*），各国对教育的发展充满了期望。知识经济的到来、经济全球化，以及科学技术的发展都催生着教育的改革。教育如何适应这种变化，是大家都在思考的问题。信息技术的发展、互联网的产生都给教育改革提供了契机。教育的目标需要改变，教育内容和教育方式方法需要改革，于是新一轮基础教育课程改革应运而生。课程改革以提高质量、培养创新思维和实践能力、形成价值观为目标。我国新一轮基础教育课程改革也是在本世纪初启动的。

2001 年，发生在美国的“9・11”恐怖袭击事件震惊了全世界，给 20 世纪末的那种乐观主义情绪以沉重的打击。教育应何去何从？教育界都在重新考虑培养什么样的人的问题。2013 年联合国教科文组织和美国著名智库机构布鲁金斯学会联合发布了“学习指标专项任务”的研究报告《向普及学习迈进——每个孩子应该学什么》（*Towards Universal Learning*：*What Every Child Should Learn*），提出了核心素养的概念。2015 年，联合国教科文组织又发布了《反思教育：向“全球共同利益”的理念转变？》（*Rethinking Education*：*Towards a Global Common Good?*）的报告，提出：“应将以下人文主义价值观作为教育的基础和宗旨：尊重生命和人格尊严，权利平等和社会正义，文化和社会多样性，以及为建设我们共同的未来而实现团结和共担责任的意识。”强调培养人的健全人格、积极社会情绪，反对功利主义和经济主义。不少国际组织都在研究教育的全球治理策略，许多国家也在进行深入的教育改革。特别是经济合作与发展组织举行的中学生能力测量竞赛，牵动了各国教育界，国际交流越来越频繁。

《比较教育研究》期刊始终关注着世界各国基础教育改革的动向，不断介绍各国基础教育改革的政策和经验，但这些内容分散在各期当中。现在期刊编辑部将其分类编辑成册，这就是“世界基础教育改革与发展最新研究”丛书。包括：《21 世纪核心素养与课程教学改革》《基础教育治理模式创新与学校变革》《考试招生制度与教育评价新趋势》《青少年价值观培养与德育变革策略》。这样便于读者按照主题搜索查找。这些论文都是作者对 20 世纪末和 21 世纪以来教育改革研究的优秀成果，反映了世界各国在基础教育改革方面的动向和经验。

现代教育是一个国际现象，是在互相交流、互相学习、互相融合中发展起来的。教育又是一个民族现象，各国的教育都是在本民族文化的基础上发展起来的。教育在扎根本土的基础上，要在开放中交流、互鉴。今天，中国教育正在迈向现代化，我们需要在继承中华民族优秀教育传统的基础上，吸收世界各国教育改革的优秀经验，提高教育质量，提升教育为社会主义建设服务的能力，为早日实现教育现代化而努力。我希望这套丛书能够给广大教师提供一个广阔的视野，对其在教育创新和提高教育质量上有所裨益。

是为序。

顾明远

（顾明远，北京师范大学资深教授，国家教育咨询委员会委员，中国教育学会名誉会长。）

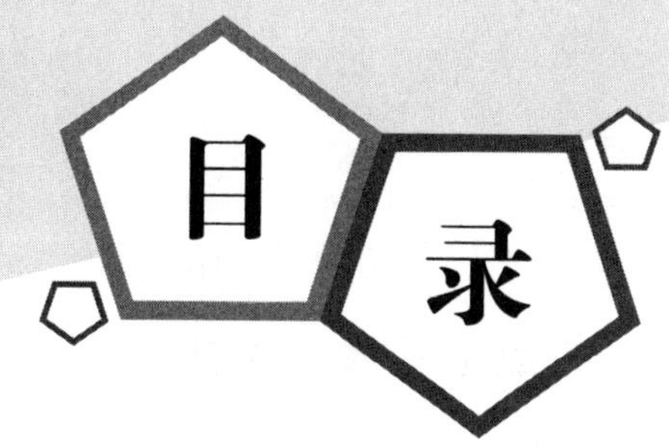

公平取向下的教育创新治理

多样态学校发展模式

学校改进的多元审视

信息时代智慧学校建设

校外培训发展治理

公平取向下的教育创新治理

法国“教育优先区”政策改革新探索

卢丽珠

导读：法国从1981年开始推行“教育优先区”政策，一直秉承着“给匮者更多”的发展理念，不断创新机制，全力推进教育公平。埃马纽埃尔·马克龙就任总统后，将“教育优先区”摆在优先发展的战略高度，将基础教育作为着力点，积极推进艺术与文化教育，建设和完善学业评价体系，将数字技术广泛地应用到各项创新机制中，加强教师队伍建设，形成协同育人的良好开局。

法国从1981年开始推行的“教育优先区”（Réseau d’éducation prioritaire，REP）政策是法国实现教育公平，抵制社会不平等的有力杠杆。然而当前法国教育不公平现象仍较为突出，地区之间教育水平存在较大的差异：不同地区的普通高中会考通过率相差近10个百分点，海外省通过率更低，“教育优先区”内初中毕业仍未掌握基础知识的学生比例也逐年增长[1]。埃马纽埃尔·马克龙就任总统以后，积极调动各方力量，协同推进“教育优先区”政策的改革以保障教育公平。

一、法国“教育优先区”政策的历史沿革

“教育优先”思想起源于20世纪60年代的美国，核心思想是“给匮者更多”，实现教育公平。英国、瑞典、比利时、葡萄牙、罗马尼亚和捷克等国也相继推行此政策。法国在社会危机严重、经济每况愈下、失业问题凸显的情况下，1981年提出了“教育优先区”的设想。为了推进“教育优先区”的发展，法国先后颁布了《教育优先地区政策实施（1990—1993年）》（1990年）、《教育优先地区政策》（1992年）、《教育优先地区》（1997年）和《教育优先政策的原则和模式》（2006年）等多个政策。在“教育优先区”政策指导下，先后建立“优先区”（Zones prioritaires，ZP）、“教育优先地区”（Zones d'éducation prioritaire，ZEP）、“雄心成功区”（Réseaux ambition réussite，RAR）、“学业成功区”（Réseaux de réussite scolaire，RRS）。

2010年，法国在校园暴力频发的105所学校开始推行“初中和高中雄心、创新与成功”计划（Collèges，lycées pour l’ambition，l’innovation et la réussite，CLAIR），2011年，将小学也纳入这一计划中，在全国范围内推行“小学、初中和高中雄心、创新与成功”计划（Écoles，collèges，lycées pour l’ambition，l’innovation et la réussite，ÉCLAIR）[2]，对“教育优先区”进行改革。该计划给予了学校更多的自主权，如：在学校任命学监，拓展教学人员，为学生提供个性化的课程指导，对教学维度进行分析，加强家长与合作伙伴之间的联系，保证学生学习的连续性，对学生进行个性化的学习跟踪。更为重要的是改变了中学教师的选聘模式，应聘教师

者可以直接与学校负责人联系或者进行线上咨询……有些学区，学校还可以直接决定教师的人选[3]。

遗憾的是，“小学、初中和高中雄心、创新与成功”计划未能有效提升学生的学业水平。2007—2012年间，法国初中毕业生掌握基本技能的比例呈下滑趋势，“小学、初中和高中雄心、创新与成功”计划覆盖的学校比例也由54.8%降至42%，“学业成功区”的比例由70%降至63%[4]。为改变这一状况，2013年，时任国民教育部部长樊尚·佩永（Vincent Peillon）着手对“教育优先区”政策进行改革。法国从“为学生学习和课程建设提供支持；加大对教师队伍的培训，保持教师队伍的稳定性；创造更加有利的学习环境”[5]等层面推进“教育优先区”的重建。改革将“保证学生阅读、写作和交流能力的提高，传授学生掌握基础知识所需要的各项能力；建设宽口径的高水平学校；与家长和合作伙伴建立有效的联系，确保学生学业的完成；推动教育团队开展集体备课；为教育人员提供支持和培训；加强对“教育优先区”的指导和管理”[6]等作为教师优先开展的工作。2014年，法国首先在全国选取102个地区进行“强化教育优先区”（Réseaux d’éducation prioritaire renforcée，REP+）的试点，从2015年9月开始，用“教育优先区”和“强化教育优先区”取代了“学业成功区”和“小学、初中和高中雄心、创新与成功”计划[7]。

马克龙就任总统后，又加大对“教育优先区”政策的改革力度，将缩减班级规模作为改革风向标，计划到2019年使“教育优先区”内所有小学一、二年级的生师比达到12：1，受益学生从6万增至30万[8]。

二、法国“教育优先区”的发展现状

截至2017年，“教育优先区”共包括1097所中学（覆盖学生比例为21.1%）和6703所小学（覆盖学生比例为20.2%）[9]。其中“强化教育优先区”40%的中学集中在北省、圭亚那、塞纳－圣但尼、罗纳河口和留尼旺等5个省[10]。为了对现有“教育优先区”政策的发展现状有全面的了解，本文将从学生家庭背景、学业水平、学前教育和教师队伍四个方面进行剖析。

（一）学生家庭背景

法国社会分层现象明显。根据国家学校体系评估委员会（Conseil national d’évaluation du système scolaire，Cnesco）公布的数据，巴黎最优越地区未获得任何文凭的人群比例为7%，获得高等教育文凭的比例为62%，干部比例为48%，工人比例为6%；在社会经济最落后地区的比例分别为22%、18%、8%和27%[11]。这种分层现象在“强化教育优先区”和“教育优先区”表现尤为突出。“强化教育优先区”95%的中学生源和“教育优先区”54%的中学生源中，超过60%的学生来自弱势家庭[12]。

（二）学生学业水平

“强化教育优先区”与非教育优先区学生的学业水平之间存在很大的差异。根据法国审计法院（Cour des comptes）公布的报告，2015—2016学年，在“强化教育优先区”升入初中的学生中，掌握法语和基本科学文化知识的比例分别为60%和44%，在“教育优先区”的比例分别为72%和56%，而非教育优先区的比例分别为83%和73%；“强化教育优先区”“教育优先区”和非教育优先区升入初中的学生中，同时掌握法语和基本科学知识的比例分别为36%、50%和67%[13]。再以2017年初中毕业会考（Diplme national du brevet，DNB）写作考试成绩为例，全国平均成绩低于 8 分（满分 20 分）的比例为 31.4%；“强化教育优先区”“教育优先区”和非教育优先区的比例分别为 58.2%、46.3% 和 27%；在“强化教育优先区”“教育优先区”和非教育优先区成绩高于 14 分的比例分别为 3.6%、6.6% 和 15.1%。如果将基础知识、技能、文化和口语考试的成绩都纳入评估的范畴，“强化教育优先区”学生通过毕业会考的比例仅为 80.1%[14]。

（三）学前教育

根据国民教育部的统计，从 20 世纪 70 年代至今，法国 2 岁幼儿接受学前教育的比例变化曲线呈倒 U 型。最初比例逐年增长，70 年代后期比例超过 30%，到 80 年代中后期比例基本稳定在 35% 左右，但从 2000 年开始呈下滑趋势，比例由 34.3% 降至 11.7%，2012 年比例为 10.9%，出现近 20 年来的最低值[15]。2015 年，“教育优先区”和“强化教育优先区”2 岁幼儿接受学前教育的平均比例分别为 19.3% 和 22.2%。法国政府认识到问题的紧迫性，积极开展跨部委合作，开设了 1100 个班级，为幼儿提供了 2.5 万多个教育场所，力争使“教育优先区”未满 3 岁幼儿接受学前教育的比例达到 30%，“强化教育优先区”的比例达到 50%[16]。

（四）教师队伍

“教育优先区”的教师队伍呈现三个特点。一是教师教学经验相对不足。2015 年，在“雄心成功区—小学、初中和高中雄心、创新与成功”计划和“学业成功区”涉及的学校中入职不超过 3 年的教师所占比例为 17%，教师的平均教龄为 11 ~ 12 年，而非教育优先区教师的平均教龄为 14 年[17]。二是教师队伍稳定性差。2013 年法国学者让 – 保罗 · 德拉耶（Jean-Paul Delahaye）的研究发现：学校里坚持最久的是学生，有些学校负责人 2 ~ 3 年就更换一次，教师的更换比例为 50%[18]。2015 年，在“雄心成功区—小学、初中和高中雄心、创新与成功”计划涉及的学校中教师任职年限是 6 年，而在非教育优先区教师任职年限在 8 年左右[19]。2016—2017 年，“教育优先区”的公立中学中任职少于 2 年的教师比例为 45%，而非教育优先区的这一比例为 33%[20]。三是教师认为学校吸引力不够。根据法国审计法院公布的报告，“强化教育优先区”“教育优先区”和非教育优先区中，分别有 37%、42% 和 69% 比例的教师认为其所在的学校具有吸引力。地区落后和多样性匮乏是教师认为学校缺乏吸引力的主要原因。“教育优先区”和“强化教育优先区”中 54% 的教师将“教育优先”标签作为缺乏吸引力的一个重要因素[21]。

三、法国“教育优先区”政策存在的问题

法国“教育优先区”政策取得了长足的进步。从规模上看，实现了从 10% 到 20% 的飞跃。从机制上看，实现了一次又一次的创新调整，比如对“教育优先区”进行动态审查，每四年进行一次评估分级；推出了小班制、“教师比班级多”（Plus de matres que de classes）、“成功实习”（Stages de réussite）和“作业帮扶”（Devoir faits）等机制，为学业有困难的学生提供精准指导，但这与《重建共和国学校的方向与规划法》中规定的战略目标仍有一定的距离。根据法国审计法院公布的报告，“教育优先区”和非教育优先区相比，学生的数学和英语能力之间的差距仍然保持在 20% ~ 35%[22]。产生这一状况的原因是多方面的，其核心要素可以归结为学生的家庭背景、法国教育格局、创新机制落实和协同效应产生。

（一）家庭社会背景是客观决定因素

2014 年法国颁布的第 2014—077 号公告明确指出：学生社会背景是对学生学业水平影响最大的因素[23]。法国审计法院公布的报告也指出：对学生的学业带来深刻影响的是学生的社会背景，换句话说，就是学生家长的社会文化特征[24]。以学前教育为例，一个工人家庭的孩子在 4~5 岁接受学前教育，其能顺利升入初中的比例为 77.4%；如果 3 岁接受学前教育，这一比例可以提高到 87.7%。但是对于干部和教师家庭的孩子来说，即使是 4 ~ 5 岁开始接受学前教育，他们能够顺利升入初中的比例也能达到 92.4%[25]。就“强化教育优先区”而言，出身于工人或者不活跃群体背景的学生比例达到 75.1%，干部和教师背景的比例仅为 8.2%，非教育优先区，出身于工人或者不活跃群体背景的学生比例为 39.3%[26]，这样的人口分布特点成为“教育优先区”与非教育优先区学生学业水平差距的重要原因。

（二）法国教育格局未能弥补先天不足

法国政府对基础教育未给予充分的重视，每年划拨给小学生的人均费用低于经济合作与发展组织国家平均水平的 15%，但是高中生的人均费用却高于平均水平的 32%。2015 年法国初等教育的生师比是 19 ：1，高于经济合作与发展组织国家的平均水平（15 ：1），而中等教育的生师比为 12.7 ：1，低于平均水平（13.1 ：1）[27]。这些数据可以从侧面反映出法国政府在教育领域的着力点。实际上，学生学业水平与基础教育有很大的相关性。根据国际学生评估项目（Program for International Student Assessment，PISA）2012 年的数据，在大部分经济合作与发展组织国家中，接受学前教育的程度与学生未来表现具有很强的相关性。美国学者的研究也得出类似的结论：来自弱势家庭背景的学生如果从 3 岁开始就可以接受良好的教育，其认知发展和学业水平会受到积极的影响。一个来自弱势家庭背景的 4 岁儿童要比家庭条件良好的儿童少接触 3000 万个词汇[28]。然而法国的现状是针对 3 岁以下幼儿的教育相对薄弱：法国适龄儿童的平均入园率为 97%，海外省有些地区的入园率则刚过 80%[29]。由此可见，法国目前的教育格局不仅未能弥补先天不足，反而加剧了“教育优先区”和非教育优先区学生学业水平的差距。

（三）创新机制未能发挥最大效能

法国“教育优先区”推行的一系列创新机制未能发挥最大的效能。据统计，参加“成功实习”的学生数量虽然在 2008—2012 年呈现增长的趋势，但 2012 年以后逐年下降。2012 年共有 291398 名学生参加了 53075 次实习活动，到 2016 年，只有 152509 名学生参加了 25863 次实习活动[30]。对于“作业帮扶”机制，2017—2018 年的统计数据显示平均每所中学只有 7 名教师参加，受益学生的比例仅为 20%[31]。2012 年 12 月开始推行的“教师比班级多”机制受教师数量和经验等客观因素的影响，也变得无所适从。

（四）协同机制尚未发展成熟

“教育优先区”政策改革是一项系统工程，协同是其中的一个重要杠杆。目前状况是“国家、学区和地方政府的指导与地区发展并不相匹配，并且缺乏持久性，与合作伙伴推出机制不能进行很好的对接”[32]。此外，1990 年以来，“教育优先区”政策与法国城市政策同时出现，但因为两者发展目标和评定指标的差异，协同推进局面并未实现。目前“强化教育优先区”约 80% 的小学和中学是在“城市优先发展区”（Quartier prioritaire de la ville，QPV）[33]。这样的管理模式使得“教育优先区”的发展受到很大的阻碍，是导致“教育优先区”和非教育优先区学生学业水平差距的一个重要因素。

四、法国“教育优先区”政策改革的新方向

法国“教育优先区”政策秉承“给匮者更多”的思想。2018年10月18日，国民教育部部长让-米歇尔·布朗盖（Jean-Michel Blanquer）在接受电台采访的时候，又重申了这一理念[34]。未来法国将克服发展瓶颈，从加强基础教育、发展艺术与文化教育、建设完善评估体系、推进数字技术进步、建立教师队伍和优化管理等方面继续推进“教育优先区”政策改革。

（一）将基础教育作为着力点

马克龙政府将“教育优先区”政策改革的重点转移到小学阶段，因为“小学才是问题的根源”。从2017年开始，法国在“强化教育优先区”推行小班制政策，2018年在“教育优先区”3200所小学一年级和“强化教育优先区”1500所小学二年级得到落实[35]。此外，法国将幼儿教育纳入消除社会贫困的行动中，并作为抵制社会不平等的重要工具。在2018年3月举行的全国幼儿园教育大会上，马克龙总统宣布要加大幼儿教育改革：将义务教育的年龄由6岁调整到3岁；强调加强艺术与文化教育，将法语普及作为重点；加大对幼儿教育的投入，2018年政府投入12.4亿欧元用于托儿所和幼儿园的建设；未来法国将培养60万名幼儿教师；创新家长支持政策；在“教育优先区”建立300个社会活动中心[36]。

（二）将艺术与文化教育作为切入点

很多研究表明：来自弱势家庭背景的学生，通过参加艺术与文化活动，获得学位的机会增加了3倍[37]。因此，在“教育优先区”积极推进艺术与文化教育就成为改革的一个重要目标。一是推出“星期三计划”（Plan mercredi），加强政府部门与地方政府部门的联系，并联合一切积极力量，为学生提供丰富多彩的课余生活。二是推出“创作进行时”（Création en cours）计划，支持年轻艺术家在最远离文化供给地区的学校机构中开展艺术研究和创作项目。三是针对18岁青年启动“文化通行证”（Pass culture）计划。从2018年开始，额外增加2900万欧元的财政补贴，在5个文化资源匮乏的地区选取1万名青年，为他们每人提供500欧元的补贴，以鼓励他们参加艺术课程的学习、订阅视频或者音频点播平台、订购图书、观看电影、参观博物馆等[38]。四是加大学校的音乐教育。2017年推出了“开学音乐”（Rentrée en musique）活动，创设和谐舒适的校园氛围，全力打造“信任学校”。五是启动“合唱团计划”（Plan chorale），目标是到2019年使全国小学都拥有合唱团，要在7000所中学每周开设两小时的合唱选修课。为配合“合唱团计划”的实施，文化部、国民教育部等政府部门与法国广播公司（Radio france）共同推出了“我的互动合唱”（Vox，Ma chorale interactive）免费数字工具，专门为教师和3～18岁人群提供声乐与合唱培训。六是发挥图书馆的潜在育人功能。2018年9月，政府投入250万欧元用于学校图书馆的建设；到2020年，确保每所市镇图书馆都能与52000所小学建立合作关系；从2019年开始，为小学一年级学生免费发放图书证[39]。2019年投入200万欧元用于改善贫困地区学校的阅读环境，推进贫困地区公立图书馆和多媒体中心的建设；延长图书馆的开放时间；提升图书馆的服务质量。要让图书馆不仅可以用来借阅图书，也可以提供作业帮扶、语言教学指导或成为就业指导的工作坊，让图书馆成为个人进行自我教育的中枢机构。

（三）将评估体系作为参考框架

法国除了通过国际评价工具来了解学生的真实水平，也在建立和完善符合国情的评价体系。2019年3月，法国按照《学校信任法草案》的相关规定，设立专门的国家评价机构，对学校人

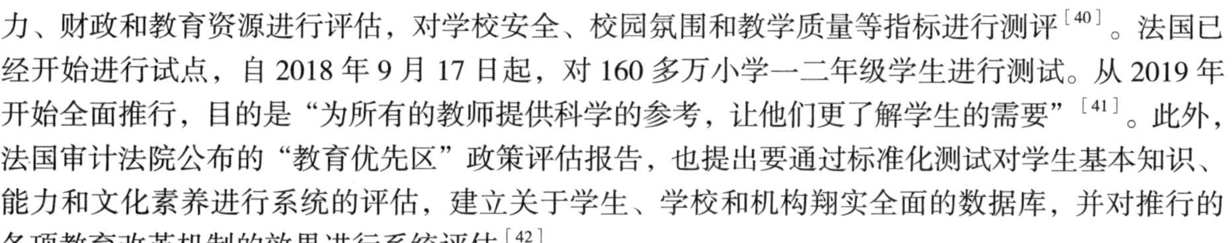

力、财政和教育资源进行评估，对学校安全、校园氛围和教学质量等指标进行测评[40]。法国已经开始进行试点，自 2018 年 9 月 17 日起，对 160 多万小学一二年级学生进行测试。从 2019 年开始全面推行，目的是“为所有的教师提供科学的参考，让他们更了解学生的需要”[41]。此外，法国审计法院公布的“教育优先区”政策评估报告，也提出要通过标准化测试对学生基本知识、能力和文化素养进行系统的评估，建立关于学生、学校和机构翔实全面的数据库，并对推行的各项教育改革机制的效果进行系统评估[42]。

（四）将数字技术作为新生力量

数字技术对“教育优先区”的建设发挥着越来越大的作用。一是为“教育优先区”教师提供教学服务。教师可以在“数字资源银行”（Banques de ressources numériques）上找到丰富的教学资源和获得教学指导，还可以在专门的“社交网络”上进行交流。二是为学生提供在线服务。从 2013 年开始，“教育优先区”初中一年级学业有困难的学生，可以在线上平台选择合适的教师为他们提供个性化的法语、数学和英语指导服务。2018 年 10 月，国家远程教育中心（Centre national d'enseignement à distance，CNED）为所有推行“作业帮扶”的中学开发了一项新的数字服务，为 350 万中学生提供实时在线辅导[43]。更为重要的是将人工智能也引入“作业帮扶”机制中，推出智能机器人于勒（Jules），为学生提供法语和数学帮助，之后还将拓展到其他学科。除了学业指导，法国还利用数字技术为学生提供生涯指导服务。国民教育部上线 Horizons 2021.fr 互动网站，帮助学生进行专业选择。同时上线“我的毕业实习”（Mon stage de troisième）网站，专门为“强化教育优先区”初中毕业生提供 3 万个实习岗位[44]。三是用数字技术推进测评工作的深化发展。为了能准确地了解学生的学习能力，法国极力推进科学测评体系的建立和完善，数字技术为测评工作的推进提供了重要支撑。国民教育部评估预测司（Direction de l'évaluation，de la prospective et de la performance，DEPP）依靠数字技术开发新的评估工具，用于对学生学习能力进行测量，以了解学生的真实水平。2019 年将会在“强化教育优先区”小学一年级学生中进行试验[45]。

（五）将教师队伍建设作为基本保障

为提高“教育优先区”对教师的吸引力，除了在观念上进行引导，更应在配套机制上下功夫。法国着力从以下四方面进行推进。一是改进“教育优先区”教师的选聘制度。法国“公共行动 2022”（Action publique 2022）明确指出要大力推进“人岗匹配”（Postesàprofil）机制，给予教师更多的主动权，给予学校更多的自主权，实现教师和学校之间的双向选择，以满足“强化教育优先区”的发展需求。二是深化教师培训制度改革。目前的政策是为“强化教育优先区”的教师每年提供3天的培训，为新入职的教师安排一名导师，指导其开展教学活动。强调教师集体备课，每年要有 18 个半天用来进行集体研讨，提高全体教师的教学水平。三是增加教师的数量，以满足小班制以及“教师比班级多”机制的推行。2019 年将为“教育优先区”增加 1800 个教职[46]，为“教育优先区”选派更多经验丰富的教师，入职未满 3 年的教师不派往“教育优先区”。四是加大对贫困学区教师的补贴力度。早在 2015 年法国就大幅提升了补贴标准，在原有基础上提高 50%，对于特殊困难地区教师补贴标准提高 100%。2018—2019 年，法国为“强化教育优先区”教师增加了 1000 欧元补贴，今后还将逐步提高补贴额度，计划增至 3000 欧元[47]，加大了对贫困学区教师的补贴力度。

参考文献：

[1] Loi n ° 2013-595 du 8 juillet 2013 d'orientation et de programmation pour la refondation de l'école de la République [EB/OL]. (2013-07-08) [2019-01-04]. https: //www.legifrance.gouv.fr/eli/loi/2013/7/8/MENX1241105L/jo/texte.

[2] [33] Repères historiques [EB/OL]. (2018-12-23) [2018-12-23]. https: //www.reseau-canope.fr/education-prioritaire/comprendre/reperes-historiques.html.

[3] Élargissement du programme CLAIR (collèges et lycées pour l'ambition, l'innovation et la réussite) au programme ÉCLAIR (écoles, collèges et lycées pour l'ambition, l'innovation et la réussite): 12. [R/OL]. (2012-06-04) [2019-01-16]. http: //cache.media.education.gouv.fr/file/2012/06/4/Rapport_IGEN-IGAENR_2012-076_elargissement_du_programme_ECLAIR_225064.pdf.

[4] [13] [21] L'éducation prioritaire: 38, 27, 68. [R/OL]. (2018-10-17) [2019-01-04]. https: //www.ccomptes.fr/system/files/2018-10/20181017-rapport-education-prioritaire.pdf.

[5] L'éducation prioritaire-état des lieux [EB/OL]. (2013-05) [2021-06-14]. https: //archives-statistiques-depp.education.gouv.fr/Default/doc/SYRACUSE/12533/l-education-prioritaire-etat-des-lieux.

[6] La politique de l'éducation prioritaire: les réseaux d'éducation prioritaire REP et REP + [EB/OL]. (2021-05) [2021-06-09]. https: //eduscol.education.fr/1028/la-politique-de-l-education-prioritaire-les-reseaux-d-education-prioritaire-rep-et-rep.

[7] [23] Refondation de l'éducation prioritaire [EB/OL]. (2014-06-05) [2019-01-14]. https: //www.education.gouv.fr/pid25535/bulletin_officiel.html?cid_bo=80035.

[8] [35] Transmettre les savoirs fondamentaux [EB/OL]. (2018-08-29) [2018-12-24]. http: //www.education.gouv.fr/cid133386/transmettre-les-savoirs-fondamentaux.html.

[9] [10] [14] [15] L'état de l'école (2018): 21, 20, 20-21, 11. [R/OL]. (2018-11) [2019-01-15]. https: //cache.media.education.gouv.fr/file/etat28/13/5/depp-2018-ee_1043135.pdf.

[11] Panorama des inégalités scolaires d'origine territoriale dans les collèges d'Île-de-France: 12. [R/OL]. (2018-10) [2019-01-24]. http: //www.cnesco.fr/wp-content/uploads/2018/10/181025_Cnesco_synthese_IDF.pdf.

[12] [25] [26] Repères & références statistiques sur les enseignments, la formation et la recherche(2018): 57, 77, 57. [R/OL]. [2019-01-04]. http: //cache.media.education.gouv.fr/file/RERS_2018/69/3/depp-2018-RERS-web_1055693.pdf.

[16] [20] L'éducation prioritaire-état des lieux [EB/OL]. (2018-02) [2019-01-04]. https: //www.education.gouv.fr/l-education-prioritaire-etat-des-lieux-2693.

[17] [19] Asma Benhenda.Gestion des enseignants et inégalités scolaires dans les collèges de l'éducation prioritaire: 24-25, 26. [R/OL]. (2018-10-17) [2019-01-04]. https: //www.ccomptes.fr/sites/default/files/2018-10/20181017-etude-IPP-education-prioritaire.pdf.

[18] Carole Delga& Xavier Breton.La politique d'éducation prioritaire: 15. [R/OL]. (2013-07-23) [2019-01-28]. http: //www.assemblee-nationale.fr/14/pdf/rap-info/i1295.pdf.

[22] [42] Rapport d'évaluation d'une politique publique(synthèse): 9, 20. [R/OL]. (2018-10-17) [2019-01-03]. https: //www.ccomptes.fr/system/files/2018-10/20181017-synthese-education-

prioritaire_0.pdf.

[24] Déclaration de M.Jean-Michel Blanquer, ministre de l'éducation nationale, sur les réformes dans l'enseignement du premier degré et notamment le dédoublement des classes du réseau d'éducation prioritaire. [EB/OL].(2018-01-17) [2018-12-12].https: //www.vie-publique.fr/discours/204902-declaration-de-m-jean-michel-blanquer-ministre-de-leducation-nationa.

[27] L’éducation national en chiffres [EB/OL].(2018-08) [2019-01-03].http: //cache.media.education.gouv.fr/file/ENC_2018/82/6/encl8_web_986826.pdf.

[28] Ensemble pour l’école de la confiance: 7-8. [R/OL].(2018-12-24) [2018-12-24].http: //cache.media.education.gouv.fr/file/Rentree_2018-2019/82/9/2018_DPrentree_989829.pdf

[29] Déclaration de M.Emmanuel Macron, Président de la République, sur l'école maternelle [EB/OL].(2018-03-27) [2018-10-04].https: //www.vie-publique.fr/discours/205286-declaration-de-m-emmanuel-macron-president-de-la-republique-sur-leco.

[30]Mieux soutenir les élèves: Devoirs faits et stages de réussite[EB/OL].(2017-02)[2018-10-13].http: //cache.media.education.gouv.fr/file/08_-_aout/51/2/2017_DPrentree_fiche_16_801512.pdf.

[31] Devoirs faits: un temps d'étude accompagnée pour réaliser les devoirs [EB/OL].(2019-04) [2019-07-24].http: //www.education.gouv.fr/cid118686/devoirs-faitstemps-etude-accompagnee-pour-realiser-les-devoirs.html.

[32] Refondation de la politique de l'éducation prioritaire—Rapport final de l’évaluation: 6. [R/OL].(2014-05) [2019-01-14].https: //www.ladocumentationfrancaise.fr/var/storage/rapports-publics/154000329.pdf.

[34] Interview de M.Jean-Michel Blanquer, ministre de l'éducation nationale et de la jeunesse à France-Inter le 18 octobre 2018, sur l'éducation prioritaire et la réussite scolaire [EB/OL].(2018-10-18) [2018-12-26].https: //www.vie-publique.fr/discours/207591-interview-de-m-jean-michel-blanquer-ministre-de-leducation-nationale.

[36] Engagement n °1: L’égalité des chances dès les premiers pas pour rompre la reproduction de la pauvreté. [EB/OL].(2018-09-12) [2019-01-01].https: //solidarites-sante.gouv.fr/affaires-sociales/luttecontre-l-exclusion/investir-dans-les-solidarites/les-5-engagements-de-la-strategie-pauvrete/article/engagement-no-1-l-egalite-des-chances-des-lespremiers-pas-pour-rompre-la.

[37] L’éducation artistique et culturelle dans les musées et monuments nationaux: 64. [R/OL].(2013-09) [20 19-02-15].https: //www.vie-publique.fr/sites/default/files/rapport/pdf/134000635.pdf.

[38] Déclaration de Mme Françoise Nyssen, ministre de la culture, sur le projet de loi de finances 2019 du ministère de la culture, Paris le 24 septembre 2018 [EB/OL].(2018-09-24) [2018-11-10].https: //www.vie-publique.fr/discours/207040-declaration-de-mme-francoise-nyssen-ministre-de-la-culture-sur-le-proj.

[39] À l'école des arts et de la culture [EB/OL].(2018-09-17) [2019-01-10].http: //www.education.gouv.fr/cid134086/a-l-ecole-des-arts-et-de-la-culture.html&xtmc=unecho rale&xtnp=1&xtcr=3.

[40] Communication en conseil des ministres: prochaines étapes de la réforme éducative [EB/OL].(2018-10-24) [2018-10-26].http: //www.education.gouv.fr/cid135512/communication-en-conseil-des-ministres-prochainesetapes-de-la-reforme-educative.html.

［41］Dédoublement des classes de CP en éducation prioritaire renforcée：première évaluation［EB/OL］.(2019-01-23)［2019-01-23］.http：//www.education.gouv.fr/cid138289/dedoublement-des-classes-de-cp-en-educationprioritaire-renforcee-premiere-evaluation.html.

［43］［45］Le numérique au service de l'école de la confiance.［EB/OL］.(2018-08-21)［2018-12-22］. http：//www.education.gouv.fr/cid133192/le-numerique-serviceecole-confiance.html.

［44］L'éducation prioritaire.［EB/OL］.(2019-04)［2019-06-19］.https：//www.education.gouv.fr/l-education-prioritaire-3140.

［46］Projet de loi de finances 2019［EB/OL］.(2018-9-24)［2019-01-13］.http：//www.education.gouv.fr/cid134358/projet-de-loi-de-finances-2019.html&xtmc=reacuteseaux deacuteducationprioritairerenforceacutee&xtnp=1&xtcr=5.

［47］Prime REP+：mise en place dès la rentrée 2018.［EB/OL］.(2018-07-02)［2018-12-24］.https：//www.education.gouv.fr/cid132451/prime-rep-mise-en-place-des-larentree-2018.html&xtmc=reacutemuneacuterationrep&xtn p=1&xtcr=14.

（作者卢丽珠系武汉大学马克思主义学院讲师，法学博士。）

日本为什么没有“留守学童”

朱晓彤，于洪波

导读： 在工业化和城市化的进程中，如何解决由农村进入城镇务工人员及其适龄学童的户籍、住房和教育等诸多问题，一直在考验和困扰着世界各国政府。第二次世界大战后，日本在城市化发展过程中，在政府主导下从户籍制度、住房保障制度、标准化中小学建设三个方面颁布并实施了一系列的法律和政策，同时合理运用市场和社会运作的方式，充分调动各方资源，有效避免了农村留守学童的问题。日本义务教育阶段教育均衡化发展拥有有效的法律和制度保障，除进行标准化学校建设之外，还包括教师的定期流动、特殊地区待遇补贴、高效的校车运营等举措。

解决农村留守学童问题是一项系统工程，需要政府、社会和教育部门统筹规划，出台并实施一系列法律和政策方能奏效。第二次世界大战后，日本在城市化过程中，从户籍制度、住房保障制度、标准化中小学建设三个方面，颁布并实施了一系列配套的法律和政策，有效地避免了农村留守学童的问题，本文拟对日本城市化过程中在此方面的法律、经验和举措予以分析。

一、保证全民自由流动的户籍制度

自19世纪中后期西方发达国家颁布义务教育法之后，依照适龄学童居住地所在的学区实行“就近入学”，一直以来都是各国实施的首要原则之一。在采取户籍制度的国家中，户籍也是“就近入学”的主要依据。作为采取户籍制度的发达国家之一，日本的居民户籍制度充分保证了全民平等与自由的流动。日本的户籍管理，主要采取户籍和基本台账制度。

（一）户籍编制制度不限定居民住所

日本的户籍以夫妻为单位编户，并不与住宅进行捆绑，而且采用“户籍簿”誊本提供身份证明，以便于人口的自由流动，为儿童流动及流动后入学提供根据及保障。

1. 以夫妻为单位编户而非住所

日本的户籍制度采取以“人”而非以“住宅”为单位的编户方式，利于儿童随父母流动。“日本的户籍编制是以夫妻为单位，每对夫妻及其同姓子女编为一个户籍，子女成年后可申请分户。因离婚、丧偶等原因独居的人与其同姓子女编为一个户籍，子女结婚后要单独编户。”[1]此外，日本有“三代户籍禁止原则”，也就是当家庭中出现孙代时，要对孙代实施单独编户。日本采取以实际居住地为依据的“就近入学”政策，儿童就学不会因为户籍中记录的户籍地而受到限制。适龄学童可随父母居住地点变化实时变更学习地点，避免亲子分离带来的子女教育问题，有利于学童身心健康发展，亦可有效避免因学童留守引起的学童意外伤亡、性侵害、未成年人犯罪等其他社会问题。

2. “户籍簿”誊本提供身份证明

日本的户籍簿仅作为日本政府用于居民登记的档案，政府不向居民发放类似中国居民身份证明的户口本。不过，为了方便居民办理相关的身份证明，“居民可向政府相关部门申请户籍的誊本、节本或者户籍记载事项证明书，但必须有正当理由”[2]，否则政府相关部门有权予以拒绝。“日本的户籍仅仅用作居民本籍地记载，不会实时记录居民实际的居住地点”[3]，居民可以随意把全国任意地点作为自己的本籍地。除此之外，“日本人的原籍并非是出生地而是户籍放置的地方”[4]。日本学童入学的依据是实际居住地点而非户口簿登记的本籍地，因此，“户籍簿”誊本提供身份证明，对儿童入学地点不产生影响。

日本如此的编户与“户籍簿”身份证明政策，弱化了人与住宅的捆绑关系，促进了人口流动，为教育均衡发展预设了充分的前提条件。在人口流动过程中，各种相关的社会合法权益不受住宅所在地的禁锢，儿童完全可以享受与当地居住儿童同等的受教育权利。

（二）基本台账与住民票制度保障流动居民的合法权益

相较于户籍制度解除人口流动的限制，日本的基本台账与住民票制度则为儿童的“就近入学”提供了最直接的依据。二者直接显示人口的实际居住地点，为流动人口提供身份证明，保护居民的合法权益，保障迁入居民与原住居民无差别待遇。

1. 基本台账与住民票保障居民与原住居民享有同等权益并与户籍互为补充

日本基本台账与住民票制度是儿童“就近入学”最重要的依据。“日本居民基本台账是政府依据住民票编制的资料册，而住民票是指政府以个人为单位制作的确定居民实际居住地并带有居民基本信息的文件”[5]。基本台账和住民票均可用于居民日常“证明个人身份、确认实际居住地、纳税、选举、办理保险、领取社会福利金”[6]等。基本台账和住民票最大的特点是可以显示最新的实际居住地点，而日本“就近入学”的依据正是实际居住地。因此，在儿童受教育方面，基本台账和住民票实时记录着儿童实际居住地，为儿童入学提供依据，保证了“就近入学”政策的有效实施。日本有相应的迁入与迁出登记制度，“当居民迁入另一地方居住时，要在迁出之前在原居住地办理销户，并在 14 日内及时向迁入地市町（相当于我国的村委会或者城市的居委会）村长申请修改居住地”[7]。这个申请修改并不是申请政府批准，而是实时信息登记。当居民在某一城市的固定住所（包括租住的房屋）居住超过三个月，就可以享受与当地居民同等的社会福利待遇，而且居住地信息实时更新，儿童入学地点可以得到灵活变更，每个学童合法的受教育权利均得到真正意义的落实。并且，日本在居住地信息更新方面有事后申报制度，不会过于死板地要求必须按 14 日内申报。

2. 住民票副本提供身份证明

与户籍相同的是，日本住民票也是政府用于存档记录的文件。居民如需使用住民票证明身份，只需要向居住地政府部门申请副本且每次使用都要申请。为了操作方便，通常驾驶证等证件也可以充当身份证明。居民还可以申请本人以及同一户籍人的住民票副本和相关说明书，但必须有正当理由，否则市町村长可以拒绝。如市町村长无端或无正当理由拒绝居民的申请，会有相应的惩罚机制来保障居民的合法权益，由此形成一套完整的制约机制。而且，“为了居民的便利，居民还可以向非住所所在地申请本人及同一户籍人住民票副本的部分信息”[8]。由此可见，便利灵活的身份证明方式，放宽了人口流动的限制，为儿童随父母流动提供了条件，方便了儿童转学，有效地避免了留守学童问题。

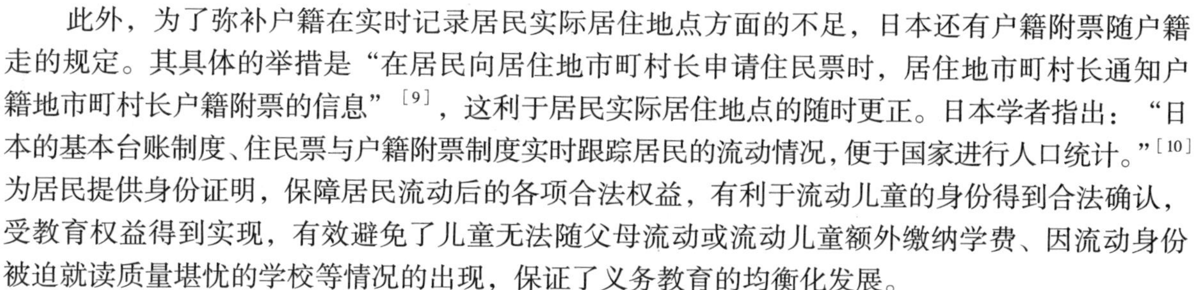

此外，为了弥补户籍在实时记录居民实际居住地点方面的不足，日本还有户籍附票随户籍走的规定。其具体的举措是“在居民向居住地市町村长申请住民票时，居住地市町村长通知户籍地市町村长户籍附票的信息”[9]，这利于居民实际居住地点的随时更正。日本学者指出：“日本的基本台账制度、住民票与户籍附票制度实时跟踪居民的流动情况，便于国家进行人口统计。”[10]为居民提供身份证明，保障居民流动后的各项合法权益，有利于流动儿童的身份得到合法确认，受教育权益得到实现，有效避免了儿童无法随父母流动或流动儿童额外缴纳学费、因流动身份被迫就读质量堪忧的学校等情况的出现，保证了义务教育的均衡化发展。

二、保证流动人口权益的保障性住房制度

第二次世界大战后，日本在城市化高速发展的过程中，政府用法律确认了为大量涌向城市的人口提供公营和“公团”住房并设计和实施了多层次的住房保障体系，保证了流动人口最基本的居住生活，也为流动儿童免去了学习生活的后顾之忧。

（一）颁布相关法律使保障性住房有法可依

1. 颁布法律并多渠道融资提供住房

20世纪50年代，日本先后颁布《住房金融公库法》《公营住宅法》《日本住宅公团法》，20世纪60年代颁布《城市住房计划法》等，明确规定为居民提供公营和公团住房，充分满足民众的住房需求，实现居民有房可居，儿童可随父母流动。就其融资和建设主体而言，“日本的公共住房主要以日本住宅金融公库、日本住宅都市整合公团和地方住宅供给公社为主体，前者为公共住宅提供融资，后者直接建设和提供住宅”[11]。从整体来看，日本的公营和公团住房主要由国家出资，地方政府负责提供土地、建设住房和管理住房，同时吸纳企业资金。为更全面地为居民提供住房，切实将住房分配到需要住房的流动人口和贫困人口手中，政府还提供财政拨款和投资贷款两种不同形式的财政补贴方式。日本的住房保障采取了多样化的融资方式、供房主体、管理方式和补贴方式，明确划分各方职责，保证住房真正分配到需要的人手中。这为儿童随父母流动提供了良好的居住条件，其学习生活需求得到基本满足。

2. 住房的公平分配方式

日本对于流动人口的住房“主要采取租赁方式分配”[12]，通过一定标准对居民家庭收入进行审核，确定中低收入家庭群体，将房子以低价提供给这些民众，坚持“家庭收入越低，支付房屋租金越少”[13]的原则。国家还为民众提供优惠住房贷款，保证让民众居者有其屋。为保证公平，房屋的选择和入住由抽签的方式决定。以上多种措施，有效地保障了住房的公平分配，外出务工人员可安心让子女随其流动，解除了最基本的生活忧虑，儿童也不必因居住环境而饱受生活压力，能够实实在在地享有他们本应得到的受教育权利，留守学童问题也就不复存在。同时，为保证公平，日本的审核制度非常严格，一旦家庭收入超出中低收入的标准，就要退出公营和公团住房。

（二）多层次的住房保障体系充分满足居民的住房需要

日本采取了多层次的住房保障体系满足不同阶层的住房需要，减少儿童的流动限制，避免儿童流动后生活质量下降等问题的出现。这些举措主要有“公营住宅、公团住宅、公社住宅和公库住宅四种类型”[14]。这“四种住宅采取不同的融资方式并针对不同对象进行分配”[15]。“公

营住宅”的房屋来源主要是由地方公共团体建设房屋或者通过收购、租赁民宅等形式，提供给低收入人群。“公团住宅”主要利用民间融资的方式而非政府财政进行建设，通过出售或租赁的方式提供给中等收入群体。“公社住宅”主要对中等收入者进行出售或对低收入者进行出租。“公库住宅”主要为中上等收入阶层提供住房。上述多种方式的组合，满足了不同人群的住房需要，合理地满足了不同儿童的生活需要，减少了儿童流动的限制，有效防止了留守学童出现。

三、保证教育资源合理配置的标准化学校制度

第二次世界大战后，日本为保证教育公平，要求建立标准化学校和实行教师“定期流动制”；从学校的基础设施和师资上保证教育公平的有效实现，不必顾虑儿童流动前后的教育差异，因而也就避免了留守学童的问题。

（一）建立标准化学校，保障教育资源公平

日本颁布诸多法律法规，明确规定学校建设标准与硬件设施配备标准，统一国家课程与教学要求，实现校际与区域间学校无差别，为所有儿童提供相同的基础教育条件。

1. 统一学校建设标准，保障硬件设施均衡

日本法律规定，全国统一标准建设义务教育阶段的学校，保证儿童流动后的教育对接无困难。第二次世界大战后，日本出台了《教育基本法》《学校教育法》等法律。法律规定每所学校不论有多少学生、学校处于什么位置、学校规模大小，都必须按照国家规定的统一标准，具备最基本的教学楼、多媒体设备、游泳池和操场等基本设施[16]，实现了校际基础设施无差别。这项政策，充分保证儿童无论迁移到哪里都可以享受到他们本就应有的教育条件，不必为流动前后的受教育状况担忧。20 世纪末，日本还规定要保证每位中小学生拥有一台计算机。可见，日本中小学的建设标准是紧跟时代变化，不断满足儿童学习需求的。

2. 执行国家统一的教学要求

日本中小学校必须“执行国家统一、规范的教学要求”[17]，实行无差别政策，不允许存在重点学校、重点班级等。每学期学生的课本都由国家免费配发，切实保证课程内容和标准统一。此项政策的实施，实现了日本各个学校课程内容、授课方式和评价标准的公平，为儿童流动提供了便利。儿童不必因流动前后的受教育内容、授课方式和评价标准而担忧。

统一的学校硬件设施配备和课程标准从根本上杜绝了教育在地区、校际和城乡间出现差异的现象，避免因不同阶层聚居而引起教育水平不均的现象，为教育均衡化的实现提供了有力保障。

（二）实施教师“定期流动制”和规范校车运营

1. 教师定期流动保证师资均衡分配

日本规定教师必须每五年流动一次，在一所学校任教最长不得超过 7 年。“教师的流动分为市、町（街道）、村间流动和县际（相当于我国的省际）流动两种，其中包括城乡教师之间的流动”[18]。在教师的流动过程中，有完善的法律保障制度。法律在严格规定教师流动义务性的同时，也充分尊重教师的个人意愿以及充分考虑其因妊娠、产假、高龄等不便流动的情况并及时做出相应的调整。对教师流动的年限、待遇等也有细致而具体的规定，充分保障流动教师的权益，对流动到偏远地区的教师进行相应的补贴，鼓励教师向偏远地区流动。此项规定既能保证流动符合教师的实际情况，又能保证区域间师资力量的均衡，儿童不必担心随迁移前后师

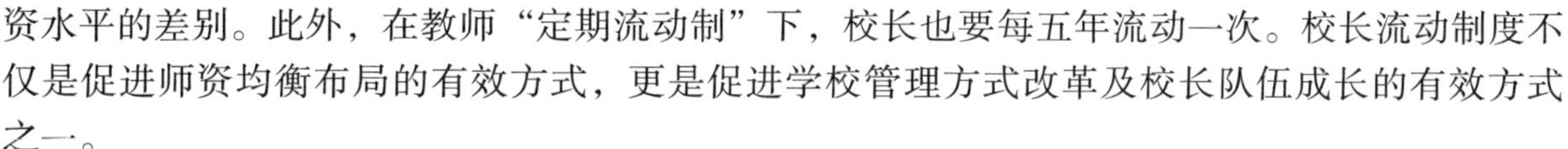

资水平的差别。此外，在教师“定期流动制”下，校长也要每五年流动一次。校长流动制度不仅是促进师资均衡布局的有效方式，更是促进学校管理方式改革及校长队伍成长的有效方式之一。

2. 边远地区教育补偿和规范校车运营，保障区域间教育均衡发展

教育补偿和规范校车运营[19]，能够保证区域间的教育公平，为边远地区儿童接受教育提供便利条件。日本在 1954 年曾颁布《偏僻地区教育振兴法》，“对适龄儿童享有平等的受教育权做了明确的规定”[20]，加强了对边远和贫困地区学校的政策倾斜，加大了国家对边远和贫困地区的教育补偿力度，促进了区域间教育的均衡发展。该法律还对校车的运营和配备做了相关的规定，“由国家支付一半资金购买校车，采取专用和非专用校车相结合的方式，以及直营型、委托型、运营支援型、独营型和公交等活用型五种运营管理方式”[21]来满足偏远地区教师和学生的需求。此项法律保证，无论学童流动到哪里，均可享受到上学的便利。

四、结语

通过对上文所涉及内容的分析和归纳，可以得出如下几点结论。

其一，与留守学童相关问题的整体解决，是一项涉及国家政治、经济、法律和教育等诸多领域的系统工程。第二次世界大战后，日本对该系统工程要件的规划、统筹和实施主要由日本政府承担，而对于该系统工程的附件，诸如住宅的融资与建设以及校车的运营等，则可以交由社会和市场运作。

其二，与解决留守学童问题密切相关的三个核心要素，主要包括自由迁徙的户籍制度、满足基本生活需求的住宅制度和义务教育阶段标准化学校的建设制度，三者都涉及现代文明社会的基本人权问题，任何负责任的政府都应该尽力承诺和履行这三个方面的义务。第二次世界大战后，日本对上述三个方面的成功规划和实施，表明其维护国民基本权利的决心、统筹基本国策的智慧和履行教育公平的意志。

其三，就户籍制度而言，采用以家庭成员而非以住房为基本单位予以注册编户并实行户口簿和身份证功能分开，是欧美等诸发达国家通行的做法。在身份证上增加居民实际居住地一栏，这样按照“就近入学”的原则，儿童入学即可与实际居住地挂钩。由此，儿童的入学权利就可以得到有效保障。

其四，在住房保障制度方面，第二次世界大战后日本的公营住宅、公团住宅和多层次的住房保障体系，坚持保障性住房以政府投入为主，同时吸纳各企业和地方的资金，多种途径筹资，用人企业要在员工住房中投入一定的资金，保障员工住房。住房在设计的过程中充分注意规格的统一，并且注意选房过程的公平，最大可能且公平地为流动人口提供住房，让儿童与父母随住，满足流动儿童的住房和学习需求，为儿童流动免去后顾之忧，有效地保障了儿童就近入学等合法权益。

最后，在经济高速发展和城市化的过程中，在义务教育阶段实施彻底的标准化学校建设，展示了日本政府把“义务教育”看作是政府本身提供“公平教育”之“义务”的担当，以及日本国民渴求“平等教育”的广泛共识。标准化学校建设辅之以校长和教师的定期流动以及校车的运营等举措，使日本彻底告别了“留守学童”“学区房”“择校热”和“通学困难”等诸多困扰家长和学童的切身利益问题。

参考文献：

[1]肖海英 . 日本户籍制度与居民基本台账制度及其对完善我国户籍制度的启示[J]. 人口研究，2013（1）：95-100.

[2]総務省 . 住民票の写しの交付制度等の見直しについて[EB/OL]. (2009-02-25)[2017-10-31]. http：//www. soumu. go. jp/main_sosiki/jichi_gyousei/c-gyousei/pdf/jyuminhyo_utusi_2. pdf.

[3] 総務省 . 戸籍の附票の写しの交付に関する省令の一部を改正する省令 [EB/OL]. (2008-05-01)(2009-02-25) [2017-10-31] . http：//www. soumu. go. jp/main_sosiki/jichi_gyousei/c-gyousei/pdf/jyuminhyo_utusi_11. pdf.

[4] 崔营 . 不断变化的日本户籍制度 [J]. 日语知识，2003（12）：43.

[5] 重木昭信 . 電子化社会での個人識別と本人確認における政府の役割 [J]. Abstracts of Annual Conference of Japan Society for Management Information，2010，（0）：68-71.

[6] 佐藤 . 住基ネットとプライバシー ：マイナンバーにむけて [J]. 地域学論集（鳥取大学地域学部紀要），2015（1）：59-77.

[7] [9] 総務省 . 住所の異動届は正しく行われていますか? [EB/OL]. (2017-01-01)[2017-10-31]. http：//www. soumu. go. jp/menu_kyotsuu/important/topics081127. html.

[8] 総務省 . 住民基本台帳法の一部を改正する法律の概要（平成 1 9 年法律第 7 5 号）[EB/OL]. (2008-05-01) [2017-10-31] . http：//www. soumu. go. jp/main_sosiki/jichi_gyousei/c-gyousei/pdf/jyuminhyo_utusi_3. pdf.

[10] 石川晃 · 佐々井 . 行政記録に基づく人口統計の検証 [J]. 人口問題研究，2010（4）：23-40.

[11] 马庆斌 . 保障性住房的国际经验借鉴和政策启示 [J]. 宏观经济管理，2010（10）：292-293.

[12] 森本信明 . 大都市圏における民間賃貸住宅の 位置 と家賃問題 [J]. URBAN HOUSLNG SCLENCES，1993（4）：3-11.

[13] 芦金锋，王要武 . 借鉴日本公营住宅经验建立我国低收入家庭住房租金模型 [J]. 土木工程学报，2005（12）：129-130.

[14] 张运书 . 日本住房保障制度的法理分析与借鉴 [J]. 现代经济探讨，2011（6）：88-92.

[15] 由井義通 . 住宅供給の類型別にみた居住者特性の分化 ：福岡市を事例として [J]. 地理科学，1991（4）：242-256.

[16] 文部科学省 . 小学校及び中学校に係る一般的基準と補助基準等 [EB/OL]. (2011-07-16) [2017-10-31]. http：//www. mext. go. jp/b_menu/shingi/chukyo/chukyo3/gijiroku/020802d. htm.

[17] 杨威 . 日本教育公平分析及借鉴 [J]. 教育导刊，2011（6）：43.

[18] 杨秉翰，刘畅 . 日本中小学建设标准的经验及其对我国的启示 [J]. 西南大学学报，2008（2）：130.

[19] 文部科学省 . 路線バス等をスクールバスとして活用するための基本的な考え方と具体的な取組方策について [EB/OL]. (2006-02-17) [2017-10-31]. http：//www. mext. go. jp/b_menu/hakusho/nc/06050822/001. htm.

[20] 董凌波．日本城镇化进程中的教育变革及启示[J]．当代经济管理，2017(4)：86-87.

[21] 牛志奎，高晓宇．日本义务教育校车制度及其运营管理方式[J]．比较教育研究，2013(2)：74-77.

（作者朱晓彤系山东师范大学教育学部比较教育学专业硕士研究生；于洪波系山东师范大学教育学部教授。）

日本偏僻地区教师倾斜待遇政策探析

陈君，闫静

导读：高质量教师队伍是偏僻地区教育发展的关键因素。日本为满足偏僻地区教育发展的现实需求，制定了偏僻地区教师倾斜待遇政策以吸引并挽留更多优秀教师在偏僻地区任教。该政策主要包括受益对象、经费保障、发放标准、支付方式、环境建设等方面内容。该政策特点表现为：政策法制保障体系完善、落实严格；倾斜待遇额度大、类别清晰、精准投入；政策规定详尽完善、可操作性强。日本在偏僻地区高质量师资队伍建设方面成效显著。

教师是偏僻地区教育发展的关键要素，其综合素质的高低决定着偏僻地区教育质量的好坏，同时也在很大程度上制约着城乡义务教育的均衡发展。为满足偏僻地区教育发展的现实需求，吸引并挽留更多优秀教师在偏僻地区任教，日本自20世纪50年代中期起开始实施以偏僻地区教师为对象的倾斜待遇政策，该政策主要通过津补贴的形式为偏僻地区教育事业的发展奠定了良好的基础。

一、日本偏僻地区教师倾斜待遇政策实施的意义

（一）日本偏僻地区的界定

按照《日本偏僻地区教育振兴法》的规定，日本偏僻地区指的是交通条件、自然条件、经济条件、文化条件等处于劣势的山区、离岛以及其他偏远地区，同时也包括因地理、经济等条件制约而产生的情况与偏僻地区性质类似的准偏僻地区[1]。《日本偏僻地区教育振兴法施行规则》对上述条件作出了详细说明：交通条件指的是学校所在地与火车站或汽车站或港口、医院、高等学校、邮局、市町村教育委员会、金融机构、超市、市中心的距离；自然条件、经济条件、文化条件指的是学校所在地的水源配置状况，自然灾害的发生情况，与图书馆、博物馆以及其他类似设施的距离，信息通讯服务情况以及学校教师和学生的数量等。日本以上述条件为依据，以打分的形式将偏僻地区的级别分为准偏僻地区、偏僻地区1级、偏僻地区2级、偏僻地区3级、偏僻地区4级、偏僻地区5级[2]。

（二）日本偏僻地区教师倾斜待遇政策实施的背景

20世纪四五十年代，在以美国为模板的新教育制度普遍实施和教育公平理念逐渐兴起的背景下，偏僻地区学校教育以及教师质量问题成为日本政府关注的焦点。这些问题主要表现在：经济快速发展时期的到来将大量偏僻地区人口吸引到城镇等发达地区，偏僻地区学校入学率逐年降低，学校所能获得的财政拨款也处于不断减少的匮乏状态；规模过小的偏僻地区学校被陆续合并或者关闭，不完全学校不断增多、复式教育实施范围持续扩大，学校教学设备短缺，课

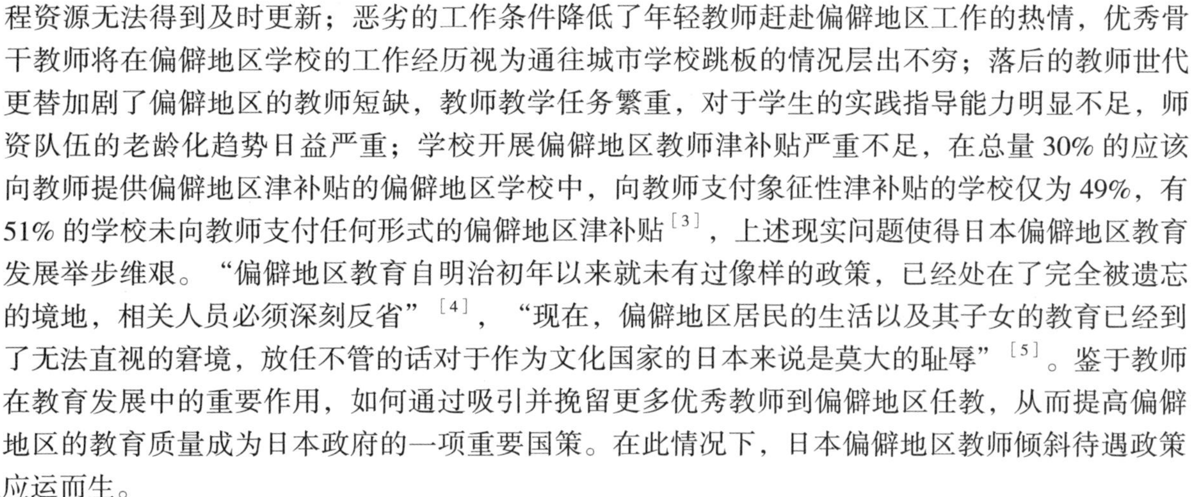

程资源无法得到及时更新；恶劣的工作条件降低了年轻教师赶赴偏僻地区工作的热情，优秀骨干教师将在偏僻地区学校的工作经历视为通往城市学校跳板的情况层出不穷；落后的教师世代更替加剧了偏僻地区的教师短缺，教师教学任务繁重，对于学生的实践指导能力明显不足，师资队伍的老龄化趋势日益严重；学校开展偏僻地区教师津补贴严重不足，在总量30%的应该向教师提供偏僻地区津补贴的偏僻地区学校中，向教师支付象征性津补贴的学校仅为49%，有51%的学校未向教师支付任何形式的偏僻地区津补贴[3]，上述现实问题使得日本偏僻地区教育发展举步维艰。“偏僻地区教育自明治初年以来就未有过像样的政策，已经处在了完全被遗忘的境地，相关人员必须深刻反省”[4]，“现在，偏僻地区居民的生活以及其子女的教育已经到了无法直视的窘境，放任不管的话对于作为文化国家的日本来说是莫大的耻辱”[5]。鉴于教师在教育发展中的重要作用，如何通过吸引并挽留更多优秀教师到偏僻地区任教，从而提高偏僻地区的教育质量成为日本政府的一项重要国策。在此情况下，日本偏僻地区教师倾斜待遇政策应运而生。

二、日本偏僻地区教师倾斜待遇政策的具体内容

（一）受益对象

为明确偏僻地区教师倾斜待遇的受益对象，避免无关人员从中牟利和相关人员被排除出补贴对象等情况的发生，日本从国家角度出发对偏僻地区教师倾斜待遇政策的受益对象做出了明确的规定。日本通过颁布相关专门性的法律法规使全国范围内符合同等偏僻地区条件的教师可以享受同等的倾斜待遇政策。总体来说，日本偏僻地区教师倾斜待遇政策的受益对象为处于不利环境地区的义务教育阶段教师。此处的教师，包括专门的教学人员、行政管理人员、教学辅导人员、负责勤务以及学校正常运营工作的职工等，退休和退职的教师、短期代课和勤务教师等不包含在内[6]。换句话说，日本偏僻地区教师倾斜待遇政策遵循的是将倾斜待遇给“偏僻地区教师”，而不是给“偏僻地区教师身份”的原则。

日本不利环境地区所指的范围，即为前文所述的《偏僻地区教育振兴法》以及《偏僻地区教育振兴法施行规则》中所界定的偏僻地区范围，日本政府规定在上述地区工作的公立小学、中学以及义务教育学校、中等教育学校前期课程和《学校给食法》第六条规定机构的教师可以享受偏僻地区教师倾斜待遇政策[7]。另外，为切实保障享受偏僻地区教师倾斜待遇的受益对象范围，日本政府还规定，无论从经济、交通还是地理条件等因素考虑都与偏僻地区类似的地区，其义务教育教师可以享受准偏僻地区教师倾斜待遇。如，未处于偏僻地区的城市薄弱地区教师即可以享受此类倾斜待遇政策[8]。将城市薄弱地区等准偏僻地区的义务教育教师列为受益对象是日本偏僻地区教师倾斜待遇政策的特征之一。

（二）经费保障

为保障偏僻地区教师倾斜待遇政策的扎实推进，日本对倾斜待遇的经费保障做出了明确规定。日本偏僻地区教师倾斜待遇的经费保障分为国家级经费保障和地方级经费保障两部分。其中，国家级经费保障具有如下特征：中央政府按照相关法律法规以补助资金的形式向地方政府提供所需经费50%以内的财政补助，从而确保倾斜待遇政策的落实；中央政府制定具体的交付条文规范财政补助的发放和使用过程，进而实现补助资金的最大使用效率；当在补助资金使用过程

中发生违法违规行为时，地方政府要将补助资金如数返还给中央政府[9]。地方级经费保障包括都道府县级经费保障和市町村级经费保障，具有如下特征：都道府县级经费保障构成偏僻地区教师倾斜待遇经费的主要来源，市町村级经费保障只是充当有益的补充；地方政府承担偏僻地区教师倾斜待遇经费是履行法律规定的责任和义务；地方政府以文部科学省（原文部省）的相关法令为基准向偏僻地区学校教师支付一定额度的津补贴；津补贴额度发生变化时要在文部科学省相关法令的基础上由地方政府与相关人员协商解决[10]。

从总体上看，日本偏僻地区教师倾斜待遇的经费保障呈现出如下特点：国家级经费保障是倾斜待遇政策的坚强后盾，使倾斜待遇政策能够在全国范围内相对均衡地实施；都道府县级地方经费保障是倾斜待遇政策资金的主要来源，市町村级地方经费保障按照地方具体情况灵活实施；中央、地方经费保障相辅相成，在责任适度集中原则下共同推进偏僻地区教师倾斜待遇政策的落实。

（三）发放标准

为避免偏僻地区教师倾斜待遇的“口令化”，保障倾斜待遇的规范化运行，日本还注重推动偏僻地区教师倾斜待遇发放标准的制定。该发放标准包括国家层面的“硬性”规定以及地方层面的“灵活性”规定两部分。国家层面的“硬性”规定主要体现在日本政府以法律条文的形式明确规定偏僻地区教师倾斜待遇额度的最低标准。《偏僻地区教育振兴法》《偏僻地区教育振兴法施行令》[11]和《偏僻地区教育振兴法施行规则》充当了该方面的角色。同时，《离岛振兴法》[12]和《过疏地区自立促进特别措施法》[13]等也起到了补充性作用。日本以上述法律法规为基础，将偏僻地区的偏僻级别以打分的形式分为六级，并根据其级别发放教师津补贴[14]。倾斜待遇额度的具体计算方法为教师基本工资、教职调整额度、工资调整额度、扶养津贴之和乘以偏僻地区级别所对应的支付比例。各级别的支付比例分别为：准偏僻地区为4%、偏僻地区1级为8%、偏僻地区2级为12%、偏僻地区3级为16%、偏僻地区4级为20%、偏僻地区5级为25%[15]。地方层面的“灵活性”规定指的是，都道府县级政府根据自身发展状况制定的法规规程，虽然此类规定具有因地而异的特点，但必须是在《偏僻地区教育振兴法》基础上做出的适当调整。日本都道府县级地方政府以法规规程的形式明确了该地区的偏僻地区教师倾斜待遇的数额，即由都道府县级地方政府、都道府县教育委员会以及偏僻地区学校所在的市町村政府三方协商确定[16]。

（四）支付方式

基本工资和津补贴是日本义务教育教师工资的基本结构[17]，为切实落实偏僻地区教师的倾斜待遇政策，日本政府将各类津补贴作为偏僻地区教师倾斜待遇的主要支付方式，同时辅以一定的职工福利以及医疗保险等其他方式。虽然各都道府县实际状况的不同可能会造成津补贴种类和倾斜额度的差异，但从总体上看，日本采取了多种类、高额度的津补贴发放政策以吸引并挽留更多优秀教师在偏僻地区持续任教。一般情况下，在日本偏僻地区学校工作的义务教育教师根据偏僻地区状况可以享受的津补贴包括：住房津补贴、通勤津补贴、寒冷地区津补贴、偏僻地区津补贴（准偏僻地区津补贴）、特别地区工作津补贴、单身赴任津补贴、特殊地区勤务津补贴以及远距离工作津补贴等[18]。此外，按照相关法律规定，日本偏僻地区教师津补贴要与教师工资挂钩，在奉行“高薪养教”的日本，与高工资挂钩的倾斜待遇意味着偏僻地区教师可以获得更高额度的津补贴。可以说，日本偏僻地区教师倾斜待遇的额度完全可以与当地公务员相媲美，甚至要高出公务员的津补贴水平很多。

此外，日本偏僻地区教师津补贴的发放还要辅以相应的评定标准，而该评定标准在很大程度上取决于偏僻地区的艰苦程度和偏远距离等客观因素以及教师在偏僻地区的工作年限等因素。从整体上来说，在教师处于同等工作年限的条件下，日本偏僻地区教师倾斜待遇的支付方式还是比较公平的，呈现出偏僻地区程度越高，教师所获得的偏僻地区津补贴额度越高的特点，能够体现出“条件艰苦程度”与“倾斜待遇额度”成正比的差别化对应原则。

（五）环境建设

日本社会意识到长期、稳定的偏僻地区教师倾斜待遇政策对于保障偏僻地区优秀教师的意义和价值，政策越是稳定、合理，越能吸引更多的优秀教师。在此情况下，日本政府将偏僻地区教师倾斜待遇政策设定为以相应法律法规为基础的长期性国策，并通过相关法律法规的不断改革与完善规范教师倾斜待遇政策的各个环节。同时，为保障政策的连续性以及与时俱进，日本各都道府县还会定期对本地区的偏僻地区教师倾斜待遇政策做出跟踪调查和实施效果评估，评估内容主要为偏僻地区学校级别的认定、教师倾斜待遇的额度以及可以享受倾斜待遇的对象等，各都道府县会根据评估结果调整并改进本地区的教师倾斜待遇政策。此外，日本政府还认识到虽然必要的偏僻地区倾斜待遇对于吸引优秀教师至关重要，但是仅仅依靠财政手段并不能挽留住高质量教师。为此，日本政府在倾斜待遇的环境建设方面采取了一系列措施：注重提高偏僻地区学校管理层尤其是校长的领导能力以及保障教师参与学校管理决策的权利，使教师意识到自己是学校的一员，肩负着学校发展的责任；注重文化的传承与发展，使教师融入当地社会之中，如采取精准措施吸引当地人才返乡做教师，通过文化节等活动改变教师对所在学校的认识，使教师意识到自己是当地社会的一员；在终身学习的视角下为偏僻地区教师制订未来发展规划，同时提供与之相适应的培训机会，推动其专业化发展；仔细研究偏僻地区教师倾斜待遇政策受益对象的自身特点，摒弃“一刀切”的僵硬做法，有的放矢地在最大范围内调整政策等[19]。

三、日本偏僻地区教师倾斜待遇政策的评析

（一）政策法制保障体系完善，落实严格

综观日本近现代教育史的发展过程，可以发现一个共性特征，即每一项教育改革的实施都伴随着相关法制保障体系的建设和完善，日本偏僻地区教师倾斜待遇政策同样具备此项共性特征。为保障偏僻地区教师倾斜待遇政策的稳步落实和有效开展，日本建设了与教师倾斜待遇政策相关的一系列完善且具有较强实践性的法制保障体系。该保障体系的存在基础为《日本国宪法》和《教育基本法》，通过《偏僻地区教育振兴法》等一系列法律搭建起稳固的体系框架，同时辅以相关的法律法规、政策以及地方性的规程，最终建构起一套提高偏僻地区教师待遇，进而提升教师质量以及偏僻地区教育质量的教师倾斜待遇政策法制保障体系。

具体来看，为保证偏僻地区教师倾斜待遇政策的落实、扫清其实施的各种障碍，日本出台的具有较强针对性的法制主要包括三大类：第一，以国家名义出台的法律法规，如《偏僻地区教育振兴法》《偏僻地区教育振兴法施行令》《偏僻地区教育振兴施行规则》《离岛振兴法》《离岛振兴法施行令》《过疏地区自立促进特别措施法》《义务教育费国库负担法》《公立义务教

育各学校教育职员待遇等的特别措施法》等；第二，以都道府县名义出台的规程或规则，如《学校教职员地域津补贴规则》《市町村立学校教职员通勤津补贴规则》等；第三，以国家名义出台的专门针对某一地区的法律法规，如《奄美群岛振兴开发特别措施法》《奄美群岛振兴开发特别措施法施行令》《小笠原诸岛振兴开发特别措施法》《小笠原诸岛振兴开发特别措施法施行令》《冲绳振兴特别措施法》《冲绳振兴特别措施法施行令》等。可以看出，日本关于偏僻地区教师倾斜待遇政策的法制保障体系已经达到了相当完备的地步，实现了有法可依和有章可循。健全的法制保障机制是保障偏僻地区学校教师经济权益，消除教师对偏僻地区的厌倦心理，推动偏僻地区教师倾斜待遇政策得以落实的关键所在。

（二）倾斜待遇额度大，类别清晰、精准投放

日本偏僻地区教师倾斜待遇与教师的基本工资挂钩，按照偏僻地区的等级以工资百分比的形式发放。此种运作方式形成了日本偏僻地区教师倾斜待遇额度大的重要特征，构成了吸引高质量教师赶赴偏僻地区工作的亮点。日本教师工资水平很高，是日本政府财政支出的重要组成部分，属于国家公务员身份的义务教育教师的工资要明显高于其他国家公务员，这一点已经得到日本社会各界的普遍认可[20]。例如，新进入教师岗位的教师月平均工资为 20 万日元左右（普通国家公务员月工资大概为 16 万 ~17 万日元），具有 10 年工作经验的教师月平均工资大概为 32 万日元左右（普通国家公务员的月工资依然要比教师少 2 万 ~3 万日元）[21]。该状况充分表明日本教师的高工资现状，而偏僻地区教师倾斜待遇政策的完善与到位具有重要的作用。由于日本教师实施定期轮岗制度，每一位教师都有赶赴偏僻地区工作的机会，通过高额度的教师工资以及偏僻地区教师倾斜待遇政策可以形成教师赶赴偏僻地区工作的经济吸引力。此外，在偏僻地区工作会涉及已婚教师的家庭照顾问题、偏僻地区的交通费用问题以及寒冷地区的适应问题等，为解决上述纷杂因素给偏僻地区教师工作带来的后顾之忧，日本在充分考虑教师赶赴偏僻地区将会面临的现实困难的基础上制定出偏僻地区教师倾斜待遇的多种形式，如寒冷地区津补贴、交通津补贴、住房津补贴等，该做法实现了教师倾斜待遇类别的清晰化发展以及投入的精准化推进，提升了偏僻地区教师工作的幸福感指数，使新任教师、面临轮岗工作的教师以及优秀骨干教师等能够自愿去偏僻地区工作，一定程度上保障了教师为偏僻地区教育服务奉献的工作动机。与此同时，日本偏僻地区教师倾斜待遇的投放有一套完整的基于偏僻地区现实状况的支付手续和发放标准，这在一定程度上也保证了偏僻地区教师倾斜待遇的精准投放，推动了效率与公平的同步实现。

日本通过挂钩教师工资保证偏僻地区教师倾斜待遇高额度的做法值得借鉴，因为该做法是偏僻地区吸引并挽留优秀教师最稳妥、最有效的方式。到目前为止，教育界并未对偏僻地区教师倾斜待遇的投入值与其激励作用的关系研究做出理论性的突破，各个国家以及同一国家的不同地区也并未形成统一标准指导偏僻地区教师倾斜待遇的投入力度，但是偏僻地区教师倾斜待遇的投入需要与教师在当地的生活状况以及教师的工资相联系，这一点已经得到教育界的共同认可。

（三）政策规定详尽完善，可操作性强

与高工资挂钩的日本偏僻地区教师倾斜待遇的高额度，确实能够推动偏僻地区教师职业吸引力的形成，从而确保教师综合素质能力的提升。但是，笼而统之的“偏僻地区”实际上面临着各种各样的具体情况，地区不同、教师自身特点的不同，使得偏僻地区教师所需要挑战的难

度也不尽相同。考虑到上述因素，日本基于教师赶赴偏僻地区学校就职的各项需求，从国家角度出发制定出包括受益对象、经费保障、发放标准、支付方式、环境建设等内容在内的偏僻地区教师倾斜待遇政策。该政策并非一成不变，而是根据教师所在偏僻地区的发展状况动态管理，在条件发生变化时，教师可享受的倾斜待遇会随之变化。如：在北部寒冷偏僻地区工作的教师在寒冷季节既可以享受寒冷地区津补贴，又可以享受偏僻地区津补贴；以单身的形式赴任，在偏僻地区学校就职的教师还可以享受单身津补贴。按照相关法律规定，教师所在同一偏僻地区的艰苦程度升高时，教师所享受的倾斜待遇会自动提高，反之则会下降或不再享受。同时，在具体的操作方面，即使是偏僻地区教师都可以享受的同一种倾斜待遇形式，有时也会因为偏僻地区艰苦程度的不同而出现差异，因此，日本根据距离、环境、个人等因素的不同，为同一项偏僻地区教师倾斜待遇制定了详尽完善的计算标准，具有较强的可操作性。如：前面所提到的将偏僻地区进行六级分级，偏僻地区级别不同，教师所能享受的同一项偏僻地区倾斜待遇就会有所差别……日本按照地区消费水平的高低将全国划分为 1 级地 –1、1 级地 –2、2 级地 –1、2 级地 –2、3 级地 –1、3 级地 –2 六个区域，级地不同，教师所能享受的同一项偏僻地区倾斜待遇也会出现一定的差别……上述依据客观因素对偏僻地区进行的级别划分以及计算标准的制定，摆脱了管理层等主观因素对级别划分的“偏颇”。以日本各地区的实际情况为基础计算出的偏僻地区倾斜待遇额度，体现了对教师的差异化待遇，在保证公平的基础上实现了效率的最大化。

日本偏僻地区教师倾斜待遇政策规定的详尽与完善，佐证了动态管理在该政策实施过程中的重要性。任何政策都面临着时效性和地域性问题，不可能一成不变。在偏僻地区教师倾斜待遇政策的推进过程中，需要在动态管理的视域下，对政策的实施开展调查分析，尽可能收集与之相关的数据，并对其实施效果做出及时的评价和反馈，最后对政策进行相应的调整与完善。

参考文献：

[1]［6］［7］［9］［10］［16］へき地教育振興法 .［EB/OL］.（2016-12-10）［2016-12-10］.https：//elaws.e-gov.go.jp/document?lawid=329AC0000000143.

［2］［14］へき地教育振興法施行規則 .［EB/OL］.（2016-12-10）［2016-12-10］.https：//elaws.e-gov.go.jp/document?lawid=334M50000080021.

［3］［4］臧佩红 . 战后日本女子教育的发展及启示［J］. 南开学报（哲学社会科学版），2012，(2)：85-91.

［5］参議院 . へき地教育振興に関する决議［EB/OL］.（2016-12-10）［2016-12-10］.https：//www.sangiin.go.jp/japanese/san60/s60_shiryou/ketsugi/016-29-1.html.

［8］任琳琳、邬志辉 . 国外实施“艰苦偏远地区教师津补贴政策”状况分析［J］. 比较教育研究，2013，(3)：99-104.

［11］へき地教育振興法施行令 .［EB/OL］.（2016-12-10）［2016-12-10］.http：//www.roppou.markpoint.jp/%E6%9D%A1%E6%96%87/%E3%81%B8%E3%81%8D%E5%9C%B0%E6%95%99%E8%82%B2%E6%8C%AF%E8%88%88%E6%B3%95%E6%96%BD%E8%A1%8C%E4%BB%A4.html.

［12］離島振興法 .［EB/OL］.（2016-12-10）［2016-12-10］.https：//elaws.e-gov.go.jp/document?lawid=328AC1000000072.

[13] 過疎地域自立促進特別措置法 .[EB/OL].(2016-12-10)[2016-12-10].https：//hourei.net/law/412AC1000000015.

[15] 熊本県へき地手当等に関する規則 .[EB/ OL].(2016-12-10)[2016-12-10].https：//www1.g-reiki.net/kumamoto/act/print/print110001144.htm

[17][20] 高益民 . 从工资制度看日本教师的优遇政策[J]. 比较教育研究, 2012, (8): 1-7.

[18]付淑琼、高旭柳 . 日本教师定期轮岗制的经济保障制度及对我国的启示[J]. 教师教育研究, 2015, (1): 103-108.

[19] 斉藤泰雄 . へき地教育振興のための政策と取り組み[J]. 国際教育協力論集, 2004, 7(2): 25-37.

[21] 職員の平均給与月額初任給などの状況[EB/OL].(2016-12-10)[2016-12-10].https：//www.pref.ehime.jp/h10700/1232/documents/kyuuyokohyor204-02.pdf.

（作者陈君系华北理工大学外国语学院副教授；闫静系华北理工大学外国语学院硕士研究生。）

澳大利亚中小学教师流动管理制度特色透视
——以昆士兰州为例

汪丞

导读：澳大利亚昆士兰州中小学教师流动制度体系完善，实施程序严密，能充分调动相关各方参与流动的积极性，具有鲜明的特色。概言之，政策宗旨能兼顾政府、学校和教师利益诉求的平衡，调动相关各方参与流动的积极性；教师流动政策法规体系健全，并能与其他法规有效衔接；实行流动积分制度，确保教师流动过程公平；设置流动申诉制度，保障教师合理的流动诉求；注重偏远地区流动激励，多途并举吸引教师任教。

教师流动是世界各国中小学教师管理中的普遍现象。澳大利亚昆士兰州基于其独特的地理人文环境和教育体制对中小学教师流动管理做了有益探索，形成了特色鲜明的教师流动制度体系，设有教师流动计分制度、流动安置制度、流动申诉制度等，教师流动程序严密，能兼顾政府战略、学校利益以及教师流动诉求的平衡，以充分调动相关各方参与流动的积极性。

一、澳大利亚教师流动制度的宗旨

教师流动，是指教师自愿申请或接受流动命令而产生的工作调动。由于澳大利亚公立中小学教师的身份是国家公务雇员，因此，教师流动隶属于公职人员职位转任的范畴。昆士兰州教师流动相关法律规定，教师获取终身教职的条件之一，是能在需要的时候在州内任何一所公立学校任教。因此，参与流动是澳大利亚中小学教师的法定义务。

澳大利亚实行教师流动制度的基本目的主要有两个方面。其一，促进师资均衡配置，缩小不同地区和学校间教育发展水平的差距，实现教育公平。由于澳大利亚各地经济社会发展水平差异悬殊，各州（特区）之间、各州内部不同地区之间、不同学校之间以及不同民族之间教育发展水平差距巨大。澳大利亚联邦、各州都实行教育机会均等政策。因此，缩小教育差距，促进教育公平，就成了澳大利亚各级政府发展教育事业的一项重要任务。关注弱势地区、扶助薄弱学校，优化弱势地区师资配置，就成了澳大利亚重要的教育政策方向。1999 年，联邦政府发表《阿德莱德宣言》，将创造卓越与促进弱势群体教育机会平等设定为 21 世纪学校教育发展的国家目标[1]。2009 年，实施以“平等”为核心理念的“为澳大利亚而教（*Teach for Australia*）”项目[2]。实行教师流动制度，促进师资均衡配置，被联邦各州视为促进教育均衡发展的重要举措。如昆士兰州 2019 年颁布的《教师全员流动》（*Teacher Workforce Mobility*）提出，保持教师队伍的流动性，对州内所有公立学校提供高质量的教师队伍，进而向学生提供优质教育至关重要。通过流动，能在所有地区安置优质教师，并跨校分享学校持续改进的创新实践经验，有利于整体提升学校教育质量。其二，激励教师成就动机，促进教师专业技能持续提高。昆士兰州提出，让所有教师通过流动在农村、偏远和复杂地区开展广泛的教学实践，有助于丰富其执教经历，帮助教师积累多样化的专业经验，也使处在职业生涯不同阶段的教师能够不断反思教学的有效性，避免职业倦怠，致力于终身学习和持续专业发展，以满足不同学生的学习需求[3]。

二、澳大利亚昆士兰州教师流动与安置

（一）教师流动类型

澳大利亚中小学教师流动诱因较为复杂。为了兼顾不同流动主体的流动诉求，昆士兰州设置了多种教师流动类型。从总体上看，可分为全职教师流动和兼职教师流动，包括学校教师和职员。涉及的人员具体有：全职教师和长期兼职教师、获州 1、2、3 级教学奖的教师（包括资深的和经验丰富的高级教师）、持有教师资格证的器乐指导者（长期雇员）、社区教师和助教。其中，全职教师流动分为常规流动和年中流动（Mid-year transfers）两类。常规流动类型则有：必要性流动（Required transfer）、申请式流动（Requested transfer）和同情流动（Compassionate transfer）。

1. 必要性流动

必要性流动，是指任何一名教师在政府认为必要的时候都可能接到流动指令而且必须参与流动，除非能拿出令主管部门认可的合理的拒绝理由。这里的“必要时候”主要包括：（1）满足全州范围内学校对员工的需求；（2）为积累高流动积分并提出申请式流动的教师在其首选地区创建职位空缺；（3）为丰富教师的教学经历，助其积累教学经验；（4）某一教师在一所学校或一个地区工作太久被视为不合理而需安排流动。必要性流动对教师在一校任职最低年限并无要求。教师一旦收到流动命令，就意味着调动生效。为确保师资调配的合理性，安排流动时，要坚持公平与均衡的原则。在通盘考虑学校对师资需求的同时，充分考虑教师既往的工作经历，特别是在农村和偏远地区任教的经历。同时还要考虑教师的个人生活，流动意愿及流动的正当性等。一般情况下，主管部门将尽量根据教师提交的流动志愿申请表，将其安排至首选志愿服务地区或者在合理距离之内（从教师居住地到指定学校的车程在 50 分钟之内的距离视为合理距离），并尽力安置到与其流动意愿及专业技能相匹配的职位。

2. 申请式流动

申请式流动，是指教师在一所学校连续任职达最低服务年限后，可以向州教育厅地区办事处人力资源部申请流动到其他学校任职。任期是流动申请时必须满足的基本条件。其中，在边远地区 7 级学校最低任职期限为 2 年，其他学校一般最低为 3 年（申请到流动等级高的地方例外）。具体标准如下：在同一流动等级为 1 的学校的同一职位 6 年；在同一流动等级为 2 或 3 级的学校的同一职位 4 年；在同一流动等级为 4 或 5 级的学校的同一职位 3 年；在同一学校的同一职位 2 年，申请流动到等级为 6 或 7 级的学校；在同一学校的同一职位 2 年，申请流动到等级为 4~7 级的学校；因学校失去了某一职位资格而导致离职的，申请重新获得职位，则不受最低服务年限限制[4]。

然而，具备流动资格并提出申请并不能保证教师就能依其所愿流动成功。流动积分是决定教师是否具有流动申请受理相对优先权的基础。昆士兰州教师流动申请受理的先后顺序，具体

依据教师以往服务学校及任教年资所累积的流动积分、教师本人申请的流动志愿区（包括行政区域和地理区域偏好）及志愿填补教学领域的职缺情况、教师学科教学能力与职缺对教师要求的匹配度等因素，综合考量决定。一般情况下，教师累积的流动积分越高，就越有可能被调往其志愿优先区和教学领域或被优先调动。

申请式流动的具体实施程序如下：①教师填写流动申请表，包括基本信息、既往服务经历、志愿服务地点及职位、申请理由等。②校长等申请者的主管确认并批准申请。相关人员与申请者商谈并提出流动建议，同时审核申请信息，填写、提交验证单，对申请者专业能力提出推荐意见。③人才部门在 14 天内发出确认申请收到的通知，并审核详细信息，确认教师的流动资格。④申请审查小组（ARP）计算教师流动积分（见下文），综合确定流动等级，确认教师流动类型，提出流动建议。⑤流动申请完成，教师被列入流动候选人名单，教师有资格申请公布的任何职位。⑥招聘人才甄选小组根据职缺情况对流动申请人进行岗位适切性评估，确定适宜的流动申请人，并提出流动建议。⑦人力资源代表批准流动建议，人力资源部处理流动事宜，实施流动[5]。

3. 同情流动

同情流动，是指教师个人或其直系亲属因突发困境和其他个人紧迫情境时可以申请的体恤性流动。由于这种流动具有鲜明的照顾性特征，因此，在办理效率上，一般会被视为应急处理，并先于必要性和申请式流动的办理，且不考虑应计流动分和最低任教年限。教师提交申请时，必须同步提交必要的支撑材料。州教育厅地区办事处人力资源团队接受和审批该项申请。同情流动主要有以下两种类型。

特殊困难同情流动（Exceptional hardship）。教师自身或直系亲属因遭遇特殊困难而陷入突发困境时可以申请该项流动。特殊困难的理由包括：匮乏的医疗环境；教师或其直系亲属发生残疾；有已证明的潜在不利因素，如宗教、种族迫害或性骚扰等引发的敌对环境。提交该项申请时，教师必须提供由专科医生开具的专业医学证据（全科医生开具的证据不被认可）。如医学专家建议教师因身体状况需要住在一个特定地区（需要相关证明）或有专家提供医学证据表明，现地点周围环境对于教师的身体状况是一种慢性疾病的催化剂。此外，经教师同意，学区教育局还保留直接联系专科医生的权利，以对需审核的有关情况予以证实。如确认申请情况属于合法范围，将安排教师流动至其他学校。

个人紧迫情况同情流动（Pressing personal circumstances）。教师因个人压力，面临着需要立即处理的窘迫情境时，可以申请该项体恤性流动。这种“个人紧迫情况”包括但不局限于：与工作合作伙伴分离；由超期流动引发的长途差旅要求；不属特殊困难定义的匮乏的医疗条件；合作伙伴因就业目的而流动。当同情流动结束时，教师必须参加必要性流动。

4. 年中流动

年中流动，是指仅在指定的成功伙伴学校之间进行的教师工作调动，旨在促进各校师资的均衡配置。该项流动在每一学年度第二学期开始启动。教师提交该项流动申请时，必须提供适当的资质、经验或能在该校任教的能力证明，并要满足最低任职年限达 2 年或 3 年的要求。安排该项流动时还要考虑同事关系，相关部门将在流动安排过程中尽量将申请人及其就业伙伴安排至同一所有职位空缺的学校。此外，教师还可以申请跨学段年中流动[6]。

（二）教师安置

教师安置（Placement），是指由州教育厅地区办事处人力资源总监或被提名人对特定教师群体参与流动后进行的指定性工作安排，即将参加流动后的教师指定安排至流动等级为 3 级或以下的学校的职位，这些新职位是在教师流动和招聘程序范围之外的。因此，安置是独立于教师流动过程之外的教师工作岗位安排过程。一般主要包括从下列情况中返回教职的教师：因履行家庭责任假；特别假；校际教师交流；在职培训；健康不佳或康复；教育官员（特殊职责）或教育顾问借调从事教育行政工作的；学校规模缩减或关闭；具有专任教师资格而担任兼职工作的。因上述情况流动的教师，在流动假期或任期结束后，现任地区办事处必须进行岗位安置。从休家庭责任假返回的教师应被安置在相当于其离职前地点的学校。兼职教师申请从事兼职工作或重返或恢复全职工作岗位，也属于安置范畴，但要通过教师流动程序并考虑其流动积分[7]。

澳大利亚各州教师流动安置分为学区教师安置（District teacher placement）和中央教师安置（Central teacher placement）两类。其中，学区教师安置办理程序一般如下：教师提交志愿安置申请表；原服务学校校长审核申请材料后签名；将材料递交学区办事处办理安置。学区安置完成之后，如仍有教师职位缺额，则需要由州教育厅负责进行中央教师安置，以兑现各州对教师工作保障的承诺。中央教师安置则不受最低服务 3 年才能流动的限制。教师被安置之后，都可能接到必要性流动的要求[8]。

三、澳大利亚昆士兰州教师流动管理制度的特色

澳大利亚昆士兰州教师流动类型多样，流动法规制度健全，流动机制灵活，特别是能成功地兼顾政府、学校和教师三方的流动利益诉求，注重流动过程的激励性，成功地激发了相关各方参与流动的积极性，保证了教师流动制度体系的良性运转，形成了鲜明的特色。

（一）兼顾政府、学校和教师利益诉求的平衡，调动各方参与流动的积极性

与其他各国的教师流动一样，澳大利亚参与教师流动的政府、学校和教师三方都有各自的流动诉求和动机。从政府层面来看，出于维护教育公平，整体提升教育质量的全局考量，需要安排教师定期在不同层次的学校均衡流动。从学校发展的维度来看，作为一个地区发展差异大的移民国家，澳大利亚人口迁徙频繁，导致各校的生源及课程设置缺乏稳定性，各校的师资需求也因此经常处于变动之中，这客观上要求通过流动来实现学校间教师的余缺调剂。另外，学校也需要通过一定数量的教师定期流动保持学校的发展活力，以整体提升教师资源的使用效益。从教师个体来看，为追求学校所在地便利的自然社会生活条件、良好的工作环境（人际关系与生源条件）、更具竞争力的薪酬待遇和出于对家庭因素的考虑，以及为丰富个人专业实践经历等，教师也有着强烈的向上流动诉求。然而，尽管政府、学校和教师的流动诉求都很强烈，但三方参与流动的动机以及由此衍生的流动意愿并不一致，有时甚至相互对立。如政府鼓励教师向最缺教师的偏贫地区流动，而教师则更希望流向中心城区任职，学校则希望留住优秀教师而不愿意接受新教师和专业水平不高的教师。因此，如何兼顾政府、学校与教师个人的流动利益和诉求，协调双向均衡流动与单向上位流动的矛盾，以实现师资合理配置，这是教师流动制度设计中一个无法回避且必须妥善解决的问题。它要求政策的设计既要体现政府意志和学校发展的需要，又不能完全漠视庞大的政策目标群体教师个人的流动诉求。否则，就容易遭遇政策执行群体的软抵抗而使政策扭曲变形走样，进而影响执行效果。昆士兰州教师流动制度既促进了教师合理流动，又在一定程度上限制了教师不合理流动，成功地解决了这一难题，形成了鲜明的特色。

第一，设置多种流动类型，兼顾政府需求与教师个人的流动意愿。昆士兰州法律规定，流动既是教师的一项法定义务，同时也是教师的一项基本权利。为此，该州设置了多种教师流动

类型。除了必须参加体现政府意志的必要性流动外，教师还可以遵照个人意愿提出申请式流动、同情流动、年中流动。甚至教师接到流动指令时，如对流动安排不满意，还可以进行申诉，提出延期流动或拒绝流动。即使是参加必要性流动，政府安排时也要充分考虑教师个人生活及流动意愿，并尽量安置到与其专业技能和意愿相匹配的职位或其首选区域。

第二，实行流动积分制度，限制教师的不合理流动。为了避免教师一窝蜂似的追求上位流动和过度流动，昆士兰州主要采取了三项举措。首先，设定在一所学校的最低服务年限（2 年或 3 年），作为教师流动申请的基本条件。其次，实行流动积分制度。教师只有先参加体现政府意志的必要性流动，才能获得流动积分；连续在一校任职一定年限，累积一定的流动积分，才能获得流动申请资格。具备流动资格并不一定能保证申请成功，而是积分高者优先安排。要尽快获得高积分，必须先参加必要性流动，特别是到偏远贫困地区超期任职。再次，同一教师参加申请式流动与必要性流动交替进行。教师参加一次满足自己意愿的申请式流动或同情流动或安置之后，流动积分清零，必须参加新一轮必要性流动，以累积积分，为参加下一轮申请式流动创造条件。这种不同类型流动的循环交替，妥善处理了政府、学校与教师个人流动意愿不一致的矛盾，在教师履行流动义务的前提下，实施和参与流动的各方都能通过教师流动在不同阶段实现自己的流动诉求。

第三，经费资助，引导教师合理流动。按照《流动和任命支出》（*Transfer and Appointment Expenses*）的规定，教师参加必要性流动，如果需要改变居住地点，政府会给予包括差旅费、住宿费、邮寄打包费、储存费等流动津贴。而对非政府意愿的申请式流动、同情流动，由于对员工采取纪律处分而产生的流动，两名教师之间同意交换产生的流动，因健康原因流动但无法提供医学证明的，除经行政长官批准外，教师均无权获得政府流动经费资助[9]。

第四，设置限制流动的情形，激励教师提升工作绩效。《教师流动指南》（*Teacher Transfer Guidelines*）提出，教师如出现以下情况，将不会被安排流动：工作绩效不佳；正在对其行为进行正式调查；纪律处分正在进行中；试用期及期满后一定年限内。通过这些限制流动的举措，激励教师在流动期间注重工作绩效，提升专业水平[10]。

（二）教师流动政策法规体系健全，并能与其他法规有效衔接

为了规范教师流动，澳大利亚各州（特区）大多制定了完备的教师流动相关法规。昆士兰州教师流动管理法规健全并成功地实现了与其他法规的有效衔接和融合。

第一，制定《教师流动指南》，作为教师流动管理的纲领性法规。该指南的条款主要来源于以下法规：《2008 年公共服务法》[11]，该法案为公共服务部门的行政管理以及公共服务人员的管理和雇用提供了立法框架；《流动和任命支出》[12]和《教育培训和就业厅州立学校教师认证协议 2012》[13]。

第二，制定教师流动单项法规。如《教师流动评级》（*Teacher Transfer Ratings*）、《教师全员流动》（*Teacher Workforce Mobility*）等。

第三，运用其他人力资源管理法规和学校发展计划等法规规范教师流动过程。这些法规主要有：《流动/任命官员的权利》（*Entitlements of Officers on Transfer/Appointment*）、《地理区域》（*Geographic Areas*）、《偏远地区激励计划》（*Remote Area Incentives Scheme*）、《偏远地区救济安置》（*Remote Area Relieving Placements*）、《成功的合作伙伴》（*Partners For Success*）和《卓越学校计划》（*Schools Excellence Program*）。这些法案中的条文，有些直接成为《教师流动指南》的组成部分，有些则成为它的补充部分。

第四，运用其他法规来规范教师流动。如昆士兰州许多偏远的原住民社区实施的《酒精管理计划》（*Alcohol Management Plans*），也适用于这些社区学校教师的任命或流动管理。流动到这些地区的教师必须通过其专题网站了解该计划的相关信息，特别是了解适用于其将要工作的社区的发展计划及一些限制举措，以及履行这些发展计划义务和违反限制将受到的处罚[14]。此外，昆士兰州教师流动法规还能根据教师流动中的新情况与时俱进地加以修订、补充和更新，以保持和提升其法律效力。

（三）实行流动积分制度，确保教师流动过程公平

为了保证流动公平，昆士兰州设计了一套教师流动计分系统。

首先，该系统通过应用流动评级系统确定每所学校的流动等级。所有学校，包括过去 10 年间关闭的学校都被评定了流动等级。流动评级需考虑四方面的因素：（1）偏远性：以距布里斯班（Brisbane）的距离为基础，或者以距图文巴（Toowoomba）或人口超过 8000 的沿海中心城市为基础进行计算。（2）获得社区服务的机会和服务水平：依据距指定服务中心的距离及规模计算。（3）学校环境的复杂性。（4）组织机构人员的配备要求。流动等级分为 7 级，分别赋予不同的流动分数。越是偏远地区，学校流动评级越高，反之越低。其中，1、2 级学校主要是大都会地区或州中心区域的学校，7 级是最偏远地区的学校。评级是通过两个阶段过程得出的。第一阶段使用标准模型和定性数据对社区服务的偏远性、便利性和服务水平进行评估；第二阶段利用区域投入调整第一阶段的成果，以照顾地区差异[15]。

其次，教师根据每所学校的流动等级和服务年限累积流动积分，这是确定流动申请相对优先级的基础。流动积分是根据教师最近 10 个日历年（包括当前学年）在各校服务情况累计的流动积分总数来计算的（见表 1）。计算积分时，需使用以下标准。第一，教师依据不同任职地点获得流动积分。随着新一年服务的完成，教师流动积分会因当前位置流动等级的提升而增加，但同时也会依次减少上一个服务年份的积分数。教师流动时，流动积分将被保留，但以下情况除外：教师被重新安置，或调任或晋升到其他职位；教师流动到流动等级为 3 级或更低的学校；教师参加申请式流动或同情流动时，流动到其首选地区或学校，且流动等级是 3 级或更低时。教师在参与上述情况下的流动后，以往累积的流动积分将清零。不符合教师首选学段要求（小学、中学、特殊学校）但满足其地理偏好的流动将导致其流动积分减少。此后，教师必须参加必要性流动。第二，教师在同一地点和同一职位长期聘任之前的长期、临时、兼职聘任服务，可全额统计流动积分。第三，流动积分计算使用加速计分法，旨在鼓励教师延长在特定学校的任期，以为这些学校提供稳定的师资配置。同时，最大限度地提升潜在流动申请人获得流动到其首选地理区域的前景。具体规定如下：教师在 7 级学校服务 2 年，或在 3~6 级的学校服务 3 年之后，继续在同一学校任职，流动分会在 3 年内加速累计。此后，流动积分的累计速度恢复到之前的水平（见表 2）。如正在加速计分阶段的教师参加必要性流动，将继续以新地点的评级加速累积流动积分。对于其他流动类型，流动积分以服务第一年的速率累计。第四，任职学校流动等级变化的过渡安排。流动期间，教师任职学校的流动等级如发生变化，其过渡安排如下：学校流动评级上升，将从更改生效年度起的较高评级计算教师的流动积分；学校流动评级下降，教师最多可以在 3 年之内（包括评级改变的年份）以较高评级标准累积流动积分。学校评级在每学年开学之日进行修订[16]。

表 1.10 年内各流动等级学校累积流动分计分标准（教师流动计分比率模型）

学校的流动等级 \ 服务年数	1	2	3	4	5	6	7	8	9	10
7 级	11	11	17	20	22	11	11	11	11	11
6 级	7	7	7	10	12	14	7	7	7	7
5 级	5	5	5	7	8	10	5	5	5	5
4 级	4	4	4	6	7	8	4	4	4	4
3 级	3	3	3	4	5	6	3	3	3	3
2 级	2	2	2	2	2	2	2	2	2	2
1 级	1	1	1	1	1	1	1	1	1	1

表 2.10 年内教师流动积分的累积增长标准

学校的流动等级 \ 服务年数	1	2	3	4	5	6	7	8	9	10
7 级	11	22	39	59	81	92	103	114	125	136
6 级	7	14	21	31	43	57	64	71	78	85
5 级	5	10	15	22	30	40	45	50	55	60
4 级	4	8	12	18	25	33	37	41	45	49
3 级	3	6	9	13	18	24	27	30	33	36
2 级	2	4	6	8	10	12	14	16	18	20
1 级	1	2	3	4	5	6	7	8	9	10

表 1 表 2 资料来源：Transfer points guideline for relocation of classified teachers （school leaders and heads of program）［EB/OL］.（2014-02-01）［2014-05-01］. http：//www. deta. qld. gov. au/ about/working/teacher-transfer-guidelines.html-.

（四）设置流动申诉制度，保障教师合理的流动诉求

1. 申诉类型

为了保障教师流动的合理诉求，昆士兰州设立了完备的教师流动申诉机制，共设有四种申诉类型：申请拒绝必要性流动、申请不流动、申请延期流动和申请休假四类。所有申诉必须基于合情合理的理由。

申请不参加必要性流动。教师如果对即将参加的必要性流动持有异议，可以上诉至州听证会。州劳资关系委员会将根据《2008 年公共服务法》第 134 条对其进行审议。审理通过，教师可以拒绝流动。承认教师不接受流动到特定学校理由的合理性，并不排除将教师安排流动到另一所学校。

申请不流动。教师如果对流动安排结果不满意（即不接受流动），可以与现任校长协商。协商之后仍有疑虑，教师有权向州教育厅地区办事处提出复审不流动申请。如果对地方层面的复审结果仍不满意，教师还有权寻求通过外部机构（如反歧视委员会、司法审查等）进行复审。

申请延期流动。教师被确定参加必要性流动后，还可以要求延期。

申请休假。已被告知即将在下一学年流动但尚未到新校任职的教师，可以向新调往学校提交在下一学年休假的申请，并将申请呈递学校所在地的地区办事处。

2. 申诉结果

教师在规定时间内提交流动申诉后，根据审查要求，地区办事处将召集一个至少由两名成员组成的审议小组（ARP），负责审查教师的流动申诉。审议小组将对照教师流动准则，以彻底、公平、公正的方式评估每一项审查申请及支撑材料，并决定申诉结果。

确认不流动的决定。如果审查结果为确认不流动的决定，则撤销流动命令，教师将继续留在现任职学校或必要时被安排至同一地区的另一所学校。

搁置所申请的不流动和另一个替代决定。如果审查结果为搁置所请求的不流动决定，地区人力资源团队将共同决定教师应流动去的另一所学校。

确认流动决定为必要性流动。如果确认流动决定为必要性流动，那么教师必须参加流动。

确认延期流动或拒绝。如教师延期流动申请被批准，教师流动可延迟，但教师需设立延期流动时间表。如被拒绝，可能会在申请式流动和必要性流动之前被安排下一个流动，也不排除将教师所需的延期流动安排至不同于原定地点的其他地点。

确认休假或不准。如果教师在通知调动前获准休假，则有权休假。

当审议小组通知教师审议结果时，必须向教师提供一份书面陈述，说明作出审议决定时所依据的信息以及如何作出决定的依据[17]。

（五）注重偏远地区流动激励，多途并举吸引教师任教

为了鼓励教师流动到偏远地区任教，昆士兰州制定了一系列激励措施。

1. 制定专项激励方案：《偏远地区激励计划》

流动到 4~7 级地区的教师，均可申请。教师偏远地区流动津贴 / 奖励标准与学校评级密切相关，学校评级越高，即越是条件艰苦的偏远地区，教师补贴标准越高。具体激励类型有：地区津贴；差旅补偿金；偏远地区奖励金；流动经费资助；家庭资助；特别奖励金；住房补贴；特定地区（原住民地区）奖励金；税收优惠与减免；额外假期[18]。激励类型不仅多样，且待遇十分优厚。如在布卢姆菲尔德河州立学校（7C）任教的教师，每年可获 3000 澳元的补偿金、6000 澳元的奖励金以及 2744 澳元的地方津贴。仅此三项，每年就多收入 11744 澳元。如教师家庭随迁，则可另获 3000 澳元的补偿金，6000 澳元的奖励金，6750 澳元的受养人福利，以及 5489 澳元的地方津贴，每年可额外收入 21239 澳元[19]。

2. 为新流动到偏远贫困地区的教师提供专门的入职培训计划

从 2019 年起，昆士兰州为所有新流动到 6~7 级学校的教师提供集中培训的机会，旨在提高教师对当地社区学校的认识，全面了解偏远地区的教学和生活，帮助教师掌握适宜当地社区学校的教育学、课程知识及教育举措[20]。

3. 设立 2020 奖励金

该奖金用于奖励那些在国家重点发展区域如贫困社区、偏远地区和学科教师紧缺地区工作的教师[21]。

4. 降低偏僻地服务期限

教师在偏远地区最低服务年限较其他地区减少 1 年，仅为 2 年。任期结束后，政府将保证安置其返回原工作地区和职位，并增加其获得终身教职的机会。这些激励措施，对确保偏远地

区获得相对稳定的师资配置起到了重要的保障作用。

参考文献：

[1] Adelaide Declaration on National Goals for Schooling in the 21st Century(1999). Year Book Australia, 2001 [EB/OL]. (2001-01-25) [2019-07-25]. http: //www. abs. gov. au/ausstats/abs@. nsf/featurearticlesbytitle/A0C19C769B9B284BCA2569DE002539EE?OpenDocument.

[2] Teach for Australia [EB/OL]. (2009-01-01) [2019-07-01]. https: //www. teachforaustralia. org/about-us/why-we-exist/.

[3] Teacher workforce mobility [EB/OL]. (2019-02-13) [2019-07-01]. http: //ppr. det. qld. gov. au/pif/policies/Documents/Teacher-workforce-mobility-policy. pdf2019-02-13.

[4] [5] Relocation-of-classified-teachers-(school-leadersand-heads-of-program). pdf [EB/OL]. (2014-02-01) [2019-07-01]. http: //ppr. det. qld. gov. au/corp/hr/hr/Procedure%20Attachments/Relocation%20of%20School%20Leaders%20and%20Heads%20of%20Program/Relocation-of-classified-teachers-%28school-leadersand-heads-of-program%29. pdf.

[6] Recruitment of classified teacher positions(school leaders and heads of program). pdf [EB/OL]. (2019-02-08) [2019-06-25]. http: //ppr. det. qld. gov. au/corp/hr/hr/Pages/Recruitment-Process-Classified-Teaching-Positions. aspx2019-2-8.

[7] [10] [17] Teacher transfer guidelines. [EB/OL]. (2014-02-01) [2014-05-01]. http: //www. deta. qld. gov. au/about/working/teacher-transfer-guidelines. html#mid-year.

[8] 周甜，袁顶国．澳大利亚的教师迁调制度及其对我国的启示[J]. 教育理论与实践，2014(16)：33.

[9] Transfer and Appointment Expenses [EB/OL]. (2011-11-01) [2019-06-25]. https: //www. forgov. qld. gov. au/system/files/documents/2011-11-transfer-appointment-expenses. pdf?v=1447991953. 2011.

[11] Public Service Act 2008 [EB/OL]. (2008-03-08) [2019-06-01]. https: //www. legislation. qld. gov. au/view/html/inforce/current/act-2008-038.

[12] Transfer and Appointment Expenses [EB/OL]. (2011-11-01) [2019-06-25]. https: //www. forgov. qld. gov. au/system/files/documents/2011-11-transfer-appointment-expenses. pdf?v=1447991953.

[13] Department of Education, Training and Employment State School Teachers' Certified Agreement 2012 [EB/OL]. (2012-05-06) [2019-06-01]. http: //www. qirc. qld. gov. au/resources/pdf/certified_agreements/cert_agreements/2012/ca562_2012. pdf.

[14] CLOUGH A R, FITTS M S, ROBERTSON J A, et al. Study Protocol- Alcohol Management Plans (AMPs) in remote indigenous communities in Queensland: their impacts on injury, violence, health and social indicators and their costeffectiveness [J]. Bmc Public Health, 2014, 14(1): 15.

[15] Transferratingsystem-Method of calculation guideline [EB/OL]. (2014-02-01)

［2019-06-01］. http：//ppr. det. qld. gov. au/corp/hr/hr/Procedure%20Attachments/Relocation%20of%20School%20Leaders%20and%20Heads%20of%20Program/Method%20of%20Calculation%20Guideline. DOCX.

［16］Relocation of classified teachers (school leaders and heads of program)［EB/OL］.（2015-08-04）［2019-06-01］. http：//ppr. det. qld. gov. au/corp/hr/hr/Procedure%20Attachments/Relocation%20of%20School%20Leaders%20and%20Heads%20of%20Program/Relocation-of-classified-teachers-(school-leaders-and-heads-of-program). pdf.

［18］Remote Area Incentives Scheme［EB/OL］. (2018-10-01)［2019-06-01］. http：//ppr. det. qld. gov. au/pif/supdoc/Documents/rais-guideline. docx2018-10.

［19］［20］Rural and remote incentives［EB/OL］.（2018-01-15）［2019-06-01］. https：//teach. qld. gov. au/teaching-with-us/pay-and-benefits/rural-remote-incentives.

［21］段晓明 . 澳大利亚《纲要》：提高国家生产力，增强社会融合力［J］. 上海教育，2010(8)：72-73.

（作者汪丞系中南民族大学教育学院教授，博士。）

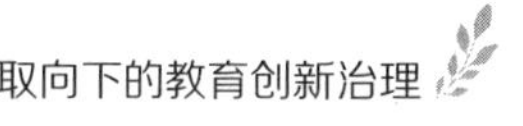

美国促进流动儿童接受高中教育基本经验研究

汪传艳，雷万鹏

导读：为促进流动儿童顺利接受和完成高中教育，美国政府和社会组织采取了一系列措施。主要包括加强招收宣传、创新学校管理模式、提供学业支持、减少转校次数、加强地区合作、帮助辍学生重返校园以及设立高等教育项目。

在美国，流动儿童特指季节性流动农业或渔业工人的子女，主要为墨西哥人、墨西哥裔及中美洲后裔的子女。由于经常在不同学区之间流动，流动儿童面临着课程设置、教学风格、学业标准、时间安排等方面的差异，加上流动时间与传统学年时间不一致、流动记录经常被推迟等原因，美国早期流动儿童接受高中教育的情况不甚理想[1]。自 2001 年美国流动教育办公室将帮助流动儿童完成高中教育确定为“流动教育项目”（MEP）的最终目标以来，美国政府和社会各界开始广泛关注流动儿童的高中教育问题，制定和实施了一系列政策措施，显著地提高了流动儿童高中毕业率。美国国家教育统计中心数据显示，年龄在 16~24 岁离开学校且未获得高中文凭的西班牙语流动人口比重从 2000 年的 27.8% 下降到 2012 年的 12.7%。其中，出生在美国以外以及出生在美国的第一代、第二代西班牙语移民的辍学率分别为 24.7%、8.8% 和 8.6%[2]。

一、重视招收宣传：提高流动儿童高中入学率

（一）充分发挥 MEP 项目作用，准确识别和招收流动儿童

准确识别和招收流动儿童是促进流动儿童接受高中教育的先决条件。由于寻找流动儿童的难度较大，这项工作并不由学校进行，而是由 MEP 项目负责。MEP 项目是美国为解决流动儿童教育问题设立的最早的教育项目，由美国教育部设立的专门处理流动儿童教育事务的机构——流动教育办公室负责管理。2000 年，流动教育办公室启动了“识别与招收特别行动计划”（Identification and Recruitment Initiative，ID & R），其主要任务是确定流动儿童的存在与位置，向流动儿童及其家长宣传 MEP 项目，获取证明流动儿童身份的资料以及将符合条件的流动儿童纳入项目里，旨在通过这些措施帮助流动儿童提高学业水平和完成高中教育。从责任划分上看，流动教育办公室负责网络的建设与维护、提供资金支持、宣传以及更新和完善联邦政策，州教育部门则负责识别和招收州内所有符合条件的流动儿童[3]。各州获得的 MEP 项目资金取决于每年招收的流动儿童数量。

（二）加强高中招生宣传工作，保障流动儿童的受教育权

提高流动儿童高中入学率的另一个有效途径是进行高中招生宣传。2002 年，美国教育部发布了一份《公立学校选择》的政策指南，将其作为《2002~2007 年教育发展战略规划》的配套文

件。根据规定，各地政府及学校须为家长提供择校信息，帮助家长实现跨学区择校[4]。在这一政策背景下，美国地方政府积极开展高中招生宣传工作，最大可能地招收流动儿童入学。如纽约市通过向初中生发放《高中指南》和《特殊高中学生手册》、介绍高中课程、举办高中之夜活动、高中学校展览会以及参观活动等途径进行高中招生宣传。德克萨斯州向 7 至 12 年级的流动儿童家长发放《流动儿童家长信息指南》，全面介绍德州的流动儿童教育项目、学校课程要求、双语教育项目以及高等教育项目等内容，帮助流动儿童家长深入了解当地的教育系统，促使家长在促进流动儿童接受连续性教育的共同努力中更为积极、负责地承担责任[5]。这些措施对推动流动儿童接受高中教育起到了重要作用。

二、强化过程管理：提高流动儿童高中巩固率

（一）创新学校管理模式，降低流动儿童的辍学率

有研究表明，密切辅导和监督学生是流动教育项目成功的关键[6]。在高中阶段，有三类富有成效的防辍学项目。其中，明尼苏达州州立大学设立的“检查与联系”（Check & Connect）项目是最具强有力证据的项目[7]。该项目招募受过系统培训的大学毕业生或社区人士作为学生的监督者，他们定期考查学生的出勤、行为及学习等在校表现情况，对有特殊需求的学生进行强化干预，并与教职工、家长和社区组织建立合作关系，以促进具有学习和行为障碍的学生积极入学学习。该项目承诺为经常转校、处于高流动状态的学生提供不低于两年的持续性服务，确保这些学生离开最初的项目地后不至于失去这些服务。诸多实证研究表明，“检查与联系”项目成效显著。如辛克莱（Sinclair）等人对 9 年级学生的调查发现，实验组的学生比控制组更容易被高中录取（91%：70%），更可能留在学校而没有超过 15 天的缺勤记录（85% ：64%），以及在 5 年内毕业（68% ：29%）[8]。

另一项有效降低学生辍学率的干预措施是“职业学院”（Career Academies）模式。该模式有三个典型特征：一是其组织结构是一种“校中校”模式，将经济欠发达城市地区规模较大的高中改建成较小的学习型社区，旨在营造个性化的学习环境（通常招收 9 至 10 年级的学生，规模为 150~200 名学生）；二是围绕健康科学、法律、商业与金融、工程等职业主题将学术课程与职业课程相结合，由固定的教师上课；三是与地方雇佣单位建立合作关系以培养学生的职业意识和提供以工作为基础的学习机会[9]。与单纯的防辍学措施相比，这种模式在促进学生做好职业准备和获得高等教育机会方面起到了积极作用。美国人力示范研究公司（MDRC）对“职业学院”模式的长期跟踪研究表明，在第 12 年级，实验组 40% 的学生修满高中学分，而控制组只有 26%；在高中毕业后的 8 年内，实验组学生年均收入比控制组学生高 11 个百分点[10]。

“天才开发高中”（Talent Development High Schools，TDHS）模式也是一种学校重组模式。这种模式兴起于 20 世纪 90 年代，最早由约翰 · 霍普金斯大学的高危学生教育研究中心设立。该模式主要针对学生出勤率低、行为表现差、辍学率高的高中，旨在通过重组学校、课程改革、鼓励家长和社区参与等措施提高学生的投入时间和学业水平。“天才开发高中”模式有两种组织模式：一种是吸收并引进“职业学院”模式，将其作为两种组织模式之一；另一种是“黄昏学校”（Twilight School）模式。“黄昏学校”是为具有严重纪律和出勤问题的学生提供的一种课后、短期非传统项目，开课时间是下午 3 点至 6 点，学校教师加班辅导学生的学习，辅导员和社会服务者则负责指导学生掌握处理问题的技巧[11]。如今，“天才开发高中”模式已覆盖美

国15个州的43个地区，对促进包括流动儿童在内的处境不利的学生顺利完成高中教育起到了重要作用。

（二）提供学业支持，提高流动儿童的学业水平

为帮助流动儿童在流动过程中修满学分和取得较高的学业成绩，美国地方教育局通过开办虚拟学校进行信息化授课。信息化授课模式主要有以下几种类型：一是虚拟高中（Virtual High School，VHS）。虚拟高中是一个会员制的补充项目。每个学校提供一位课程教师和一位网络协调者，每位课程教师教授一个在线班级，网络协调者负责管理和监督学生的上课情况。二是佛罗里达州虚拟学校（Florida Virtual School，FLVS）。对于既定的课程，佛罗里达州虚拟学校允许学生根据自身需求选择不同的授课进度。佛罗里达州以外的学生同样可以免费学习这些课程。三是绩效学习中心（Performance Learning Centers）。绩效学习中心是为高辍学风险学生提供的个性化学习项目。这种方式将灵活的在线学习与以关系为中心的教学方式相结合，为学生提供更小范围、更加个性化的学习环境。四是加利福尼亚大学预备学校（University of California Prep）。加利福尼亚全州范围的虚拟项目与当地高中建立合作关系，以便学校工作人员能跟踪学生的在线学习过程，监督考试，并为学生提供必要的支持[12]。

学校层面在提高流动儿童学业水平方面也做出了不少努力。首先，积极响应各类流动教育政策。如适应经常性流动的学分交换项目、预防学生辍学的监督课程学分项目、适合秋季晚到和春季早退流动学生的学分完成项目、避免不必要缺席的学校内部备选方案等。其次，实施教职员发展项目（Staff Development）。教职员发展项目属于全国性的培训项目，通过为教师提供相关领域的大学课程学习机会，如矫正阅读、非母语英语课程、西班牙语和文化差异等课程，促使教师在流动儿童教育教学方法方面受到良好培训。再次，积极促进家长参与。家长参与是学生成功的强指示器。为促进家长积极参与流动儿童教育，学校以家长所使用的语言印发学校通知，培养双语职员，并提供促进家长、学生、教师和管理者进行有效交流的沟通方式。最后，学校还为满足流动儿童的各类需求提供尽可能的支持。流动教育工作者需满足流动儿童在课表、考试、学分获得以及特别辅导等方面的需求，并使管理者知悉这些需求，这是高中阶段流动教育工作者面临的最具挑战性的任务[13]。除此之外，教师还使用各类非传统教学方法，如合作小组、同伴辅导等方式促进流动儿童完成学业。如为刚进入高中的流动学生提供的“12人小组计划”（Twelve Together），由受过正式培训的成人志愿者每周为流动学生组织一次课后讨论、家庭作业辅导、大学校园出游以及一年一度的周末静修活动。戴那斯奇（Dynarski）对该项目为期3年的追踪研究发现，实验组学生的辍学率是8%，而控制组为13%[14]。

（三）采取必要措施，确保流动儿童教育的连续性

诸多研究表明，流动性是流动儿童取得高中文凭的障碍之一[15]。因而，促进流动儿童接受和完成高中教育的直接措施在于减少学生的流动。美国一些地区通过向家长印发宣传材料、为教师提供支持等措施，减少流动儿童的转校次数。如芝加哥的“保留在原处”（Staying Put）运动，通过为教师提供课程计划和用于获取流动学生信息的资料、鼓励教师为每位学生建立档案、向家长印发宣传手册等措施，减少学生在学校间的流动[16]。芝加哥综合社区学校为流动儿童提供学业、情感和课余生活服务，鼓励家长及其他利益相关者参与和监督流动儿童的教育，对减少学生流动也起到重要作用[17]。明尼阿波利斯市和明尼苏达州，来自不同教育机构和社区组织的地区规划者和研究人员共同制定了“小孩流动计划”（The kids Mobility Project），通过社区

论坛、研讨会、印发宣传材料等方式将有关信息送到家长手中，了解学生的流动可能性，为每个学生制订上学目标[18]。此外，还有一些其他降低学生流动性的途径。如休斯敦社区要求房东将租赁合同定于7月1日至次年6月30日，韦恩堡社区学校为搬到其他社区和居住临时住房的学生提供接送服务，以保证学生在整个学年能留在同一个学校[19]。

加强地区间的合作与协调以促进流动儿童教育顺利衔接，也是促进流动儿童教育连续性的有效途径。为解决学分问题，美国流动教育办公室于1973年设立了便携式学习连续性辅助项目（The Portable Assisted Study Sequence Program，PASS）。该项目主要服务于高中流动儿童，课程设置与学校课程一致，以帮助流动儿童在流动过程中完成课程学习、获得毕业要求的学分或解决时间安排问题[20]。一些地区扩大了PASS项目的服务对象，为7至8年级的初中生提供学分服务，被称之为Mini-PASS项目。为解决流动儿童信息传递问题，流动教育办公室于1995年建立了流动学生信息转移系统（Migrant Student Record Transfer System，MSRTS）。随后，很多州都开发了区域性的流动儿童数据电子系统，如德克萨斯州的新一代系统（New Generation System，NGS）。2001年，“不让一个孩子掉队”法案颁布后，流动儿童教育办公室实施了“流动学生信息交换系统”（The Migrant Student Information Exchange，MSIX）。该系统整合现有的信息系统，为美国所有州提供信息服务，以确保全国范围内的流动儿童能够被及时地招收、安置和获得学分[21]。

三、设立延伸项目：提高流动儿童高中毕业率

（一）设立二次机会项目，帮助辍学生重返校园

为提高流动儿童高中毕业率，美国教育机构设立了一些“二次机会”项目，帮助辍学生重返校园。其中，较为突出的是美国流动教育办公室设立的“高中同等学历教育项目”（High School Equivalency Program，HEP）以及各地成立的“非传统学校”（Alternative Schools）。“高中同等学历教育项目”是一项由联邦政府资助的流动教育项目，主要为18岁至21岁的辍学生提供服务，每年服务7000多名流动学生[22]。该项目将课程学习与职业培训相结合，免费向学生提供课程，学生可以修读全日或半日课程，毕业后获得普通教育发展证书（GED）。据统计，2016年，70.3%的HEP参与者获得了高中同等学历文凭，79.9%的该文凭获得者进入了高等教育院校，获得了更好的就业机会或参军[23]。

“非传统学校”旨在为有特殊需要的学生提供独立的学习环境。不同地区在对“非传统学校”的定义、实施方式以及服务对象的界定上存在一定的差异，但主要招收成绩差、逃学、辍学、怀孕或已做父母的高危学生。绝大多数州为毕业生颁发正规文凭，但也有一些地区发放经修订的证书、GED或就读证明[24]。以纽约市为例，纽约市当前的“非传统学校”主要有三类：转校生学校（Transfer Schools）、青年补习中心（Young Adult Borough Centers，YABC）以及加速成功学校（Accelerated Achievement Schools）。“转校生学校”是让高中学业落后或已辍学的学生重新投入学习的小型学术型全日制高中。其招收对象是16~21岁或至少完成1年高中学业的学生。学校有严格的学业标准和适应个人需要的学习环境，学生通过独立的入学程序直接申请入学，毕业时获得传统高中文凭。“青年补习中心”旨在满足考虑退学的高中生的需要。招收对象是已进入第5年高中学习，并已经获得至少17个学分，年龄在17.5岁到21岁之间的学生。学生在下午和晚上上课，获得所有学分，并通过所有必须参加的测试之后，便可以从原校

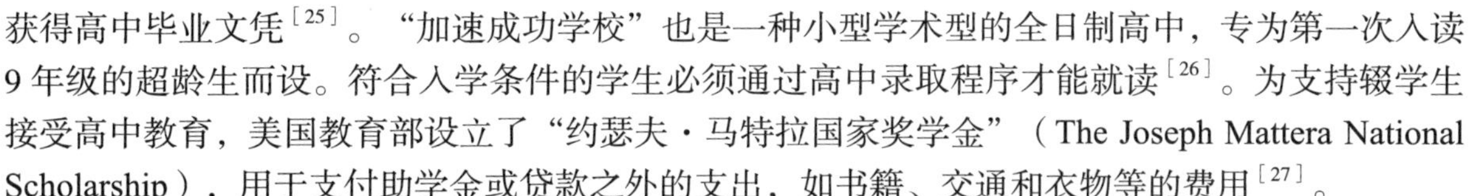

获得高中毕业文凭[25]。“加速成功学校”也是一种小型学术型的全日制高中，专为第一次入读9年级的超龄生而设。符合入学条件的学生必须通过高中录取程序才能就读[26]。为支持辍学生接受高中教育，美国教育部设立了“约瑟夫·马特拉国家奖学金”（The Joseph Mattera National Scholarship），用于支付助学金或贷款之外的支出，如书籍、交通和衣物等的费用[27]。

（二）设立高等教育项目，提高流动儿童接受高中教育的积极性

尽管高等教育项目不属于高中教育领域，但它确保了流动儿童教育项目的连续性，激励了初中流动儿童接受高中教育。美国流动儿童高等教育项目主要有三类：大学流动资助计划（The College Assistance Migrant Program，CAMP）、准大学生计划（College Bound）及迷你教师项目（Mini-corps）。“大学流动资助计划”是一项为大学1年级流动新生提供学习、生活和经济帮助的项目，包括学费、食宿费、交通费、生活津贴以及课业辅导、咨询服务等内容。CAMP项目每年服务大约2400个流动儿童，受过资助的学生中大约3/4的人能获得学士学位[28]。“准大学生计划”是一项为高中毕业流动学生提供的暑期项目。流动儿童在高中毕业后的暑期里，可在大学校园学习、工作并获得帮助和指导。有研究表明，超过90%参加该项目的学生在接下来的学期能被大学招收[29]。“迷你教师项目”是向流动儿童提供专职辅导教师以帮助其获得学业成功。辅导教师的录用具有独特的标准：具有流动背景且追求教职的全日制大学生[30]。由于来自流动家庭，熟悉流动学生的生活方式和学习需求，辅导教师对流动项目的参与度较高，更容易成为流动学生的榜样，同时对增进流动学生、教师、家庭成员和社区之间的联系与沟通也起到较大的推动作用。

四、结语

随着城镇化进程的快速推进，我国流动人口呈现长期化、家庭化和稳定化趋势，流动儿童在流入地接受高中教育的问题成为当前我国亟待解决的难题。美国将帮助流动儿童完成高中教育作为国家使命，其在实践中积累的经验，为我国解决流动儿童高中教育问题提供了许多借鉴之处。

首先，完善流动儿童异地升学政策和相关保障制度。与美国积极招收流动儿童相比，我国地方政府基于城市资源承载力、本地考生利益、教育经费等考虑，设置了不同程度的政策性门槛，增加了流动儿童的入学障碍。为保障流动儿童享受平等的受教育权，中央政府应对当前各地的流动儿童入学政策进行科学评估，取缔不合理的入学门槛，建立和落实“钱随人走”的教育经费机制，完善高等学校招生名额分配方式和招生录取模式，建立健全有利于促进入学机会公平的多元录取机制；地方政府应根据城市教育资源承载力和流动儿童变动趋势，积极改建、扩容现有资源，构建以常住人口为基数的城市发展规划。

其次，多方合作构建社会支持网络。美国流动儿童教育非常注重多方合作，几乎所有的项目都有来自大学、教师、家长、企业及非政府组织等不同主体的支持。我国的一些准政府组织及社会机构也成立了各类流动儿童关爱组织，但却未形成系统、稳定、具有广泛影响的支持网络。流动儿童教育问题是我国城镇化进程中出现的一个社会性问题，需要社会各界的通力合作：充分发挥大学的引领作用，鼓励大学牵头兴办并推广具有持久性的教育项目；加强对教师的流动儿童教育教学方法培训，鼓励教师对流动儿童的学习、行为及情感问题进行干预和指导；加强家校合作，促进家长积极参与流动儿童教育；加强校企合作，通过安排暑期实习、讲授职业

选修课等方式帮助流动儿童树立正确的职业意识，做好初中后的教育选择。

再次，促进流动儿童教育的有效衔接。流动儿童在流动过程中顺利转学、入学是促进流动儿童接受和完成高中教育的关键。这需要从以下几方面入手：一是加强对全国中小学生学籍信息管理系统的使用和管理，及时为无学籍学生、辍学生建立学籍，杜绝以学籍问题为由拒绝接收流动儿童入学的行为。二是关注流动儿童教育需求，积极招收辍学生重返校园。有研究表明，我国 15.6% 的流动儿童没有完成义务教育，15~17 岁阶段的流动儿童仅有半数在接受教育［31］。相对于职业教育或培训，初中流动儿童［32］乃至新生代农民工［33］更偏向于普通学历教育。基于流动儿童的现实处境，准确了解流动儿童初中后教育需求和招收辍学生入学应成为新时期政策的关注点。三是加强政策宣传。通过发放招生手册和宣传栏、媒体宣传等途径向家长介绍当地流动儿童入学政策和招生信息，帮助家长及早做好准备。四是加强省际教育部门的沟通与合作。通过区域性教育联盟共同监控流动儿童就学状况和解决教育衔接问题。

最后，深入推进高中课程改革。当前，应深入推进高中课程改革，开设更多高中选修课，提高课程的选择性和多样性，促进区域内课程资源开发和课程建设的共建共享，以满足不同发展潜质学生的需要。同时，探索实行学分制、走班制和弹性学时等授课模式，以课程改革推动学校特色化发展，以办学特色化促进流动学生全面而有个性的发展。

参考文献：

［1］［13］［29］RASMUSSEN L. Migrant student at the secondary level：issues and opportunities for change［R］. Charleston WV：ERIC Clearinghouse on Rural Education and Small Schools，1988.

［2］STARK P，NOEL A M. Trends in high school dropout and completion rates in the United States：1972-2012［R］.Washington，DC：Nation Center for Education Statistics，2015.

［3］Office of Migrant Education. Migrant Education Identification and Recruitment（ID&R）Initiative［EB/OL］.（2013-09-11）［2021-06-07］.http：//www2.ed.gov / admins / lead / account / identification.html.

［4］冯大鸣 . 美国国家教育战略的新走向 ——《美国教育部 2002~2007 年战略规划》评析［J］. 外国教育研究，2004（01）：28-31.

［5］Texas Education Agency，Texas Migrant Interstate Program. Migrant parent's resource guide to understanding the Educational System Secondary Level（7-12）［R］.Texas：Texas Education Agency Division of Migrant Education，1996.

［6］TYLER J H，LOFSTROM M. Finishing high school：alternative pathways and dropout recovery［J］.The Future of Children，2009，19（1）：77-103.

［7］CHRISTENSON S L，STORM K J，POHL A J. Check & Connect：a comprehensive student engagement intervention：implementing with fidelity［EB/OL］.［2021-06-07］. https：//ici.umn.edu/products/1.

［8］SINCLAIR M F，CHRISTENSON S L，EVELO D L，et al. Dropout prevention for youth with disabilities：efficacy of a sustained school engagement procedure［J］.Exceptional Children，1998，

65（1）：7-21.

［9］KEMPLE J J, SNIPES J C. Career academies: impacts on students'engagement and performance in high school［R］. New York: Manpower Demonstration Research Corp, 2000.

［10］KEMPLE J J, WILLNER C J. Career academies: long- term impacts on labor market outcomes, educational attainment, and transitions to adulthood［R］. New York: Manpower Demonstration Research Corp, 2008.

［11］KEMPLE J J, HERLIHY C M, SMITH T J. Making progress toward graduation: evidence from the talent development high school model［R］. New York: Manpower Demonstration Research Corp, 2005.

［12］TUCKER B. Laboratories of reform: virtual high schools and innovation in public education［R］.Washington, DC: Education Sector Reports, 2007.

［14］What Works Clearinghouse. Accelerated middle schools［R］. Washington, DC: Institute of Education Sciences, 2008.

［15］GIBSON M A, HIDALGO N D. Bridges to success in high school for migrant youth［J］. Teachers College Record, 2005, 111(3): 683-711.

［16］KERBOW D, AZCOITIA C, BUELL B. Student mobility and local school improvement in Chicago［J］.The Journal of Negro Education, 2003, 72（1）：158-164.

［17］AZCOITIA C M. Comprehensive community schools. Chicago style［J］. School Community Journal, 2002, 12（1）：137-141.

［18］BIERNAT L, JAX C. Limiting mobility and improving student achievement［J］. Hamline Law Review, 1999, 23（1）：1-37.

［19］FOWLER-FINN T. Student stability vs. mobility［J］. School Administrator, 2001, 58（7）：36-40.

［20］Conger K I. A content analysis study of portable assisted study sequence mathematics curricular materials for migrant students using the National Council of Teacher of Mathematics Standards［R］. Chicago: The American Educational Research Association, 1997.

［21］Office of Migrant Education. Migrant student records exchange initiative［EB/OL］. (2014-08-26)［2021-06-07］. https: //oese.ed.gov/offices/office-of-migrant-education/migrant-student-records-exchange-initiative/.

［22］Office of Migrant Education. Migrant education- high school equivalency program［EB/OL］.(2014-04-22)［2021-06-07］. http: //www2.ed. gov/ programs/hep/index.html.

［23］U.S. Department of Education, Office of Elementary and Secondary Education, Office of Migrant Education. High School Equivalency Program (HEP) and College Assistance Migrant Program (CAMP) FY 2018 report to congress［R］.Washington, DC: U.S. Department of Education, 2018.

[24] LEHR C A, TAN C S, YSSELDYKE J. Alternative schools: a synthesis of state-level policy and research [J]. Remedial and Special Education, 2009, 30(1): 19-32.

[25] New York City Department of Education. Other ways to graduate [EB/OL]. (2015-11-02) [2021-06-08]. https://www.schools.nyc.gov/enrollment/other-ways-to-graduate.

[26] New York City Department of Education. Additional ways to graduate: High School Diploma and Equivalency Programs 2017-18 [EB/OL]. [2021-06-08]. https://cdn-blob-prd.azureedge.net/prd-pws/docs/default-source/default-document-library/other-ways-to-graduate-english.pdf.

[27] KELLY S, NYE D. YOURS: Youth opportunities and umpteen reasons for school [R]. New York: BOCES Geneseo Migrant Center, 1982.

[28] The National HEP CAMP Association. Background information [EB/OL]. (2015-11-02) [2021-06-08]. http://www.hepcampassociation.org/.

[30] California Department of Education. Migrant Education Programs and Services [EB/OL]. (2015-01-26) [2021-06-08]. http://www.cde.ca.gov/sp/ me/mt/programs.asp.

[31]段成荣,黄颖.就学与就业——我国大龄流动儿童状况研究[J].中国青年研究,2012(01):91-96.

[32] 张绘.我国城市流动儿童初中后教育意愿及其政策含义[J].教育学报,2013(01):111-120.

[33] 汪传艳.新生代农民工教育需求探析[J].教育学术月刊,2012(05):87-90.

（作者汪传艳系华中农业大学公共管理学院博士后研究人员； 雷万鹏系华中师范大学教育学院教授。）

多样态学校发展模式

为何美国“特许学校”教育改革久盛不衰
——兼论公立教育中的政府与市场

魏建国

导读：特许学校运动是发端于20世纪90年代的一项美国教育改革运动，旨在通过市场机制来促进公立教育改革。特许学校已成为美国联邦政府推进公立教育改革的重要政策抓手。美国前任总统特朗普将包括特许学校在内的学校选择设定为最优先的教育事项。特许学校在本质上仍然属于公立学校，其关键特征是将公共资金支持和私人管理相结合，以“责任”换取“自治”。特许学校获得改革创新的空间，从而引发整个公立教育系统形成健康的竞争环境，并最终促成教育的公平与优秀。

美国前任总统唐纳德·约翰·特朗普（Donald John Trump）将包括特许学校在内的学校选择（School Choice）设定为教育领域的最优先事项。2018财政年度美国联邦政府在任意性支出的预算[1]案中将教育部的预算缩减13.5%，同时大幅增加特许学校和其他学校选择项目的资金，其中针对特许学校增加资金1.68亿美元[1]。作为通过运用市场机制促进公立教育改革的重要形式，特许学校再一次引起了人们的广泛关注。发端于20世纪90年代初的特许学校运动（The Charter School Movement），旨在增加家长和学生选择学校的机会；通过要求学校对学生学习结果负责而赋予学校更多的自主权，从而让学校获得改革和创新的空间，进而创新教育理念与教育方法；促进学校间良好竞争环境的形成，从而对整个公立教育系统的改革产生促进和推动作用。这一市场导向的教育改革运动从兴起之日起就迅速发展，直到今天仍然获得美国各级政府和各政治派别的广泛支持，仍然是美国教育改革的热点和重要抓手。奥巴马（Barack Hussein Obama）总统跟随克林顿（William Jefferson Clinton）总统和布什（George Walker Bush）总统，将特许学校作为学校改革的关键组成部分[2]。特朗普总统更是如此，特别提名积极支持特许学校的贝齐·德沃斯（Betsy DeVos）女士担任教育部部长。正如有的学者所言，特许学校不仅是一个时尚，还是美国教育政策的一个显著转折点。特许学校的出现给公立教育提供了新的思路[3]。

一、特许学校运动的起源与发展

“特许”的概念源自20世纪70年代早期。当时，教育家雷·巴德（Ray Budde）提出了这样一个理念：地方学校委员会应当给部分教师特许，以便于他们探索新的教育方法。通过被授予特许，这些教师将免受校长或中央管理人员的干预。这些教师团队将有3—5年的时间在他们

1 美国的联邦预算有强制性（Mandatory）和任意性（Discretionary）的区别。对于获得强制性资金支持的项目，不需要通过年度拨款法获得资金，只需要通过相关的法律规定即可自动获得。而对于获得任意性资金支持的项目，则需要通过每年的拨款法才能获得资金。

认为合适的领域进行探索。巴德的提议在当时没有获得积极回应。1983年，《国家处在危险之中：教育改革势在必行》（A Nation at Risk：The Imperative for Educational Reform）报告发表，当巴德在1988年再次发表相关报告后，他的理念获得了更多的回应[4]。1988年，美国教师联合会（American Federation of Teachers）时任主席阿尔伯特·尚克（Albert Shanker）号召通过“特许学校”或“选择学校”的概念改革整个公立学校系统。尚克将巴德给予部分教师在他们自己学校拥有自主权的项目扩展为教师和学区可以重构整个学校系统。他建议，特许学校应该给予教师提交计划建立他们自己独立、自治公立学校的权利，而不仅仅是给他们在已有的学校建立额外项目的选择权[5]。

通过尚克的努力，巴德在一个学校内部创设自治项目的理念被演化为学区和教师可以重构整个学校的策略。1991年，政策分析师泰德·科尔德里（Ted Kolderie）和乔·纳森（Joe Nathan）在与明尼苏达州政策制定者和其他相关公民的讨论中进一步阐述了特许学校的理念，他们基于尚克的建议，对特许学校的内涵增加了两个方面的内容：第一，教育系统外部的人应被允许申请和运转特许学校；第二，除了地方学区以外的其他公共机构有权授予特许合同，即使是在地方学区反对的情况下。纳森认为，特许学校应通过服务所有学生、保持无宗派性、不根据成绩或其他能力指标挑选学生等特征来维持公立教育的原则。他相信特许学校可以增加适当的竞争成分，同时仍然可以保证所有的学生获得免费和适当的公立教育的权利。1991年，明尼苏达州通过了第一个特许学校法。它体现了由学校委员会控制、对学校进行重构的模式，这最初是由尚克建议的。但是法律也允许现存公立学校之外的特许学校申请者进行申请，这是科尔德里和纳森所设想的。我们可以看到，上述特许学校理念演变的过程是：从在公立学校内部重构一个项目演化为重构整个学校，进而演化为旨在积极影响整个公立学校系统的广泛改变。演变的结果激发了州领导人的想象力，并最终促使其成为一项全国性的运动[6]。

明尼苏达州在1991年的教育改革迅速被加利福尼亚州和亚利桑那州效仿，这两个州分别在1992年和1994年通过了特许学校法。截至2012年底，美国共有42个州[1]和哥伦比亚特区通过了特许学校法[7]。其中，从1991年至2000年，共有35个州和哥伦比亚特区通过了特许学校法。进入21世纪以来，印第安纳州在2001年、田纳西州和艾奥瓦州在2002年、马里兰州在2003年、密西西比州在2010年、缅因州在2011年、华盛顿州在2012年分别通过了特许学校法[8]。

明尼苏达州在1991年通过特许学校法之后，1992年便开办了全国第一所特许学校[9]。1999—2000学年，全国大约有1300所特许学校在运转。2003—2004学年，特许学校的数量急剧增加，大约有2700所[10]。从2004—2005学年到2014—2015学年，特许学校的数量从3400所增加到6750所，占公立学校的比例从4%提高到7%。从2004年秋季到2014年秋季，在特许学校就读的学生人数占在公立学校就读学生人数的比例从2%提高到5%。这一时期，在特许学校就读的学生增加了180万，而在传统公立学校就读的学生减少了40万。在通过特许学校法的43个地区中，加利福尼亚州在特许学校就读的学生最多，达544290人，占在公立学校就读学生人数的9%；哥伦比亚特区在特许学校就读的学生有206670人，占在公立学校就读学生人数的比例最高，达19%。相比之下，艾奥瓦州、堪萨斯州、缅因州、弗吉尼亚州和怀俄明州5个州的相应比例低于1%[11]。

1　没有通过特许学校法的8个州为：亚拉巴马州、肯塔基州、蒙大拿州、内布拉斯加州、北达科他州、南达科他州、佛蒙特州、西弗吉尼亚州。

二、特许学校运动兴起的深刻背景

从上文的几组数字可以看出，美国的特许学校运动发展迅速，在一个由州享有主要教育权限的联邦制国家里获得了全国性的影响力。特许学校运动的兴起有其深刻的背景和根源，下面将从教育危机与教育改革、经济改革与经济思想、政党支持、联邦政府支持几个维度进行分析。

（一）教育危机与教育改革

美国是一个危机感很强的国家。在苏联于 1957 年发射人造地球卫星后，美国国会随即于 1958 年出台了《国防教育法》来推进教育改革。在 20 世纪 80 年代早期，在国家层面有诸多报告论及美国教育的危机状态，其中最有影响力的是 1983 年发布的《国家处在危险之中：教育改革势在必行》。该报告指出，当美国的经济和社会处在剧烈变动的时候，学校继续用大致相同的方式教育学生。在不断变化的经济和社会背景下，静止教育系统为美国带来了极大的危险。随后美国发布了无数报告和分析文章，大多数报告和分析文章指出了相同的结论：从教育的视角来看，美国仍然是脆弱的。教育改革成为美国社会政策议程的一个重要内容[12]。《国家处在危险之中：教育改革势在必行》的发布为教育争论从公平转向优秀提供了契机。报告中提出了提高教育生产率等一系列政策[13]。该报告代表了对更高教育标准的倡议[14]。教育历史学家把该报告记为标准化运动的开端[15]。

《国家处在危险之中：教育改革势在必行》除了引发、推动问责（Accountability）和标准化（Standards）运动外，包括特许学校运动在内的学校选择运动（School Choice Movement）也与该报告的发布密切相关[16]。

有学者将学校选择与废止种族歧视（Desegregation）[1]、教育财政[2]并列为推进美国教育公平的重要方式[17]。学校选择的一个目标是：在确保机会公平方面，通过给学生提供教育选择机会来反击传统公立学校的“垄断”。

而学校选择是一个长期存在的概念，根植于南方对废止种族歧视的抵制时期[18]。关于学校选择的学券（School Voucher）概念，第一次出现是作为早期对布朗案的一个回应。当时学区关闭了公立学校，提供由州支持的学券，让白人学生就读私立学校。这种做法最终被最高法院宣布违宪。在同一时期，经济学家弗里德曼（Milton Friedman）基于其经济哲学主张提出了教育改革的建议。弗里德曼主张，普通的学券将鼓励教育创新和实验[19]。

除了学券外，特许学校是学校选择的一个重要方式。一些相关的学校选择包括：由传统公立学校系统直接运转的一些项目，如磁石学校（Magnet School）、选择性学校（Alternative School）、特色学校（Specialty School）；一些学区不采用就近学校分配政策，提供“有控制的选择”；在少数城市，允许跨越学区界限选择学校，通常是允许特定数量学生从城市系统进入表现更好的郊区学区；最普通的选择项目是拥有充足资产的家庭可以对他们的居住地进行选择。然而，这些选择形式都不涉及新的治理安排[20]。因此，在多年探索的基础上，特许学校已成为应对教育危机、推动教育改革的一个重要选择。

（二）经济改革与经济思想

除了在教育系统内部从教育危机与教育改革的角度考察特许学校运动的兴起外，还需要从

1　主要指以布朗诉教育委员会案[Brown v. Board of Education of Topeka, 347 U.S.483（1954）]和 20 世纪 60 年代一系列民权和教育立法为代表的教育改革。

2　主要指从 20 世纪六七十年代开始的教育财政诉讼对教育改革的推动。

经济改革与经济思想的角度，在私有化（Privatization）的大背景下讨论这一问题[21]。对于政府管制和官僚主义，美国人既支持又害怕。因此，政府在社会中扮演何种角色仍然是人们不断争论的主题。自20世纪80年代以来，政府和学界的主流趋势是对激进主义国家（Activist State）的批评。里根总统在第一次就职演说中说："依靠政府不是解决问题的方法，政府本身就是问题。"到了20世纪90年代，共和党对非国防政府指出的批评得到了民主党人的回应，克林顿总统宣称"大政府的时代过去了"。该政治言论在学术界获得了巨大的支持，人们批评"新政"行政国家（Administrative State）的低效率、不公平和不灵活。政界和学术界对激进主义国家的攻击使得过去30多年的政策朝私有化方向转变。

当时，学校代表了政府直接提供服务的模型——政府单独决定提供多少教育、如何提供财政支持、如何通过自己的雇员提供服务等问题。而且，学校的科层化意味着各级政府的中央管理者通过等级和规则来努力控制在教室中所发生的一切。私有化的趋势和背景对学校产生了重要影响。但是，数量不断增加的批评者认为，已有的公共机构不能作出所需要的变革以创造有效的学习环境。关于选择的一个主要支持理由是，由政府运转的不成功的学校不可能自己改革自己。1990年，政治学家约翰·丘伯（John Chubb）和泰瑞·默（Terry Moe）在他们撰写的具有重大影响作用的著作《政治、市场和美国的学校》（Politics，Markets，and America's Schools）中指出："对学校进行民主控制导致失败的学区，只有市场能够提供解决办法。""现有的机构不能解决表现不好的学生的问题"，"因为它们就是问题……"。新的改革者主张对学校放松管制，让其更像商业机构一样来运转。学校应该为"市场份额"斗争，在"消费者"中创造"品牌忠诚度"[22]。

可以看出，特许学校的经济思想依据是新自由主义经济学家弗里德曼的自由市场理论。早在20世纪50年代，弗里德曼就论述了政府在教育领域应当扮演的角色。他的经济思想对20世纪80年代以来的经济改革和教育改革都具有重要的影响。学校选择的拥护者根据弗里德曼的理论指出，相比于政府运转的教育垄断，竞争性的教育市场将会更具创新性和回应性，且更加高效[23]。特许学校运动的根本前提是运用自由市场理念促进公立教育[24]。在推崇"私有化"的大背景下，特许学校运动的繁荣发展也就可以理解了。

（三）政党支持

作为一项体现保守主义理念的政策主张，特许学校运动却得到了共和党和民主党的共同支持。特许学校概念在联邦、州和地方各级政府都获得了两党的共同支持[25]。许多共和党人和民主党人都接受特许学校的理念[26]。有学者认为，和其他改革建议不同，特许学校的概念比较宽泛，使得政治领导人处于一个较为安全的位置[27]。保守派支持者看重特许学校改革中的企业家精神方面，这将鼓励个人去设计和开办学校，以满足民众对特定教育项目的私人需求。自由派支持者将特许学校当作公立学校，向所有学生开放，为那些在传统上教育服务不足的孩子带来机会和希望。

特许学校的概念出现在小布什总统的第一个任期内，点燃了民众对学校选择更为热烈的支持[28]。克林顿总统和小布什总统均在公开讲话中支持特许学校理念，并支持对特许学校进行联邦资助。克林顿总统在1997年的国情咨文中指出："我们应当使更多父母和教师开办特许学校成为可能。我们计划使美国在21世纪创建3000所这样的特许学校，将近今天的7倍，以便父母在送他们的孩子进入最好的学校时有更多的选择。"[29]小布什总统在2001年的讲话中指出："我是一个特许学校的热情支持者。毫无疑问，特许学校正在改变我们对公立教育的理解。"[30]

奥巴马总统在 2013 年国家特许学校周[1]的讲话中指出："特许学校给教育者提供了尝试新方法和新模型的机会，这些模型和方法能够鼓励教室里面的优秀学生。为了交换这种灵活性，我们应该期望更高的标准和责任，作出艰难的决定去关闭那些表现不好、没有取得进步的特许学校。但是当特许学校的成功被证明超越了期望的时候，我们应该和其他公立学校来分享、复制那些产生引人注目结果的措施。"[31] 在奥巴马总统执政期间，联邦政府对特许学校的支持也达到了前所未有的力度。可以看出，较为一致的政治支持成为特许学校运动发展的政治依据。

特朗普总统对特许学校更是表现出极大的热情。前文已经提到，在削减联邦教育部预算的情况下，特朗普还为特许学校增加了额外的资金。在 2017 年 2 月所做的一次国情咨文中，特朗普总统表达了对包括特许学校在内的学校选择项目的支持态度。在竞选期间，他就提出要支持一个 200 亿美元的学校选择项目[32]。

（四）联邦政府支持

特许学校运动在全国层面的开展与联邦政府的支持不无关系。维护公平和优秀是联邦政府对包括特许学校在内的所有公立学校首要关切的内容。美国教育部的使命是："为所有美国人确保平等的教育机会，促进教育优秀。"联邦政府寻求通过特许学校运动来积极影响全国的公立学校系统[33]。1994 年，国会设立了公立特许学校项目（Public Charter Schools Program，PCSP）作为《初等和中等教育法》（Elementary and Secondary Education Act，ESEA）的一部分，该项目使得设立特许学校更加容易。自此，联邦教育部在特许学校运动的发展中扮演着重要的角色。1995 财政年度，该项目只获得 600 万美元拨款。随后每年增长，在 1999 财政年度该项目的拨款达到 1 亿美元，到 2005 财政年度增加到 2.17 亿美元[34]。除了财政援助，教育部还通过技术援助支持特许学校。教育部通过网络、全国和地区会议等形式支持特许学校。教育部还支持与特许学校相关的研究[35]。

《不让一个孩子掉队法》（No Child Left Behind Act，NCLBA）作为《初等和中等教育法》的再授权法，2002 年 1 月 8 日由布什总统正式签署，以鼓励特许学校的发展。该法对继续接受标题 I（Title I）资金的州提出了更高的要求——各州不但要在阅读、数学和科学领域实施标准和评估系统，而且要实施一系列符合联邦要求的问责系统。在问责系统的要求下，学校必须取得"足够的年度进步"（Adequate Yearly Progress，AYP）。学校如果达不到 AYP，将面临一系列制裁。这些制裁包括允许失败学校的学生参加公立学校的选择系统，要求学校给学生提供补充教育服务，重组学校[36]。其中，在重组学校时特许学校也是一个选择。

2009 年金融危机时期，美国通过了《美国复兴与再投资法》（American Recovery and Reinvestment Act，ARRA）。尽管 ARRA 的目的主要是稳定和刺激美国经济，但是其显著的一个特点是关注公立教育。ARRA 试图通过支持创新策略方面的投资为教育改革奠定基础。ARRA 创立了最优竞争补助金项目"力争上游"（Race to the Top），用于鼓励州际竞争以支持改革和创新。ARRA 为最优竞争补助金项目提供资金 43.5 亿美元[37]。根据法律规定，州必须满足一些关于其支持特许学校的要求，才有机会获得补助金[38]。有立法限制或禁止设立特许学校的州在竞争中将处于不利地位[39]。2009 年 6 月，联邦教育部部长明确指出：没有特许学校法的州（剩余 10 个）以及对特许学校数量施加限制的州，在分配超过 40 亿美元的联邦刺激资金时将处于不利的地位。受授权或增加特许学校数量的激励，特别是在州和地方教育收入下降的大背景下，

1 2013 年的国家特许学校周从 5 月 5 日到 5 月 11 日，为第 14 个年度国家特许学校周。

教育部部长传递给州的信息中强调了特许学校的重要性[40]。

2015年通过的《每个学生成功法》（Every Student Succeeds Act，ESSA）是对《初等和中等教育法》的再授权，该法也规定了许多有关特许学校的内容。例如：提供补助金支持高质量特许学校的扩展与复制，支持更加灵活的资金使用方式，提升特许学校授权者的质量等[41]。

特朗普总统号召国会将包括特许学校在内的学校选择项目扩展到全国，让包括低收入非洲裔和墨西哥裔孩子在内的数百万学生受益。但目前还没有通过专门的联邦立法[42]。

由此可以看出，特许学校已经成为近20多年来联邦政府推进公立教育改革的重要政策抓手。

三、特许学校的基本概念与特征

由于各州对特许学校立法不同，因此给特许学校下一个准确的定义比较困难。根据相关学者的论述，可以给特许学校下一个相对概括的定义。特许学校是基于学校运转者和学校授权机构达成的根据特许合同运转，由公共资金支持，免学费、无宗派、可供选择的公立学校（Public Schools of Choice）。

基于特许学校的概念和运作实践，可以发现其具有如下特征：

1. 特许学校是公立学校。在整个学校谱系中，特许学校位于私立学校与传统公立学校之间。特许学校具有传统公立学校的一些特征。例如：从政府获得资金支持，不能收取学费，保持无宗派化，受制于州的标准化考试制度，对录取的控制有限等[43]。然而，特许学校也被豁免一些限制性规定，以换取其对教育使命和目标的承诺。这些豁免将使特许学校类似于私立学校[44]。可以说，特许学校结合了传统公立学校和私立学校的特点[45]。特许学校的关键特征是将公共资金支持和私人管理相结合。与传统的私立学校不同，特许学校不收取学费，而是通过州、地方政府、地方学区、私人慈善捐赠获得资金。另外，与传统的公立学校不同，特许学校的教师和管理者通常不是政府雇员。

虽然特许学校的出现有些模糊了公立、私立学校之间的界限，但是特许学校在本质上仍然和传统公立学校一样，属于公立学校系统。特许学校的公立学校属性使得其必须遵守联邦和州关于公立学校的相关规定。

2. 特许学校是由公共资金支持、免学费的学校。原则上，当一名学生从传统公立学校转到特许学校时，与该学生相关的公共资金将跟随其转到该特许学校。特许学校没有给州公立教育系统增加任何新的成本。仅根据家长的决定，使公共资源从一所学校转到另一所学校，代表公共资源的一种重新配置方式[46]。这里表明的一个观念是，公共教育资金不必然属于学区，父母在决定分配给他们孩子的公共资金是提供给传统公立学校还是特许学校方面具有决定权。这标志着在公共教育政策方面的一个巨大的转变[47]。同时，和传统公立学校一样，特许学校也不允许收取学费。

值得注意的是，和特许学校项目同为学校选择的学券项目也是由公共资金支持的。特许学校有时被错误地等同于学券。针对学券的建议通常包括家长可以申请公共资金为私立学校（甚至是教会学校）支付学费的条款[48]。作为学校选择改革的一种形式，特许学校和学券有一些共同的特征。这些特征包括免受地方学区的控制，和传统公立学校相比拥有更多的决策自主权、公共资金支持，消费者拥有更多选择权等。两种改革形式之间也有显著的差别，相比于学券计划，特许学校不能收取学费，不能从事宗教教育，不能基于学术或体育能力录取学生，而且在没有达到它们的绩效标准的情况下，特许学校将面临被公共授权机构关闭的可能性。而学券项目更少受到管制，接受学券的学校不受制于被关闭的威胁或持续的监管[49]。一些特许学校的拥护者赞成学券计划，而其他一些特许学校的拥护者则反对学券计划。同时，许多学券拥护者将特许学校视作朝普遍学券系统转变的临时政策举措[50]。

3. 特许学校基于家长和学生选择录取学生，不受居住地点或能力的限制。特许学校的注册通常是可选择的，不像传统公立学校，特许学校很少有地理边界。学生可以离开一个特许学校去其他的特许学校、传统的私立学校或传统的公立学校[51]。特许学校面向所有愿意就读的学生招生，不能有录取要求。如果可接纳的学额不足，那么学校必须通过抽签方式决定录取名单[52]。

4. 特许学校是无宗派（Nonsectarian）的学校，不能教授宗教课程[53]。在美国国家背景下，这是特许学校保持公立学校属性的一个重要特征。相关议题在学券项目中是极具争议的。

5. 特许学校根据特许合同运转。特许学校根据特许学校运转者和特许学校授权机构达成的特许合同运转。特许合同是一个绩效合同[54]。特许合同通常会规定学校使命、学校项目、目标、所服务的学生、评估方法等内容[55]。为了换取对其结果负责的承诺，特许学校会被豁免一些通常适用于传统公立学校的限制规则。例如：教师资格证、与教师工会的强制谈判、学校日历和课程等[56]。特许学校根据特许合同对其结果负责。特许合同不是永久有效，而是有确定期限的。如果合同规定的目标在期限内没有实现，那么特许合同将被取消，学校也将被关闭。相反，如果合同规定的目标实现了，那么特许合同将得以更新和延续[57]。

6. 特许学校在实践中追求创新。特许学校是一个教育改革项目，因此创新意义重大。目前，从美国全国来看，特许学校创造了一些教育教学方法，主要包括对所有学生有高期望的学校文化、用更高的薪酬奖励高质量教师[58]、强调学院准备（特别是第一代大学生）和辍学预防、关注有孤独症或其他特殊需求的学生等[59]。

四、特许学校运动的基本理念

特许学校运动秉持的基本理念主要包括自治与责任、选择与竞争、公平与优秀。

（一）自治与责任

学校能否获得自治是教育改革和创新的一个重要前提条件。早期“特许学校”的倡导者雷·巴德和阿尔伯特·尚克就强调通过“特许”的方式给予部分教师或整个学校自主权，从而去探索教育教学方面的创新方式。放松管制和自治是区分特许学校和传统公立学校的两个根本原则[60]。特许学校的拥护者认为，自治具有很多好处，主要包括可以产生更多教学方面的创新做法，帮助学校成为落实教育改革策略的模范，使学校对家长和社区的偏好更具有回应性，提供更加具有成本效益的运营[61]。自治可以促使特许学校成为创新教育理念的实验室[62]。

而传统公立学校的科层化、一致性等要求使得学校的自主权有限，压制了教育创新的空间。如何让传统公立学校获得像私立学校一样的教育创新自主权？特许学校试图通过“以责任换取自治”的方式解决这一问题。特许学校向公共部门承诺更高的责任，从而换取更多的自治。责任和自治都以特许合同为依据。特许学校理念的核心是和公众达成一致，作为免受规则限制的代价，特许学校同意为高责任标准负责[63]。如果特许学校不能提供承诺的服务，或没有达到特许合同规定的条件，那么它不仅将面临“消费者”的大批离去，相应公共资金的损失，而且会被撤销特许合同[64]。特许学校运动的支持者认为，最终的问责以撤销特许合同、关闭学校作为

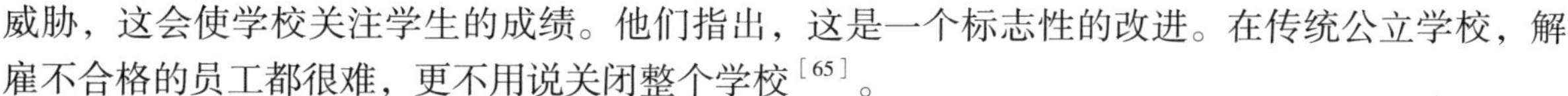

威胁，这会使学校关注学生的成绩。他们指出，这是一个标志性的改进。在传统公立学校，解雇不合格的员工都很难，更不用说关闭整个学校[65]。

（二）选择与竞争

家长和学生的学校选择是推动特许学校发展的重要力量。特许学校对生源的竞争将会最终促使特许学校教育创新的达成。特许学校应该仅直接对消费者——家长和他们的孩子负责。这一概念将自由市场原则运用于教育，预想父母和孩子是对学校质量最感兴趣和最知晓的。如果家长和孩子对提供的教育不满，或者认为其他学校更好，那么特许学校将会失去“客户”[66]。市场激励机制将会迫使学校获得更高的学习成就。根据市场模型，学校获得自治以推进创新，并适应于不断变化的需求。自由市场的支持者主张，如果家长和孩子可以选择其就读的学校，那么学校将用它们的自治权满足消费者的需求。在这个模型中，金钱成为一个重要的激励因素。如果学生的数量影响了一个学校获得资金的多少，同时学生和家长可以选择其就读的学校，那么一个似乎合理的结论就是学校将被激励运用其自治权来改进其教育服务。学校改革的支持者主张，公立教育失败的关键因素是学校能保证获得稳定的生源。在缺乏竞争的环境下，一个传统公立学校作为一个类似机构存在通常不看其表现如何[67]。

特许学校运动的拥护者期待特许学校对整个公立学校系统的改进作出贡献[68]。特许学校理念的奠基者泰德·科尔德里宣称，改革的真正目的是使主流公立学校系统得以改变和进步[69]。竞争是改进传统公立学校和改革整个公立教育系统的工具[70]。这种竞争将鼓励传统公立学校更多地回应家长的要求，以留住学生，为学校改进提供动力[71]。资金的损失将刺激传统公立学校主动改进或使传统公立学校被逐出教育市场[72]，两个结果最终都将让整个公立教育系统受益。

（三）公平与优秀

公平与优秀是永恒的教育价值。特许学校运动有可能有助于这两个教育价值的实现。特许学校通过给低收入家庭提供学校选择机会来促进公平。以前只有有能力负担私立学校学费的家庭或者能负担表现好的公立学校所在社区居住费用的家庭能够获得这种选择机会[1]。一些分析人士忧虑，特许学校促进了公立教育的社会和种族分层。同时，自治、责任、选择与竞争有可能提高特许学校乃至整个公立教育系统的办学效果，从而促进教育优秀。而办学效果的改善也与教育公平相关。目前基于若干随机实验的实证评估已表明：就读特许学校的学生与就读传统公立学校的同伴相比，学习表现更好[73]。

五、结语

特许学校在本质上仍属于公立学校，是公立学校系统的组成部分，其关键特征是将公共资金支持与私人管理相结合，通过以“责任”换取“自治”的方式，特许学校获得改革创新的空间。学生和家长的学校选择行为促使整个公立教育系统形成健康的竞争环境，挑战传统公立学校的“垄断”地位，从而最终促进教育的公平与优秀。

值得注意的是，关于特许学校的办学效果评估目前并没有一致的结论。一些研究发现特许学校优于传统公立学校或和传统公立学校没有区别，也有一些研究发现特许学校的表现更糟糕。但是，比较一致的研究发现是：学生在特许学校的学习表现会更好[74]。

1 实践中，特许学校服务于更大比例的处于弱势地位的孩子。

尽管对特许学校实证评估的结果并不是很确定，但是特许学校已成为美国联邦政府推进教育改革和制度创新的重要抓手[1]。前文提到的特许学校立法数量、特许学校数量和在特许学校就读的学生数量的不断增多都表明特许学校运动获得了公众和政府的支持。特许学校确实为学生和家长提供了一个可选择的受教育机会，从而为利用市场机制改进公立学校系统提供了潜在的可能性。

参考文献：

[1] America first: A budget blueprint to make America great again [EB/OL]. (2017-03-17) [2018-06-11]. https://www. govinfo. gov/content/pkg/BUDGET-2018-BLUEPRINT/pdf/BUDGET-2018-BLUEPRINT. pdf.

[2] [52] [56] BETTS J R, ATKINSON R C. Better research needed on the impact of charter schools [J]. Science, 2012, 335 (6065): 171-172.

[3] [9] [25] [47] [48] [50] [53] [63] [64] [69] VERGARI S. Charter schools: A significant precedent in public education [J]. New York University Annual Survey of American Law, 2003, 59 (3): 495-512.

[4] [6] [33] [35] [54] [68] JOHNSON J, MEDLER A. The conceptual and practical development of charter schools [J]. Stanford Law & Policy Review, 2000, 2: 291-304.

[5] [60] CASANOVA C C. Charter schools: A step in the right direction of a fourth left turn for public education [J]. Whittier Journal of Child and Family Advocacy, 2007, 7: 231-251.

[7] Charter School Data Dashboard [EB/OL]. (2017-06-16) [2018-06-11]. https://data. publiccharters. org/.

[8] The Center for Education Reform. Charter school law rankings and scorecard [EB/OL]. (2013-01-01) [2013-05-24]. http://www. edreform. com/wp-content/uploads/2013/01/CER-CharterLaws2013_Chart_FINAL. pdf.

[10] [23] GRADY D P. Charter school revocation: A method for efficiency, accountability, and success [J]. Journal of Law & Education, 2012, 41 (3): 513-554.

[11] Public charter school enrollment [EB/OL]. (2017-03-01) [2017-06-21]. https://nces. ed. gov/programs/coe/indicator_cgb. asp.

[12] HEISE M. Goals 2000: Educate America Act: The federalization and legalization of educational policy [J]. Fordham Law Review, 1994, 63 (2): 345-381.

[13] SUNDERMAN G L. The federal role in education: From the Reagan to the Obama administration [EB/OL]. (2009-06-01) [2021-06-11]. https://annenberg. brown. edu/sites/default/files/VUE24. pdf.

[14] HOLLINGWORTH L. Unintended educational and social consequences of the No Child Left Behind Act [J]. Journal of Gender, Race & Justice, 2008, 12: 311-327.

[15] VITERITTI J P. The federal role in school reform: Obama's Race to the Top [J]. Notre Dame Law Review, 2013, 87(5): 2087-2121.

[16] [43] RYAN J E. Charter schools and public education [J]. Stanford Journal of Civil

1 联邦政府的另外一个重要教育改革抓手是“责任与标准”。

Rights and Civil Liberties, 2008, 2: 393-410.

[17] [44] [62] OLUWOLE J O. Charter schools under the NCLB: Choice and equal educational opportunity [J]. St. John's Journal of Legal Commentary, 2007, 22(1): 165-197.

[18] [28] [34] [39] [40] SIEGEL-HAWLEY G, FRANKENBERG E. Does law influence charter school diversity?An analysis of federal and state legislation [J]. Michigan Journal of Race & Law, 2011, 16(2): 321-376.

[19] FRIEDMAN M. The role of government in education [EB/OL]. (1955-01-01) [2021-06-11]. https: //la. utexas. edu/users/hcleaver/330T/350kPEEFriedmanRoleOfGovttable. pdf.

[20] [21] [22] JAMES F J. Do Charter schools threaten public education? Emerging evidence from fifteen years of a quasi-market for schooling [J]. University of Illinois Law Review, 2007, 2007(3): 839-880.

[24] WALK R D. How educational management companies serve charter schools and their students [J]. Journal of Law & Education, 2003, 32(2): 241-254.

[26] [65] HUFFMAN K S. Charter schools, equal protection litigation, and the new school reform movement [J]. New York University Law Review, 1998, 73(4): 1290-1328.

[27] [67] [72] HAFT W. Charter schools and the nineteenth century corporation: A match made in the public interest [J]. Arizona State Law Journal, 1998, 30: 1023-1088.

[29] CLINTON W J. The 1997 State of the union address [EB/OL]. (1997-02-04) [2021-06-11]. https: //clintonwhitehouse2. archives. gov/WH/SOU97/.

[30] Bush G W. Remarks by the President on Parental Empowerment on Education [EB/OL]. (2001-04-12) [2021-06-11]. https: //georgewbush-whitehouse. archives. gov/news/releases/2001/04/20010412-3. html.

[31] Presidential proclamation—National charter schools week [EB/OL]. (2013-05-03) [2021-06-11]. https: //obamawhitehouse. archives. gov/the-press-office/presidential-proclamation-national-charter-schools-week.

[32] [42] DANILOVA M. Trump asks Congress to extend school choice nationwide [EB/OL]. (2017-05-03) [2021-06-11]. https: //www. pbs. org/newshour/education/trump-asks-congress-extend-school-choice-nationwide.

[36] SUPERFINE B M. Stimulating school reform: The American Recovery and Reinvestment Act and the shifting federal role in education [J]. Missouri Law Review, 2011, 76(1): 81-134.

[37] U.S. Department of Education. Race to the top program executive summary [EB/OL]. (2009-11-01) [2021-06-11]. https: //www2. ed. gov/programs/racetothetop/executive-summary. pdf.

[38] [59] [73] CROFT M, DYNARSKI S, HOXBY C, et al. Charter schools: A report on rethinking the federal role in education [EB/OL]. (2016-06-12) [2021-06-11]. https: //www. brookings. edu/wp-content/uploads/2016/06/1216_charter_schools. pdf.

[41] Every Student Succeeds Act (ESSA) update for charter schools [EB/OL]. (2015-12-10) [2021-06-11]. http: //oapcs. org/every-student-succeeds-act-essa-update-charter-schools/.

[45] [49] [51] MORLEY J. For-profit and nonprofit charter schools: An agency costs approach [J]. Yale Law Journal, 2005, 115(7): 1782-1821.

[46] Charter school: Myth versus fact [EB/OL]. (2010-01-01) [2021-06-11]. http: //www.publiccharters. org/sites/default/files/migrated/wp-content/uploads/2016/03/myths_facts-KM_030416. pdf.

[55] GREEN P, FRANKENBERG E, NELSON S L, and ROWLAND J. Charter schools, students of color and the state action doctrine: Are the rights of students of color sufficiently protected? [J]. Washington and Lee Journal of Civil Rights and Social Justice, 2012, 18(2): 253-274.

[57] RYAN J, HEISE M. The political economy of school Choice [J]. Yale Law Journal, 2002, 8: 2043-2136.

[58] [74] TOMA E, ZIMMER R. Two decades of charter schools: Expectations, reality, and the future [J]. Economics of Education Review, 2012, 31(2): 209-212.

[61] PETERS T. Demanding more from Michigan's charter schools [J]. The Journal of Law in Society, 2012, 13(2): 555-583.

[66] [70] [71] MEAD J F. Devilish details: Exploring features of charter school statutes that blur the public/private distinction [J]. Harvard Journal on Legislation, 2003, 40(1): 349-394.

（作者魏建国系北京大学中国教育财政科学研究所副研究员）

美国“重新设计高中”改革计划评析

李莎，程晋宽

导读：2013 年 2 月，为应对美国经济与科技的发展需求，奥巴马政府实施了“重新设计高中”改革计划，致力于改革美国高中的结构与功能、课程与教学模式，为高中生升大学或就业做好准备。改革计划包括持续开展大学通道与加速学习项目，实施促进初中生越级升入大学项目，开展学校转型发展拨款项目、希望邻里项目和投资创新项目，重新授权珀金斯生涯和技术教育项目等。

2010 年 3 月，美国奥巴马政府发布了《改革蓝图——对〈初等与中等教育法案〉（A Blueprint for Reform: The Reauthorization of the Elementary and Secondary Education Act）重新授权》的报告，以建立世界级教育为己任，期望于 2020 年实现美国大学重新引领世界的目标。为此，美国联邦政府重新诠释了自身的角色，努力为所有高中生提供更加平等、公平、公正的教育机会，重视每一位高中毕业生为升入大学或就业做准备时的需求。联邦政府制订了各种教育计划，为学校提供最好的教育资源，提高教师的知识素养和专业技能，使用创新的教学方法，改善低效能学校，实施与升大学或就业目标相一致的学业评估标准，奖励取得进步的优秀学校和学生，追求卓越的教育。2013 年 2 月，奥巴马总统发表演说时提出：“重新设计美国高中的一个新挑战是为高科技与经济发展需求配备优秀毕业生。我们鼓励高中与大学、企业之间建立新的伙伴关系，培养科学、技术、工程、数学等方面的人才，学校必须更多地从事、参与学生为升学和就业做准备的工作并满足学生相关需求。”奥巴马政府开始了重新设计美国高中的一系列改革计划。

重新设计高中改革计划（High School Redesign）是奥巴马政府为鼓励美国的学区、学校等使用联邦政府、州和地方提供的各种教育资源以改革美国高中的现状，从整体上重新思考高中的结构与功能、课程与教学，使用更加严格的学习模式，关注现实世界的经验，将学生的个性化学习与职业探索、升学结合起来，确保所有的美国高中生在毕业前能够修习大学课程或获得职业经验与能力。2014 年，奥巴马政府为该项目拨款 3 亿美元，2015 年又拨款 1.5 亿美元[1]。拨款资金以竞争的方式授予那些参与项目的机构，如非营利性组织、社区组织、企业合作者等，帮助学校为学生提供高质量的学业指导，尤其为一些弱势群体（如农村学生、贫困学生、移民学生等）提供升学和就业机会。重新设计高中改革计划的内容主要包括（1）将高中的教育内容、教学实践活动与升学、就业的目标结合起来，在一种高期望值的教育氛围中以学生为中心，促使其知识、能力的获得；（2）为高中生提供个性化的学习机会并设置有挑战性的教学内容和实践活动，以满足学生的多样化教育需求和各种兴趣爱好；（3）为学生提供全方位的学术支持服务，如家教指导、个别辅导等，使所有高中生（尤其是低收入家庭学生、母语非英语的学生、残障学生、移民学生等）都能顺利毕业和成功地向升学或就业过渡；（4）提供高质量的就业、高中后教育选择的拓展与咨询服务，如各种生涯教育和培训活动、升入大学的教育培训等；（5）为高中生提供修读大学学分的机会和与求职相关的实习机会，如与企业雇主协商开展学生实习等。采用更有效的学习方式，为学生提供各种基于现实的专业化发展机会，提高学生的专业技能。

一、持续开展大学通道与加速学习项目

大学通道与加速学习项目（College Pathways and Accelerated Learning）是美国联邦政府鼓励各州开展的，通过为贫困或低效能高中的学生提供升入大学的加速学习课程和学业指导，来提高高中生的毕业率，帮助高中生为大学入学考试做准备的项目。在高中层次，大学通道和加速学习项目包括大学先修课程项目（Advanced Placement Programs，AP）、国际学士学位课程项目（International Baccalaureate Programs，IB）、双学分项目（Dual Enrollment）、早期学院高中项目（Early College High Schools）等子项目，允许高中生修读大学层面的课程并获得大学学分。联邦政府为州、学区和非营利性组织的合作团体等提供拨款，但需要他们通过竞争的方式获得。所提供的资金可用于学生参与整个项目，如选修课程、参加测试、评估结果等，也可为一些重新入学的高中辍学学生提供补助，尤其是贫困家庭的学生。如缅因州约克县社区学院的双学分项目等[2]。

美国联邦政府在2013年为大学通道与加速学习项目拨款7520万美元，在2014年和2015年又每年拨款7480万美元[3]，进一步促使高中生（尤其是低收入家庭学生）有获得高等教育的机会。

二、实施促进初中生越级升入大学项目

促进初中生越级升入大学项目（Getting Students through Middle School into College）主要由获得上大学的早期意识和准备项目（Gaining Early Awareness and Readiness for Undergraduate，GEARU）和TRIO项目组成。联邦政府为GEARU项目给州和州内的合作机构提供财政经费，用于为中学生提供有关获得上大学的早期意识和准备项目的活动，并酌情为低收入家庭的学生提供教育及相关的支持服务，为学生进入大学铺平道路。TRIO项目包括向上跃进项目（Upward Bound）、人才发掘项目（Talent Search）等9个子项目，主要目的是支持低收入家庭和第一代移民家庭的中学生顺利进入大学并获得学业成功。

（一）GEARU项目的制度创新

1998年，GEARU项目根据《1965年高等教育法案》（the Higher Education Act of 1965）的规定开始实施。美国联邦教育部为GEARU项目提供经费支持，拨一部分款给学区、大学及其他合作组织，另一部分给州。参与GEARU项目的合作组织需要开展相关活动，包括告知学生及家长关于项目的信息，如大学准备课程、大学学费、项目的援助经费等；为学生提供个性化的学习机会和社会支持服务；开展暑期培训活动；提供教师专业性发展项目；实施优质教学活动，为学生设置严格的课程；提供学生参观大学的机会等，促使学生修读大学预备课程并取得好成绩，为升入大学做准备。联邦政府为州提供拨款，州需要将经费以奖学金的形式发放给参与该项目且有升学意识和升学准备的学生。

GEARU项目发展十分迅速，在项目实施的第一年已经为全美10万名中学生提供了服务，

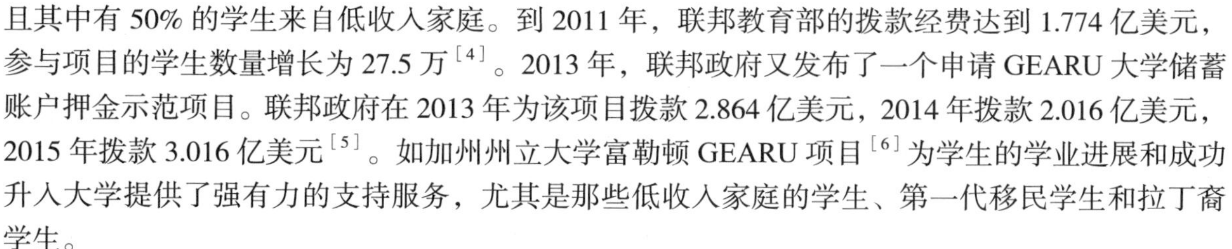

且其中有 50% 的学生来自低收入家庭。到 2011 年，联邦教育部的拨款经费达到 1.774 亿美元，参与项目的学生数量增长为 27.5 万[4]。2013 年，联邦政府又发布了一个申请 GEARU 大学储蓄账户押金示范项目。联邦政府在 2013 年为该项目拨款 2.864 亿美元，2014 年拨款 2.016 亿美元，2015 年拨款 3.016 亿美元[5]。如加州州立大学富勒顿 GEARU 项目[6]为学生的学业进展和成功升入大学提供了强有力的支持服务，尤其是那些低收入家庭的学生、第一代移民学生和拉丁裔学生。

（二）TRIO 项目的进一步落实

美国《1964 年经济法案》（the Economic Opportunity Act of 1964）授权联邦政府开展向上跃进项目（Upward Bound）——TRIO 的第一个子项目，标志 TRIO 项目正式实施。到目前为止，TRIO 项目共有 9 个子项目，包括人才发掘项目（Talent Search）、退伍军人向上跃进项目（Veterans Upward Bound）、罗纳德·麦克内尔研究生成就计划（Ronald E. McNair Post Baccalaureate Achievement Program）、向上跃进数学和科学项目（the Upward Bound Math and Science）、联邦 TRIO 培训项目（Training Program for Federal TRIO Programs）、教育机会中心项目（The Educational Opportunity Centers，EOC）等项目。其中为高中生提供教育支持服务的项目有教育机会中心项目、学生支持服务项目、人才发掘项目和向上跃进项目。

到 2015 年，全美共有 2787 个 TRIO 服务项目，共服务了 759094 名学生；同时联邦政府在 2014 年和 2015 年分别拨款 8.286 亿美元和 8.383 亿美元，授权一些高等教育机构为学生提供学术发展的机会，满足其基本的高等教育需求，激励其完成大学学业[7]。

三、开展学校转型发展拨款项目推动薄弱高中改革

奥巴马总统在 2009 年发表演说时指出，为实现到 2020 年美国大学再次具有世界领先水平的目标，要转变和改革美国现存的低效能薄弱学校。联邦教育部开始致力于 K–12 学校的改革，要求转变低效能学校，提高学校的评估标准，重新招募或保留、奖励优秀教师，建立强大的数据追踪系统，关注学生的学业进展和实践活动等。联邦政府通过追求卓越（Race to the Top）、学校改进拨款（School Improvement Grants）、利用联邦政府现有资源（Alignment of Existing Federal Resources）和提供《初等和中等教育法案》的灵活性（ESEA Flexibility）四个方面实施学校转型发展拨款项目（School Turnaround Grants）。该项目主要以 1965 年《初等和中等教育法案》所授权的改进学校拨款项目为主，为州教育机构提供拨款资助，需要学区通过竞争的方式获得资助，尤其支持那些经费不足、低效能薄弱学校的改革，以提高学生的学业成绩，为学生升大学和就业做准备。在 2013—2015 年，联邦政府每年拨款 5.058 亿美元给学校转型发展项目[8]。学校转型发展拨款项目的措施主要包括：创建有效的系统机制以确保持续地改进所有的美国中小学校；设立远大并切实的改进学校的目标；识别取得较大进步和高效能的学校，关注低效能学校的变化；为偏远地区的落后学校提供干预措施；建立州、学区和学校的效能改进计划等。

如波士顿市的奥查得花园学校（Orchard Gardens School）[9]是一所薄弱学校通过转型发展得以改造并提升办学水平的典型学校。奥查得花园学校是美国波士顿市罗克斯伯里（Roxbury）地区的一所 K–12 学校。学校建于 2003 年，是该州效能较低的薄弱学校之一。2009 年，奥查得花园学校成为波士顿公立学校艺术扩招计划中的一部分，得到了联邦教育部的改进学校项目的拨款资助。2012 年，奥查得花园学校根据联邦总统艺术与人类委员会（the President's Committee on Arts and Humanities）的要求转变为一个艺术学校。2009—2013 年，该校学生的数学平均成绩提高了 6%，英语平均成绩提高了 43%。奥查得花园学校为学生提供了特殊的干预措施，改变了学校的教学时间，通过当地社区和家长的积极参与，学生获得了社区的支持性服务，大大提高了学生的升学率和就业率。

四、继续开展希望邻里项目和投资创新项目

（一）希望邻里项目

希望邻里项目（Promise Neighborhoods）是联邦政府以改变一些贫困社区为目的，为各个年龄阶段的学生提供直至大学的、持续的学业支持服务的项目。项目发起于美国的哈莱姆儿童区，由联邦教育部负责管理和拨款，并作为联邦政府复兴邻里倡议（Neighborhood Revitalization Initiative）的一部分，旨在改善学前教育、完善学校核心课程、提高高中生的毕业率和大学入学率，同时为学生提供健康、安全、稳定的家庭或社区环境，促进家庭积极地参与学生的学习。

2010 年，联邦教育部开始支持希望邻里项目，为全美的 21 个社区提供了首次拨款；2011 年，参与希望邻里项目的社区增加了 16 个。在 2013 年和 2014 年，联邦政府每年为该项目拨款 5680 万美元，2015 年的拨款金额增长为 1 亿美元[10]。通过有效的拨款，联邦政府要求社区广泛地收集家庭和学生的信息，帮助儿童、青少年学生获得接触优质学校和接受社区支持服务的机会，帮助学校改进教学管理活动、修正教学课程、实施有效的教学策略，满足那些贫困社区青少年职业摇篮（Cradle-to-career）的教育需求，为其成功升入大学和就业做好准备。符合该项目申请资格的组织有 3 种：非营利性组织（包括一些有宗教信仰的非营利性组织）、《1965 年高等教育法案》所界定的高等教育机构、印第安社区部落。社区改革的方式包括：识别贫困、低效能的社区，关注整个社区儿童和青少年学生的各方面发展；建立完整的、持续的、通向职业的教育项目和社区、家庭服务体系；提供社区所需的设施和资源，制订有效的跨机构的改善社区效能的方案；通过制订严格的评估系统了解项目活动的执行情况。

（二）投资创新项目

2009 年《美国复苏与再投资法案》（ARRA）的 14007 部分的条款要求建立投资创新项目（Investing in Innovation），为地方教育机构、非营利性组织或地方教育机构与非营利性组织的合作联盟提供竞争性拨款资助，目的是开展创新实践活动，主要服务于一些母语非英语的学生、农村学生、贫困家庭的学生等，降低学生的辍学率，减小学业差距，提高高中生的毕业率、大学入学率和学业完成率。所有受资助的机构或联盟必须执行规定的实践活动以提高中小学生的学业成绩和身心健康。同时，受资助者也需要评估自身的实践活动，在接受拨款的 100 天内，受资助机构必须提供一份完整的项目管理计划，并每年更新一次管理计划以及时报告项目的执行情况。

如明尼苏达州的圣路易斯帕克高中（St. Louis Park Senior High School）[11]成功地实施了投资创新项目。圣路易斯帕克高中是一所拥有多种族学生群体的学校，有三分之一的学生来自低收入家庭。1998 年，该校有 45% 的学生在学业中失败。该校教师 Angie Jerabek 为改善学生的学业状况，创建了一个结构性的团队工作方法——建构资产降低风险（Building Assets Reducing Risks，BARR），为学生的学业提供了一个清晰、具体的指导策略。该方法首先运用于该学校 9 年级学生的教学之中，学生的旷课率显著下降，学业失败率也降低了一半。到 2012 年，该校学

生选择大学先修课程和国际学士学位课程的人数增长了一倍。自 2010 年起，联邦教育部开始使用投资创新项目的经费，其中拨款 500 万美元用于扩大和推行 BARR 方法。该方法开始使用于圣路易斯帕克高中的 10~12 年级学生和缅因州、加州的其他三所高中的 9 年级学生。申请该拨款的机构还包括与高中长期合作的大学、非营利性组织。大学为 BARR 方法的拓展提供人员培训和技术援助服务；非营利性组织帮助低收入家庭的学生通过接受 BARR 方法的密集训练成功进入大学。在实施 BARR 方法一年后，圣路易斯帕克高中的学生辍学率下降了 28%，到 2014 年，该校学生的学业失败率已稳定在 14% 左右，其中有 87% 的学生通过了所有核心课程的学习[12]。联邦政府的投资创新拨款，有效地提高了圣路易斯帕克高中的创新实践活动，为学生获得学业进步与成功奠定了良好的基础。

五、重新授权珀金斯生涯和技术教育项目，推动生涯与技术高中教育改革

1917 年，美国国会通过了第一部职业教育法案——《史密斯 – 修斯法案》（Smith-Hughes Act），为美国的职业教育确立了法律依据。随后的职业教育立法包括：《1973 年职业法案》（the Vocational Act of 1973），《1984 年卡尔 · D · 珀金斯职业法案》，即《珀金斯法案 I》（Perkins I），为美国此后的生涯和技术教育的发展奠定了基础。1998 年，美国职业协会要求用生涯和技术教育（Career and Technical Education，CTE）替代职业技术教育（Vocational Education）。2006 年 7 月，联邦政府重新命名了《2006 年卡尔 · D · 珀金斯生涯和技术教育法案》（the Carl D. Perkins Career and Technical Education Act of 2006），采取最为恰当和重要的措施来改善 CTE 的质量。联邦政府需为美国的多元化学生的教育和职业生涯做好准备，通过完善 CTE 法案以解决青少年和低技能成人在应对包罗万象的全球化市场时能力不足的问题。

2012 年，奥巴马总统在国情咨文中提出了一项持久转变 CTE 的蓝图，他指出，生涯和技术教育对促进一个高质量的世界级教育体系的发展，对促进企业散发活力、雇佣劳动力、投资和创新等发挥着重要的作用。美国的学生需要一个更为严格的有针对性的 CTE 来帮助他们获得所需的竞争技能，通过清晰的教育路径进入中学持续接受教育并获得成功。奥巴马政府在提出的宏伟蓝图中重新授权珀金斯生涯和技术教育项目（Reauthorized Perkins Career and Technical Education），以改革生涯和技术教育。新的 CTE 强调四个核心原则：并行一致（Alignment）、协作（Collaboration）、问责（Accountability）、创新（Innovation）。

2013 年，奥巴马政府为重新授权珀金斯生涯和技术教育项目拨款 10.719 亿美元，2014 年和 2015 年每年拨款 11.25 亿美元。其中，2015 年，联邦政府拨款 1 亿美元给各州作为 CTE 的创新基金[13]。拨款经费主要用于帮助年轻人获得高技能、高工资的职业；提升农村和偏远社区提供高等教育和职业教育的能力，为更多的贫困学生提供升学和就业机会；使用技术以完善对学生的服务，提高学生的学习成绩和丰富学生的工作经验。全美的 CTE 项目通过调查、评估、数据收集、技术支持等活动来支持重新授权的珀金斯法案的执行，以改善 CTE 的质量和有效性。

重新设计高中改革计划是奥巴马政府对美国高中教育改革的又一次尝试。重新设计高中改革计划的顺利实施，一方面受到了美国多元文化与价值观的影响，受到了“升学 + 就业 + 全人”的美国高中培养目标的牵引，并得到了美国各届政府及社会大众的认可、支持与努力践行；另一方面则受到了知识经济发展、信息技术变革及国际市场竞争压力的影响，美国政府十分重视高素质劳动力和创新人才的培养。奥巴马政府多次修订法律，为高中改革提供政策保障和财政

支持，并取得了一定的成效。

参考文献：

[1] Fiscal year 2014 budget summary and background information [EB/OL].（2019-04-25）[2021-06-05]. https://www2. ed. gov/about/overview/budget/budget14/summary/14summary. pdf. Fiscal year 2015 budget summary and background information[EB/OL].（2019-04-25)[2021-06-05]. https://www2. ed. gov/about/overview/budget/budget15/summary/15summary. pdf.

[2] FISHER P, ABBOTT S. The experiential dual enrollment program: building a college going culture for first generation youth and families [EB/OL].（2011-07-07）[2021-06-05]. https://www2. ed. gov/programs/slcp/finalexperient. pdf.

[3] [8] [13] Fiscal year 2015 budget summary and background information [EB/OL].（2019-04-25）[2021-06-05]. https://www2. ed. gov/about/overview/budget/budget15/summary/15summary. pdf.

[4] Gaining Early Awareness and Readiness for Undergraduate Programs (GEAR UP) Project Abstracts for FY 2011 State and Partnership Grants [EB/OL].（2020-10-16）[2021-06-05]. https://www2. ed. gov/programs/gearup/gu-abstracts2011. doc.

[5] GEAR UP Program——State Grants and Partnership Grants Applicant Information [EB/OL].（2021-05-05）[2021-06-05]. https://www2. ed. gov/programs/gearup/applicant. html.

[6] Gaining Early Awareness and Readiness for Undergraduate Programs （GEAR UP） Project Abstracts for FY 2015 State and Partnership Grants [EB/OL].（2015-08-27）[2021-06-05]. www2. ed. gov/programs/gearup/gu-abstracts2015. doc.

[7] Federal TRIO Programs-Home Page [EB/OL].（2020-11-16）[2021-06-05]. https://www2. ed. gov/notclamped/about/offices/list/ope/trio/index. html.

[9] US Department of Education. The boston teacher quality network [EB/OL].（2015-08-30）[2021-06-05]. https://www2. ed. gov/programs/tqpartnership/2014/bostonnarr. pdf.

[10] U.S. department of education. Awards promise neighborhoods planning grants [EB/OL].（2018-03-05）[2021-06-05]. https://www2. ed. gov/programs/promiseneighborhoods/index. html.

[11] US Department of Education. Investing in innovation fund [EB/OL].（2016-12-14）[2021-06-05]. https://www2. ed. gov/programs/innovation/applicant. html.

[12] The building assets-reducing risks program: replication and expansion of an effective strategy to turn around low-achieving schools [EB/OL].（2019-04-26）[2021-06-05]. https://www2. ed. gov/programs/innovation/2010/narratives/u396c101107. pdf.

（作者李莎系南京师范大学教育科学学院博士研究生；程晋宽系南京师范大学教育科学学院教授，江苏省“基础教育人才培养模式协同创新中心”研究人员）

与公立学校合作：美国“在家上学”趋向研究

张爱玲，肖甦

导读：在美国，“在家上学”是在学校教育制度充分发展的基础之上出现的一种教育形式，是家长依据自己的教育意愿兼顾孩子成长需求的一种自主选择。20世纪90年代中期，“在家上学”在全美实现合法化后，这种形式获得了更多的生长资源，特别是与公立学校的合作不断增加，促使“在家在校”教育类型出现。虽然争议不断，许多家长仍在自力更生与融合发展之间进行着艰苦地抉择，但“在家上学”与公立学校之间的合作会继续下去，“在家在校”教育类型也彰显出成长的活力，这体现了教育部门对“在家上学”的关注，反映了“在家上学”的成长路径不断开阔。

一、“在家上学”与公立学校展开合作

20世纪五六十年代，义务教育在全美普遍实施的背景之下，受到反文化运动和“去学校教育”思想的影响，一批家长打破常规，带领孩子逃离学校教育，“在家上学”（Homeschooling）得以兴起，这一教育形式主要依靠家长的经济实力和教育能力运行。20世纪八九十年代，“在家上学”陆续在美国的50个州获得合法地位，并逐渐得到公众认可，数量不断增长，展现出一种蓬勃发展的趋势。20世纪90年代初，在美国教育市场化与择校运动的推动下，家长的教育选择权愈加受到尊重，“在家上学”也因此获得了更多的成长资源，它与公立学校的合作逐步展开并不断深入。但由于美国各州的教育传统、发展水平、法律政策等方面存在诸多差异，所以“在家上学”与公立学校在各州的合作程度不一，形式也多种多样。

（一）合作的形式与表现

在“在家上学”不断赢得社会支持的过程中，它自身的成长形式也在不断地发生变化。除了“家庭独立实施”和“家庭互助”两种“在家上学”类型之外，在现行教育政策与法律的推动下，某些州的“在家上学”与公立学校之间展开合作，催生了一种新的“在家上学”类型，即“在家在校”教育类型。依据合作程度的不同，这一教育类型主要包括以下三种形态[1]：

1.公立学校仅为实施“在家上学”的家庭提供有限的帮助。“在家上学”的孩子无须在校注册，在相关法律的授权之下，他们只可以短时间参与公立学校的课程和课外活动。此外，这些孩子还可以参加测试、使用学校设备、进入资源中心、浏览学校为家长和儿童建立的网站、阅读书籍和其他资料等。

2.“在家上学”的孩子在校注册，部分时间接受学校的管理。这一形式又被称为双重注册（Dual Enrollment），即实施这种教育形式的学生有别于全日制学生，他们只需在一天或一周之内的部分时间到校学习，其他时间则在家学习。学生通常可以预先选择课程，参与课外活动。其他时

间由家长自由安排，不再受公立学校的约束。

3. “在家上学”的孩子在校注册，全面接受学校的管理。这一形式被称为在校注册的家庭学习（Enrolled Home Study）或学校之外的家庭学习（Off-Campus Home Study），即学生接受公立学校的统一管理，但具体学习在父母的指导之下完成。学生必须遵循学校的课程进度，达到学校的学业标准和评价要求。教师与家长协商，为孩子选择适宜的学习材料，或利用外部教育机构为学生开展远程教育，然后评价学生学业进步情况。注册该项目的学生和普通在校生在学业标准、评价程序等方面的要求是一样的。这种学习形式大多源于网络特许学校开设的教育项目。

在以上三种合作形态中，“在家上学”受到外部干预的程度越来越高，从不注册、只是使用一部分学校资源，发展到在校注册。不管是部分时间在校学习，还是不到校学习，都需要接受公立学校的规范管理，符合公立学校设置的标准，父母的教育自主权因此受到一定的制约。这也说明了家长的教育自由在实践中具有有限性，它会受到法律的约束、教育政策的影响以及家长教育能力的限制。家庭使用公共教育经费来完成自己的教育理想，必然会在一定程度上受到教育管理部门或公立学校的控制。

（二）合作的背景与原因

“在家上学”与公立学校之间从泾渭分明到相互协作，源于前者获得合法地位，受到教育私有化的发展和择校运动的推动，也体现了一部分家庭在家教育子女过程中的力不从心。具体原因主要表现在以下三个方面：

第一，“在家上学”的合法化，使之与公立学校的合作成为可能。美国的教育管理权在州，联邦政府没有制定与“在家上学”相关的法律政策，而50个州的教育发展、管理程度不一，这为“在家上学”的发展创造了一个有力的制度环境。同时，实践“在家上学”的人群中，宗教人士占据数量优势，他们的传统观念及其完善的宗教教育组织为“在家上学”力量的壮大提供了坚实的人力保障和组织支持。在上述有利的制度环境和文化环境的滋养下，以及在“在家上学”支持者、实践者所制造的社会舆论压力下，自20世纪80年代到90年代中期，美国各州或制定新的“在家上学”法(Homeschool Law),或依据已有的私立学校法(Private School Law)、教会学校法(Church School Law）、州宪法修正案以及判例等[2]陆续赋予“在家上学”合法地位。“在家上学”的外部社会环境不断好转，这一教育形式也日益为公众所认识、了解和认可。

第二，教育管理部门关注家长的教育需求。自20世纪90年代初，美国更加关注教育质量，注重扩大教育选择，倡导市场竞争。在这一主导的教育理念下，学区更加以市场为导向，考虑家长和儿童的教育需求。在美国，学区或公立学校所获得的教育经费数额与学生注册率相关。“在家上学”的学生数量不断增加，使得公立学校的生源减少，进而促使其教育经费不断缩减，于是，一些公立学校基于经济利益而主动吸引“在家上学”的学生。他们积极运用各种策略，开发一些教育项目，这些行为推动了“在家上学”与公立学校的合作。

第三，一些实施“在家上学”的家庭需要借力于外部资源。某些家长在落实“在家上学”的理念时感觉势单力薄（包括经济实力和教育能力等），他们不断地去寻求足够的动力、信心以及适度的支持系统[3]。于是，在得知公立学校针对“在家上学”的孩子开设了诸多教育项目时，这些家庭就主动加入与公立学校合作的队伍中来，因为这样既可以解决教育资源不足、教育能力不够的问题，又为促进孩子的社会化提供了适宜的机会。

二、合作给“在家上学”带来的变化

“在家上学”与公立学校的合作形式不断增加，合作日益深入。从上述三种合作状态依次看来，“在家上学”受到的规范和约束越来越多。从数量和所占比例来看，不在学校注册的“在家上学”的学生依然占据绝对优势，比例超过80%；在校注册的“在家上学”的学生所占比例低于20%（如表1所示）。可见，大部分家庭依然保留着“在家上学”的核心品质，即父母在教育子女中有自主选择权并占据主导地位，家庭、父母依然是“在家上学”所赖以生存的根据地。但同时也预示着一部分实施“在家上学”的家庭开始走出相对封闭的家庭系统，到外部去寻找资源，以达成在家教育的目标。

表1 不同年份“在家上学”的学生数量及各类型所占比例

年份	“在家上学”的学生数量	“在家上学”的学生数量占该年K-12阶段学生总数的比例	非在校注册的“在家上学”的学生数量及其占“在家上学”学生总数的比例	在校注册的“在家上学”的学生数量及其占“在家上学”学生总数的比例	
				每周在校时间≤9小时	每周在校时间9~25小时
1999[4]	85万人	1.7%	69.7万人（82.0%）	10.7万人（12.6%）	4.6万人（5.4%）
2003[5]	109.6万人	2.2%	89.8万人（81.9%）	13.7万人（12.5%）	6.1万人（5.6%）
2007[6]	150.8万人	2.9%	126.7万人（84.0%）	16.6万人（11.0%）	7.5万人（5.0%）
2012[7]	177万人	3.4%	该年度报告未提供细化统计数据		

“在家上学”的内涵得以扩展。少数实践“在家上学”的家长们不断吸收、利用社会的教育资源和机会，实现自身成长路径的突破。这一行为使得“在家上学”突破了原来纯粹意义上的“在家上学”的窠臼，范围延伸至一些在学校注册、部分时间到校学习的学生。全国教育数据中心（National Center for Educational Statistics，NCES）在1996年第一次进行“在家上学”的相关调查时，没有涵盖部分时间在校学习的学生。但该中心在其2001年发布的《美国“在家上学”：1999年》（Homeschooling in the United States：1999）报告中，明确指出凡属于以下两种情况的学生均被认定为“在家上学”：学生在家接受教育，不到公立或私立学校去；在公立或私立学校学习的时间每周少于25个小时[8]。

教育管理部门对“在家上学”的规范和管理日益细化。“在家上学”一直处于动态的发展之中，因此法律和政策也在不断地调整。最初，一些州只是认可这一教育形式的合法地位，对其具体实施做出规定，主要包括提交申请、教授课程、认定教育者资格、专业评估、提交考试成绩等。随着“在家上学”与公立学校之间合作的开展，一些州开始进一步出台相关的法律，为家长和学校提供行为指导。比如，超过一半的州的法律允许“在家上学”的学生在公立学校的学生放学后，参与课外活动或与课程同步的活动（Co-curricular Activity），或允许他们部分时间参加当地公立学校的学术课程，或上述两者皆可；少数州，如佛蒙特州、内华达州的法律明确指出“在家上学”的学生可以参与公立学校的学术课程和课外活动[9]；少数州，如爱达荷州的成文法允许“在家上学”的学生参加任何一所公立学校的课程、课外活动以及使用公立学校的设备；密歇根州的法律允许“在家上学”的学生学习公立学校的非核心课程[10]。

“在家上学”的社会支持体系日益完善。最初，“在家上学”更多倚赖家长的教育资源和能力而处于一种相对封闭的状态。随着其合法化地位的获得，“在家上学”日益开放，一些公共机构，如图书馆、博物馆以及私立教育机构开始关注这一群体，并为之提供专门服务。其中最引人注目的是一些州的公立学校也逐渐接纳“在家上学”的学生，为之提供教育服务，从而保障儿童的教育质量。由此，“在家上学”逐渐发展成为一种既可利用家庭资源、发挥父母的教育主导作用，又可以在一定程度上利用社会资源（特别是优质的学校教育资源）的教育形式。公立学校与“在家上学”之间的合作反映出州、学区教育管理部门对“在家上学”的关注，这在一定程度上体现了美国“在家上学”的社会支持体系的日益完善，也表现了“在家上学”对教育领域的影响在逐渐扩大。

三、合作引发的争论

“在家上学”与公立学校的合作引起了人们的争议。他们的主要质疑在于“在家上学”能否利用公共教育资源，合作的形式或程度是否会削弱“在家上学”的核心特征。对于以上问题，学者、家长、教师、教育管理者等形成了以下三种观点。

（一）赞同“在家上学”与公立学校合作

持该观点的人群主要是一部分学者和一小部分需要得到帮助和专业指导的实施“在家上学”的家长。他们认为选择“在家上学”的家庭可以利用公立学校的资源以达到优化教育的效果，两者之间的合作具备合理性和正当性，理由在于：一方面，家长已经纳税，其子女有权享受学区内的教育资源，因为课外活动不属于学校教育的必要组成部分，它是一种选择性的、正规课程之外的活动，所以“在家上学”的孩子有权利参加。另一方面，从维护教育公平和社会融合的角度看，学区或公立学校有满足学区内孩子教育需求的责任。“在家上学”的孩子和公立学校的学生一样，都是国家的公民，应该得到平等和公正的对待。同时，允许“在家上学”的孩子参与学校的课外活动，还会带来诸多益处，如促进在家、在校学习的孩子之间的沟通了解，化解误会和隔阂，消除“在家上学”与公立学校之间的敌对情绪，促进社区内的融合与儿童的社会化[11]。

其实，“在家上学”是一些家长根据自己家庭的特殊情况经过深思熟虑后做出的选择，它既是慎重的也是合法的，社会理应尊重并支持这种选择，州或学区也应该为这一选择提供支持与保障。因为施教者的最终目标都是为每一个孩子提供最好（或者最适宜）的教育，而采用什么样的教育形式并不是非常重要。

（二）维护“在家上学”的核心价值，抵制公立学校的支持

持该观点的人群主要是一些“在家上学”的忠实捍卫者，包括“在家上学”的支持者和大多数实践“在家上学”的家庭。他们不愿接受公立学校的支持或与公立学校合作。虽然在一些州，“在家上学”可得到公立学校、学区等多种形式的支持与帮助，但响应者寥寥。很多实践“在家上学”的家长甚至明确地表示反感公立学校的支持，可能的原因是：在参与公立学校的课外活动或使用其资源时，“在家上学”的学生必须服从或达到公立学校的一些要求或条件，而家长认为这影响到他们的教育自由，与他们选择“在家上学”的初衷背道而驰。

同时，很多家长担忧由于公立学校的参与或干预，“在家上学”会丧失其核心价值。“在家上学”在与公立学校的合作发展过程中发生了一些显著的变化，如学习场所的扩大、学习形式的改变、

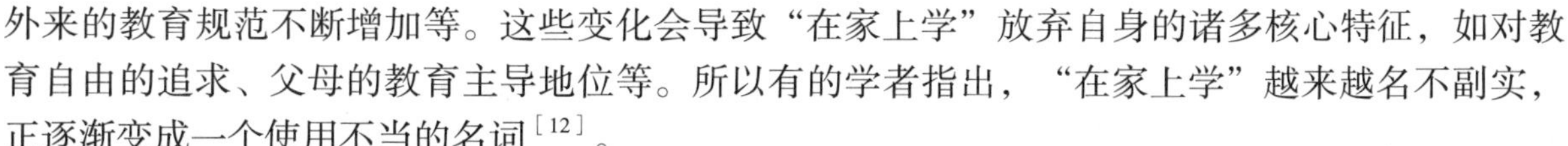

外来的教育规范不断增加等。这些变化会导致“在家上学”放弃自身的诸多核心特征，如对教育自由的追求、父母的教育主导地位等。所以有的学者指出，“在家上学”越来越名不副实，正逐渐变成一个使用不当的名词[12]。

此外，还有一些实施“在家上学”的家长认为，公立学校为“在家上学”群体提供支持的动机不纯，他们吸纳“在家上学”的生源，最终目的是争取教育经费。这一行为很可能会削弱“在家上学”群体的力量，逐渐瓦解这一阵营，因此必须对这些项目予以抵制。如一些学者将公立学校设计的针对“在家上学”学生的学习项目视为“特洛伊木马”[13]，特别是一些“在家上学”的忠实捍卫者已经习惯将政府控制的学校教育妖魔化了，他们难以接受与公立学校之间开展的任何形式的合作。

（三）批判“在家上学”占用公立学校资源

持此观点的人群主要是一些学者，特别是公立学校的学生家长以及教师组织。他们认为，公立学校不应该为“在家上学”这一小众而另类的人群提供如此多的自由和机会。“在家上学”的家长毅然离开体制化的学校教育、选择在家教育的行为，充分体现了家长对教育的优先选择权，也展现了“在家上学”的私有化特点，他们就不应该再占用公共教育经费。首先，通常来说，选择在家教育子女的家长会对公立学校存在不满，“在家上学”的孩子也会受到父母的影响，对公立学校存在偏见，这些认识会对公立学校产生负面影响。其次，纳税不等同于支付学费，因为纳税是每个公民的义务，不论家庭有无孩子、有几个孩子或孩子是否上学。所以纳税不应成为“在家上学”的孩子使用公立学校资源的理由。最后，选择公立学校意味着学生可以接受专业的教师教学，学习优质而丰富的课程，使用设施完备的实验室等，同时学生也必须承担到校的责任、听从教师的安排、学习指定的教材、完成一定的任务等。权利和责任是一体的，不可拆分，而“在家上学”的学生只享受资源，不承担责任，这不合理。因此这部分人抵制“在家上学”的孩子使用公立学校的资源不无道理[14]。

综上所述，对于“在家上学”与公立学校合作这一问题，赞成者和批判者都站在一定的立场之上，鲜明地提出自己的理由。支持、认可与怀疑、反对的争论之声从未消失，“在家上学”与公立学校的合作在争论中曲折发展。

参考文献：

[1] MURPHY J. Homeschooling in America: capturing and assessing the movement [M]. California: Corwin Press, 2012: 48-51.

[2] 张瑞芳. 美国“在家上学”法律渊源及特点探析 [J]. 比较教育研究, 2015,37 (3): 48–54.

[3] 张碧如. 教与学的另类可能: 在家教育自主学习之个案研究 [M]. 台北: 五南图书出版股份有限公司, 2006: 318.

[4] [8] BIELICK S, CHANDLER K, BROUGHMAN S P. Homeschooling in the United States: 1999 [R]. National center for education statistics, U. S. Department of education. Washington, D. C, 2001.

[5] PRINCIOTTA D, BIELICK S, CHAPMAN C. Homeschooling in the United States: 2003 [R]. National center for education statistics, Institute of education sciences, U. S. Department of

education. Washington, D. C, 2006.

[6] GRADY S, BIELICK S, AUD S. Trends in the use of school choice: 2003-2007 [R]. National center for education statistics, Institute of education sciences, U. S. Department of education. Washington, D. C, 2010.

[7] NOEL A, STARK P, REDFORD J. Parent and family involvement in education [R]. From the national household education survey program of 2012. National center for education statistics, Institute of education sciences, U. S. Department of education. Washington, D. C, 2013.

[9] WIXOM M A. State homeschool polices: a patchwork of provisions [R]. Education commission of the states. July, 2015.

[10] 迈克尔·英伯，泰尔·范·吉尔. 美国教育法（第 3 版）[M]. 李晓燕，申素平，陈蔚，译. 北京：教育科学出版社，2011：40.

[11] [14] IMMELL M. Homeschooling [M]. New York: Greenhaven press, 2010: 131-139; 149-159.

[12] KUNZMAN R. Homeschooling in Indiana: a closer look [J]. Education policy brief, 2005, 3 (7): 4.

[13] GAITHER M. Homeschool: an American history [M]. New York: Palgrave Macmillan, 2008: 217.

（作者张爱玲系北京师范大学国际与比较教育研究院博士研究生，聊城大学教科院讲师；肖甦系北京师范大学国际与比较教育研究院教授）

俄罗斯基础教育改革中的社区学校模式研究

王森

导读：俄罗斯社区学校模式立足于基础教育学校的创新，致力于学校与社区互动，是一种旨在有效解决学校教育和社区社会问题的新型学校发展模式。俄罗斯社区学校模式由学校教育民主化、学校与社区关系伙伴化、学校和社区服务志愿化三个基本模块构成。基础教育学校可以根据各自的具体情况，围绕三个基本模块进行主题活动设计，开展多样化的活动。基础教育学校与社区的融合发展是俄罗斯社会和教育现代化的迫切要求。经过近 20 年的探索与发展，俄罗斯社区学校模式解决了一些基础教育学校中长期存在的问题，并逐渐趋向成熟。尽管俄罗斯社区学校模式的实施面临不少难题，但它很可能成为俄罗斯基础教育学校改革的主要模式，影响俄罗斯基础教育未来的发展。

俄罗斯现代意义上的社区（Местноесообщество）在 20 世纪 90 年代以后才出现。社区依据历史、文化、经济、公共用地和其他完整社区的特征进行划分，其边界不能超越市辖区范围。社区的最高领导机构是社区群众大会和社区代表大会，社区下设社区委员会和社区监察委员会，其性质为自愿性和非商业性的自治机构。社区活动资金由自筹资金和国家预算资金两部分构成。社区机构不是一级国家行政组织，社区与政府机构之间的合作以合约为基础，但是区政府有权检查社区委员会的工作，社区所采取的一切措施须上报区政府，出现分歧时，由区政府负责协调解决[1]。随着俄罗斯社区的出现和基础教育改革的深入，社区教育问题开始进入人们的视野。1996—1997 年间，在西伯利亚克拉斯诺亚尔斯克市举办的校长和教师系列培训班上，美国学者艾伯特·迪西（Albert Dysy）和莎拉·林德曼·科马罗娃（Sarah Lindemann-Komarova）提出了在俄罗斯基础教育学校基础上创建社区学校的构想。社区学校模式作为一个特殊的学校教育和社会教育现象引起了俄罗斯教育界的极大兴趣和关注，成为俄罗斯基础教育改革中新型教育模式创新的热点。俄罗斯各地区大力推进社区学校模式的发展，将其作为解决基础教育学校改革中的沉疴、构建公民社会与连续教育体系的重要环节。2017 年，俄罗斯已有 46 个联邦主体共计 700 余所学校开展了社区学校建设，社区学校模式获得了较广泛的社会认同。经过近 20 年的探索与发展，俄罗斯社区学校模式正逐渐趋向成熟，并呈现出稳定的发展态势。

一、俄罗斯社区学校模式产生的背景

俄罗斯社区学校（Общественно-активнаяшкола）在俄语中的字面意思为“社会活动学校”，与西方的社区学校（Community School）名称不对等，这是该术语译介时苏联的特殊教育背景所致。

“俄罗斯社区学校是不仅把为学生提供教育服务作为目标，同时也把社区发展当作目标，吸引家长和社区居民共同解决学校和社区所面临的社会和其他问题的基础教育学校”[2]。社区学校不仅要给学生提供必要的专业教育，还要培养学生的参与意识和自我实现的能力。社区学校奉行社会本位的教育理念，面向社区，与社区居民、社区组织机构建立积极的伙伴关系，共同解决学校和社区存在的问题。社区学校的建设目标是不仅要促进基础教育学校的创新发展，还要成为社区的文化和社会资源中心。

俄罗斯社区学校模式是在俄罗斯社会转型背景下出现的。从1991年苏联解体至今，俄罗斯经济发展模式从资源型转向创新型，经济发展模式转型对国家教育创新提出了更高的要求，俄罗斯教育领域加快了基础教育改革创新的步伐。

俄罗斯社会的教育民主化和教育社会化思潮是社区学校模式兴起的前提。20世纪80年代，俄罗斯提出了将教育民主化和教育社会化作为学校改革的基本原则。俄罗斯联邦首任教育部部长第聂伯罗夫（Э.Д.Днепров）指出：“教育民主化是学校改革的目标、手段和保障。它不仅仅局限于教育和学校管理体制的变化，而且渗透到学校生活的方方面面，包括学校的精神、学校的内部系统等。教育民主化要解放教育关系，从根本上改变它，从从属和对立走向合作，包括成年人和孩子的合作，教师和管理人员的合作，学校、社会和国家的合作。”[3]教育民主化和教育社会化思潮要求在教育领域建立国家与社会合作共管的机制，从根本上变革学校，让学校从封闭走向社会，满足社会发展需要和受教育者的社会化需求，培养符合社会准则的公民。

2012年12月29日颁布实施的俄罗斯联邦《教育法》对学校、教师和学生享有的权利和义务作出了明确的规定。其中规定，俄罗斯实行联邦、联邦主体、地方三级教育管理体制，教育系统管理建立在法制、民主、学校自治和教育信息公开的基础之上，具有国家和社会共治的性质。学校享有自治权，实行民主管理，应保障教师、学生和未成年学生家长参与学校管理的权利；学校教师享有自主选择教学形式、教育教学方法的自由；学生享有受教育权，享有对教育形式、教学形式和教育活动组织形式的选择权，应保障学生各种能力的自由发展。《教育法》为保障学生的个性形成和社会化发展，基于终身教育的理念将补充教育细化为儿童补充教育、成人补充教育和补充职业教育三个类别。学生不仅可以按照普通教学大纲学习，还可以根据个人成长和发展的需要，通过个性化教学大纲获取知识和技能。新的俄罗斯联邦《教育法》体现了其对学校自治权的保障和民主化的管理，尊重师生的民主权利，保障学生家长对学校教育的知情权、选择权、参与权和监督权，让家长充分参与学校的管理，对完善学校、家庭、社会三位一体的教育体系和营造良好的学校教育环境发挥了重要作用[4]。

2014年2月4日发布的《我们的新学校》国家教育倡议（以下简称“国家教育倡议”）为基础教育学校创新发展指明了方向。2010年，时任俄罗斯总统梅德韦杰夫指出：“‘国家教育倡议’的意义和实质在于创建新型学校，开发学生的个人潜能，培养他们对学习和知识的兴趣，追求向上的精神境界和健康的生活方式，根据国家现代化和创新发展的目标培训学生，为未来的职业活动做好准备。”[5]“国家教育倡议”概括了未来新型学校应具备的特点：第一，建立新学校是一项符合教育超前发展目标的政策。学生在学校不仅要学习过去的知识成果，还要学习未来可能用到的技术。吸引学生参加科研项目和创造性活动，教授孩子发明创造、理解与掌握新知识的能力，让孩子勇于表达个人思想、独立作出决定、互帮互助，从而形成兴趣并发现自己的潜能。第二，新学校是大众的学校。任何一所学校都应该保障残疾儿童、无父母照顾的儿童顺利社会化。同时要考虑学生的年龄特点，分别组织初等普通教育、基础普通教育和中等普通教育阶段的教学。第三，新学校是新教师的学校。教师要接受新事物，懂得儿童心理和学

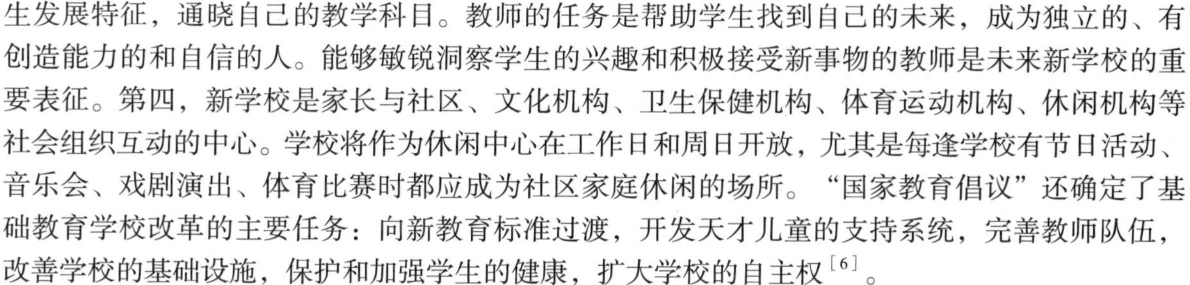

生发展特征，通晓自己的教学科目。教师的任务是帮助学生找到自己的未来，成为独立的、有创造能力的和自信的人。能够敏锐洞察学生的兴趣和积极接受新事物的教师是未来新学校的重要表征。第四，新学校是家长与社区、文化机构、卫生保健机构、体育运动机构、休闲机构等社会组织互动的中心。学校将作为休闲中心在工作日和周日开放，尤其是每逢学校有节日活动、音乐会、戏剧演出、体育比赛时都应成为社区家庭休闲的场所。“国家教育倡议”还确定了基础教育学校改革的主要任务：向新教育标准过渡，开发天才儿童的支持系统，完善教师队伍，改善学校的基础设施，保护和加强学生的健康，扩大学校的自主权[6]。

“国家教育倡议”成为俄罗斯基础教育学校创新发展的指针和推动力。俄罗斯基础教育学校开始重新思考学校的发展理念、目标、定位和功能，学校教育呈现出一派生机勃勃的新面貌。而社区学校模式，这种立足于基础教育学校创新，致力于学校与社区互动，旨在有效解决学生的社会化问题，实现学校和社区共同发展，构建俄罗斯公民社会基础的新型学校发展模式一出现即展现了强大的生命力。

二、俄罗斯社区学校模式和主题活动多样化

（一）俄罗斯社区学校模式

俄罗斯社区学校模式是指在社区基础教育学校的基础上，以社会本位思想作为学校发展的基本理念，积极开展校内外的教育创新活动，促进学校与社区协同发展，以有效解决学校教育问题和社区社会问题的一种学校创新发展模式。“俄罗斯社区学校模式为学校和社区提供机会，使之成为教育事业发展和教育资源扩大的积极参与者，以有效促进学校参与公民教育，提高社区儿童、家长和居民教育的积极性和责任感，在学校、社区（小区、村落）的基础上逐渐形成和发展基于社区居民具体事务和利益的俄罗斯公民社会”[7]。

俄罗斯学者认为，要提高学生参与社会活动的积极性，就必须为学生提供一个能让他们一试身手的空间。学校与社区的融合发展为学生提供了一个广阔的社会实践平台。随着学校社会实践活动的深入，学生内在的积极性就会被激发出来，进而产生对社会活动的兴趣和需要。该过程包括学生对社会现象的认知，在集体互动中发现社会需求，参加具有社会价值意义的实践活动。以上这些是创造条件让学生参与当地社区发展，解决学校和社区问题的基础[8]。

俄罗斯社区学校模式由学校教育民主化、学校与社区关系伙伴化、学校和社区服务志愿化三个基本活动模块构成。

1. 社区学校教育民主化活动

社区学校教育民主化活动包括学校教学活动民主化、课外活动民主化和学校管理活动民主化。在协调学校内部关系以及在邀请社区代表解决学校教育问题时要求采用伙伴关系原则。作为社区教育机构，社区学校可以转变为公民中心、启蒙中心、文化中心、志愿活动中心，成为社区居民的资源中心，进而形成俄罗斯社会的基层民主基础。

2. 社区学校与社区伙伴化活动

社区学校与社区伙伴化活动旨在发展和巩固社区学校与社区的社会伙伴关系。社会伙伴关系包括社区学校与学生家长、教育管理机关、商业性和非商业性组织、社区居民之间的建设性合作关系。伙伴关系原则在整个活动过程中一以贯之。

3. 社区学校和社区服务志愿化活动

社区学校和社区服务志愿化活动旨在激发社区各年龄段居民（不论年龄、国籍、信仰、种族）参与解决学校和社区问题的积极性。志愿服务制度是学校服务社会的一种形式，给学生提供了自我实现和自我肯定的机会。通过让学生独立设计和开展志愿活动，培养学生发现和解决社会问题的能力，促进学生社会适应能力的形成。

学生的社会化是社区学校的一项重要任务。社区学校使学校教育贴近学生的日常生活，学校教育变得更加富有成效。同时，依靠学校广泛的社会化活动，利用社区资源可以解决学校的一些运行和发展问题。

（二）俄罗斯社区学校主题活动多样化

俄罗斯基础教育学校根据各自地区、社区、学校的具体情况，通过围绕社区学校模式的三个基本模块进行主题活动设计，开展多样化的活动。莫斯科社会管理学院的俄罗斯社区学校运动指导专家科尔涅托夫（Г.Б.Корнетов）教授诠释了俄罗斯社区学校模式主题活动多样化的特点：（1）社区学校是博物馆，它向学生打开了解全人类文化财富的通道；（2）社区学校是工作坊，它使学生沉浸于制作各种物质和理想产品的创造性活动中；（3）社区学校是实验室，它让学生参加独立或集体的创造性探索活动，发现真理，创造知识；（4）社区学校是民主社区，它是一个按照民主制度规则运行和发展的完整社会组织；（5）社区学校是社会中心，它积极融入社区生活，成为社区利益的焦点；（6）社区学校是社会教育中心，它致力于成为社区的教育中心和年轻一代的社会化中心，训练他们为未来的社会生活做好准备；（7）社区学校是志愿活动中心，社区学校在社区实施各种各样的志愿计划，帮助社区和社区主体解决遇到的各种问题，促进学生道德的形成和社会积极性的发展，使之获得宝贵的自我肯定和自我实现的个性品质；（8）社区学校是社会伙伴中心，它致力于发展与社区和居民平等、自由、互利的关系和开展具有社会意义的合作[9]。以下援引几个俄罗斯社区学校模式主题活动的典型案例。

1. 索契市第八中学“建筑——索契城市历史的一面镜子”活动计划[10]

活动项目组于 2002 年 9 月组建，团队成员由 7 年级学生和俄罗斯建筑科学院南方分院的建筑专家、博物馆研究员、疗养院管理人员和学生家长组成。活动的目的在于培养学生热爱自己的城市，通过收集和研究城市建筑的历史资料，举办宣传城市发展历史的展览，吸引学生关注城市社会发展问题，培养学生独立工作的技能。项目组按照如下步骤开展工作：召集具有相同爱好的学生组成项目团队；组织与建筑专家、博物馆研究人员的见面咨询会；收集建筑古迹的建造时间、建筑师、建筑历史等信息；通过学校新闻中心向学生宣传活动情况，招募志愿者；参加公益活动募集举办展览的经费；整理资料，在学校举办“索契市的建筑遗迹”专题展览。每座城市的建筑遗迹都是一座独特的纪念碑，它映射了过去人们的生活条件、文化和劳动创造活动。由学生在学校博物馆举办陈列展览，以学生的视角观察城市的过去，激发学生的研究兴趣，并在学生中产生共鸣，有利于加强学生对故乡传统文化的认知，培养学生的公民觉悟。

2. 鄂木斯克市第十三中学“文化对话的学校”活动计划[11]

活动的目的是通过开展科研活动，加强各民族文化间的对话，培养学生的爱国主义精神和民族团结意识。该学校所在的小区是一个多民族居民聚集的社区。民族学校教育的一个重要特点是，在教育过程中要兼顾居住在本地区的各民族的文化价值观和传统习俗。研究多民族的历史文化，可以丰富学生的精神文化生活，使学生养成尊重其他民族传统的习惯。在 2000—2002 学年，学校确定了“西伯利亚鞑靼民族的谚语和俗语研究”“鄂木斯克民族志史研究”“19

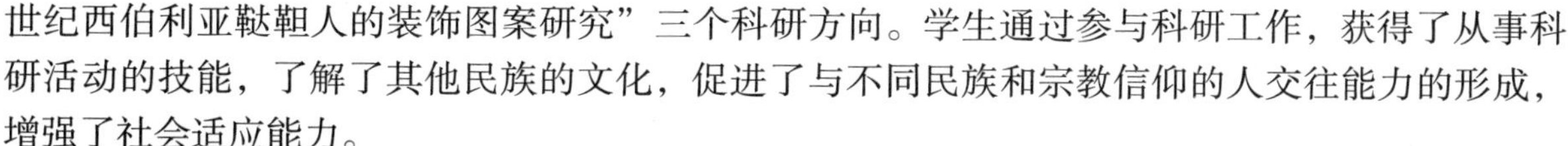

世纪西伯利亚鞑靼人的装饰图案研究”三个科研方向。学生通过参与科研工作，获得了从事科研活动的技能，了解了其他民族的文化，促进了与不同民族和宗教信仰的人交往能力的形成，增强了社会适应能力。

3. 普斯科夫普希金中学“我是俄罗斯公民”活动计划[12]

2012 年，普斯科夫普希金中学利用俄罗斯总统竞选的活动氛围，与学校选举委员会合作，开展了一项旨在激发社区居民的公民意识，推动社区居民积极参与竞选投票的活动。活动包括 1~5 年级学生举办“我是俄罗斯公民”书画展；6~9 年级学生在课堂上介绍总统选举进程、举办竞选知识讲座；7~11 年级学生组织“模拟竞选”活动。其中，“模拟竞选”活动最为精彩，活动邀请了学生、教师和家长参加，在学生中组建了竞选委员会，每个班推选一位总统职位的竞选候选人。候选人按照竞选程序开展工作：取得 30 份非本班同学支持本人竞选的签名；向竞选委员会提交签名和申请；制订竞选策略；在学校信息公布墙上张贴竞选宣传海报；与选民见面，发放宣传页；举行新闻发布会、进行投票等。活动取得了理想的效果，在总统选举中本校选民的投票率达到了 56%。学校的活动还引起了当地媒体《信使》报的关注，该报对活动开展情况进行了详细报道。因为这次活动学校与《信使》报结成了社会合作伙伴，并签署了进一步合作的协议。

4. 哈卡斯共和国拉茨韦特中学“学生社会化的交互形式：快闪行动”活动计划[13]

快闪行动作为信息化时代的一种新颖的社会实践形式，可以有效促进学生自我肯定性评价和共同参与感的形成，激发学生对解决国家、地区、社区、学校所存在问题的兴趣，帮助学生适应社会生活，从正面影响学生的社会化进程。活动的组织者认为快闪行动具有如下特点：是针对同类学生开展的一种社会活动；容易召集到足够的参与人员；可以给日常生活带来一抹亮色，使观众和参与者都能感受到一种正能量。快闪行动因占用时间少、无须做大量准备而受到学生们的欢迎。这种活动尤其适合高年级学生，因为他们要准备高考，学习时间紧，一般不太愿意参加课外活动。学校曾经举办过道路交通安全“快闪行动”，宣传口号是“道路是生命的符号”；也举办过学生健康生活方式“快闪行动”，宣传口号是“我们选择生活”。这些活动获得了理想的效果。快闪行动是各年龄段学生皆易接受的社会实践形式，这种活动不涉及学生的学习成绩和个性品质，所有学生都可以从团队活动中获得良好的体验。

俄罗斯基础教育学校与社区的融合发展是俄罗斯社会和教育现代化的迫切要求。随着“国家教育倡议”的深入贯彻和执行，俄罗斯社区学校模式越来越受到国家和社会的关注和支持，社区学校模式呈现出良好的发展态势。

三、俄罗斯社区学校模式的成效和实施中存在的问题

随着社区学校模式的推广，俄罗斯基础教育学校中存在的一些问题得以解决，“国家教育倡议”和俄罗斯新的联邦国家教育标准中所提出的目标正逐步得到落实。

（一）俄罗斯社区学校模式的成效

1. 社会各界对社区学校模式促进基础教育学校改革作用的认识进一步加深

经过近 20 年的发展，各级教育行政管理部门、学校管理人员和教师对社区学校模式形成了较强的认同感。譬如，在《莫斯科州 2013—2015 年教育发展长期专项计划》中就确立了“研究和推行社区学校模式和开展社区学校间网络互动”的目标。2013 年 5—6 月，莫斯科州教育管理

部门在其所辖的 1417 所学校进行了一次大规模的调研活动。调查问卷中的问题“您了解什么是社区学校模式吗？”得到了 1236 所学校的肯定答案；针对问题“您对社区学校评价如何？”，862 所学校给予了正面答案；问题“您所在的教育机构的规范性文件里对社区学校模式是否有所反映？”收到了 563 所学校的肯定答复。调查结果显示，莫斯科周边地区相当数量的学校不仅了解社区学校模式，而且已经在使用或准备使用社区学校模式[14]。

2. 社区学校模式的实施使基础教育学校的面貌有了较大的改观

因学校开展大量志愿活动，社区学校开始被社区居民视为社区社会活动倡议的中心。学校的各种志愿活动一方面激发了学校师生、社区居民参与社会活动的积极性，另一方面也获取了一些社区居民和社会组织的赞助，缓解了一些学校活动资金缺乏的窘况[15]。学校的各种志愿活动吸引了各类专家为学生提供咨询服务，学生通过社会实践获得了基本的职业技能经验，学校实施社会项目的能力得到了增强。

3. 社区学校模式的开展活跃了学校的教育民主化气氛

实施社区学校模式的学校先后建立了学校董事会、家长委员会、预防未成年人犯罪委员会、儿童组织委员会和学生科研协会等一系列组织，健全了学校的民主管理制度。这些组织不仅积极开展校内活动，而且还经常倡议和组织有意义的社区活动。学校教育民主化对完善学校、家庭、社会三位一体的教育体系，营造良好的教育教学环境，促进学生的全面发展发挥了十分积极的作用。

4. 通过实施社区学校模式，“国家教育倡议”和俄罗斯新的联邦国家教育标准正逐步落实

“国家教育倡议”强调将新型学校建设作为基础教育学校改革的重要任务，并以此发展每位学生的潜能，培养品德端正、热爱国家的人才，为未来在高科技竞争的世界中生活做好准备。社区学校模式是一种为基础教育学校提供创新发展机会，促进学校与社区合作和学生社会化有效实现的教育创新模式。社区学校模式倡导学校教育与学生日常生活紧密联系，通过积累学生的生活经验和丰富校外社会化活动来解决教育问题，提高了学校教育教学的成效。社区学校的民主思想建立在接受和尊重他人意见和与他人共同开展建设性合作的基础上，为培养学生良好的个性品质提供了保障。

“国家教育倡议”对基础教育学校提出了向新教育标准过渡的目标。强调新型学校的教育结果“不仅仅是掌握具体学科的知识，而且也是获得日常生活中应用知识的能力”。社区学校模式以社会本位观作为自己的教育哲学理念，倡导终身学习、社会参与和资源的有效利用，并以此开展活动，有效促进了学生的社会化。

俄罗斯新的联邦国家教育标准强调：“学校应该不仅仅关注学生的智力发展，而且应该关注学生的公民精神和文化生活。”[16]该标准要求学生个性品质的培养和发展符合信息社会和创新经济的要求，在宽容、文化对话的原则下，在尊重多民族、多元文化和多种信仰的基础上建设俄罗斯公民社会。俄罗斯社区学校模式对解决上述问题具备得天独厚的条件。社区学校与周围社区有着千丝万缕的联系，能够及时感知和捕捉社会生活的变化，诸如，信息化社会和创新经济的发展趋势、俄罗斯公民社会的构建任务以及学生真实的日常生活等，并将其融入学校的教育活动中去。社区学校模式已经成为促进学生个性品质形成的重要方式。

俄罗斯新的联邦国家教育标准强调课外活动在学校教育教学过程中的重要地位。要求在尊重学生和家长意愿的基础上，按照学生的个性发展方向组织课外活动。教师针对需要心理校正的儿童开设个别课程、个别辅导、集体辅导和远程辅导；学生做家务，参观，组织小组活动、

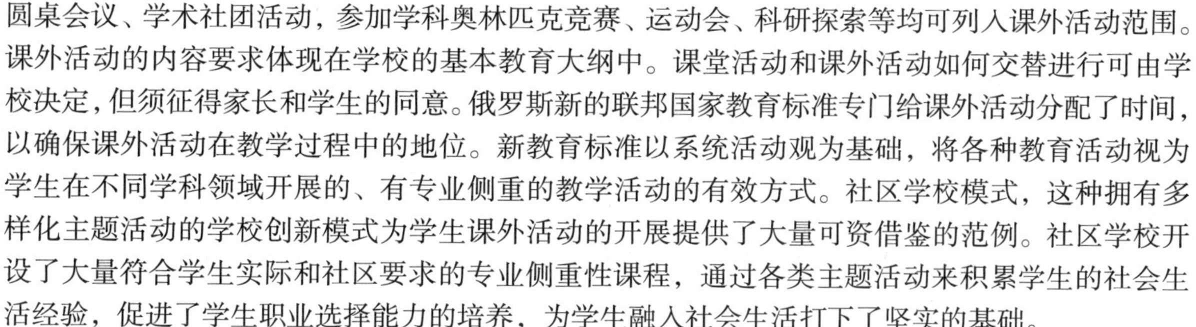
圆桌会议、学术社团活动，参加学科奥林匹克竞赛、运动会、科研探索等均可列入课外活动范围。课外活动的内容要求体现在学校的基本教育大纲中。课堂活动和课外活动如何交替进行可由学校决定，但须征得家长和学生的同意。俄罗斯新的联邦国家教育标准专门给课外活动分配了时间，以确保课外活动在教学过程中的地位。新教育标准以系统活动观为基础，将各种教育活动视为学生在不同学科领域开展的、有专业侧重的教学活动的有效方式。社区学校模式，这种拥有多样化主题活动的学校创新模式为学生课外活动的开展提供了大量可资借鉴的范例。社区学校开设了大量符合学生实际和社区要求的专业侧重性课程，通过各类主题活动来积累学生的社会生活经验，促进了学生职业选择能力的培养，为学生融入社会生活打下了坚实的基础。

（二）俄罗斯社区学校模式实施中存在的问题

俄罗斯基础教育区域发展不均衡，城乡教育差异较大。第一，一些地区的教育管理部门和学校管理人员思想封闭保守，长期以来习惯了“自上而下式”的管理模式，自主创新和互动意识不强，对社区学校创新发展模式持谨慎和观望态度。第二，权威主义文化传统影响了学校教育民主化的推进。受国家历史上意识形态的影响，一些学校管理人员对“学校教育民主化”持怀疑和警惕态度，权威主义教育传统和家长式的学校管理模式往往使“社区学校教育民主化”活动的开展流于形式。第三，教育民主化意识淡薄，这影响了社区学校模式的整体性和系统性发挥。教育民主化包括学校管理、教学和校外活动民主化。学校管理民主化要求学校从自我管理转向社会参与管理，从学校管理学生转向学生自治管理；教学民主化要求建立民主平等的师生关系，把教学过程建立在师生合作的基础上，确立“以学生为主体”的教学思想，因材施教；校外活动民主化要求重视学生的需要与兴趣，尊重学生的主体性，通过社会实践促进学生人格的发展。民主化原则是学校管理、教学和社会活动以及学校与社区互动的思想基础。一些开展社区学校模式建设的学校将工作重点放在校外活动的开展上，存在弱化学校教育民主化建设的情况，造成了学校教育思想上的矛盾与混乱，影响了社区学校模式的整体性和系统性。第四，在学校与社区的互动中，社区行政化色彩仍然比较浓厚，服务理念欠缺，社区居民的参与意识比较薄弱，积极性和主动性不足。

尽管俄罗斯社区学校模式的实施面临不少难题，但它很可能成为俄罗斯基础教育学校改革的主要模式，影响俄罗斯基础教育未来的发展。

参考文献：

[1] Закон г. Москвы от 10 июля 1996 г. N 26-77 «О территориальном общественном самоуправлении в городе Москве» [DB/OL]. (2017-10-19) [2017-10-19]. http: //base.garant.ru/309500/.

[2] Валюшицкая И В, Максименко Н А, Насонова Е В, Фомина Е Ю. Российская модель ОАШ [R]. Красноярск: КРМОО Центр «Сотрудничество», 2004: 19.

[3] Днепров Э Д. Современная школьная реформа в России [M]. Москва: Наука, 1998: 45-47.

[4] 王森 . 俄罗斯联邦《教育法》中教育法律规范的新变化 [J]. 外国中小学教育 , 2013(12): 1-7.

[5] Дмитрий Медведев утвердил инициативу «Наша новая школа» [EB/OL]. (2010-01-21)

[2017-10-20]. http: //www. kremlin. ru/events/president/news/6683.

[6] Национальная образовательная инициатива «Наша новая школа» [EB/OL]. (2010-01-21) [2021-06-07]. http: //www. kremlin. ru/events/president /news/6683.

[7] Корнетов Г Б. Что такое общественно-активная школа? [M]. Москва: Научная книга, 2009: 7.

[8] Гончаров М А, Шкуров А Ю. Государственно-общественное управление образовательной организаций и модель общественно-активной школы: открытая педагогика сотрудничества [J]. Наука и школа, 2017(3): 59-67.

[9] Корнетов Г Б. Феномен общественно активной школы в контексте развития демократической педагогики [M]. Москва: АСОУ, 2009: 199.

[10] Антонова Э Е, Антонян Л К, Тривайлова С В. Практическая реализация модели ОАШ. Сочинский опыт [G]. Сочи: СГДОО «Эдельвейс», 2003: 30-32.

[11] Моргунова О А. Воспитание патриотизма через научно- исследовательскую деятельность учащихся ОАШ [C] //Реализация модели общественно-активной школы в образовательном пространстве г. Омска, 2003: 23-24.

[12]Иванова О Ю. Проект «Я – гражданин России»: активизация жителей микрорайона[R/OL].(2017-07-23) [2017-07-23]. http: //oash.info/library/view/480.

[13] Ложкина М С. Программа «Флешмоб – интерактивная форма социализации школьников» [J]. Сотрудничество, 2016(4): 12-14.

[14] Корнетов Г Б. Российская модель общественно активной школы [M]. //Федеральный справочник: Среднее образование в России. Москва: НП «Центр стратегического партнерства», 2014: 69-75.

[15] Чеглакова. Л М. Оценка проекта «Общественноактивные школы в России: объединяем усилия» [R]. Самара: Центр «Социальная механика», 2008: 4-5.

[16] Приказ Минобрнауки России от 17 декабря 2010 года № 1897 «Об утверждении и введении в действие федерального государственного образовательного стандарта основного общего образования» [EB/OL]. (2010-12-17) [2021-06-07]. https: //docs. edu. gov. ru/document/8f549a94f631319a9f7f5532748d09fa.

（作者王森系郑州大学外语学院俄语系副教授，语言学博士，俄罗斯学研究中心主任）

英国公立学校“学园化”改革研究

王向旭

导读：在新自由主义教育改革理念的指导之下，卡梅伦政府对英国基础教育阶段的学校体制进行了大刀阔斧的改革，其中最为引人关注的政策是将越来越多的公立学校转制为由中央政府直接拨款、脱离地方政府管理、拥有更多自主权的“学园式学校”（academy）。随着“学园式学校”数量的迅猛增长，相关政策的合理性和必要性也引发了越来越多的批评、质疑和争论。

一、“学园式学校”产生的背景

在英国，“学园式学校”（academy）[1]是指由中央政府直接资助的、不受地方政府管理的公立学校。目前此类学校大部分是中学，但也有一部分是小学。在法律地位上，“学园式学校”被定义为拥有办学自主权的、非营利的慈善信托机构（charitable trusts）。

进入21世纪以来，英国政府一直将提高英国基础教育质量、打造世界一流的中小学教育视为英国的一大教育改革目标[1]，2010年开始执政的卡梅伦政府对此更是不遗余力。在奉行新自由主义（Neoliberalism）教育改革理念的卡梅伦政府看来，改革的措施应着眼于解决公立中小学办学质量方面存在的以下问题。其一，英国公立中小学的整体办学质量差强人意，导致英国学生已经落后于世界其他国家的同龄人。这突出表现在英国在近几次的国际学生评估项目（the Programme for International Student Assessment，简称PISA）中的国际排名处于较为落后的位置。其二，在弱势群体聚居区存在许多“失败的学校”（failing schools），而地方政府长期以来缺乏有效的手段和措施来提高这些学校的教育质量。其三，即使在一些中产阶级社区，不少公立学校对于提高自身办学质量毫无远见和抱负，因此其办学质量也长期表现一般或处于濒临失败的状态。

在英国中央政府看来，要解决上述问题必须依靠中央政府的有力干预。因此，英国教育部不断强调要提高英国基础教育的标准和质量，要对公立学校的办学体制进行改革，在强化绩效责任的基础上给中小学校以更多的自主权。英国教育部经常援引经合组织（Organization for Economic Co-operation and Development，简称OECD）的PISA报告以及芬兰、瑞典等国家的例子，

1 约公元前387年，希腊著名哲学家柏拉图（Plato）在古希腊传说中的英雄“阿卡德摩”（Akādemos）的家乡创办了一所学校，并根据“阿卡德摩”的名字将学校命名为“Akademeia”，中文通常译作“柏拉图学园”，简称“学园”。英语单词“academy”便是源自柏拉图所创的“Akademeia”一词。15世纪时，“academy”在英语中还只用作专有名词，特指柏拉图所创办的“学园”。到了16世纪以后，由于英国的一些学校把“academy”用到了自己的校名中，因此该单词有了新的引申义，即代指“学校”或“专科学校”。17世纪以后，该单词有了更多的引申义，也被用来指“学会”或“研究院”。目前，对于英国学校体制改革中代指特定类型中小学校的“academy”一词，国内研究者通常翻译为“学院”“院校”或“学院学校”“学院式学校”“学院类学校”。考虑到“院校”和“学院”在中文里通常代指高等教育机构，上述译法会带来很多混乱和困扰，因此笔者认为从其本义出发，译为“学园式学校”更为恰当，也更符合英国英语中“academy”在代指特定类型中小学校时强调其办学自主性的含义。

称有证据表明在课程、预算、人事等方面给学校更多的自主权有助于缩小学生之间的学业差距，提高学校的办学质量；允许家长、教师、慈善机构等团体或个人开办学校有助于满足当地社区的需要并提高教育质量。

在上述理念的指导下，英国中央政府不断强化教育问责制度，使教育标准局（Office for Standards in Education，简称 Ofsted）对公立学校的督导评估工作从过去的抽样督导发展为“每校必督”，并针对问题学校开展深度督导[2]。同时，英国政府积极推进学校办学体制的多样化，强调家长应拥有选择权，鼓励学校间的竞争和优胜劣汰，在强调绩效责任的基础上有条件地扩大公立学校的办学自主权。为了建立一个能够满足家长选择权并专注于提高教学标准的教育体系，卡梅伦政府对英国公立中小学的学校体制进行了大刀阔斧的改革，其中最为引人关注的政策是将越来越多的公立学校转制为由中央政府直接拨款的、脱离地方政府控制的、拥有更多自主权的“学园式学校”。

二、英国公立中小学的“学园化”（Academisation）进程

（一）“学园式学校”的类型与特点

由于成立年代不同以及成立时所依据的教育政策背景不同，“学园式学校”可分为以下几种类型。

1. 受资助的学园式学校（sponsored academies）。此类学校通常由公立学校被动转制而成，也是“学园式学校”中最早出现的类型。一些公立学校由于办学质量较差，在中央政府的干预下被迫转制，由中央政府批准的资助者（sponsor）负责办学，资助者通常是大学、企业、慈善机构或个人。此类“学园式学校”也被称为“传统的学园式学校”（traditional academies），以区别后来出现的其他类型的“学园式学校”。新工党政府执政期间建立的“学园式学校”大都属于此类型。

2. 自愿转制的学园式学校（voluntarily converted academies）。此类学校是公立学校自愿转制而成的，学校在完成自愿转制后便拥有“学园式学校”的法律地位，和受资助的学园式学校一样由中央政府直接拨款，脱离地方政府的控制，拥有更多的办学自主权。此类“学园式学校”在转制前办学质量不一定差，转制后也不必非得有一个资助者。

3. 自主学校（free school）。此类学校是按照“自主学校计划”（Free School Programme）建立的“学园式学校”。与上述两类“学园式学校”不同的是，“自主学校”并非由公立学校转制而来，而是完全新建的“学园式学校”。

4. 大学技术学院（university technical colleges，简称 UTCs）。此类“学园式学校”的特点是其举办者通常是大学（university）、雇主（employer）或继续教育学院（further education college）；其招生范围仅限于 14~19 岁年龄段的学生，雇主参与学校课程的安排，以确保学生能够掌握工作中实际需要的技能；其办学目的指向满足来自产业界和雇主对某些特定类型的技术人才的需求，其课程安排结合了学术类课程和职业类课程，并注重在工作场景中培养学生的实际能力。

5. 工作室学校（studio school）。此类“学园式学校”的特点是规模较小，学生人数最多不超过 300 人，其他方面和大学技术学院类似。

与其他仍由地方政府控制的公立学校（local authority-maintained school）一样，“学园式学校”

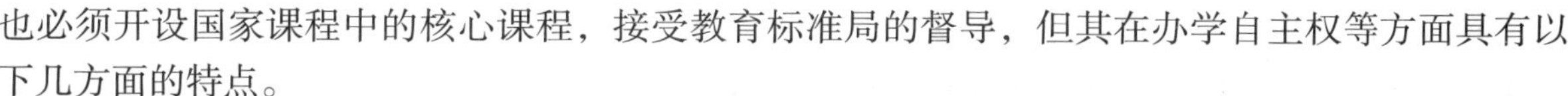
也必须开设国家课程中的核心课程，接受教育标准局的督导，但其在办学自主权等方面具有以下几方面的特点。

在经费方面，与受地方政府资助的公立学校相比，从中央政府直接获得资助的“学园式学校”获得的生均教育拨款最高可以多出10%[3]。此外，一些“学园式学校”还可以从个人或企业资助者那里获得额外的办学经费。“学园式学校”可以自由支配自己获得的教育经费。

在师资方面，“学园式学校”可以聘用未获得教师资格的（unqualified）人员担任教师，可以自行决定教师的薪资待遇，这既可以通过提供较高的工资吸引和留住优秀教师，也可以对表现较差的教师进行降薪或辞退。

在招生方面，“学园式学校”根据自身办学特色的需要可以进行选择性招生，选择性招生数量最高可占该校招生总人数的10%。在一定的条件下，学校还可以拒绝某些学生的入学申请。

在学校的日常管理方面，“学园式学校”的管理权归学校的董事会（governing body）所有，校长在董事会的授权下负责学校的日常管理工作。在拥有资助者的“学园式学校”，资助者对学校有一定的影响力，不仅可以任命部分管理者，还可以影响“学园式学校”的课程设置、校风以及新建筑的建设等。

在课程和教学方面，虽然“学园式学校”也必须遵守国家课程有关数学、英语和科学这三门核心课程的要求，而且学生在16岁义务教育结束时也必须参加普通中等教育证书（General Certificate of Secondary Education，简称GCSE）考试，但他们可以根据自身办学特色的需要，在遵循国家课程基本原则的基础上，对课程科目和课程内容进行灵活设置。许多“学园式学校”会有一个或多个特色科目或专门领域，例如科学、艺术、商业、计算机、工程、数学、现代外语、表演艺术、体育、技术等。此外，“学园式学校”还可以自主设置学期长度，也可以适当延长每天的教学时间[4]。

（二）英国政府推行“学园式学校”的政策脉络

“学园式学校”最初是由托尼·布莱尔（Tony Blair）领导下的新工党政府提出的，其政策理念可追溯到撒切尔时代所推行的“直接拨款学校”（Grant Maintained School）。布莱尔政府推出“学园式学校计划”（The Academies Programme）的初衷是为了改造那些分布在大城市弱势群体聚居区的薄弱中学，提升这些地区的教育质量。2000年，新工党政府的教育与技能部部长大卫·布朗奇（David Blunkett）正式宣布推行“学园式学校”的计划。大卫·布朗奇称此类学校将“接管或取代低成就和处于特殊不利境地的学校，通过地方教育部门、社会志愿力量、教会团体、商业赞助者的伙伴关系得以建立和管理，通过改进管理、教学方法，并在至少一个课程领域有专业性侧重来提高学生的学业成就，打破低期望的循环”[5]。在最初的几年里，“学园式学校”的完整称呼是“城市学园式学校”（city academies）。根据《2000年学习与技能法案》（*Learning and Skills Act 2000*），新工党政府于2002年3月创建了首批3所“城市学园式学校”。在随后公布的《2002年教育改革法》（*Education Act 2002*）中，由于“学园式学校”的建设不再局限于大城市的内城，因此“城市”一词被去掉，从而最终形成了“学园式学校”这一广为人知的概念[6]。

2010年保守党领袖卡梅伦（Cameron）领导的联合政府执政以后，推进“学园式学校”的发展逐渐成了英国政府在基础教育领域的一项核心政策。2010年7月，英国政府颁布了《2010年“学园式学校”法案》（*Academies Act 2010*），该法案从法律上确认英格兰所有公办中小学都可以转为“学园式学校”，并提出了旨在鼓励民间团体和个人新建“学园式学校”的“自主学校计划”。根据该计划，政府将积极扶持教师联合会、慈善组织、社区、家长及其他社会机构开办“自主学校”；任何个人或团体只要愿意推动平等和民主价值观念，能够做到尊重个人、善待环境，并且承诺反对暴力和种族主义，都可申请开办“自主学校”[7]。

2012 年 6 月，英国教育部发布了一份报告，对 2010—2011 学年“学园式学校”的办学质量进行了分析，内容包括“学园式学校”的数量、类型、地理分布。该报告肯定了“学园式学校”改革所取得的成果，展示了办学自主权促进学校教育质量提高的证据。2013 年 6 月，英国教育部又发布了一份报告，对 2011—2012 学年“学园式学校”的教育质量进行了分析，再次举例阐述了转制为“学园式学校”使原来的公立学校获得了益处并提高了其办学质量。通过这些报告和其他多种方式，英国政府不断强调公立中小学转为“学园式学校”可以使学校在课程、预算和人事等方面拥有更大的办学自主权，以加强该政策对公立学校和公众的吸引力。

在卡梅伦政府的第一个任期内，一方面，“学园式学校”的覆盖范围从中学扩展到了小学；另一方面，不仅有更多的薄弱学校主动或被动地转制为“学园式学校”，而且一些在教育标准局的督导检查中被评为“良好”（good）甚至“优秀”（outstanding）的学校也转制成为了“学园式学校”。因此，2010—2011 学年及以后的数年间，“学园式学校”的数量及其占英国中小学总数的比例发生了迅猛的增长。截止到 2012 年 9 月，已经有超过一半的英国公立中学转制成为“学园式学校”[8]。截至 2014 年 8 月，“学园式学校”的总数已经达到 4, 200 所，覆盖的学生人数达到了 240 万人[9]。（如图 1 所示）

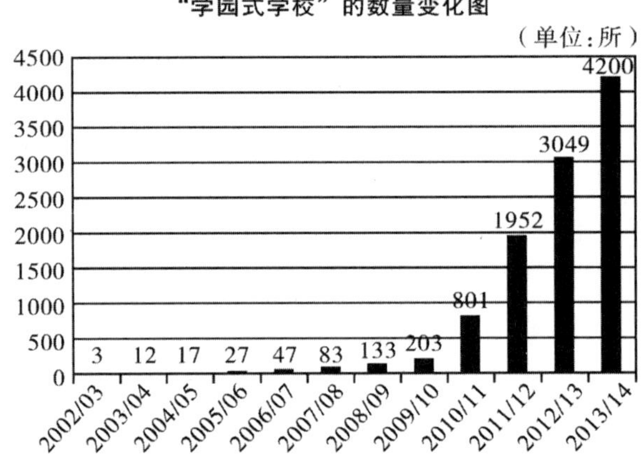

图 1　2002-2013 学年英国“学园式学校”数量变化

（资料来源：整理自英国教育部网站的统计数据）

2015 年 5 月，保守党再次赢得英国大选，随即卡梅伦政府便宣布将兑现竞选宣言中的有关计划，即在今后的五年内新建 500 所“自主学校”[10]，并将英格兰目前大约 1, 000 所表现“不上不下”的（coasting）公立中小学转制为“学园式学校”[11]。在此计划下，英国政府将继续鼓励中小学校自愿转为“学园式学校”；鼓励优秀的“学园式学校”帮助薄弱学校提高教育质量；加强表现不佳的学校和善于提高教育质量的资助者之间的合作；增加“自主学校”“大学技术学院”“工作室学校”的数量；鼓励教师、家长、慈善机构及其他团体或个人创办新的“自主学校”；在家长要求增加更多学位的地区创办新的“学园式学校”。

三、公立学校“学园化”政策引发的争议

由于“学园式学校”前期数量较少，且最初都是从最失败的那些公立中学转制而成的“受资助的学园式学校”，所以“学园式学校”在促进公立学校多样化，提高教育质量方面的作用被广泛认可，虽然也有一些质疑的声音，但并未引起普遍的关注。而且最初的几所“学园式学校”也确实取得了较为明显的成就，与“转制前缺乏领导力的失败学校”形成了鲜明对比。其中最为英国政府和“学园式学校”支持者津津乐道的就是时任教育标准局负责人、首席督学（chief inspector）迈克尔·威尔肖（Michael Wilshaw）曾担任校长的“莫斯伯恩学园式学校”（Mossbourne Academy）。该“学园式学校”于 2004 年由地处伦敦内城弱势群体聚居区的一所“失败的”公立中学转制而成。在 2004 年至 2011 年担任校长期间，威尔肖成功地将这所“失败学校”奇迹般地改造成为一所“优秀学校”，在 2006 年和 2010 年的两次督导评估中，该校都被教育标准局评为“优秀”。威尔肖不仅因此被英国媒体誉为“超级校长”（super-heads），而且自 2012 年起被政府任命为教育标准局负责人和首席督学。

不过，在保守党的政策驱动下，与新工党政府执政时相比，“学园式学校”的性质和特点、发展趋势和方向发生了重要的变化。“学园式学校”的作用已经不再限于对表现极差的公立中学进行改造，而且为了鼓励优质学校、慈善机构及其他团体或个人的参与，卡梅伦政府已经取消了资助者在资金投入方面的硬性要求。因此，随着“学园式学校”数量的快速增长，围绕着“学园式学校”的办学模式和办学质量、相关政策的必要性和合理性、给英国教育带来的影响，特别是公立学校的“学园化”是否意味着公立教育的“私有化”（privatisation）等问题，英国社会和教育界出现了越来越激烈的争论。

一方面，以英国教育部为代表的政府部门坚称“学园式学校”促进了学校办学体制的多样化，提高了公立学校的办学活力，成功改造了很多“失败的学校”，使英国公立中小学的教育质量得到了提升。因此政府今后还将继续加大“学园式学校”的政策力度，不仅要让那些“失败的学校”和“有待提高的学校”（require improvement schools）转制成为“学园式学校”，还要把大约 1，000 所办学质量“不上不下、得过且过的学校”转制为“学园式学校”，同时鼓励更多的“优秀学校”（outstanding schools）转制为“学园式学校”或参与“学园式学校”的创建。除中央政府以外，对“学园式学校”政策最为支持的当属参与举办“学园式学校”的个人或慈善组织了。其中一些个人或慈善组织以“连锁”（chains）或“联盟”（federation）形式举办的“学园式学校”已经具备了相当的规模，并仍在计划继续增加其办学数量。

另一方面，大批量公立学校转制为“学园式学校”引发了中央政府、地方政府、校长、教师、家长和学生等不同利益群体之间越来越多的冲突和矛盾[12]，引发了越来越多的批评和质疑。批评者的主要观点可概括为以下几个方面。

第一，少数所谓的取得巨大成功的“学园式学校”是政府耗费大量资金的结果，是“样板工程”；还有一些“学园式学校”之所以能在教育标准局的评估中取得进步，是因为这些学校得益于选拔性招生政策或“耍了一些小聪明”，有的让学生尽量选择容易考出好成绩的课程（如公民、宗教等科目），有的则在招生时拒绝了一些表现较差的学生。而这对于中小学办学质量的全面提高并没有益处，反而造成了资金的浪费，加剧了教育不公平[13]。此外，一些公立中小学在转为“学园式学校”后，教育质量并没有得到改善，有些甚至还恶化了。因此，“学园式学校”有没有大规模实施的必要，究竟能不能带来公立学校教育质量的全面提高，仍然缺乏足够的证据。

第二，“学园式学校”脱离地方政府的控制，削弱甚至剥夺了地方议会和社区居民对自己所在地区的公立教育和学校管理表达意见的权利，损害了英国民主制度的基础。在由工党控制的选区，选民的这种批评意见和对“学园式学校”的抵制尤其强烈。

第三，“学园式学校”的发展已经脱离了其最初旨在帮助弱势群体聚居区提高公立学校办学质量的轨道。越来越多的公立学校被转交给个人或私人机构办学，这种“学园化”运动其实是保守党政府在将英国的公立教育“私有化”，但“私有化”并不是解决公立学校存在教育质量问题的“灵丹妙药”，公立学校的“私有化”只不过是保守党一贯的意识形态在教育领域的延伸而已。

第四，“学园式学校”可以聘任没有教师资格的人员做教师，并且可以自由决定教师的工资待遇，进一步损害了教师职业的专业化地位和职业声誉，不仅不能缓解当前英国面临的师资短缺问题，反而会使年轻人不愿从事教师职业，从而使将来出现更严重的教师短缺问题。

在英国，持上述批评意见的人士广泛分布于社会各界，包括政界人士、评论家、教育研究者、教师和教师工会、家长和普通民众。英国国会下议院 2015 年 1 月发布的一份报告也指出：“此时此刻，政府应该停止‘学园式学校’的扩张，除非有充分的证据，否则不要轻易做出‘学园式学校’取得成功的结论。‘学园化’既非总是成功的，也非改造薄弱学校的唯一办法[14]。”笔者认为，上述批评意见有其中肯之处，尽管英国公立学校确实在一定程度上存在政府所声称的那些问题，但公立学校大规模“学园化”的必要性和合理性、“学园化”能否全面提高英国公立中小学的教育质量，仍然有待进一步观察和探讨。

参考文献：

［1］ALEXANDER R J. ‘World class schools’—noble aspiration or globalised hokum?［J］. Compare：A Journal of Comparative and International Education, 2010, 40(6)：801-817.

［2］王璐 . 英国现行教育督导制度的机构设置、职能范围与队伍建设［J］. 比较教育研究，2013(10)：34-38.

［3］BBC. What does it mean to be an academy school? ［EB/OL］. (2016-03-07)［2016-05-22］. http：//www. bbc. co. uk/news/education-13274090.

［4］［8］SHEPHERD J. Academies to become a majority among state secondary schools［EB/OL］. (2012-04-05)［2015-06-23］. https：//www. theguardian. com/education/2012/apr/05/academies-majority-state-secondary-schools.

［5］BALL S J. Academies in Context：politics, business and philanthropy and hierarchical governance［J］. Management in Education, 2009(3)：100-103.

［6］House of Commons. Education Act 2002［EB/OL］. (2002-07-24)［2015-06-23］. http：//www. legislation. gov. uk/ukpga/2002/32/pdfs/ukpga_20020032_en. pdf.

［7］House of Commons. Academies Act 2010［EB/OL］. (2010-12-30)［2015-06-24］. http：//www. legislation. gov. uk/ukpga/2010/32/contents.

［9］National Audit Office. Academies and maintained schools：Oversight and intervention［EB/OL］. (2014-10-30)［2015-07-01］. http：//www. nao. org. uk/wp-content/uploads/2014/10/Academies-

and-maintained-schools-Oversight-and-intervention. pdf.

[10] COUGHLAN S. Free school expansion plans launched [EB/OL]. (2015-05-22) [2015-06-25]. http: //www. bbc. co. uk/news/education-32830488.

[11] HENSHAW P. The Education Bill 2015: Lack of 'coasting' definition causing 'fear and confusion' [EB/OL]. (2015-06-11) [2015-06-22]. http: //www. sec-ed. co. uk/news/the-education-bill-2015-lack-of-coasting-definition-causing-fear-and-confusion.

[12] RICHARDSON H. Academy row school governors sacked by Michael Gove [EB/OL]. (2012-03-15) [2015-06-22]. http: //www. bbc. co. uk/news/education-17385311.

[13] SMITHERS R. Flagship schools attacked over costs [EB/OL]. (2004-08-31) [2015-06-30]. http: //www. theguardian. com/uk/2004/aug/31/schools. newschools.

[14] House of Commons Education Committee. Academies and free schools [EB/OL]. (2015-01-21) [2015-06-30]. http: //www. publications. parliament. uk/pa/cm201415/cmselect/cmeduc/258/258. pdf.

（作者王向旭系北京师范大学国际与比较教育研究院博士研究生。）

英国森林学校的制度环境分析

黄宇，谢燕妮

导读：英国森林学校在20世纪90年代出现并迅速发展。作为新兴的环境教育组织，森林学校的发展与其制度环境有着紧密的联系。19世纪以来，浪漫主义思潮的传播、将儿童和自然联结的教育实践、自然生活哲学的兴起、对“恐惧文化”的批判等文化—认知性要素构成了森林学校的发展背景。第二次世界大战之后，一系列基础性的法律文件、引领性的政策文本和积极响应的管理部门等管制性要素，为森林学校的发展提供了坚实的基础。20世纪中后期以来，一系列关于森林学校效能的实证研究推动着英国社会认同森林学校的理念，构成了有利于森林学校发展的规范性要素。英国森林学校的制度环境特征对于认识我国环境教育组织的促进和阻碍因素，从而制订组织发展策略具有借鉴意义。

儿童生活与大自然疏离是当代社会中的普遍现象。20世纪中叶以来，无论是城市还是乡村，儿童生活的周边环境都呈现出逐渐恶化的趋势，进而导致儿童的直接环境体验逐渐减少，这带来许多消极影响。理查德·洛夫（Richard Louv）将这一现象命名为“自然缺失症”，专指儿童因疏离自然而产生的各种身心表现，如感觉迟钝、注意力不集中、生理和心理疾病高发等[1]。为了避免自然缺失症的蔓延，给儿童提供接触自然、体验自然的机会，一些团体和个人开发了大量自然体验活动，并在长期的发展过程中经过融合、总结、提炼、升华，形成了一些新兴的以自然体验学习为基础的环境教育组织，如瑞典的森林幼儿园、日本的自然学校、英国的森林学校等。其中，英国的森林学校体系完善、形态成熟、分布广泛，是一个良好的组织样本。因此，本文试图借由开放系统组织视角下的制度理论，分析英国森林学校的制度环境特征及其演变过程。

一、英国森林学校的概念和分析框架

英国是户外教育的发源地之一，在户外教育方面有着悠久的历史、扎实的理论根基和成熟的实践模式。与户外教育的悠久传统相比，森林学校在英国的发展时间并不长。自1993年第一所森林学校创办开始，截至2019年全英范围内经行业认证的森林学校有48所，森林教育教员培训机构14所，遍布英格兰、苏格兰和威尔士地区[1]。

一般认为，森林学校的理念源自20世纪50年代北欧地区的“森林幼儿园”[2]。1993年，丹麦的“森林幼儿园”模式被布里奇沃特学院（Bridgewater College）引入英国[3]，很快在全英范围内发展起来。经过约10年的实践，在2002年的第一次森林学校全英会议上，森林学校被

1　数据出自英国森林学校协会官方网站。详见https://www.forestschoolassociation.org/find-a-forest-school-provider/。

定义为一种提供“启发式的学习过程与实践”的平台，“基于在当地森林环境中的亲身体验和实践，为儿童、青少年和成人提供经常性的学习机会，树立和发展其自信心和自尊心”[4]。一所森林学校往往具有以下特征：一是以林地为依托，为林地设立严格的安全条例和边界以允许学生自由灵活地学习；二是高师生比，既能保证教师根据每个学生的学习方式和能力开展活动，又能降低学生学习过程中的风险；三是将国家课程内容和基础阶段教育目标融入学习中，为在教室环境内学习困难的学生提供学习机会；四是通过创造性、多样性和想象性的游戏调动学生的多种感官，关注学生的“整全发展”而非仅仅看重他们的学业成绩；五是在一段较长的时间内（如全年），每周（或每两周）用半天（或一天）持续为学生提供这种教育环境，让学生既能对学习环境产生依恋，从而提升环境责任感，又能自信地应对不断变化的自然环境[5]。

在森林学校的教育安排方面，伯尼·戴维斯（Bernie Davis）等人指出，森林学校应建在与传统学习环境不同的场地，场地应在学生可到达的范围内，且必须有自然的元素和配套的管理规章，学校应由获得资质的从业者运营以保证儿童安全[6]。一些研究者认为让儿童长时间地定期接受森林教育非常重要，如丽兹·欧布莱恩（Liz O’Brien）等学者认为去森林学校的频率应保持为每周或每两周一次，至少十二个月完成一期课程[7]；萨拉·奈特（Sarah Knight）认为应该让儿童每周至少半天在森林学校中，坚持至少十周[8]；恩达夫·格里菲斯（Endaf Griffiths）等人认为至少需要一年的时间才能让儿童对林地产生归属感并观察到季节变化[9]。

在教学方式方面，研究者认为森林学校应始终坚持以儿童为中心，基于游戏教学，允许儿童自行掌握学习进度，这是其区别于正式教育的基本特点。苏·韦特（Sue Waite）认为应“给孩子选择的空间和主动学习的机会”[10]；霍普·比尔顿（Hopper Bilton）认为游戏能开发儿童的感官[11]；理查德·默里（Richard Murray）鼓励发展儿童内在的好奇心和学习动机[12]；陈勇和万瑾认为“森林教育把学习者的权利与发展置于课程的中心位置，关注他们鲜活的生活经验”[13]。高师生比被看作是保障“儿童中心”的必要条件，有些森林学校每期招收的学生不超过 12 名，英国林业委员会 2010 年发布的报告显示高师生比能帮助儿童完成更困难的任务，同时教师有时间观察每名学生的特点[14]。

从组织理论的视角来看，森林学校符合理查德·斯科特（Richard Scott）对开放系统视角的组织定义。因为森林学校不是目标与结构非常正式和封闭的组织类型，也不是人际关系的集合体，它是特定制度环境的产物，且与其支持者、大众、教育系统、政府保持密切的联系。在开放系统的组织理论中，菲利普·塞尔兹尼克（Philip Selznick）的制度学派提供了研究森林学校组织的适切理论。塞尔兹尼克认为，组织不是一成不变的，它与周围的环境存在互相适应和改造的关系，组织是不断适应周围社会环境的自然产物，而不是人为设计的结果[15]。这为深入探寻森林学校产生和发展的制度环境提供了可能的基础。斯科特认为制度是“由文化—认知、准则和管制要素以及相关的活动与资源构成，它为社会生活提供稳定性和意义”[16]，任何健全的制度都存在三方面的力量或要素，即文化—认知性要素、管制性要素和规范性要素，这也成为分析森林学校制度环境的可行框架。

二、英国森林学校的文化—认知性要素

作为文化—认知系统的制度强调的社会生活中的文化—认知过程，这个概念不仅包括个体的心智构架，而且还包括共同的象征符号体系和共享的意义解释。正是由于个体在交往过程中

创建了支撑集体行动的共同认知与理解框架，才使社会生活成为可能。行为被重复和被自我及他人赋予相似意义的过程，就是所谓的“制度化”过程，制度化是一个社会现实的构造过程[17]。从 19 世纪以来，受到当时的文化—认知性要素的影响，英国森林学校得以萌芽、产生和发展。

（一）浪漫主义思潮的影响

自维多利亚时代晚期起，英国就有鼓励儿童和青少年在自然环境中活动的传统。当时，浪漫主义思潮对启蒙运动以来的理性主义进行了反思，高度赞扬自然、创造力、自由、想象力、童真、普通人的尊严和个人经验。这一时期英国的浪漫主义思潮扎根于德国 18 世纪 60—80 年代风靡的“狂飙突进”运动（Sturm und Drang）。这一运动延续了 18 世纪早期理性主义的基本思想，主要特征是反对巴洛克早期法国新古典主义宣扬的理性统一和强调克制的传统审美，主张感性主义、个人主观主义、激烈情感的自由表达[18]。受到德国这一运动的影响，这个时期主张“儿童中心”的教育家，如福禄贝尔、裴斯泰洛齐等都致力于将自然世界作为儿童的学习环境，重视游戏在儿童发展中的作用。以美国思想家拉尔夫·沃尔多·爱默生（Ralph Waldo Emerson）和约翰·缪尔（John Muir）为代表的超验主义主张“成为”自然世界的一部分，不与自然界“分离”，推动了浪漫主义思潮的进一步发展，成为近代环境意识的奠基石。

（二）将儿童和自然联结的教育实践

工业革命以前，英国大片的乡村地区是贵族的私有财产，平民很少有机会进入这些代表“自然”的区域。20 世纪以后兴起的平民运动向这一制度发起了挑战。一些社会机构，如“号角自行车俱乐部”“英国工人体育联合会”成立，为平民进入自然区域争取权益，越来越多的平民也希望自己的子女接受与贵族一样的自然洗礼[19]。在这一背景下，一些教育家、军事家对 19 世纪的浪漫主义和超验主义思潮做出回应，并通过教育实践在儿童和自然之间建立有力的联结，为森林学校思想的诞生奠定了基础。其中有代表性的尝试有罗伯特·贝登堡（Robert Baden-Powell）发起的童军运动[20]，玛格丽特·麦克米兰（Margaret McMillan）创立的露天学校[21]，苏珊·艾萨克（Susan Isaacs）观察儿童的教育实践[22]，冒险教育学校和基金会的活动等[23]。这些教育实践为森林学校确立了思想基础，森林学校蕴含的基本理念都与其帮助青少年掌握技能、提升自信、重视直接经验、以学习者为中心的教学方法和户外教育元素一脉相承。

（三）自然生活哲学的兴起

第二次世界大战之后，起源于斯堪的纳维亚半岛的森林教学法对英国产生了极大的影响，森林教学法与北欧崇尚“自然生活”的文化传统息息相关。“自然生活”是指精神上与自然产生联结并在自然中自由活动的生活方式。体验学习正是以这一思想为基础，主张人与自然建立感性的亲密关系，从而获得新的知觉和精神的完整性。1957 年，瑞典创立了斯科格穆勒学校（Skogsmulle School），为 5~6 岁的儿童提供森林中的体验教育。据估计，当时每四名儿童就有一名参加过这个学校举办的活动。后来蒙台梭利基于斯科格穆勒学校的理念在芬兰成立了类似的学校[24]。“自然生活”的思想与儿童教育结合起来，得益于英国丰富的林业资源，森林教育应运而生。工业革命以来，英国人逐渐远离了户外劳动，而不断扩张殖民地的行为使当时人们对自然的态度更多的是征服，此时发轫的森林教育给了城市里的英国人难得的欣赏和享受自然界的机会[25]。

（四）对“恐惧文化”的批判

技术发展所产生的无法预知的风险、拥挤繁忙的交通、父母工作时长的增加、公共空间质量的降低和数量的减少以及室内娱乐活动的增多都助长了一种“避免冒险”的社会风气。英国社会学家弗兰克·富里迪（Frank Furedi）称之为“恐惧文化”，其含义是即使儿童处在一个比历史上任何时候都安全的时代，社会依然普遍为儿童的安全感到焦虑[26]。一些学者的研究显示这种“恐惧文化”使儿童感到自己所处的环境没有给他们提供足够的挑战，因此想要到危险的环境中采取冒险的行为，以满足冒险的天性，如在建筑工地和铁路上玩耍、向商店投掷物品等。这些行为即英国社会普遍感到担忧的青少年行为失范，在某种程度上这正是源于儿童渴望冒险的天性与成人对他们活动范围过度限制的矛盾。

英国人逐渐意识到了“恐惧文化”对儿童带来的危害，无论政府还是学者都开始呼吁正确对待风险。健康与安全执行局（Health and Safety Executive）于 2006 年发起运动，反对社会对安全和健康问题的不必要担忧，宣称明智的风险管理并不是要建设完全无风险的社会，而是“平衡风险带来的益处和危害，重点在于减少真正的风险，即那些经常出现的和造成严重后果的风险”[27]。沃伦·默特洛克（Warren Mortlock）认为成人把儿童限制在他们认为“安全”的环境中，为儿童安排“适合”的活动，违反了人类追求新鲜体验的天性[28]。有研究者指出，“没有风险就没有进步，一个儿童只有学会如何评估并处理危险情况才算有进步”[29]。

三、英国森林学校的管制性要素

管制性制度是规则系统或治理系统，强制是获得服从的主要机制，个人或团体遵守规则和准则的目的是获取奖赏或规避惩罚，行为的正当性取决于是否符合现有的规则和法令[30]。英国森林学校管制性要素形成和发展于第二次世界大战之后，构成了以法规、政策、宣言等文件为主体的规则体系，这为森林学校的发展提供了坚实的基础。

（一）基础性的法律文件

1944 年《巴特勒教育法》的颁布实施标志着英国结束了中小学教育不连贯的历史，把学制划分为初等教育、中等教育和继续教育三个连续的阶段。1967 年，以布丽吉特·普洛登（Bridget Plowden）女士为首的英格兰教育顾问委员会发布了名为《儿童与初级学校》（*Children and Their Primary School*）的报告，又名《普洛登报告》（*The Plowden Report*）。“教育的核心是儿童”被写入报告的首页[31]。报告中主张初等教育应加强孩子对学习的内在兴趣，反复肯定了游戏、使用户外空间、发现式学习以及观察和评估的重要性。“游戏”一词在卷一中就出现了 229 次，“幼儿学校应以游戏为中心……无论玩耍物品还是与其他儿童玩耍都对儿童的学习至关重要……儿童通过这种方式连接内在与外在现实，发展区分、判断、分析、想象能力”[32]。

1989 年英国颁布了《1989 年儿童法》（*Children Act 1989*），该法囊括了之前所有有关儿童权益保护的法律，对儿童保护与监管、教育与资助、政府与家长的角色等做了全方位的规定，是英国最为重要的儿童保护立法，被当时的大法官称颂为“议会立法有史以来最全面深入的改革”，英国媒体称之为“称民心的立法”[33]。它确立了“儿童利益最大化的原则”（rule of optimism），主张“儿童的父母应负起照顾儿童的全部责任，除非有必要被强制干预”[34]。《1989 年儿童法》明文规定了游戏权，主要体现在第 17 条“儿童与少年之计划：地方主管机关必须提供服务，并制订适宜本地儿童与少年的休闲计划”[35]。

（二）引领性的政策文本

1997 年工党重新执政后，制订了一系列旨在改善处境不利儿童状况的教育计划。2003 年，英国政府颁布绿皮书《每个孩子都重要：为了孩子的变化》（*Every Child Matters*：*Change for Children*，以下简称《每个孩子都重要》），将这些计划进一步系统化和合法化。它提出了儿童健康发展的五项结果指标，分别是健康、安全地生活、快乐或愉悦与取得成绩、做出积极贡献和获得良好的经济状况[36]。2006 年，为了实现《每个孩子都重要》绿皮书中的目标，英国政府向全国发布了《户外学习宣言》（*Learning Outside the Classroom Manifesto*），呼吁全国关心户外教育的人士联名签署，推广户外学习，以此作为实现《每个孩子都重要》教育目标的路线图之一，并提出了户外教育应履行的七项承诺：为所有年轻人提供教室之外的教育体验；推广户外学习的成功案例；保障户外学习的质量；为户外教育从业者提供专业发展的机会；降低户外活动风险并让青少年从中学会如何处理日常生活中的风险；共享信息、资源和指导；鼓励父母、养育者和社区参与[37]。同时，针对每项承诺，该宣言还提出了具体的措施。例如，为所有年轻人提供符合需求的活动；支持开展户外学习研究并向大众传播研究成果；在国内和国际上推广成功的户外教育案例；各方共同合作保障项目质量，制定安全准则；表彰高质量项目；地方教育部门负责监控质量；共同开发户外教育课程；针对教师专业发展不同阶段的需求开发相应项目；与培训机构合作提升培训质量和普及度；开发基于课程的培训项目并提供学分认证；制定明确的安全指导；遵循严格的安全程序；使用安全标识；建立国家级资源平台；鼓励非政府组织提供资源；向儿童的父母、监护人和社区推广户外学习并对他们展开培训；普及安全知识；开发全家都能参与的学习活动；等等。

2011 年，英国环境、食品及乡村事务部（Department for Environment，Food & Rural Affairs）出台了一份白皮书——《选择自然：保护自然的价值》（*The Nature Choice*：*Securing the Value of Nature*）。这份文件是英国政府二十年内就自然环境发布的第一份白皮书，将自然作为国家各项决策考虑的核心要素。报告中最主要的一个章节就是“重建人与自然之间的联系”，其中教育被视为实现这种联系的六大手段之一[38]。文件中指出应设立儿童基金，为处境不利的儿童提供接触自然的机会；并就学校教育中的户外学习提出了指导意见，如重视科学课和地理课的户外学习，支持包括“自然英国”“野生动物保护基金”等环境保护组织提供场地，倡导生物多样性和低碳的绿色校园，支持学校组织参观农场等。

（三）积极响应的管理部门

2008 年，威尔士政府规定 3~7 岁儿童的教育为早期教育阶段，并在 2010 年发布的具有法律效力的早期教育阶段框架（Foundation Phase Framework）中明确指出儿童应“在户外活动中获得一手经验，以解决现实生活中的问题，并学会克制和可持续的生活态度”[39]。英格兰政府规定 0~5 岁为学前教育阶段，在 2014 年发布的早期教育基础课程（Early Years Foundation Stage Curriculum）中也指出“早期教育者应为儿童提供户外活动的区域，或保证定期让儿童参与户外活动，这些场地应适合儿童的年龄，并合乎法律规定的健康及安全要求（如消防安全等）”[40]。苏格兰政府于 2008 年为 3~18 岁儿童和青少年制定了统一的课程标准——《卓越课程》（*Curriculum for Excellence*），其中早期教育为第一阶段，规定了 3~5 岁儿童的教育准则，指出早期教育不仅包括学科课程的学习，还应涵盖“户外学习、实践活动、校外学习等其他形式的体验，应为儿童提供富有挑战性的学习环境，包括室内环境和户外环境（学校操场、绿地、乡村等）”[41]。

英国林业委员会是统筹管理英国林业事务的机构，下设威尔士分局、苏格兰分局、英格兰分局和林业研究局，它的主要职责是管理林地的种植、砍伐、保护、修复以及对物种栖息地的保护，并为民众提供森林休闲娱乐服务。在支持林地用于教育目的方面，林业委员会的三个分局都表示支持民众使用林地作为学习场地。例如，为了实现《卓越课程》中户外学习的目标，林业委员会苏格兰分局于 2009 年提出“为了学习的森林”（Woods for Learning）的概念，目的是支持教育工作者使用森林、绿地等作为教育的场地，通过有挑战性的教学帮助儿童建立与周围世界的联系[42]。

四、英国森林学校的规范性要素

除了以法律等强制性规范规定的管制性要素，以道德支配为正当性基础的规范性要素也是制度的组成部分之一，即“制度是为社会生活提供道德框架的准则，与从外部强加的规则和法律不同，准则是被参与者内化的东西。指引参与者行为的是他们自己对应该做什么的认识，是他们对他人的社会义务，是对共同价值的承诺。结构和行为的正当性源于被广泛接受的行为准则的一致性”[43]。英国森林学校的规范性要素主要形成于 20 世纪中后期。儿童保护主义认为父母和成年人天然地有保护儿童的责任，否则其就是“道德上有瑕疵”的；加上现代社会交通、信息等不安全因素，父母越发担忧儿童的安全，因此儿童在户外的时间更无法得到保证。20 世纪中后期以来，英国对森林学校及其相关活动开展了许多实证研究，这些研究结果让人们认识到森林学校的价值，为森林学校提供了积极的规范性要素。

森林学校的效能一直是英国森林学校相关研究的重要内容，许多研究均强调了森林学校对儿童身心发展的积极作用。在幼儿阶段，伯尼・戴维斯（Bernie Davis）等人的研究表明，森林学校可以提升幼儿的运动能力。在中小学阶段，森林学校的效能更为广泛。20 世纪 90 年代以来，露丝・阿莫斯（Ruth Amos）、迈克尔・雷斯（Michael Reiss）、珍妮・罗（Jenny Roe）等人的多项研究指出，森林学校能促进中小学生的能力发展，如专注力、语言表达能力、团队合作能力、领导力、环境适应力、风险控制能力、创新能力、问题解决能力、沟通和理解能力、社会交往能力等；能培养中小学生的环境素养，即环境知识、环境情感态度价值观以及环境保护行为等；能提高中小学生的学业成就，促进语言和阅读、数学、科学、社会研究、地理、体育等课程成绩的提升；能帮助中小学生心理发展，培养自我意识、自尊心、敏感度、好奇心、稳定的情绪、自信心等；能提升中小学生的身体素质，养成良好的生活方式和运动习惯。

首次对森林学校的教育效果开展大规模研究的是林业委员会和新经济基金会（New Economics Foundation）。新经济基金会是研究社会议题的独立机构，是第一个与政府合作对森林学校展开研究的机构，其研究分为两个阶段。第一阶段是 2004 年，该机构在林业委员会的资助下基于在威尔士地区森林学校的研究出具了报告《森林学校评估项目：威尔士研究》。2005 年，该机构把威尔士地区研究的经验运用到英格兰地区，出具了第二份报告，这是研究的第二阶段。这项研究对两个地区共 10 家森林学校（威尔士 7 家，英格兰 3 家）的 165 名儿童以每周一次的频率开展了为期 8 个月的研究，在此期间从儿童、家长、教师、运营人员各方收集了丰富的资料，最终认为森林学校能从八个方面为儿童提供有益的效果，包括培养自信、促进社会交往、促进语言与交流、刺激学习动机与专注度、增强运动能力、增进环境知识和理解力、增进成人对儿童的理解以及其他间接效果等（见表 1）。这些在森林学校学习中获得的能力被儿童迁移到学校的学习和日常生活中，让森林学校表现了其道德价值，推动着“恐惧文化”的转变，在英国社会形成了有利于森林学校发展的规范性要素。

五、结论和反思

英国森林学校出现于 20 世纪 90 年代初，其后迅速传播开来。作为新生的环境教育组织，森林学校的发展与其制度环境的变迁有着密切的联系。如上所述，以文化—认知性要素为背景，管制性要素和规范性要素在不同时期次第成为特征，制度环境的不断演化推动着森林学校发展成英国重要的环境教育形式。反观中国的情况，中国的环境教育组织也面临着一些有利的制度环境因素，这有利于这些组织的快速成长。在文化—认知性要素方面，以“人类与自然是生命共同体”为核心的生态文明观已经成为中国社会文化背景中浓重的一笔。它传承和发展了中国传统文化中关于人与自然关系的思想，构成了中国环境教育组织发展的重要心理基础。在管制性要素方面，21 世纪以来中国政府相继颁布了一系列环境教育政策法规，成为中国环境教育组织发展的重要法规依据。在规范性要素方面，伴随中国社会的发展，环境教育被认为是“正确的”“合乎道德的”，这形成了中国环境教育组织发展的重要认识基础。

但是，从另一方面来看，中国环境教育组织的发展也面临着制度环境中的阻碍性因素。社会快速发展的惯性形成的经济优先为特征的文化—认知性因素仍然有着强大的生命力，基础性法律文件缺失和行政部门参与不足为特征的管制性因素仍然在中国社会常见，以独生子女为核心的家庭结构导致对儿童安全过分担忧的“恐惧文化”为特征的规范性因素仍然占据着主要地位。中国环境教育组织必须充分考虑到这些阻碍性因素，并且做出适切的应对。

此外，值得中国环境教育从业者反思和借鉴的是英国森林学校目前面临的市场化问题，即过于推崇市场价值，寻求利益最大化，也被学者们称为“麦当劳化”或“迪士尼化”。例如，森林学校也像企业一样，追求有效率、可计算、可预测、可控制的产出，表现在：森林教育从业者培训机构日益庞杂和商业化；有些森林学校为了获得生源和家长的信任，夸大其效果，有选择性地展示对自己有利的形象，引用未经证实的研究数据进行虚假宣传；森林学校的课程趋向标准化，逐渐失去了森林教育理念中“以儿童为中心”“自发性学习”的元素；教师也可能逐渐习惯标准化的教学，为了获得预想的效果，不再根据学生的反馈及时调整教学方式，从而回归权威式师生关系，彻底丧失了森林教育的本质属性。这种唯市场为指挥棒的做法作为一支强大的外部力量，正在渗透和侵蚀着英国森林学校的制度环境。以此为鉴，中国环境教育从业者应加快成立环境教育第三方评估机构，增强环境教育的社会影响力，使环境教育适应日益苛刻的大众标准，同时增强此类机构的学术性和公益性，鼓励行业遵循共同的行为准则和教育理念，避免其沦为具有市场化倾向的制度环境的牺牲品。

表 1 森林学校的教育效果[44]

	活动类型	活动效果
自信	半年到一年的定期参与	熟悉场地和规则，拥有归属感，儿童能够按照自己的节奏建立与林地环境的关系
	日常活动（唱歌、享用零食等）	营造稳定、连续、安全的氛围
	可控的有一定风险的活动（削皮、点火等）	培养对自我的信任感、探索热情、独立性
	儿童自行设计活动	培养自主探究能力
社会交往	鼓励给予、帮助、分享、支持他人的行为	通过认识自己给社会关系带来的价值学会重视关系中的他人，意识到行为给其他人带来的后果
语言与交流	传递信息、表达感受、轮流拿取、协商、倾听他人、在学校和家里谈论森林学校、视觉和感觉体验	通过无意识的交谈和描述性语言提高词汇量，增加使用语言的频率
学习动机与专注度	充满趣味性的场地 想象类游戏	刺激好奇心 保持惊奇感和敬畏心
运动能力	探索边界活动	培养粗大运动技能
	制作物品	培养精细运动技能
	应对不同的天气状况	通过感知天气变化开发触觉
环境知识和理解力	教师的环境解说和儿童自发的探索	增加环境知识
	与林地长期接触	尊重环境，意识到人类活动对环境带来的影响
	辨别动物、植物、四季	提升观察力
成人对儿童的理解	成人在不同的环境中观察儿童，识别他们的个人学习风格	促使师生关系更积极，成人看待儿童的视角更全面
涟漪效应——儿童主动要求假期与家长出游	面向家长的开放日	减轻家长对安全的顾虑
	邀请家长倾听儿童的分享	转变父母对森林学校的态度和兴趣

参考文献：

[1] 理查德·洛夫. 林间最后的小孩——拯救自然缺失症儿童[M]. 自然之友，译. 长沙：湖南科学技术出版社，2005：24.

[2] [8] KNIGHT S. Forest schools & outdoor learning in the early years [J]. Asia pacific journal of social work, 2009, 1(1): 26-47.

[3] PENNY M. FEI forest school Scotland a context. [M/OL]. (2013-05-01) [2019-06-05]. https: //www. owlscotland. org/images/uploads/resources/files/FEI_Forest_School_Scotland_A_

CONTEXT_MAY_2013. pdf.

[4] FORESTRY SCHOOL ASSOCIATION. History of forest school [EB/OL]. (2014-6-3) [2019-06-15]. https://www.forestschoolassociation.org/history-of-forest-school/.

[5] LIZ O, MURRAY R. A marvelous opportunity for children to learn: a participatory evaluation of Forest School in England and Wales [M]. Surrey: Forest Research, 2006: 7.

[6] DAVIS B, REA T, WAITE S. The special nature of the outdoors: its contribution to the education of children aged 3-11 [J]. Journal of outdoor and environmental education, 2006, 10(2): 3.

[7] [29] LIZ O, MURRAY R. Forest school and its impacts on young children: case studies in Britain [J]. Urban forestry & urban greening, 2007, 6(4): 249-265.

[9] GRIFFITHS E, ELNIFF-LARSEN A, JONES L. An evaluation of the Ysgol Llanfair forest school [R]. Wavehill and Angles Consulting for Forestry Commission Wales, 2010: 43.

[10] WAITE S, DAVIS B, Brown K. Forest school principles: Why we do what we do [M]. Exmouth, UK: University of Plymouth, 2006: 18.

[11] HOPPER B. Outdoor learning in the early years [J]. Early years an international research Journal, 2013, 30(3): 279-280.

[12] MURRSY R, O'Brien L. Such enthusiasm—a joy to see: an evaluation of forest school in England [M]. Surrey: Forest Research and the New Economics Foundation, 2005: 11-15.

[13] 陈勇，万瑾．森林教育：构成、经验与启示 [J]，外国教育研究，2013(6): 75-76.

[14] NATURAL RESOURCES WALES. A guide to forest school in Wales [M]. Cardiff: Welsh Government. Forest research, 2015: 10-13.

[15] 周雪光．组织社会学十讲 [M]．北京：社会科学文献出版社，2003: 69-71.

[16] [17] [30] [43] W. 理查德·斯科特．组织理论：理性、自然与开放系统 [M]．黄洋，李霞，申薇，等译．北京：华夏出版社，2002: 74, 295, 296, 298.

[18] The Columbia Encyclopedia [EB/OL]. (2018-06-11) [2019-06-08]. http://www.encyclopedia.com/literature-and-arts/literatureother-modern-languages/german-literature/sturm-und-drang.

[19] [21] [22] [25] CREE J, MCCREE M. A brief history of the roots of forest school in the UK [J]. Horizons, 2012, 60: 32, 32, 33, 35.

[20] 刘玉兰．"生活的准备教育"——世界童军运动教育理念对当前青少年教育的启示 [J]．青少年研究（山东省团校学报），2013(02): 22-27.

[23] HAHN K. Origins of the outward-bound trust [J]. Outward bound, 1957: 1-17.

[24] ROBERTSON J. From forest to nature kindergartens [J]. Environmental education, 2010.

[26] FUREDT F. The culture of fear revisited [M]. London: Continuum, 2006: 75.

[27] HEALTH AND SAFETY EXECUTIVE. Sensible risk management [EB/OL]. (1999-12-29) [2019-06-12]. http://www.hse.gov.uk/risk/principles.htm.

[28] MORTLOCK B W. Local seed for revegetation [J]. Ecological management & restoration, 2000, 1(2): 93-101.

[31] [32] DEPARTMENT OF EDUCATION AND SCIENCE. The plowden report [R]. London: Department of Education and Science, 1967: 7, 193.

[33] 刘智成 . 英国儿童游戏权的保障及其启示 [J]. 学前教育研究 , 2015 (02): 22-26.

[34] THE NATIONAL ARCHIVES. Children Act 1989 [EB/OL]. (1989-11-16) [2018-01-23]. http://www. legislation. gov. uk/ukpga/1989/41/contents/enacted.

[35] 刘智成 . 英国怎样保护儿童的游戏权 [J]. 辽宁教育 , 2014(04): 88.

[36] 王璐 . 每个孩子都重要：英国全面关注处境不利儿童的健康发展 [J]. 比较教育研究 , 2005(10): 23-28.

[37] DEPARTMENT FOR EDUCATION AND SKILLS. Learning outside the classroom manifesto [R]. London: Department for Education and Skills, 2006: 6-7.

[38] DEPARTMENT FOR ENVIRONMENT, Food & rural affairs. the nature choice: securing the value of nature [R]. London: Department for Environment, Food & Rural Affairs, 2011: 47-49.

[39] Welsh assembly government. framework for children's learning for 3 to 7-year-olds in Wales [R]. Cardiff: Welsh Assembly Government, 2008: 2.

[40] DEPARTMENT FOR EDUCATION. Statutory framework for the early years foundation stage [R]. London: Department for Education, 2014: 27.

[41] SCOTTISH GOVERNMENT. Curriculum for excellence [R]. Edinburgh: Scottish Government, 2008: 10.

[42] Forestry Commission Scotland. Woods for learning [EB/OL]. (2019-06-15) [2021-06-08]. https://forestry. gov. scot/forests-people/woods-for-learning.

[44] NEW ECONOMICS FOUNDATION. Forest school evaluation project: a study in Wales [R]. London: New economics foundation, 2004: 17-26.

（作者黄宇系北京师范大学国际与比较教育研究院副教授；谢燕妮系首都师范大学附属中学教师。）

德国家庭学校法律地位争议及发展趋势

周海霞

导读：德国是为数极少的不承认家庭学校合法地位的西方国家之一。德国的义务教育实为权利义务复合体，法律规定适龄儿童 / 少年必须在学校接受教育。如非特例情况，在德国实行家庭学校教育是违法的。虽然如此，德国自 20 世纪末以来还是形成了一波家庭学校运动浪潮，其动因可分为宗教动因和替代式教育动因两类。囿于家庭学校不具合法地位，选择家庭学校教育的德国家长不得不采取各种策略应对司法困境。德国对于家庭学校的低容忍度有其特定的社会、历史和文化原因，从长期看，家庭学校合法化在德国应是大势所趋，但是鉴于历史和文化原因，实现的过程必然是漫长的。

家庭学校（Homeschooling）[1] 在多数西方国家已经是学校教育的合法替代形式，而纵观整个欧洲，德国是瑞典之外另一不承认家庭学校合法地位的国家。在义务教育体制框架下，德国法律规定适龄儿童 / 少年必须在学校接受教育。除获准合法免除上学义务的特例情况外，家长如果不送子女到学校就读，涉嫌违法。尽管如此，还是有家长放弃义务教育，而选择家庭学校教育。自 20 世纪七八十年代以来，德国已经形成一波家庭学校运动浪潮，持续至今并保持稳定趋势。学者认为，德国家庭学校运动的发展尚处于初期阶段，与很多欧美国家在 20 世纪 70 年代时的情形相似[1]。

从家庭学校所涉及人群的年龄段看，接受家庭学校教育的对象基本都处于上小学和中学的年龄段，即家庭学校一般只涉及义务教育阶段。德国法律规定适龄儿童 / 少年必须进入学校学习，学习时间至少为 12 年，成年之后不再具有上学义务。

关于德国家庭学校的总体规模，迄今无确切的统计数据。不过德国媒体和相关文献大多倾向于认为规模应在 1, 000 人左右[2]。没有确切统计数据主要是因为家庭学校不享有合法地位，为了避免麻烦，很多家庭偷偷实行家庭学校教育，不敢让外界知晓[3]。

虽然德国教育体系在国际上具有较高的地位和影响力，但无论德国本土学术界，还是国际学术研究领域，对德国家庭学校的法律地位及家庭学校运动发展的关注度都很低。而实际上，鉴于德国在家庭学校领域属于少数派、对待家庭学校异于很多西方国家的事实，德国家庭学校同样具有重要学术研究价值。

一、德国家庭学校运动的动因分析

在德国，家长选择家庭学校的动因基本可以归为两大类：宗教动因和替代式教育动因。二者相比，宗教动因的家庭学校案例更多为德国公众所知。但实际上，很多家长选择家庭学校的

1　“家庭学校”也译作“在家上学”。

动机都与宗教无关。不过出于各种现实原因，这些家庭往往都尽量隐匿，使得外界无从获悉。

1. 宗教动因

出于宗教原因为子女选择家庭学校教育的德国家长大多信奉基督教原教旨主义。他们认为学校传授的知识或者传递的世俗价值与自己的宗教价值观不符，所以拒绝送孩子到学校就读。比如，很多家长担心伦理课、性知识课、达尔文进化论等会导致其子女背离他们的宗教信仰[4]。

需要指出的是，目前德国已知的宗教动因家庭学校案例中，尚未听闻涉及信奉其他宗教（比如犹太教或者伊斯兰教）的案例[5]。

2. 替代式教育动因

德国媒体和学界将非宗教类动因统归为替代式教育动因，即以家庭学校教育替代学校教育。有研究者表示，家长选择家庭学校教育，“有的是因为对现行学校体制不满；有的是想要建立并保持特色家庭文化，尽可能推延由公立机构掌控其子女教育的时间”[6]。不信任学校体制的家长认为，在家授课自主性更强，效果也更好[7]。这些家长追求一对一的教学质量，他们更加关注孩子的个性化学习兴趣以及怎样提高学习积极性。他们认为学校教育无法满足这些要求，并且相对缺乏自由，不利于发展孩子的创新能力。也有家长纯粹出于价值观原因选择家庭学校，比如不能认同学校开设性知识课程或者课堂上出现与死亡相关的图片[8]。还有家长认为校园环境不够安全（如存在校园暴力），不愿让子女置身于这样的环境中[9]。还有家长不满于公立学校教条的教学大纲，但又不愿或者无力承受私立学校高昂的学费，所以选择家庭学校教育[10]。总之，这些家长出于各种考虑，主动决定为子女选择家庭学校教育。如果对替代式教育动因进行更细化的区分，那么可将以上动因归为主动出击型的替代式教育动因。

研究表明，还有一部分家长是出于被迫才选择家庭学校。他们选择家庭学校，并非因为不满学校教育体制，而是由于子女出于身体、智力或精神等各方面的原因无法适应学校生活[11]。他们“想通过家庭学校方式保护子女，因为其子女患有残疾，或是（对外界）太过敏感”[12]；或者因为其子女在社会融入方面有障碍，或者有过人的天赋，或者兴趣点并不在上学，或者无法适应学校的授课方式[13]。这些则属于被动应对型的替代式教育动因。

德国司法实践允许合法免除上学义务的三种特例情况也属于“替代式教育动因”。其一，适龄儿童 / 少年在德国境外生活，其居住地附近没有德语学校，比如外交官子女；其二，享有高知名度的学龄儿童 / 少年，学校无法正常为其授课，因为他们的出现会导致学校的正常秩序难以得到保障（主要是演艺人员，比如著名摇滚乐队 Tokio Hotel 的成员）；其三，适龄儿童 / 少年因患有生理或心理疾病，无法正常上学（但他们的父母通常需要经过艰辛的斗争，方能争取到合法免除上学义务）[14]。

总之，“替代式教育动因”可以理解为：家长主张家庭学校教育比学校教育更符合其子女的利益。但具体考量因素是多种多样的，包括价值观、人身安全、教学方法、孩子的天赋和兴趣以及环境适应能力等[15]。这样的动因，恰恰与教育学提出的“正确的问题”（即教育最该关注的问题）不谋而合：什么是最好最合适的教学方式[16]？回答这个问题必须考虑到每一种具体情况，具体到每一个孩子。

二、家庭学校在德国的法律地位及相关司法实践

在义务教育制度框架下，德国各联邦州都规定，学生必须在公立或者私立学校（或者国家

承认的其他机构）接受教育，如有违反，大多数联邦州会对涉案人员加以处罚。虽然允许有特例情况合法存在，但是非常之少，而且特例获准也并非易事[17]。

（一）德国义务教育制度和联邦制教育管理体制

德国实行联邦制教育管理制度，由联邦和各州共同负责教育事务。根据德国法律，教育属于国家事务，不过《联邦德国基本法》也只是规定整个教育事业都处于国家监管之下[18]。有关教育方面的立法和管理等具体事务由各联邦州负责[19]。因此，各州的教育立法和管理既具有一致性，又存在差异。

根据德国法律规定，适龄儿童/少年接受教育的义务（Bildungspflicht）实为上学义务（Schulpflicht）[20]。从教育权的层面看，德国的法律规定几乎都不利于家庭学校，其实质在于规定国家教育权高于父母教育权。虽然德国宪法既规定教育是国家的事情，也规定父母具有教育选择权，但其实德国的义务教育既是义务又是权利，是权利义务复合体[21]。义务教育由父母来实践，国家负责监管；国家教育权高于父母教育权，二权相遇时，应是后者服从前者[22]。这点从德国相关的司法判决亦可见。例如，德国联邦宪法法院 1986 年 9 月 5 日判决（1BvR794/86）："基本法第 6 条第 1 款规定之父母对子女的教育权，受限于普遍适用的义务教育以及由此产生的其他义务[23]。"

（二）各联邦州相关法律的异与同

在涉及家庭学校的法律法规方面，各州既存在一致性，又具有一定的差异，尤其是在管理和处罚措施方面。家庭学校事务主要由学校事务管理机构（Schulbehörde，比如教育局）和青年局（Jugendamt）负责，必要时这两家机构也会委托警察介入，比如强行将适龄儿童/少年送至学校[24]。

1. 一致性：家庭学校不具合法地位，但允许特例存在

一方面，根据各联邦州的法律，家庭学校都不具有合法地位。虽然德国法律中并无明文禁止家庭学校的相关法条，但是几乎所有的法律法规都对家庭学校不利[25]。另一方面，各联邦州教育法都规定特例情况下，儿童/少年可允许免除上学义务，不过对于何种情况属于特例情况，却并未做出明确和详尽的规定。可以说，实际上立法者将责任全部推给了行政机构和司法机构[26]。

这里必须指出的是：虽然法律规定允许特例情况存在，但是无论在哪个联邦州，真正获准免除上学义务都非易事[27]。家庭学校的支持者认为，获准免除上学义务之所以如此艰难，是因为"相关机构根本不关心孩子们是否能得到教育学意义上的恰当对待，而只是一味简单粗暴地推行普遍义务教育制度"[28]。对此，德国文化部官员阿西勒斯（Achilles）解释称：允许特例情况存在，是为了让那些由于特殊原因无法上学的孩子能够保持一定的知识水平，以便于他们有朝一日能够回到课堂、回到学校生活中去[29]。这个解读视角在一定意义上表明德国义务教育制度对于家庭学校的低容忍度。对此德国有媒体评论称，德国捍卫上学义务的力度之大，令人震惊[30]。

2. 差异性：管理与处罚法规不同，执行情况也因人而异

各联邦州关于违反义务教育行为的规定不尽相同，在黑森州和萨尔州，如果不送子女去学校就读，将构成刑事犯罪（Straftat），而在其他 14 个联邦州则只触犯了行政条例（Ordnungswidrigkeit）[31]。因此，德国家庭一旦因为未履行上学义务而违反义务教育法，因其所在联邦州不同，惩罚措施也可能存在很大的差异：从罚款、行政处罚到部分或全部剥夺监护权，

甚至监禁。

在司法实践层面，因具体执行法律的人员 / 机构不同，所涉家庭的实际遭遇也不可同一而论。有些工作人员执法严格，有些则相对宽松。有些家庭遇上理解他们的工作人员，双方能达成某种意义上的妥协。在这种情况下，机构会放弃执行罚款或其他强制措施，但并非所有家庭都能如此幸运[32]。于是，在实际操作中，针对所涉家庭的具体管理 / 惩罚措施是非常多样的：不予置理或者默许、额度不等的经济处罚、针对不作为行为征收强制执行费用、停止发放儿童金、强制收监或（部分）剥夺监护权[33]。而且，罚金额度也会视所涉家庭的具体经济情况而异；所涉家庭是否为“惯犯”，也构成重要的判罚依据。鉴于上述情况，德国有媒体调侃称，家长能否贯彻进行家庭学校教育，更多取决于具体执行机构甚至个别工作人员的意志，而非完全取决于联邦州的意志[34]。

3. 德国教育制度为接受家庭学校教育的人员提供对口衔接

虽然实行家庭学校教育的家长会面临司法问题，但是一般来说，其子女并不会因此被迫承担相应的制度性后果。一方面，德国教育体制允许适龄儿童 / 少年随时入学，他们在接受相应的知识水平测试之后，可以就读与其认知水平相应的年级，而不必从零开始。另一方面，德国每年都设有专门面向校外人员的“校外人员考试”（或称“未上学人员考试”，Externen- oder Schulfremdenprüfungen）。这样的制度使得一度中断学校教育或者从未有过上学经历的人员，能够有机会通过考试获得中学毕业文凭[35]。有了中学文凭，他们同样可以申请就读高等职业教育学校、申请职业培训岗位或者申请上大学。从这个意义上说，接受家庭学校教育的孩子如果有意愿，就随时可以到学校上学。孩子在家中完成中学阶段的教育之后，也可以通过“校外人员考试”获得相应的文凭。因此，接受家庭学校教育的儿童 / 少年，不会因为未履行上学义务而受制于制度，也不会因此耽误学业或者影响就业。

（三）司法判决适用的论据

1.“社会融入”是最重要的论据

在涉及家庭学校案件的司法判决中，适用最多的论据是所涉儿童 / 少年的“社会融入”问题，即担心家庭学校会导致孩子孤立于社会之外，致其成为边缘人群，最终形成“平行社会”（Parallelgesellschaft）[36]。这种担心与德国公众对家庭学校的偏见性认知是相应的：听闻家庭学校，便联想到狂热的极端宗教信徒[37]。

家庭学校的批评者认为，社会行为的习得主要是在学校完成的，只有学校才能促进孩子的社会化，孩子只有在学校才能学会如何与观点不一致或者价值观不同的人打交道[38]。即如德国斯图加特市法院的某次庭审判决所言：“（有些能力）只能通过上学才能熟练掌握，尤其是社会融入能力、宽容、自立和贯彻执行能力[39]。”德国联邦法院也曾明确表示，上学义务能够阻止“宗教动因或者世界观动因的平行社会形成”，并且有利于帮助“少数群体融入社会”[40]。

针对“社会融入危机”一说，拉邓庭表示，教育学研究在这方面并未发现任何不利于家庭学校的证据[41]。家庭学校的支持者们也提出，接受家庭学校教育的孩子们参加很多社团活动，比如学习乐器、参加球队、参观博物馆等，因此他们的生活中并不缺乏社会交际活动[42]。同时，支持者们指出，学校并不能再现真正的社会环境，因为学校其实是人为创建的纯同龄人环境，而真正的社会并不如此。因此，学校环境并不真正具有促进学生社会融入的功能，而且公立学校体制也一样不能阻止平行社会的形成[43]。支持者们更指出，现在的校园环境其实非常恶劣，聚众围攻和枪杀事件频发。

关于脱离学校环境是否会有碍孩子融入社会，双方各执一词。鉴于德国目前尚没有相关的实证研究成果，双方也都无法找到具有足够说服力的数据来支撑自己的观点，因此讨论更多停留在理论层面。虽然美国已有大量调研显示，接受家庭学校教育的孩子不存在社会融入问题[44]，但是反对者并不认可这些调研结果的可推广性。他们认为，调研结果并不能说明接受家庭学校教育的所有美国孩子的社会融入状况，因为调查只涉及部分孩子[45]。

实际上，德国实行家庭学校教育的人群已呈现出多元化特征。很多家长是出于替代式教育动因选择家庭学校的，目的在于为孩子提供更好更合适的教育。而且这些家长很多都是受过良好教育的知识分子[46]，家庭经济条件一般较好[47] 1。

2. 认知水平和学习成绩并不影响司法判决

德国司法实践重点关注学校生活的社会化功能，却鲜少提及学校传授知识的功能，接受家庭学校教育的孩子学习成绩和认知水平如何，并不成为法庭判决的重要依据[48]。当然这也有其实际的原因：德国相关机构和司法实践都不担心这些孩子在学习成绩方面会出现问题。因为考核显示，很多接受家庭学校教育的孩子的成绩甚至优于在学校接受教育的同龄人，并且具有更强的独立自主学习意识和良好的生活与学习习惯[49]。

有学者从法律功能视角解读该现象，他们认为，成绩和认知水平之所以不被法庭视为重要依据，是因为德国司法实践根本不关心义务教育制度在教育学意义上能取得什么样的效果，而仅仅专注于法律的解释和适用[50]。言外之意，司法判决的量尺仅是现行法律法规，而非案件所涉儿童 / 少年的利益。

三、所涉家庭面对法律困境的应对策略

鉴于家庭学校在德国所面临的法律困境，所涉家庭不得不采取策略应对，其策略又分为基于个体利益的策略和基于群体利益的策略。

（一）基于个体利益的策略

想要合法避开上学义务的家庭必须依法向相关机构申请免除子女的上学义务。符合特例情况的孩子可以获准免除上学义务，在家接受教育。那些不具备特例情况条件的家庭则会为了实现家庭学校教育采取各种斗争策略。

策略之一是离开德国。有些家庭举家迁至承认家庭学校合法的其他欧洲国家，甚至逃到美国申请政治避难。相关案例在诸多西方国家引发关注，有舆论因此指责德国不自由，甚至称其侵犯人权[51]。还有些家庭同时选择两个居住地，父母一方带子女在其他欧洲国家生活，另一方则奔波于两国之间，比如被德国媒体誉为“德国最知名拒绝上学的家庭”[52]的诺伊布奥诺一家（Neubronner）就是这样。值得一提的是，很多迁至或者逃往国外的家庭表示很想回到德国，但又实在不愿意耗费精力和时间与德国的教育管理机构和司法机构纠缠[53]。当然，并非所有家庭都能如愿离开德国，比如著名宗教动因案例中的翁德里希夫妇（Wunderlich）被禁止携子女前往法国，因为法庭认为这样有损孩子的利益[54]。而且迁居他国，必然要求所涉家庭具备能在国外生存下来的能力和拥有相对宽裕的经济条件。

另一策略是通过隐瞒、欺骗等方式，制造并未违反义务教育法的假象，以蒙蔽相关机构。

1 也有少数区域性调研显示，选择家庭学校教育的并非都是富裕家庭，而是来自不同收入阶层的家庭，并且低收入、中等收入和高收入家庭的比例接近。

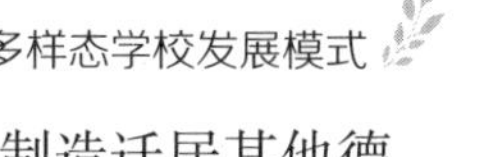

他们将名义上的居住地登记为德国境外某地，但实际上并不离开德国[55]；或者制造迁居其他德国城市的假象，从而逃避所在地教育机构的监管。名义上迁居另一个城市或国家，让有关机构以为孩子在迁居城市注册上学，但实际上并不搬家，孩子也不去迁居城市上学[56]。

严格对外保密，也是常用策略：偷偷实行家庭学校教育，对外却宣称孩子在学校上学[57]。为了不暴露，他们只能提心吊胆地戴着面具生活，与朋友和邻居交往也是如此[58]。

（二）基于群体利益的策略

为群体利益而斗争，指的是致力于实现家庭学校在德国的合法化。在德国，愿意为了家庭学校合法化而斗争的家庭寥寥无几。原因显而易见：很多选择家庭学校的家庭生活隐匿，有些几乎过着半地下的生活，为的就是不引起教育管理机构的注意，避免麻烦[59]。

在德国，除了支持或服务于家庭学校的社会组织及少数学者，确实有家庭敢于公开争取家庭学校合法化，不过基本都是在确保自身利益不受影响的情况下：有的家庭是在被迫放弃了对家庭学校的个体诉求之后，有的是在合法规避了司法困境之后，有的是在子女已经完成家庭学校教育之后。

四、德国关于家庭学校运动的讨论

国家普及义务教育，宗旨在于保障学龄儿童 / 少年的受教育权，保障不同家庭背景的孩子享有平等的教育机会。而在德国，每个适龄儿童 / 少年的上学机会都能得到保障，上学已成为其自然权利。那么强制实行上学义务，是否真的能够保障每个孩子的受教育权和教育机会均等呢？对此德国教育学界的意见并不统一。而这个问题无论对于教育政策制定者和执行者，还是对于教育学研究界而言，都是值得讨论和商榷的。

（一）支持者的观点

第一，针对德国司法实践在家庭学校案例中所适用的最重要论据，即社会融入问题，支持家庭学校者表示，德国官方一直试图让大家相信，一旦承认家庭学校合法化，就必然导致边缘化的平行社会形成，也必将出现大规模的效仿现象。支持者认为，这种假设性推断是没有根据的、武断的，而且主要是从宗教和意识形态视角出发的，以此推及所有的孩子是不合理的。比如家庭学校在美国是合法的，但也只有 2% 的孩子利用这种形式接受教育[60]。同时，支持者表示，很多家庭并非出于宗教动因选择家庭学校，他们并非边缘人群；而且接受家庭学校教育的孩子并没有因为不上学就与社会隔绝，他们出于学习的需要，与各种社团和群体都有接触。

第二，从家庭学校作为一种教育形式所具有的优势出发，支持者认为，其前景在于以因人而异和因材施教的方式培养孩子，使其能够接受更好更合适的教育。在这点上，支持者的重要论据是：很多调研表明，家庭学校的孩子成绩高于在校生的平均水平，并且自主学习能力也往往更强。

第三，从法理的角度看，虽然德国法律规定允许特例情况存在，但是却未详尽列举，人们只是通过司法实践的结果，获悉哪些情况能够获准免除上学义务。支持者认为，这种法律定义不清的情况实际导致的结果便是：家庭学校教育诉求所涉及的主体同样都是孩子，但他们的遭遇却不尽相同，比如高知名度的演艺群体成员就可以合法接受家庭学校教育，而其他普通孩子就不可以。这实际上造成了教育机会不均的不公平事实[61]。

第四，支持者强调，选择和支持家庭学校的家长大多并非彻底反对义务教育制度，也无意推翻学校体制，甚至连那些强硬派都不会要求完全取消义务教育[62]。他们只是希望家庭学校能够作为学校教育的替代形式合法存在。

（二）反对者的观点

第一，和司法实践相似，来自其他社会领域的反对意见也将“社会融入”视作针对家庭学校的最重要依据。学者汉诺威（Hannover）认为，家长决定放弃义务教育，其实质是将子女融入社会所需要的重要经验拒之门外，结果会导致这些孩子将来很难拥有一个自主决定和自我把握的人生[63]。对于支持者们认为家庭学校的孩子不存在社会融入问题的观点，反对者并不认同[64]。

第二，关于接受家庭学校教育的孩子成绩往往更优秀的说法，尽管美国已有调研能够支持这种观点，德国媒体也报道了多个相关案例，但是反对者依然认为，这些调查结果和个案并不具有可推广性，因为它们不能说明所有接受家庭学校教育的孩子成绩都高于在校生的平均水平[65]。

（三）“奥地利模式”——家庭学校支持者提出的解决方案

很多支持者呼吁德国效仿邻国奥地利的家庭学校制度模式：监护人必须在每学年开始前向当地的教育局（Schulrat）报备；家庭学校的授课质量不能低于公立学校的教学质量；接受家庭学校教育的孩子每学年度结束时必须参加“校外人员测试”[66]，其目的在于测试他们的知识水平是否赶得上在学校就读的同龄人。如果考试通不过，就必须到学校复读一年。如果在下一年度的测试中能够通过考核，则可以回到家中继续接受家庭学校教育[67]。拉邓庭认为，教育总是和可测试的知识联系在一起的。因此他建议，家长使用的教学计划应与学校的保持一致，由学校定期对孩子的知识水平进行测试，就像奥地利那样[68]。

五、德国家庭学校运动的前景预测

德国家庭学校合法化的前景到底如何呢？一方面，不管是联邦层面，还是各州的文化部长们，都没有迎合家庭学校的意思[69]。而且教育学研究者大多主张实行上学义务，负责文化事务的政治家们的态度也同样如此[70]。鉴于此，德国媒体建议那些想要逃避上学义务的家长和学校教育的叛逆者们，不可对家庭学校合法化寄予太大的希望[71]。

从社会文化背景来看，德国义务教育制度以及上学义务已经被德国公众所普遍接受，在德国社会几近成为理所当然的观念。而且德国特殊的历史（第三帝国）使德国人对于平行社会颇为恐惧和焦虑，这使得德国社会从心理上难以接受和容忍家庭学校。德国的文化属于高度规避不确定性的文化，这种文化对于陌生事物的接受度比较低，倾向于规避一切不确定性。而对于已经普遍接受上学义务的德国公众而言，家庭学校尚属陌生事物，具有高度不确定性，因此家庭学校想要被公众接受并非易事。从国家层面看，通过上学义务保障义务教育的实现，恰恰就是一种能够高度规避不确定性的有效监管手段。另外，德国法律体系属于大陆法系，有悠久的法典编纂传统和详尽的成文法，崇尚法理上的逻辑推理，并以此为依据实行司法审判，要求法官严格按照法条审判[72]。在这样的法律体系构架下，社会制度对于新生事物的接受度和容忍度低，且即使有意接受，也需要相当长的时间。

另一方面，有迹象表明，德国在家庭学校方面的政策也并非铁板一块：不仅逐渐有政治家或者退居二线的教育官员为家庭学校发出呼吁[73]，巴登符腾堡州更是已经推出了一个先锋项目。

该项目旨在考查在教育机构监管下学生在家学习的可能性：授课在家中进行，由一名教育专员负责监管，然后在学校举行共同的讨论课程，并对所学内容进行成绩考核[74]。这一先锋项目的推出，让支持者看到政策松动的希望。

笔者认为，德国义务教育制度当下所处的社会历史背景已经发生变化，应会促使政策随之变化。首先，在西方社会，承认家庭学校合法是主流观点，而且多个国家的实践已经证明，家庭学校合法化并不会导致义务教育制度和学校教育系统陷入危机。其次，适龄儿童/少年应接受教育，这在德国已经成为普遍共识，且德国有能力和条件保障他们的受教育权，在这种情况下，已无需通过强制形式保障公民受教育的机会。再次，德国社会中显然存在对家庭学校的需求，这种需求正慢慢被公众所认知和接受，巴登符腾堡州推出类似家庭学校的先锋项目，便是很好的证明。综上可以谨慎预测，家庭学校在德国得到认可应是有希望的。但也必须看到，即使国家有意承认家庭学校合法化，其真正实现必定是要经历一个漫长的过程的，这既缘于德国社会由于历史和文化原因对于家庭学校的低容忍度，也缘于德国法律制度的大陆法系特征。

从解决方案看，家庭学校支持者提出的“奥地利模式”具有很高的可行性。关于家庭学校法律地位的争议，表面上看是国家教育权与父母教育权角逐孩子教育决定权的矛盾，但究其根本，二者追求的目标是一致的，即保障孩子平等的受教育的权利和受教育机会，只不过前者以全体学龄儿童/少年的利益为考量对象，后者侧重于学龄儿童/少年作为个体的利益。“奥地利模式”可以兼顾群体利益和个体利益。在这个意义上，该模式能够保障现代意义上更高层面的教育机会均等，即不仅保障全体学龄儿童/少年接受同等内容教育的“形式平等”，同时也可以保障以因材施教为导向的“相对平等”，从而实现个体受教育形式和内容的最优化[75]。而且“奥地利模式”在本质上并不影响国家教育权的地位，因为在这种模式下，国家教育权依然高于父母教育权，父母依然只是教育权的践行者，国家始终掌握着监控的权力，并且随时可以介入。这与德国社会对国家在教育事业中的角色期待是相应的：国家应在私人教育失败的时候才加以干预，而非一直以垄断形式控制整个教育事业。即只有当父母涉嫌阻碍子女接受教育，或者有教唆子女误入歧途的嫌疑时，国家才需要介入[76]。

总之，在国家教育权的监管下赋予家庭学校合法化地位，符合保障学龄儿童/少年平等的受教育权利和机会的宗旨。长期来看，家庭学校合法化在德国应是大势所趋，德国社会关于家庭学校所涉人群的负面刻板印象也将慢慢消解。

参考文献：

[1] [14] [26] [60] [61] GOLDBECHER J. Rechtliche Aspekte des “Homeschooling” [EB/OL]. (2007-09-01) [2021-06-10]. http：//docplayer. org/62146467-Rechtliche-aspekte-des-homeschooling. html.

[2] [7] [11] [13] [20] [25] [27] [28] [34] [35] [38] [39] [41] [50] [57] [58] MIDDENDORF S. Ohne Schule mehr lernen [N/OL]. (2014-08-06) [2021-06-07]. Germany：Der Tagesspiegel. http：//www. tagesspiegel. de/ wissen/homeschooling-ohne-schule-mehr-lernen/10294690. html.

[3] [32] [55] [56] [59] [67] DUWE S. Besser lernen ohne Schule [N/OL]. (2014-01-02) [2021-06-07]. Germany：Telepolis. http：//www. heise. de/tp/ artikel/40/40682/.

[4] [12] [31] [46] [53] [62] [63] [68] FRIES M. Schulverweigerer：Schule im Wohnzimmer [N/OL]. (2008-06-20) [2021-06-07]. Germany：Zeit Online. https：//www. zeit. de/online/2008/26/

schulverweigerer-deutschland.

[5] REIMER F. School Attendance as a Civic Duty v. Home Education as a Human Right [J]. International Electronic Journal of Elementary Education, 2010 (1): 5-16.

[6] [24] SPIEGLER T. Home Education in Germany: An Overview of the Contemporary Situation [J]. Evaluation and Research in Education, 2003 (2&3): 179-190.

[8] BECKER C. "Unsere Kinder gehören nicht dem Staat" [N/OL]. (2013-09-22) [2021-06-07]. Germany: Welt Online. http: //www. welt. de/vermischtes/article120256781/Unsere-Kinder-gehoeren-nicht-dem-Staat. html.

[9] BUERGER M. B. Gericht: Homeschooling weiter eine Gefahr für Kinder [EB/OL]. (2014-08-30) [2021-06-07]. http: //www. katholisches. in fo/2014/08/30/gericht-homeschooling-weiter-eine-gefahr-fuer-kinder/.

[10] Anon. Ex-Arbeitsminister Blüm geißelt "Schulregiment" [N/OL]. (2012-12-29) [2021-06-12]. Germany: Der Spiegel. https: //www. spiegel. de/lebenundlernen/schule/kongress-ueber-homeschooling-bluem-kritisiert-schulpolitik-a-864081. html.

[15] Engling H. Homeschooling in Deutschland–Eine Alternative zum vorhandenen Schulsystem? [D]. Merseburg: Hochschule Merseburg, 2016: 24-26.

[16] ESCHNER C. Welche Erziehung ist richtig? [EB/OL]. (2018-06-28) [2021-06-12]. https: //www. kas. de/documents/252038/253252/7_dokument_dok_pdf_52836_1. pdf/44cbb753-40be-0844-dacf-77d0a8f86ed1?version=1. 0&t=1539647301364.

[17] [66] ANON. Pflicht zum Schulgang: Hausunterricht in Deutschland verboten [N/OL]. (2011-03-06) [2021-06-07]. Germany: Aachener Zeitung. http: //www. aachener-zeitung. de/ratgeber/familie/pflicht-zum-schulgang-hausunterricht-in- deutschland-verboten-1. 375258#plx81610510.

[18] Hepp G. Wie der Staat das Bildungswesen prägt [EB/OL]. (2013-09-09) [2021-06-10]. https: //www. bpb. de/gesellschaft/bildung/zukunft-bildung/145238/staat-als-akteur?p=all.

[19] 胡琳．德国教育中关键能力培养对我国实施素质教育的启示 [D]．成都：四川师范大学，2010：9.

[21] 温辉．受教育权入宪研究 [J]．法学家，2001 (2)：68-72.

[22] [23] Informationszentrum Leben ohne Schule. Das Leben ohne Schule in Deutschland [EB/OL]. (2015-01-13) [2021-06-07]. http: //www. leben-ohne-schule. de/deutschland. html.

[29] FLN, DPA. Hartnäckige Verweigerer: Gericht verurteilt erneut Schulboykotteure [N/OL]. (2013-05-22) [2021-06-07]. Germany: Der Spiegel. https: //www. spiegel. de/lebenundlernen/schule/homeschooling-hessisches-elternpaar-zu-700-euro-verurteilt-a-901340. html.

[30] [37] [40] [69] [71] MARGUIER A. Hausunterricht-Verbot "Wie in einer Diktatur" [N/OL]. (2010-03-08) [2021-06-07]. Germany: FAZ. http: //www. faz. net/aktuell/gesellschaft/familie/hausunterricht-verbot-wie-in-einer- diktatur-1639169-p3. html.

[33] SPIEGLER T. Home Education in Deutschland [EB/OL]. (2021-06-07) [2021-06-07]. http://www.homeschooling-forschung.de/index.html.

[36] [42] [48] [49] HENNIS A. Deutsche Familie flieht ins Ausland [N/OL]. (2008-01-10) [2021-06-07]. Germany: Focus Online. http://www.focus.de/familie/schule/schulwahl/deutsche-familie-flieht-ins-ausland-heimunterricht_id_2498923.html.

[43] [76] HANK R. Warum ist die staatliche Schulpflicht unnötig [N/OL]. (2007-11-09) [2021-06-07]. Germany: FAZ. http://www.faz.net/aktuell/wirtschaft/wirtschaftswissen/erklaer-mir-die-welt-73-warum-ist-die-staatliche-schulpflicht-unoetig-1490261.html.

[44] 王佳佳.美国"在家上学"儿童的社会化问题之争[J].外国教育研究，2012(1)：28-34.

[45] [64] [65] RATZESBERGER P. Eine Studentin, die gerne Klausuren schreibt [N/OL]. (2014-06-03) [2021-06-07]. Germany: Die Zeit. http://www.zeit.de/studium/uni-leben/2014-05/homeschooling-studium-/seite-2.

[47] WIRZ C. Lernen ohne Schule [EB/OL]. (2012-10-22) [2021-06-07]. https://www.nzz.ch/wissenschaft/bildung/lernen-ohne-schule-1.17704257.

[51] HOLZMÜLLER M. US-Asyl für Schulverweigerer "Peinlich für Deutschland" [N/OL]. (2011-06-27) [2021-06-07]. Germany: Süddeutsche Zeitung. http://www.sueddeutsche.de/karriere/us-asyl-fuer-schulverweigerer-peinlich-fuer-deutschland-1.60519-2.

[52] JOURNALIST K. Homeschooling: Interview mit Dagmar Neubronner [EB/OL]. (2010-01-30) [2021-06-07]. http://www.freiewelt.net/interview/homeschooling-interview-mit-dagmar-neubronner-13156/.

[54] BECKER C. Schulverweigerer dürfen nicht nach Frankreich ziehen [N/OL]. (2014-01-23) [2021-06-07]. Germany: Die Welt. http://www.welt.de/vermischtes/article124132530/Schulverweigerer-duerfen-nicht-nach-Frankreich-ziehen.html.

[70] SPIESS C, SCHMIDT W. Wer selbst lehren will, muss fliehen [N]. Germany: TAZ, 2009-02-04(7).

[72] 张文显.法理学(第三版)[M].北京：高等教育出版社，2007：199-200.

[73] STG, SON. Homeschooling-Bewegung: Ex-Arbeitsminister Blüm geißelt "Schulregiment" [N/OL]. (2012-10-29) [2021-06-07]. Germany: Spiegel Online. http://www.spiegel.de/schulspiegel/kongress-ueber-homeschooling-bluem-kritisiert-schulpolitik-a-864081.html.

[74] KEMNA V. Schulpflicht schützt nicht vor Schuleschwänzen [N/OL]. (2012-11-02) [2021-06-07]. Germany: Deutschlandfunk. http://www.deutschlandfunk.de/schulpflicht-schuetzt-nicht-vor-schuleschwaenzen.680.de.htmldram:article_id=226285.

[75] 徐庆雄.社会权论[M].台北：众文图书公司，1993：151.

(作者周海霞系北京外国语大学德语系副教授，博士。)

试析日本公立初高中一贯校学制改革

李昱辉

导读：初高中一贯制教育现已在日本学制中取得合法地位，政府允许并鼓励公立初高中组建初高中一贯校。初高中一贯校在提升办学特色和家长满意度、促进学生个性发展和师资交流等方面卓有成效；但较易引发诸如入学竞争提前、在校生学业热情降低、课程教学难度加大、教师压力增加等问题。当前，日本公立初高中一贯校依然保持发展态势，作为一项选择性制度，初高中一贯制教育的实践效果很可能对今后日本中等教育学制的走向产生重大影响。

学制是现代学校教育制度的核心，学制改革在教育改革中占据中心地位。21 世纪以来，日本初高中一贯制教育从私立、国立拓展到主流公立学校，对传统中学段“三三”学制形成巨大冲击。短短十五六年间，从繁华的东京都到边远地区，公立初高中一贯校不仅在数量上不断增长，更被越来越多的小学毕业生和家长奉为升学首选。褒贬不一的公立初高中一贯校因何令政府、学校、学生和家长趋之若鹜，其兴起究竟意味着什么？中等教育正变得平等或不公、宽松或紧迫、高产或低效？本文试从公立初高中一贯制教育形成与发展出发寻求答案。

一、制度化过程

1947 年起，日本为扩大中等教育，仿效美国“六三三”学制，在国内经济极度困难的状况下把义务教育延长至九年并帮助大批学生完成高中学业，为提升国民受教育程度作出了重要贡献。然而进入 20 世纪 60 年代以后，一贯制教育构想频繁出现在国家和地方教育审议报告中，幼小、小初、初高中，以至幼小、初高中一贯制教育被认为更加符合学生发展的连续性特征，但出于由此引发入学考试竞争提前和加剧的忧虑使得政府踌躇不前。在 20 世纪 90 年代以来长期经济危机影响下，日本“制度性疲倦”在全社会蔓延，以“市场化”“自由选择”为特征的新自由主义借机渗入社会各领域。在学校教育领域，关于学校选择制、教育特区等择校相关制度的探讨尘嚣日上，单一僵化的传统学制濒临重构。小初一贯制教育率先起步，幼小一贯制、初高中一贯制教育则紧随其后。

初高中一贯制教育起初仅为私立学校所采用，因为其在公立教育体系内部面临严格的体制束缚。作为中等教育学制松绑的发端，1997 年 6 月的中央教育审议会咨询报告“面向 21 世纪教育的发展方向”用专章勾勒了初高中一贯制教育制度并归纳出如下四项优势：学生无需参加高中入学考试，学习氛围轻松；六年一贯地有效实施计划性、连续性的教学指导；六年间持续挖掘和培养学生的个性与才能；组织混龄学生集体活动，更好地培养学生社会性与人格。该报告也对初高中一贯制教育可能造成的负面影响进行了预估（见表 1），两相权衡后仍建议应当由学

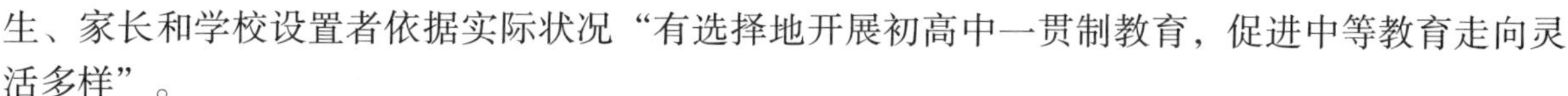

生、家长和学校设置者依据实际状况“有选择地开展初高中一贯制教育，促进中等教育走向灵活多样”。

1998 年 6 月，第 142 次国会通过《对学校教育法等进行局部修改的法令》，提出以现行学制为基础，在传统初中和高中制度外新增初高中一贯制教育制度。不过，众议院文教委员会和参议院文教科学委员会均对初高中一贯校化身“应考精英校”表示担忧，共同要求公立初高中一贯校不得通过学力考试选拔入学者。据此，《学校教育法》等一系列法规修正案从办学者、经费、课程、教职员等诸方面对中等教育学校进行了具体规定。所谓中等教育学校，即由同一所学校提供六年一贯制教育，教学内容分三年前期课程（相当于初中阶段）和三年后期课程（相当于高中阶段）。由此，初高中一贯制教育在学制中的地位与基本模式在法律层面上得以确立，成为传统中学段“三三”学制的重要补充。需要留意的是，在整个制度化过程中，初高中一贯制教育从未被国家当作终极理想，而是隐藏着提前和加剧入学竞争等风险的制度尝试。

二、实践推进

中等教育学制松绑后，公立初高中一贯制教育经短期试点后转入推广普及阶段，在原来的中等教育学校之外出现了不同模式的初高中一贯制学校，并呈现出相应的特点。

（一）试点期

1998 年，文部省在 20 个都府县的都市和农村地区总共遴选出 57 所初中和 37 所高中结对试点初高中一贯制教育，重点对“并设型”和“合作型”两种模式展开考察。所谓并设型学校，依据“学校教育法施行规则”第 75 条和第 87 条规定，是指由同一主体所设置的初中和高中，实行初高中一贯制教育。该类学校不设高中入学考试，其高中基本不向外校初中毕业生开放。以上方面与中等教育学校颇为近似，两者差异在于中等教育学校是完全意义上的单所学校，而并设型学校在实质上仍是多所学校。所谓合作型学校，依据“学校教育法施行规则”第 71 条规定，是指由初中和高中的设置主体间签订协议（设置主体可相同或不同[1]），通过增加校际师生交流来实现初高中一贯制教育。合作型学校设有简单的高中入学考试，校内初中毕业生既可参加本校高中的入学考试，也可申请其他高中的；同样地，其高中也接受外校初中毕业生报考。显然，合作型学校内的初中和高中在“一贯”程度上相比并设型学校又降低了不少。

通过综合比对不同模式下的“学科教学”“课程设置”“社团活动”“乡土环境”“升学或就业指导”的实践状况，试点期间发现主要存在以下问题：其一，教职员难以就一贯制教育达成相对一致的观念和认识；其二，“合作型”模式下，相对宽松的初中教学和高强度的高中教学间的差异难以实现调和；其三，如何针对那些期望升入外校高中的初中生有效设计与实施相应的课程教学，是一贯制教育必须解答的又一难题[1]。概述之，来自教师观念、课程结构与教学要求的差异被认为是阻碍初高中一贯制教育推进的主要障碍。

1　前者如都道府县立初中和高中，后者如市区町村立初中和都道府县立高中。

表 1　初高中一贯制教育的问题与对策

存在问题	建议对策
入学竞争低龄化	公立学校应通过学力考试以外的恰当方式决定入学者，譬如根据学校特色进行抽签、面试、推荐相结合的方式进行
应试教育风气盛	普通科学校（非职业类）应当尤其注意避免应试教育
学生身心发展差异大	教师在日常指导和学校管理中紧密合作，充分考虑个体学生状况
班集体固化导致部分学生始终无法融入学习环境	在宽松的学习氛围中，不断创新和实施各种学习方法
转校生问题	对高中阶段转入生和转出生给予充分关心，尤其确保初高中一贯校学生在完成（初中）第三年学业后能与普通初中毕业生拥有同等权益

（二）拓展期

尽管存在一些问题，推进初高中一贯制教育仍被国家认为是符合新时期价值观多样化和“规制缓和”之必需，重点在于如何克服上述种种障碍。1999 年 1 月的“生活空间倍增战略计划”和 2001 年 1 月文部省“21 世纪教育新生计划”相继提出“在每个高中学区内至少设立一所初高中一贯校”的构想（公私立合计 500 所），以确保所有学生和家长对初高中一贯校拥有实质性选择权。这标志着新自由主义在教育观念和制度上取得又一重要胜利，该构想成为日后各地普及公立初高中一贯校的重要指针。初高中一贯校的建校热潮兴起于东京都，迅速波及周边的茨城、千叶、埼玉、群马、枥木、神奈川、长野等首都圈各处，又逐渐席卷岩手、宫城、新泻、滋贺、长崎、宫崎、熊本等日本各地，各年度具体增长数量参见图 1。

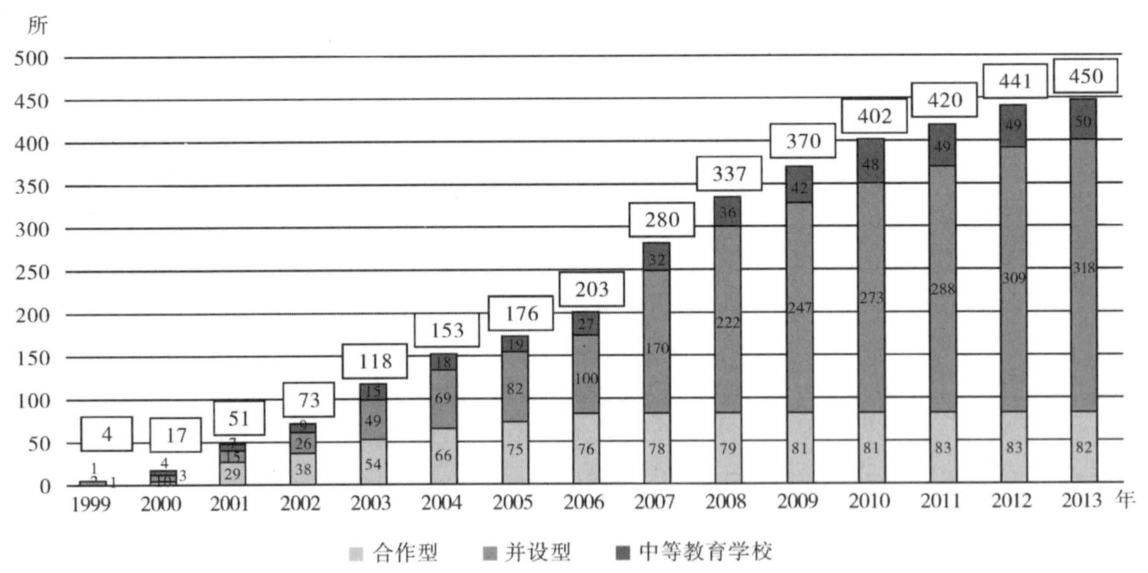

图 1　日本各类型初高中一贯校数量推移状况（1999—2013 年）

注：笔者参考日本文部省主页相关数据制作。方框中示数为该年度各类型初高中一贯校总数，各柱形中自下而上三段示数分别代表该年度合作型、并设型、中等教育学校的实际数量。以上统计均包含公立和私立学校。

由图 1 可知，并设型学校是 2012 年初高中一贯校的最主要模式。值得一提的是，不同于始终以名校升学为导向、以并设型学校和中等教育学校为主要形式的私立初高中一贯校，公立初高中一贯校在办学理念和形式上历经重要转折。1999 年到 2005 年为第一阶段，这一时期，绝大多数地方教委设立公立初高中一贯校的初衷是尽可能地留住当地高中生源。证据有二，其一是依据学校公立属性、严格遵守“学校教育法施行规则”规定，不举行初中入学考试；其二是“合作型”始终是公立初高中一贯校的最主要模式，在初高中各学段实行开放入学并尽可能多地招生，需要注意的是该模式极少被私立学校所采用。2006 年进入第二阶段，合作型学校增速逐步放缓以至于停滞，并设型学校和中等教育学校成为新增长点并继续带动公立初高中一贯校的总数上升。2007 年，公立并设型学校和中等教育学校成为社会瞩目的焦点，首都圈和都市地区新设的并设型学校和中等教育学校普遍受到青睐，这与公立初高中一贯校的整体教育方针由以往“宽松教育”路线向新型“领导培养”路线调整密切相关。至 2012 年，全国公立并设型学校和中等教育学校总数突破百所，象征着公立初高中的伙伴关系进一步发展。两类学校均设有初中入学选拔，该选拔不同于语文、数学等传统科目考试，而普遍采取类似 PISA（Programme for International Student Assessment，PISA，国际学生评估项目）的“适应性检查”（日语直译为“适性检查”），题型包括阅读理解、逻辑推理、日常问题解决、学科知识应用、材料作文撰写等[2]，侧重考查个体思考力、表现力和判断力。然而，由于各校实际报考人数远超招生数，且有约半数公立初高中一贯校属“超高人气校”，出题难度渐增。可以说，如今“适应性检查”已不再是单纯意义上的检查，其比较、筛选功能被无限放大。

（三）普及期状况

2010 年“初高中一贯制教育相关调研”报告显示，超过八成公立中学表示“希望开展为期六年的有计划、连续型教育活动”。尽管初高中一贯制教育在不同地区进展速度存在差异，但 2013 年统计数据表明，所有 47 个都道府县均已设有初高中一贯校。从不同类型分布来看，中等教育学校、并设型学校、合作型学校分别占总数的 11.1%、70.7% 和 18.2%（见表 2）。除富山县和鸟取县外，其余各都道府县都设有公立初高中一贯校。在公立初高中一贯校内部，中等教育学校、并设型学校、合作型学校的比例分别为 15.8%、40.2% 和 44.0%，公立合作型学校的比例明显高出私立合作型学校。

表 2　2013 年度初高中一贯校设置状况（单位：所）

类型	中等教育学校	并设型学校	合作型学校	合计
公立	29	74	81	184
私立	17	243	1	261
国立	4	1	0	5
总计	50	318	82	450

相关研究指出，公立并设型学校和中等教育学校较为“关注学生学力和学习欲望”，合作型学校则倾向于“体验式学习”、重视“地区特点”以及“地区与学校间的合作”[3]。相对于以确保本地生源为目的的合作型学校而言，多数并设型学校和中等教育学校则是以培养社会精英阶层为指向的[4]；低廉的学费又助其在与拥有相近目标的私立学校的竞争中占据优势。[1] 以东

1　私立初高中一贯校六年学费总额约 1,000 万日元，公立校学费则仅为其 1/3 左右。

京都10所公立初高中一贯校为例，2011—2015年间招生录取比例基本稳定在6 ∶ 1至7 ∶ 1之间，超出绝大多数私立学校。在此背景下，公立初高中一贯校“适应性检查”的出题策略和回答方法、学校录取参照标准、不同年份招生录取比例变化规律已逐渐成为各补习学校的“钻研”重点。

三、成效与问题

如上所述，公立初高中一贯校虽在制度化和试点过程中频遭质疑，但不断扩大着实践范围。随之取得了一定成效，也出现了许多预料之中和预料之外的困难。

（一）主要成效

第一，推进教育多样化、提升家长满意度。各地区在传统的公立初高中外增设“初高中一贯校”选项并对其数量不断扩充，打破了僵化的传统学制，开启了中等教育多样化之门，在一定程度上满足了当前众多学生和家长的择校愿望。当然，理性择校的前提是学生和家长对各校特点有所了解。对此，中央教育审议会初等中等教育分科会建议各初高中一贯校进一步总结和宣传自身办学理念、培养目标和办学特色，主动帮助学生和家长做出正确判断[5]。

第二，减轻学业负担、促进个性发展。由于全国教学大纲的“学习指导要领”赋予公立初高中一贯校更大课程自主权，许多学校大面积开设选修课取代必修课、灵活调整各科目教学时间，有效减少了初高中重复教学内容，确保学生拥有更为充裕的时间接触和学习感兴趣的事物，有利于学校发现和培养学生才能以及学生自主明确未来发展方向。由于许多学校降低甚至取消高中入学考试要求，学生还能利用原来备考（高中的）时间进行课外阅读（每月6本），还有不少学生在初三即报考“英检二级”[1]或赴海外交流学习等。

第三，淡化应试教育、彰显办学特色。文部省曾列举并建议各初高中一贯校依据自身状况灵活选择办学特色，如重视体验型、地区相关型、国际应对型、信息学习型、环境重视型、文化继承型、慢速辅导型等。[2]然而，现实中选择前三种办学特色的学校居多，其中国立、私立初高中一贯校更多致力于教育国际化，重视海外留学和谋求成为国际大学入学资格认定校（传统上由国立大学认定）。公立学校教学偏重地区特点并开展各类地区体验活动。此外，不少学校已将特色活动学分化提上日程。总体而言，学生对初高中一贯校的学习满意度、特色化教育和求知欲培养教育等给予高度评价，认为初高中一贯校以思考、创新、探究式学习取代了传统灌输式教学[6]。

第四，打破学段局限、促进教师交流。通过定期的合作教研会、座谈会等形式，不同学段教师交流趋于频繁。一些初高中一贯校甚至允许初中毕业班教师陪同毕业生一同升入高中“短期陪读”，由此既能减轻升学带给学生的不适应感，也能促进不同学段教师的现场交流。通过上述种种活动，初高中教师们加深了对于彼此学段（课程、教材、教学法等）的理解，形成六年间持续培育学生的意识，尝试持久和深度地了解学生并促进学生成长。

第五，课余活动丰富、跨学段互动增多。以往学生升入初三便不得不退出社团活动以应对

1　“英检”是由公益财团法人“日本英语检定协会”组织开展的、在日本国内盛行的一项英语能力等级测试。

2　各类型特征如下：①重视体验型引入志愿者体验、社会体验、劳动体验、自然体验等；②地区相关型把地区历史与文化、自然和产业融入教学内容，并充分灵活地使用地区各类人才；③国际应对型注重培养学生沟通能力，积极开展国际交流活动和国际理解教育；④信息学习型重视互联网应用、关注信息采集应用及相关伦理道德育成；⑤环境重视型注重培育学生珍惜环境和自然的感情，积极开展各种自然体验活动；⑥文化继承型关注传统工艺和工业技术传承；⑦慢速辅导型根据不同学生个体的学习问题制订个别指导计划。

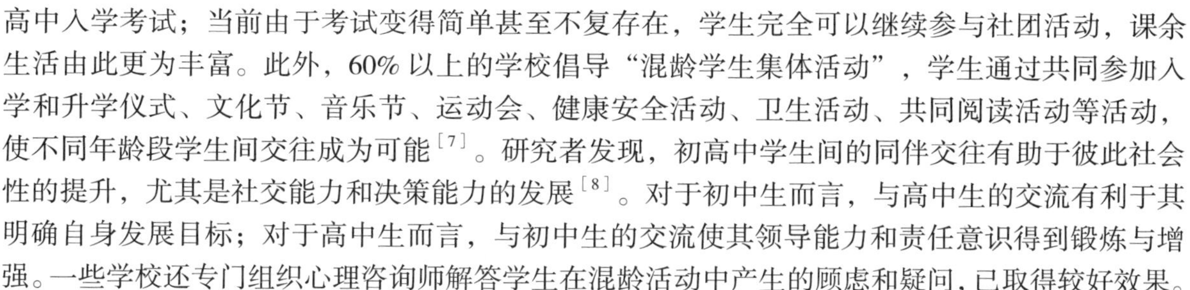

高中入学考试；当前由于考试变得简单甚至不复存在，学生完全可以继续参与社团活动，课余生活由此更为丰富。此外，60% 以上的学校倡导“混龄学生集体活动”，学生通过共同参加入学和升学仪式、文化节、音乐节、运动会、健康安全活动、卫生活动、共同阅读活动等活动，使不同年龄段学生间交往成为可能[7]。研究者发现，初高中学生间的同伴交往有助于彼此社会性的提升，尤其是社交能力和决策能力的发展[8]。对于初中生而言，与高中生的交流有利于其明确自身发展目标；对于高中生而言，与初中生的交流使其领导能力和责任意识得到锻炼与增强。一些学校还专门组织心理咨询师解答学生在混龄活动中产生的顾虑和疑问，已取得较好效果。

（二）存在的问题

第一，报考学生数递增，入学选拔成难题。初高中一贯校由于拥有上述种种优势，生源状况良好。私立初高中一贯校在招生环节不受制度和地方政策约束，基本通过学力考试筛选学生。然而，公立初高中一贯校因受“面向 21 世纪教育的发展方向”报告和《对学校教育法等进行局部修改的法令》等制度限制，无法举行学力考试，往往通过面试、调取小学档案或推荐信、适应性检查、作文等组合方式选拔学生，少数学校则借助随机抽签方式决定入学名单。当前，一些公立初高中一贯校“打擦边球”地提出以“培养地区领导者”为目标，倾向于录取那些更具才能和热情的学生，但有社会人士质疑该行为违背了“公立”属性。此外，也有学者指出，即便适应性检查也并非完全公平，而是“有利于那些在文化和社会经济地位上占优势的上层家庭儿童”[9]。2009 年，厚生省统计显示，学生贫困率约 15.7%，平均每 6 名学生中就有 1 名“贫困生”，单亲家庭是“贫困生”的主要来源。如何确保公平竞争并尽可能地把学校特色贯穿于招生环节使学生和学校特点相互适应，是今后各校选拔学生的努力方向。

第二，在校生怠慢学业，学力差距扩大化。尽管公立初高中一贯校普遍重视提升在校生学力和学习热情，但有调查表明，多数学校和半数以上地方教委认为，在取消或仅有简单高中入学考试的前提下，如何保持在校生的学习热情已成为当务之急。由于公立初高中一贯校在招收小学毕业生时不设学力考试，学生间学力差距本就客观存在；加之许多在校生缺乏目标、不思进取、怠慢学业，勤惰进一步拉大了原有差距，亟待引入个性化教学法加以破解。

第三，高中生源多样化，编班方法存疑难。合作型学校以及部分并设型学校的高中除去内部招生外，也接受外校初中毕业生报考。本校生源和外校生源在学业基础和学习方法上存在显著差异，如何针对两类生源进行合理编班成为许多学校面临的难题。区分编班有利于教学管理，却不利于学生社交能力和适应性养成；反之，混合编班虽能培养学生社交能力和适应性，并可能借助外校生源的学习积极性刺激本校生源学习热情，却对课堂教学目标、进度设计和方法运用提出了更高要求。

第四，教学内容存偏颇，课程设计待改进。一方面，如前所述，以开展体验活动、表现地区特点或以国际化为特色的初高中一贯校居多。相对而言，信息化、环境和传统文化教学不受重视。另一方面，由于初高中一贯校的初中课程与传统初中不同，不利于学生转校或考入传统高中后适应学业。对此，并设型学校和合作型学校应当恰当运用“新指导要领”所赋予的课程自主权，在增设选修科目与课时、彰显办学特色的同时，确保学生按时完成法定基本学业目标。

第五，教师任务繁重，压力亟待缓解。OECD（Organisation for Economic Co-operation and Development，OECD，经济合作与发展组织）统计显示，日本中学教师工作时间全球最长，2013 年周平均工作时长约 53.9 小时。初高中一贯校组建后亟需制订六年一贯指导计划和删减合并重复教学内容等工作，要求学校对初高中课程进行整体性把握和再规划，然而这一过程涉及面广、耗时费力，很可能进一步增加教师的工作时间和压力。对于公立初高中一贯校而言，受在编教师数限制，如何确保必要的教师人数，从而在维持规定教学时间的前提下，增加初高中教师间的交流机会将是未来长期存在的困难。此外，缺乏中等教育学校前期课程和后期课程的贯通研究、初高中教师在学生辅导与评价方法上的差异、合作型学校间距离过远等也是造成教师压力增加的主要成因。已有不少教育人士指出，工作时间和压力增加将直接导致教师职业在年轻人中失去吸引力，并进一步降低教师职业的整体水平。

四、初高中一贯校崛起的原因

如前所述，作为中等教育学制的创新尝试，公立初高中一贯制教育虽不乏成效，却也隐藏诸多问题。作为一种选择性制度，十多年来得以在各地迅速推进，不能忽视以下几个深层原因。

（一）迎合国家战略

长期少子化使多数中小学校规模不断缩小，“学校统废合”（指合并或废立学校）成为趋势。2013 年，文部省调查显示，过去 10 年间约有 10% 的中小学校（3，000 余所）完成合并，然而即便如此，仍有 46% 的小学和 51% 的中学无法满足“1957 年学校统合指南”所规定的“小学各年级设 2~3 个班级、中学各年级设 4~6 个班级”的标准[10]，又一轮的“学校统废合”在所难免。根据法律规定，国家财政须承担教师 1/3 的工资，但政府希望能够节省相应开支并将经费投入其他预算项目中。事实上，自初高中一贯制教育制度化以来，学校教育费以及教职员人事费开支逐年降低，至 2013 年降低比例约为 13%[11]。2014 年，财务省财政制度审议会提出，如果能够在全国范围内关闭那些低于标准规模的学校，单在小学阶段就能节省 18,000 名教职员的人事费，显示出未来国家继续压缩学校教育费和人事费的决心[12]。这与安倍内阁与自民党的“地方创生”战略不谋而合，该战略号召各地实现公共设施集约化与集中型行政投资。为迎合上述战略方针，2015 年文部省颁布的“公立中小学校适当规模和适当配置”标准明确规定，规模少于 3 个班级的学校必须迅速进行统废合检讨；此外，针对“1957 年学校统合指南”所规定的“小学 4,000 米、中学 6,000 米的家校距离”，补充提出“在保障校车等交通手段的前提下约一小时途中时间”，即通过引入时间换算方式延长距离基准，使得距离较远的公立学校间的统合亦成为可能，为组建公立一贯校进一步扫清制度障碍。

（二）中央财政利诱

不可否认，许多地方忧虑废立学校可能引发连锁的人口迁出和劳动力减少，此外由于学校在日本还承担着防灾避难、社区活动、节日庆祝等多种社会功能，“校不存则地区废”的观点盛行。一些评论人士也指出，废立学校之举很可能不利于“地方创生”的实现[13]。然而学校规模过小给地方财政带来较大压力，因为公立学校的运营费用和教职工人事费的 2/3 需由地方支出。长期以来地方政府不断削减教育开支，已被怀疑是在力图促成小学初中一贯校和初高中一贯校的批量形成。OECD 调查显示，日本公共教育财政经费比例在各成员国中长期居于末位，多数地方迫切希望增加教育经费投入。还有调查显示，各都道府县最期望国家在“增加教职员编制”（100%，收回问卷中有关问题回答占比，下同）和“完善设施”（83%）方面提供补助，市区町村政府同样最期望国家在“增加教职员编制”（77%）和“完善设施”（68%）方面提供补助[14]。毋庸置疑，没有安定和持续的教师增员和设施完善措施，地区再生就难以维系[15]。这很可能导致各

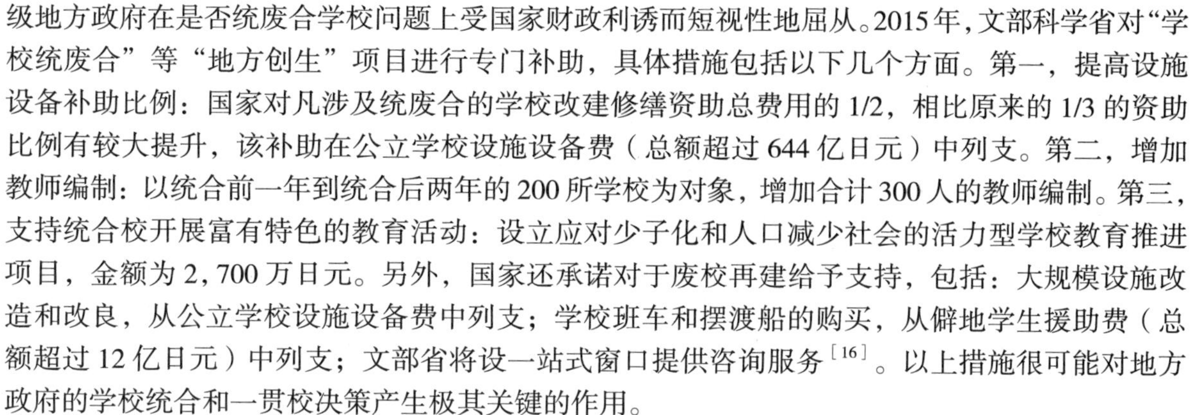

级地方政府在是否统废合学校问题上受国家财政利诱而短视性地屈从。2015年，文部科学省对“学校统废合”等“地方创生”项目进行专门补助，具体措施包括以下几个方面。第一，提高设施设备补助比例：国家对凡涉及统废合的学校改建修缮资助总费用的1/2，相比原来的1/3的资助比例有较大提升，该补助在公立学校设施设备费（总额超过644亿日元）中列支。第二，增加教师编制：以统合前一年到统合后两年的200所学校为对象，增加合计300人的教师编制。第三，支持统合校开展富有特色的教育活动：设立应对少子化和人口减少社会的活力型学校教育推进项目，金额为2,700万日元。另外，国家还承诺对于废校再建给予支持，包括：大规模设施改造和改良，从公立学校设施设备费中列支；学校班车和摆渡船的购买，从僻地学生援助费（总额超过12亿日元）中列支；文部省将设一站式窗口提供咨询服务[16]。以上措施很可能对地方政府的学校统合和一贯校决策产生极其关键的作用。

（三）对抗私立学校

对于公立学校自身而言，规模过小其实并不利于学生间交往合作、社团活动开展以及保持学校组织的整体活力。更加重要的是，小规模学校随时面临着被废立的危险，校方与其听任学校因为生源不足而被地方废立，不如变化思路、顺应潮流参与一贯制教育，还能借此显现学校积极进取的态度。其实，私立学校素有实施初高中一贯制教育的传统，早在20世纪90年代，许多私立初高中一贯校就凭借着远高于公立学校的名牌大学升学率和从初中免试升入高中的有利条件等，在招生市场上占得先机。早稻田、立命馆、中央大学、上智大学等知名私立大学甚至组建起附属初高中一贯校，让大批公立学校难以望其项背。文部省“学校基本调查”显示，1987年到2007年公立中学的学生人数从585.5万人降低到333.3万人，减少了四成以上；与此相反，私立中学的学生数从18.9万人增加到25.7万人，增加逾三成。由此，在全国学生总数锐减的大背景下，20年间私立中学学生数占学生总数比例从3.1%升至7.1%，增至两倍以上[17]。在东京都、神奈川、关西圈、广岛、高知等地，私立中学生比例较高。东京都情况尤其如此，近年来，公立学校升学比例约80%，其余20%学生则升入私立或国立学校，但参加私立或国立学校入学考试者更多，平均每4名学生中就有1名参加，部分地区每3名学生中就有1名参加[18]。私立学校在招生办学上的成功严重刺激了各级教育部门。文部省和地方教委一致鼓励公立初高中统合为初高中一贯校，重要目的之一便是为了能够有效抗衡私立学校，最大限度地挽留公立学校生源、阻止更多学生脱离公立教育体系。但是，私立高校高昂的学费直接损害了贫困家庭甚至普通收入家庭子女平等接受高质量教育的机会，这被视为日本传统学校教育体制的主要弊病。相比私立初高中一贯校，公立初高中一贯校收费低廉（与公立初中和高中收费相同），即便贫困家庭的子女也能轻松入学，有利于降低家庭贫富差异对子女受教育质量的影响。总而言之，只要公立初高中一贯校在教学质量和效果上不逊于私立学校过多，其竞争优势必然显而易见。

参考文献：

[1]南泽信之．公立中高一貫校設置の動向と意義に関する一考察[J]．教育制度学研究，1999：70-82.

[2][9]腰越滋．公立中高一貫校の入学者選抜に関する一考察——適性検査に注目して：第68回大会発表要旨集録[C]．東京：一般社団法人日本教育学会，2009：348-349.

[3]初等中等教育局初等中等教育企画課教育制度改革室．中高一貫教育に関する実態調査(結

果)[R/OL]. (2010-12-02)[2015-05-31]. https://www.mext.go.jp/b_menu/shingi/chukyo/chukyo3/045/siryo/__icsFiles/afieldfile/2010/12/02/1299259_09.pdf.

[4] 斎藤剛史.「併設型」中高一貫教育校は増加中も……公立は頭打ち?[EB/OL]. (2014-02-27)[2015-05-31]. https://benesse.jp/kyouiku/201402/20140227-1.html.

[5][6][7] 文部科学省中央教育審議会初等中等教育分科会. 中高一貫教育制度に関する主な意見等の整理[R]. 東京:文部科学省, 2011. 8-20.

[8] 米川和雄、津田彰. 高校生のピアコーチによる中学生の生きる力育成 —— 中高一貫校におけるピアコーチ養成・活用システム構築の取り組み[J]. キャリア教育研究, 2010(1): 13-21.

[10] 渡辺敦司. 小規模校のメリット生かす道も文科省「統廃合」手引[EB/OL]. (2015-02-13)[2015-05-31]. https://benesse.jp/kyouiku/201502/20150213-2.html

[11] 文部科学省. 地方教育費調査[R/OL]. (2015-12-18)[2021-06-05]. http://www.mext.go.jp/b_menu/toukei/001/index05.htm.

[12] 渡辺敦司. 学校統廃合を促す?「文科省手引」の本当の評価[EB/OL]. (2015-02-05)[2015-05-31]. http://thepage.jp/detail/20150204-000000 10-wordleaf.

[13] 早川信夫. 小中学校統廃合促進方針の波紋[EB/OL]. (2015-01-20)[2015-05-31]. http://www.nhk.or.jp/kaisetsu-blog/300/207664.html.

[14] 学校統廃合?学校再編問題行政・教育委員会. 公立小中学校統廃合の手引のポイントと問題点[EB/OL]. (2015-01-29)[2015-05-31]. http://www.kantendokoro.com/tebiki_2015/

[15] 社説. 学校統廃合、地域に根差した視点を[N]. 毎日新聞, 2015-01-20(1).

[16] 文部科学省. 地方創生に資する文部科学省の予算事業について[R/OL]. (2015-04-15)[2015-05-31]. https://www.mext.go.jp/a_menu/chihousousei/1355572.htm.

[17] 橋本尚美. 中学校選択の多様化と子どもの生活の分化 ——「中学校選択に関する調査」から[J]. BERD(特集)誰の、何のための科学教育なのか, 2009(1): 46-48.

[18] 池上彰.「日本の教育」がよくわかる本[M]. 日本: PHP 文庫, 2014: 311-312.

(作者李昱辉系上海师范大学教育学院讲师,教育学博士。)

韩国“自由学期制”改革刍议

吕 君

导读：2016年3月，韩国政府在初中全面推行“自由学期制”改革，旨在解决韩国基础教育存在的问题及弊端，缓解青少年学业压力，提高青少年学校生活幸福指数，指导青少年正确认识自我及明确未来职业方向。“自由学期制”的具体运行模式是在“自由学期”内，取消所有书面考试，开展“共同课程”及“自由课程”的教学。改革的重点内容包括“自由课程”的开发与实施，以学生参与、互动协作、自主学习为中心的课堂教学模式的变革，以及以学习过程为中心的学生评价方式的改革。

2013年3月28日，朴槿惠政府在总统职务报告中提出了韩国未来教育政策规划及实施的方向：实现“幸福教育”，培养创新人才。2015年，为实现“幸福教育”这一美好愿景，韩国教育部提出了六大教育革新举措，即“自由学期制”的全面实施；公立学校教育振兴改革；地方教育财政革新；符合社会需求的人才养成计划；“产学并行制”的深化；“先就业，后升学”制度的完善[1]。六大教育革新举措充分反映了政府解决现行教育模式中存在的诸多问题，彰显“回应国民诉求、实现幸福教育”的执政理念及决心。六大教育革新举措中排在首位的“自由学期制”改革也是韩国教育部基础教育改革工作的重点，2016年已在韩国范围内的所有初中全面实施，引发社会各界的关注。

一、“自由学期制”改革实施的背景

近年来，OECD（Organization for Economic Co-operation and Development，经济合作与发展组织）成员国家在人才培养上注重“核心素养”的提升，在开发学生协作沟通能力、问题解决能力的同时，强调青少年职业生涯指导教育。这些国家的教育改革为韩国的“自由学期制”的改革规划提供了经验，韩国政府也希望通过类似的革新举措，减轻青少年的学业压力，培养青少年的“核心素养”，进而提升其职业规划能力。

韩国现行基础教育中存在的诸多问题也成为韩国政府积极推行“自由学期制”改革的重要原因。韩国从初中起，学校教育大都是围绕大学升学考试进行的，在应试教育体制及“教育热”的社会背景下，现行学校教育存在许多问题：学业压力导致青少年的自杀率居高不下；韩国青少年在学业上表现优异，但学习兴趣不浓，学校生活幸福指数偏低；韩国青少年缺乏职业规划能力；“先行教育”[1]盛行。

在国际教育改革的驱动及国内教育问题亟待解决的大背景下，2012年11月21日，朴槿惠

1 “先行教育”是指韩国各种教育机构通过开设辅导班、私人授课等形式提前指导学生学习学校教育课程的行为。

在其总统竞选公约中首次提出关于推行“自由学期制”的想法。2013 年 2 月，“自由学期制”被确立为“国定项目”之一，标志着改革正式拉开帷幕。同年 4 月，韩国教育部成立了“自由学期制”改革领导中心，5 月，发布了《初中“自由学期制”试行计划》，筛选出 42 所学校为试点学校，并于 8 月开始在试点学校试行“自由学期制”。2014 年，试点学校由 42 所增至 811 所，并在领导中心下设 12 个领导小组，指导各地区改革的顺利实施。2015 年，试点学校数量攀升至 2551 所，领导小组增加至 27 个。通过对试点学校的情况反馈进行总结，韩国教育部于 2015 年 8 月 6 日发布了《初中“自由学期制”实行方案（试行）》，11 月 25 日发布了《初中“自由学期制”实行方案》（以下简称《方案》），同时宣告“自由学期制”改革于 2016 年 3 月在全韩 3204 所初中全面实施[2]。

二、“自由学期制”改革的概念、目标及运行模式

（一）“自由学期制”改革的概念

韩国“自由学期制”改革是指由学校根据自身实际状况在初中教育阶段初一的第一学期、第二学期，初二的第一学期中选定一学期为“自由学期”，并在该学期内开展有别于一般学期的教育课程、课堂教学模式及评价方法的改革。改革的主要内容是取消所有书面考试，原有的国语、数学、外语等基本主干课程采用学生参与型的授课方式进行教学，除主干课程外的其他课程由“自由学期活动”（职业规划活动、社团活动、艺体活动、可选择的主题活动）代替[3]。“自由学期”期间开展的教育活动与“一般学期”（不实施“自由学期制”的学期）主要有三点不同。首先，在教育课程上，“自由学期”改变“一般学期”中主要以大学入学考试为中心的课程设置，加入“自由课程”（即“自由学期活动”），使得课程设置更加开放、灵活、有趣。加强课程内容与学生生活、职业规划及社会发展的联系，在关注学生基础知识和技能的同时，更加注重学生兴趣的培养及职业规划能力的提升。其次，在课堂教学模式上，“自由学期”改变“一般学期”中教师主动讲授及学生被动听课的模式，由“注入式”的教学方式转变为教师引导学生自主学习的模式，充分体现和尊重学生的学习地位及自主选择权，全面发挥学生学习的积极性、主动性和创造性。最后，在学生评价方面，改变“一般学期”书面考试及“等级制”成绩评定方法，对学生在课堂参与活动过程中的表现，通过述评的方式进行评价[4]。

（二）“自由学期制”改革的目标及方向

“自由学期制”主要是以解决韩国教育目前存在的问题及弊端，缓解青少年的学业压力，提高青少年学校生活幸福指数，指导青少年正确认识自我及明确未来职业方向为出发点而进行的教育改革。改革的目标主要有三点：一是帮助青少年重获梦想与朝气，发现自我潜在能力与优势，提升其对未来职业的规划及探究能力；二是通过改革的实施，将原有的以应试为中心的教育转变为以培养学生创新能力、自主学习能力等“核心素养”为中心的教育；三是增进教员、家长、学生间的相互信赖及相互协作，实现“学生喜欢、教师满意、家长认可”的“幸福教育”[5]。

为实现以上目标，《方案》中明确了改革的推进方向：第一，通过进一步扩大学校在教育课程设置上的自主权，实现“以学生为中心”教育课程的开展；第二，通过“自由学期活动”的全面推进实现从小学到高中的职业生涯指导教育的完美衔接，即小学（职业认知）—初中（职业探索）—高中（职业准备及规划）的三步职业生涯指导教育；第三，在“自由学期”取消所有笔试等成绩考核，形成以学生的能力提升过程为重点的评价体制；第四，通过“自由学期”

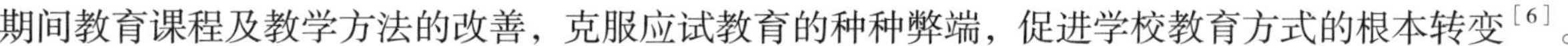

期间教育课程及教学方法的改善，克服应试教育的种种弊端，促进学校教育方式的根本转变[6]。

（三）“自由学期制”改革的运行模式

“自由学期制”的具体运行模式主要是在“自由学期”的一学期时间内，取消所有书面考试，并对每天上午 4 课时及下午 3 课时分别进行改革。上午的课程被称为“共同课程”，即进行原有的语文、数学、英语等基本主干课程的教学，但是授课方式改革为学生参与型的授课方式，每周约 20—22 小时。下午的课程被称为“自由课程”，即除主干课程外的其他课程由职业规划活动、社团活动、艺体活动及可选择主题活动四种“自由学期活动”代替，每周约 11—13 小时。

学校可按照既定目标及特点适当调节“共同课程”及“自由课程”的时间分配，但一学期内的“自由课程”时间不得少于 170 小时。《方案》中为学校提供了四种“自由学期制”的示范运行模式，各学校可选其中之一，也可在这四种示范运行模式的基础上进行适当修改，形成有自身特色的运行模式。四种“自由学期制”示范运行模式如图 1 所示。

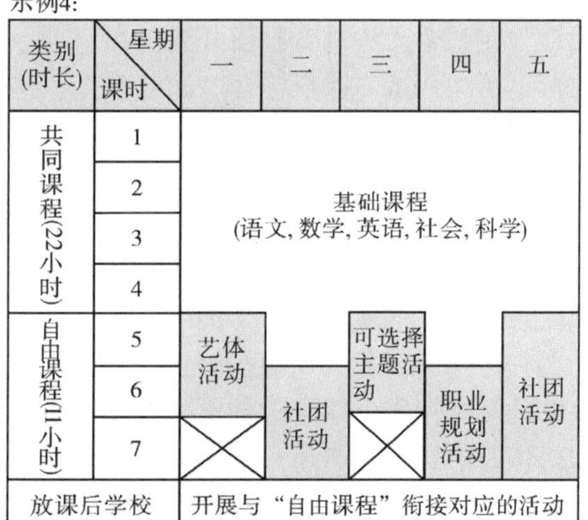

示例1:

类别(时长)	星期 / 课时	一	二	三	四	五
共同课程(22小时)	1	基础课程（语文，数学，英语，社会，科学）				
	2					
	3					
	4					
自由课程(12小时)	5			社团活动	艺体活动	职业规划活动
	6	职业规划活动	可选择主题活动			
	7			╳		
放课后学校		开展与“自由课程”衔接对应的活动				

示例2:

类别(时长)	星期 / 课时	一	二	三	四	五
共同课程(20小时)	1	基础课程（语文，数学，英语，社会，科学）				
	2					
	3					
	4					
自由课程(13小时)	5	职业规划活动	可选择主题活动	社团活动	可选择主题活动	艺体活动
	6					
	7			╳	╳	
放课后学校		开展与“自由课程”衔接对应的活动				

示例3:

类别(时长)	星期 / 课时	一	二	三	四	五
共同课程(21小时)	1	基础课程（语文，数学，英语，社会，科学）				
	2					
	3					
	4					
自由课程(12小时)	5		艺体活动	职业规划活动	社团活动	艺体活动
	6	可选择主题活动				
	7		╳		╳	
放课后学校		开展与“自由课程”衔接对应的活动				

示例4:

类别(时长)	星期 / 课时	一	二	三	四	五
共同课程(22小时)	1	基础课程（语文，数学，英语，社会，科学）				
	2					
	3					
	4					
自由课程(11小时)	5	艺体活动		可选择主题活动		社团活动
	6		社团活动		职业规划活动	
	7	╳		╳		
放课后学校		开展与“自由课程”衔接对应的活动				

图 1 “自由学期制”的四种示范运行模式

三、“自由学期制”改革的内容

“自由学期制”的改革方向在于对原有的教育课程、课堂教学模式及评价方法进行革新。改革的内容主要有以下几点：

（一）“自由课程”（即四种“自由学期活动”）的开发与实施

“自由课程”又被称为“自由学期活动”，既是区别于“一般学期”的特色课程，也是“自由学期制”改革的核心部分。

《方案》中指出，“自由学期活动”的开发必须以学生的兴趣及需求为出发点，活动设计上要充分为学生提供体验参与、自主学习的机会，实施时则可根据学校的具体情况、学生的兴趣偏向等进行时间、形式上的适当调整。四种“自由学期活动”的具体内容及特点如下：

1. 职业规划活动——学生职业生涯指导系统化与职业体验活动个性化

职业规划活动，其目的是提升青少年对未来职业的规划及探究能力，完善小学（职业认知）—初中（职业探索）—高中（职业准备及规划）三步职业生涯指导教育的衔接，它是四大“自由学期活动”的重心。

一方面，积极推进“课程统合型职业教育”，即在平时的课程教学中融合职业生涯指导教育，让学生在课程学习中自然而然地获得关于职业及前途规划等方面的知识及资讯，积极主动思考未来发展的空间及方向。主要的实施方法是教师将课程中有关职业、前途等的相关要素在课堂上以提问、小组讨论或开展各种活动的方式着重体现。为帮助教师在课堂上顺利完成“课程统合型职业教育”，韩国科学技术部及职业能力开发院联合编制了从小学到高中阶段的国语、数学、社会、科学、技术、家政、道德课程的职业生涯指导教育衔接指导方案。在指导方案内对“课程统合型职业教育”实施的具体方法进行了详细介绍，如《中等教育国语——“课程统合型职业教育”教授·学习指导方案》中针对初中及高中国语课程中每一单元可用于职业生涯指导教育的素材单独进行了分析，并对教学目标、教学方案做出了详尽的描述，各科的教师可通过参考这一指导方案编写教案，进行课堂教学[7]。同时，也可通过使用“学校职业教育程序”（School Career Education Program，SCEP）获得各种关于职业指导的资讯并进行教学。“课程统合型职业教育”在整个义务教育阶段开展。在“自由学期”期间，不仅在课程教学中融合职业生涯指导教育，还加入了“课程统合型职业教育”体验活动。活动的开展由各个学校自行安排。如，富平东中“课程统合型职业教育”课程课堂在数学“函数”单元讲授了“与统计相关的职业调查”，在英语“Yumi’s new hobby”单元讲授了“用 to 表达关于未来职业的想法”，在中国语“我们将要学习的中国语”单元讲授了“找出与中国语相关的各种职业”。“课程统合型职业教育”体验活动在国语学习中开展了“读书指导”活动，共 6 周；在道德学习中开展了“残疾人认知”活动，共 3 周；在技术家政学习中开展了“园艺治疗”活动，共 3 周。

另一方面，开发并实施多种多样的学生直接与间接参与的职业体验活动。根据青少年对于职业的认知、探索、体验三种不同目标，《方案》中提供了六种直接体验与间接体验活动。按照间接体验的程度依次是：①演讲对话型活动，即学校邀请各个领域的专家或企业代表等进行演讲或座谈会活动；②现场参观型活动，即通过在与职业相关的宣传机构、企业等地的参观活动帮助学生把握某职业或产业的未来走向及前景；③学科体验型活动，是指通过在特性化高中（外语、科技等特殊高中）或大学进行参观、实习、听讲座等活动，帮助学生认识及把握相关职业的专业情报及基础知识；④职业咨询型活动，指针对学生进行的职业规划咨询指导活动；⑤职

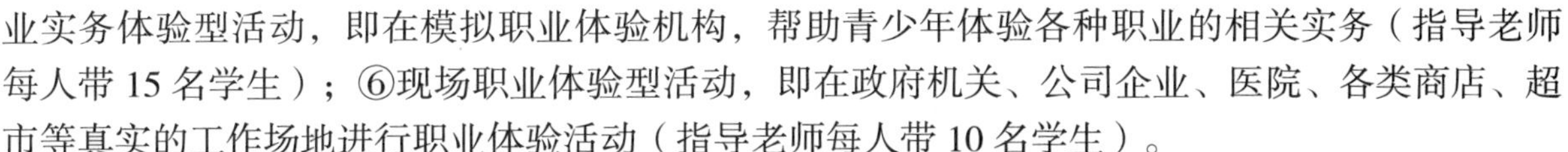

业实务体验型活动，即在模拟职业体验机构，帮助青少年体验各种职业的相关实务（指导老师每人带 15 名学生）；⑥现场职业体验型活动，即在政府机关、公司企业、医院、各类商店、超市等真实的工作场地进行职业体验活动（指导老师每人带 10 名学生）。

为保证职业体验活动的顺利实施，韩国教育部及各地区教育厅设立了“自由学期制职业体验支援中心”。截至 2016 年 2 月，已建立起 207 所支援中心，以帮助各地区学校更好地与相关部门沟通联系，统筹安排好各类职业体验活动。同时，完善职业规划咨询体系的构建。截至 2014 年 12 月，已在全国 93.5%（2978 所）的中学校内配置了专门的升学及职业规划咨询教师。网站 www.career. go. kr 提供了诸如职业适应性测试、职业兴趣测评、职业价值观测评、职业成熟度测评等多种测评程序，帮助青少年更好地了解自身优势及兴趣所在，制定更加适合自己的职业生涯规划。另外，完善职业体验活动的记录保存。为了推动小学—初中—高中阶段职业生涯指导教育的连贯性及可持续性发展，积极完善学生的“学校生活记录簿”[1]中职业体验活动的记录及保存管理，每个学生拥有自己的“职业体验记录簿”，记录包括职业体验活动前的计划及体验后的感想、各种活动日志等，并在校园内开展“职业体验记录簿”的展示会及表彰活动。

2.“可选择主题活动”——激发学习兴趣，提升学习效率

“可选择主题活动”主要包括各科目教学相关活动及学校暴力预防、安全、保健等各类校园生活相关活动两大类。目前韩国教育开发院已开发研究出 83 种“可选择主题活动”样本及包括国语、数学、英语、社会、道德、音乐、美术等科目的相关活动样本供学校选用。各级学校通过长期的关于本校学生的兴趣喜好、活动效果等的调查结果选定或自行设计活动。如忠清北道沃川中学设计了人文社会（多媒体作文和 Fun Fun English 活动）、探究（Play math 和“跟着伽利略动手做”科学活动）、教养（形形色色中国语）三类科目的五项活动，学生在“自由学期”内可报名参加其中的三个活动[8]。

3.“艺体活动”——文化、艺术、体育教育的全面开展

以促进学生的个性发展及开发潜能为目标，引进、探索和实践丰富多彩的艺体活动，推陈出新，设计实施一些学生感兴趣、参与性强的艺体活动。并秉承“自由学期”期间每个学生至少参与一项文化艺术活动及一项体育活动的原则，开展诸如乐器教学、歌剧、话剧、各种球类、游泳等丰富多样的艺体类活动。韩国教育部及教育厅通过派遣艺术体育名誉教师及讲师为各个学校的活动开展提供咨询与人力支援。如庆尚北道的闻庆西中在教员、文化艺术振兴院派遣的艺术类专家和教育志愿者们的通力合作下开展了诸如厨艺、陶瓷制作、话剧、服装设计、动漫制作等各类协作课堂（co-teaching）活动，赢得了学生及家长的一致好评。

4.“社团活动”——提高学生的积极性和主动性

为了活跃学校的学习氛围，提高学生自主管理能力，丰富学生的课余生活，要鼓励学生自主开展各类社团活动。以学生自主开展及管理社团为宗旨，韩国教育部及教育厅、社区等给予大力协助，尤其是 2015 年已经针对 132 所学校的 2000 个社团开展了“‘自由学期制’学生社团支援计划”，为学生组织开展社团活动提供资金支持、场地协调及活动协助等[9]。

（二）以学生参与、互动协作、自主学习为中心的课堂教学模式的改革

克服应试教育及传统的知识性教学的弊端，实现以学生参与、互动协作、自主学习为中心的课堂教学模式的转变是改革的另一重点内容。实现传统课堂教学模式到新型课堂教学模式的

1 “学校生活记录簿”（School life records）一般由班主任填写，记录学生在校期间的性格特点及各项表现等，作为学生升学时的参考材料使用。“学校生活记录簿”的主要内容包括学生的人际关系、学习状况、出勤情况、得奖情况、学校各类活动参与情况、职业规划情况、性格特点及特长等。

转变：一是在性质或素材相似的课程间开展联合课堂教学。联合课堂教学的开展主要是以主题型联合课堂为主，如光州市花井中学针对国语、历史及科学三大课程开展了以“家人间爱的表达”为主题的联合课堂教学。国语课堂上，让学生通过听《父亲》这首歌曲，找出有音韵变化的词并练习正确发音；历史课堂上则让学生收集家族的日记、照片、物品等素材来制作家族的历史年代表；科学课堂上要求学生用音频录下自己与父母的一段对话，并找出各种声音（如笑声、说话声等）的3个构成要素。二是鼓励课堂上学生间的互动协作，开展小组讨论、协作教学、协作学习等。三是邀请名师、专家等到学校开设特别讲座、举办读书活动等。四是开展与实际生活相衔接的课程教学，主要分为课堂教学、讨论探究、现场参加体验三个步骤。

为促进课堂教学模式的转变，韩国教育部及教育厅通过开展多样的先进事例表彰大会、教员研修活动、学术研讨大会等帮助教师习得相关理论知识，以转变角色，提高素养。

（三）以学习过程为中心的学生评价方式的改革

“自由学期”期间取消所有书面考试，将书面考试的方式转变为对学生学习过程的评价。关注他们在各学科学习过程中的变化和成长，注重他们在“自由学期活动”中的表现及态度，帮助学生认识自我，建立信心。另外，评价的方式更加多样化，不仅实施教师主导的学生评价方式，同时实行自我审查评价，同学间相互评价等。评价的结果也由原有的分数或等级的评定转变为描述性的评价。评价的主要内容从“自由学期制”改革所要求的学生“核心素养”出发，根据2016年5月韩国教育部发布的《“自由学期制”学生评价指南》及《“自由学期”学生核心素养评价指南》，由学校自行制定评价标准。前者对学生评价的方式、方法、内容、特点等做出了详尽的描述，并设计了教师主导的学生评价方式、自我审查评价、同学间相互评价工具的范式。后者对“自由学期制”改革中要求的学生“核心素养”进行了详细的阐述，并设计了在“核心素养”各项能力下各学科的学生能力评价“计分表”，供学校参考采用。

四、“自由学期制”改革的特点分析

（一）职业生涯指导教育的衔接是“自由学期制”改革的方向

近年来，韩国青年的就业率持续走低，青年的职业规划意识及职业道德意识淡薄。因此，韩国政府将青少年阶段的职业生涯指导教育视为重点改革领域。初中阶段是青少年成长的过渡阶段及关键转变期，政府期望通过“自由学期制”改革，强化青少年职业生涯指导教育，提升青少年对未来职业的规划及探究能力。其最终指向是通过初中阶段“自由学期制”的承上启下的作用，达成小学（职业认知）—初中（职业探索）—高中（职业准备及规划）的三步职业生涯指导教育的完美衔接。

（二）课程革新是“自由学期制”改革的核心

“自由学期制”改革的重点是教育领域与教育课程的改革。“自由学期制”改革在基础课程的课堂授课之外加入了“自由课程”。经过教育部、各地教育厅、教育研究机构、学者等三年的研究及实践，设计规划了由四种“自由学期活动”组成的“自由课程”，力求通过职业规划活动提升青少年的职业规划能力；通过社团活动提升青少年共同协作、自主解决问题的能力；通过艺体活动减轻学生学业负担及开发学生潜力；通过可选择主题活动激发学生学习兴趣及提高创新意识，最终实现青少年身心和谐、全面地发展。“自由学期制”改革将课程革新作为核心内容，兼顾课堂模式及学习评价的创新，从而实现学校教育的变革。

（三）多样化的政策扶持及经费保障为“自由学期制”改革助力

为了确保“自由学期活动”的顺利开展，韩国政府提供了专项资金资助，每个学校每学期可获得3000万～4000万韩元不等的“学生职业体验经费”，用于学校各项活动的经费支出。另外，政府提供多样化的人力及政策支援。截至2015年11月20日，全韩的“自由学期制”试点学校在78993个活动场地开展了163613项活动。《方案》中制定了2016年“自由学期制”在全韩实行后，增加46884个活动场所及93768个项目的目标。“自由学期活动”开展的困难是活动场地难以选定及人力资源不足，为此，韩国政府于2015年12月23日，在《职业教育法》中加入了“各级政府、公共机关、公营及私营企业有义务为各学校提供‘自由学期制’期间的活动场地及人力支援”的条例。

（四）实现“幸福教育”是“自由学期制”改革的根本

“实现幸福教育，让青少年恢复朝气及梦想”是朴槿惠政府提出的教育改革的口号，也是韩国政府正在推行的包括“自由学期制”在内的六大教育革新举措的根本所在。“幸福教育”这一口号是韩国政府力图解决韩国社会存在的青年就业问题，教育中存在的学生学业负担重、职业规划意识薄弱、校园暴力事件频发、学校生活幸福指数偏低、自杀率居高不下等问题的根本表达。

五、“自由学期制”改革引发的争议

从2013年8月试行到2016年3月在全韩范围内的推行，“自由学期制”改革在短时间内实现了跨越式的发展。但是从改革试行至今，被政府誉为开启“幸福教育”大门“钥匙”的“自由学期制”改革的成效及作用、改革的必要性及合理性、未来会给韩国基础教育带来的影响等问题始终是韩国社会和教育界争论不休的热点。

以教育部为代表的韩国政府部门认为，“自由学期制”的实施不仅能缓解青少年学业压力，减少应试教育及“先行教育”所带来的不利影响，更能提高青少年学校生活幸福指数，指导青少年正确认识自我及明确未来职业方向。2014年底，韩国教育部针对“自由学期制”试点学校进行了学生、教员、家长的满意度及学校教育质量等的调查研究，结果显示，“自由学期制”试点学校的学生、教员、家长对学校授课及校园生活的满意度均高于一般学校，同时“自由学期制”试点学校的学生自我表现力、学生及教师之间的亲密度、学生对学习的兴趣及自主学习能力等均有了大幅提高，学生的学业压力也相应地得到缓解。通过这一结果的发布，教育部力证“自由学期制”的实施效果良好，促进了学生的全面发展，改善了公立学校的校园氛围，提升了学校的教育质量[1]。

韩国教育界关于“自由学期制”的质疑及批评概括来说主要有以下四点。

第一，关于“自由学期制”实施效果的质疑。有学者认为，“自由学期制”的实施对现有基础教育存在的问题及缺陷的改善只是短时间内的，其产生的积极影响无法持久。“自由学期制”的实施时间仅局限于初中教育阶段的一个学期内进行，学生们在“自由学期”期间可以抛开学业负担，参加各类活动，全面提升能力，但“自由学期”结束后课堂教学模式、评价方式等也

1 调查结果显示，“自由学期制”试点学校学生的满足指数为4.02，一般学校为3.71。“自由学期制”试点学校教员的满足指数为4.02，一般学校为3.92。

重回原样，学生仍要面对繁重的课业压力及各类考试。因此，“自由学期制”对应试教育负面影响的缓解作用受到质疑。

第二，关于“自由学期”的时间设置的质疑。“自由学期制”实施的一个重要目标是提升青少年对未来职业的规划及探究能力，强化职业生涯指导教育。但“自由学期”被设置在初中低年级，有学者提出了时间点设置的不合理性，认为初中低年级的学生对职业的概念及想法还很模糊，在这个阶段所进行的职业生涯指导教育对青少年未来的职业选择及职业规划等影响甚微。

第三，关于“自由学期制”期间教员工作负担的质疑。“自由学期”期间，下午的“自由课程”主要由社团活动、艺体活动、主题活动、职业体验活动等组成，而活动的实施基本是在校外的博物馆、政府机关、公园等公共场所进行。尽管政府为保障活动的顺利实施，给予了活动场地及人力等的支援，但仍有很多学者认为，这类活动开展时与场地负责人员所要进行的协调工作、学生的管理工作、活动后的评价工作等都会在学校的教员们原本沉重的工作责任上再添压力。

第四，关于“自由学期制”对学生学习态度影响的质疑。由于“自由学期制”实施期间取消了所有书面考试，学生的评价也由过去的分数或等级制的评价转变为自我评价、学生互评及教师评价等多种方式。很多学者认为这种改革会引起学生的误解，认为“自由学期制”就是主张尽情玩耍一学期，从而使学生产生散漫懒惰的学习态度，学生在“自由学期制”结束后也无法尽快进入学习状态，这种制度反而对学生的学习成绩产生负面的影响。

“自由学期制”改革还处于初步探索阶段，这些质疑与争议使得“自由学期制”改革的成效及作用、问题及改善措施等成为目前韩国政府教育部门、学校及学界争相讨论及研究的热点。作为韩国六大教育革新举措之一的“自由学期制”改革，它的必要性和合理性的验证、未来的动向及成效，值得进一步观察、探讨及研究。

参考文献：

[1] 대한민국 교육 부 . 대한민국 행복 열쇠 : 교육개혁 6 대과제 [EB/OL] . (2016-05-3) [2016-07-21] . http://www.moe.go.kr/public/educationReform/index.jsp.

[2] 이지연 .「進路」중심 자유학기제 도입의 타당성과 향 후 과제 [J] . 진로교육연구 , 2013, 26(3): 1-22.

[3][5] [6] [8] 대한민국 교육부 . 학생의 꿈과 끼를 키워 행 복교육을 실현하는 중학교 자유학기제 시행 계획 [안] [EB/OL] . (2016-05-10) [2016-07-23] . https://freesem.moe.go.kr/page/new/page_view?no=1387&boardType=1000&title=1&subTitle=2.

[4] 모가희 . 자유학기제 영어과 평가 실태 및 교사와 학생 의 인식 연구 [D]. 숙명여자대학교 교육대학원 , 2016： 6.

[7] 교육과학기술부 , 한국직업능력개발원 . 중등 국어 교과 통합 진로 교육 교수 , 학습지도 안 [EB/OL] . (2016-05-21) [2016-07-10] . https://www.career.go.kr/cnet/front/web/courseEdu/courseEduDataView3.do.

[9] 신 철 균，박 민 정（2015），자유학기제를 경험한 세 학교 에 대한 사례연구 [J] . 교육행정학연구 , 2015, 33(1): 309-328.

（作者吕君系韩国釜山国立大学教育学院 BK21+ 研究团研究员，教育学博士研究生。）

学校改进的多元审视

世界部分国家学校改进样态研究

张东娇，时晨晨

导读：随着理性主义管理思想的胜利、人本主义的流行和物质生活的繁荣，公众对好教育的需求持续增长，教育质量持续提高形成强势，世界各国均关注学校改进的研究与实践，各种学校改进项目层出不穷。通过对美国、英国、德国、荷兰、日本、澳大利亚等代表性国家的学校改进样态的比较分析，发现其共同经验是：以促进学生成长为根本目的；研究与实践高度互动；以项目方式推进和管理；走政府、大学、学校和社会多方合作的道路。学校改进所面临的共同问题是：成本相对高、成效相对小、成功相对难。系统化工程、专业化网络和数据化驱动是学校改进的共同发展趋势。

学校改进的本质是以多方力量合作的学校改进项目的方式推动的教育质量的持续改进过程。自20世纪80年代初以来，随着教育变革的分权趋势，学校日益作为变革的中心和单位，学校改进的研究与实践备受关注，各种学校改进项目层出不穷，既关注数量更关注质量，既关注效率更关注人文，既关注公平更关注差异。美国、英国、德国、荷兰、日本、澳大利亚等国家的代表性学校改进项目[1]，展现了这一持久的过程、丰富的样态和教育认知、手段的进步。

借鉴哲学和逻辑学的意义，本文的学校改进样态指上述国家历时40年的学校改进的具体样式和形态，包括发展历程和阶段、实施模式和策略、数量和质量变化、关系和问题状态、项目形式及其推进等。基于人类认知规律和教育发展规律，这些国家的学校改进样态呈现出一些大致相同的特点和经验，同时面临共同的问题，展现出共同的发展趋势。

一、学校改进的共同经验

纵观上述国家40年的学校改进历程，大体分为三阶段：20世纪70年代末、80年代初开始第一阶段，是自发探索阶段；90年代初开始第二阶段，关注学校效能主题；90年代中后期至今为第三阶段，研究成果和改进模式丰富多元。尽管这些国家学校改进的发生时间和样态不同，发展程度参差不齐，但积累了共同经验，逐渐成形，核心稳定。

1　包括：美国“学校改进拨款”（School Improvement Grant, SIG）、“综合性学校改革”（Comprehensive School Reform, CSR）、“为了所有学生的成功”（Success for All, SFA）；英国“全面提升教育质量”（Improving the Quality of Education for All, IQEA）、“教育行动区”（Education Action Zones）、“国家挑战”（National Challenge）；德国“未来的教育和照管”（Investitionsprogramm Zukunft Bildung und Betreuung, IZBB）、“中小学尖子生培养资助计划”（Förderstrategie für leistungsstarke Schülerinnen und Schüler, FLSS）、“国家融合行动计划”（Der Nationale Integrationsplan）；荷兰“全国学校改进计划”（National School Improvement Project, NSIP）、“数学改进项目”（Mathematics Improvement Programme, MIP）、“小学自我评估”（Self-Evaluation in Primary School）；日本“中小学一贯制”“教育与地区联动发展”“教师互学互助体系”；澳大利亚“高品质学校和高水平学业”（Quality Schools, Quality Outcomes）、“学生优先”（Students First）、“智慧学校”（Smarter Schools）。

1. 以促进学生成长为目的

促进学生健康成长和全面发展，激发和培育学生持久学习的动机和能力，这是教育的根本目的，也是学校改进的根本目的。各国的学校改进的研究和实践不约而同最终落脚到学生的学习与成就上，如果不是以此为目的，学校改进就是徒劳无功和浪费时间的瞎折腾[1]。

从各国的学校改进发展历程来看，促进学生健康成长的目的也是随着改进实践的深入而不断明朗和确定的。在改革的第一阶段，各国强调学校和教师拥有变革权，注重学校的组织变革与自我评估，并没有关注学生的学习；从第二阶段开始，学校改进开始尝试同学生的学业相关联，关注课程与教学；第三阶段，改革非常关注学生学业成就，尤其是评估和判断改进努力到底能否对学生学业成就产生真正影响[2]。目的明朗和坚定之后，促进学生成长和进步自然而然并稳定地成为各国教育变革和学校改进的核心目标。美国“为了所有学生的成功”项目宗旨是：每个学生都能学习，每所学校都能确保每个学生的成功；英国“全面提升教育质量”项目信奉“学校改进旨在提高学生的学业成就”；德国“未来的教育与照管”项目通过全日制学校延长在校学习时间，给每个学生充分发展潜能的机会；澳大利亚“智慧学校”项目追求“确保澳大利亚所有学生尽可能享有最好的教育，尤其是那些处境不利的学生”。

从各国的学校改进实践来看，促进学生成长的根本目的被进一步分解、聚焦和落实为三种行为。

一是关注不同类型的学生，尤其关注弱势群体，这一点突出的是教育公平。英国“国家挑战”项目十分关注有学业失败危机的学困生；德国“中小学尖子生培养资助计划”则加强对有潜力的尖子生的培养；德国“未来的教育与照管”与“国家融合行动计划”、澳大利亚“高品质学校和高水平学业”与“智慧学校”项目重视对移民、土著、低收入家庭、留守、无家可归、残障等弱势学生群体的教育；日本“中小学一贯制”项目特别关怀转校生、小学高年级学生和初一学生。

二是切实支持学生不同方面的成长，这一点突出的是尊重差异。上述国家的学校改进项目普遍认同成绩只是学生成长的一个方面，并不是唯一。如澳大利亚“高品质学校和高水平学业”项目为提升学生的全球竞争力而努力培养学生的21世纪技能（21st Century Skills）和语言能力。

三是聚焦课程与教学。为有效达成学生成长的改进目标，上述国家的学校改进项目的实施都直接触及课程与教学的核心领域[1]。这一点突出的是教学质量管理。在课程上，美国“为了所有学生的成功”、英国“国家挑战”、荷兰“全国学校改进计划”和“数学改进项目”、澳大利亚“智慧学校”等项目主要从传统的阅读与数学等核心课程着手；澳大利亚“高品质学校和高水平学业”和“学生优先”项目关注STEM课程［科学（Science）、技术（Technology）、工程（Engineering）、数学（Mathematics）］与第二语言课程；德国“未来的教育与照管”项目、“中小学尖子生培养资助计划”、“国家融合行动计划”与日本“中小学一贯制”还分别涉及第二课堂的选修与兴趣课程、挑战性“深入”课程、移民融合课程以及九年一贯制课程等特殊类型。在教学上，英国“全面提升教育质量”项目对影响学生学习的课堂教学条件进行总结与应用，其他项目重点实施小班教学、分层教学、直接教学（direct instruction）、明示教学（explicit instruction）、适应性教学（adaptive instruction）、加速学习计划、小组合作学习、竞争性学习、

1 各项目实施的其他改进策略，包括学制改革（如德国“未来的教育和照管”的全日制、日本“中小学一贯制”的九年一贯制）、学校组织重建（如美国“学校改进拨款”中的关闭、重办、扭转和变革四种模型，美国“综合性学校改革”的新美国学校，英国“国家挑战”的国家挑战信托学校，澳大利亚“学生优先”的独立公立学校，澳大利亚“智慧学校”项目的学校）、学校文化、学校自治、管理与问责、校长领导力、教师专业发展（如日本“教师互学互助体系”）、学校自我评估（如荷兰“小学自我评估”）等，虽不直接指向课程与教学，但也最终都对课堂提升和学生成长产生了重要影响。

数字化学习、个性化一对一辅导等教学策略。

2. 研究与实践高度互动

在认知经验和意义上，上述国家的学校改进样态表现出研究与实践高度互动的特点。学校改进研究标志着项目顶层设计水平、对具体情境知识的抽象和概括水平、成果固化水平、对项目的评估水平等，学校改进实践代表的是制订计划的能力、集结合作力量的能力、指导学校改进的能力、项目管理水平和运营能力、对知识的还原和运用能力等。学校改进研究与实践高度互动，相互促进，形成良好的认知循环，表现在以下两方面。

一是学校改进知识日趋完整。从上述国家的学校改进发展历程来看，尽管第一阶段的学校改进是实践者导向、零散的自发摸索，但从第二阶段开始，便进入“学校效能”知识指导之下的有序开展阶段。到第三阶段，汇聚了一系列研究成果和“最佳实践”案例的学校改进知识库更是被明确创建和积极使用，为学校改进实践提供了智性的、共同的知识基础[3]。尽管各国的学校改进发展阶段不完全遵循和吻合这一历程，但不难发现，每一新阶段的出现都是受新的研究发现与知识基础驱动的，新旧阶段的更替与演变更是呈现出研究、实践、再研究、再实践的交互形态，认知越来越成熟，知识系统渐趋完整。

二是学校改进模式日趋成熟。这种研究与实践的高度互动具体表现在项目研发过程中。美国“为了所有学生的成功”项目是由约翰·霍普金斯大学研发团队依据多维度干预理论（multidimensional intervention theory）而设计的全校性变革模型。该项目成型于 1987 年，在此之前的 10 余年里，以罗伯特·斯莱文（Robert E. Slavin）教授为首的项目团队一直在从事学生合作性学习研究，并把学生间相互合作力量的结构化合作性学习策略推广到教学实践中。该项目团队从 1980 年开始先后将该策略与数学、阅读课程融合，研发出“团队加速教学”和“合作性读写”项目，并继续研究如何将该策略渗透到课程与教学之外的整个学校之中，于 1985 年研发出“合作性学习小学”模型[4]。这些典型项目成型后，项目团队不断丰富和调整项目构成要素，并将其推广至海外，衍生出各种版本。如美国“综合性学校改革”各模型的研发与实施均遵循“研究—开发—传播—应用”（research-development-dissemination-utilization，RDDU）范式[5]。德国“未来的教育与照管”项目衍生的全国性大型纵向调查项目“全日制学校发展研究”，为全日制学校发展提供科学依据，全面评估全日制学校的教育效果。荷兰“全国学校改进计划”是学校效能知识、学校改进经验、阅读学科知识、直接教学策略相互融合的产物；荷兰“小学自我评估”项目中的学校绩效指标，是在学校效能研究成果基础上归纳并形成体系的。

3. 走多方合作的道路

在方法经验层面，上述国家的学校改进走的是多方主体合作的道路。各国 40 年学校改进发展历程表明，虽然中小学是学校改进的中心和单位，但是校外力量的支持与合作十分重要。“没有强有力的伙伴合作，学校变革的努力是不会长久的，当外部的支援减弱的时候，学校的内部能量将不足以维持改进的实施。”[6]多方合作的学校改进道路，日益被广泛采纳和应用，成为各国学校改进项目的一个鲜明模式和共同手段。

任何成效卓越的学校改进项目都是由政府发动，联合专家系统和社会力量而系统深入推进的，这一经验屡试不爽，成为学校改进无人怀疑的公理。合作的多方主体除了人们所熟知的大学（University）、教育行政部门（Administration）和中小学（School）这三方外，即所谓的“U-A-S 模式”，各国学校改进项目也非常重视发挥家长、社区、基金会、工商业等社会力量。美国“为了所有学生的成功”项目中的学校专门成立社区资源小组委员会，积极寻找并充分利用生存保障类、教育类、商业类等三类社区资源与服务。作为公私协作的学校改进，英国“教育行动区”通过公立学校管理权的部分让渡，吸引私营企业、宗教团体等社会力量参与教育薄弱地区（即“行动区”）的学校管理、运作与服务；也鼓励和接受工商业界以新技能、新经验或债券基金的形式进行捐赠。在德国“未来的教育与照管”学校改进项目中，全日制学校与工厂、企业合作教学，将工厂、企业的日常场景与工作原理介绍给学生。为了解决学校资源有限的问题和培养学生的社会性，日本“教育与地区联动发展”项目充分利用学校以外的力量参与教育的管理和运作，如创办“社区学校”，开展“地区学校协动活动”“周六学习支援活动”“放学后教室”“面向社会的课程”等项目。澳大利亚“学生优先”项目则十分重视发挥家长的力量，创建专门的网络平台为家长提供参与学校决策的信息与途径，设立相关家长组织以保障家长发声的权利，还积极为家长整理资源，方便家长开展优质家庭教育。

各国学校改进经验表明，在政府、大学、社会和中小学多方主体合作改进的道路上，不同主体扮演着不同角色。各国政府在学校改进中通常以“干预”（如法律和政策要求）和“支持”（如经费、软硬件、师资等资源）的方式促进项目的研发与实施。各级政府也会各司其职，相互配合与支持。大学提供专业支持，贡献专家学者和先进的教育理念、理论与技术，并承担项目的研发、校本落实培训以及效果评估等任务。社会主要指家长、社区、教育事业类社会组织机构以及非教育事业类社会组织机构，在学校改进中所发挥的作用表现为两方面：一是通过提供经费及培训、咨询等服务来参与学校管理工作；二是通过提供工厂参观、企业实习的机会以及专家、技术、场地等资源参与学校的课程与教学活动。中小学作为项目落实的实践场所和基本单位，在认真执行项目的同时，也需要同政府、大学和社会等主体交流与反馈前线经验，为项目开展提供教学专家等资源，形成多方合作的良好局面。英国“全面提升教育质量”项目的经验还特别明示，多方合作道路最好建立在合同关系[7]的基础上，以使各方改进主体的权责与分工，进而促进伙伴互信和专业协作。

4. 以项目方式推进和管理

在管理经验层面，上述国家的学校改进具有以项目方式运作和推进的共同特点，各国学校改进样态表现为形态众多而又层出不穷的学校改进项目。

项目是一组包含程序、活动、材料、软件、专业发展等诸多要素的规范化和结构化组合[8]。学校改进项目是学校改进的常见样态，是关系的组合和推进的动态过程，旨在提升学生学习、教师发展和学校质量。相比于零散、自主的实践，除了使宗旨与使命、基于科学研究的改进要素以及保障改进要素有效落实的校本培训与专业发展等项目核心构成在研发阶段被清晰、有序、有结构地设计外，学校改进项目还涉及实施与评估阶段、可持续发展阶段等纵深过程。这意味着经费、项目学校、教练员、协调员、交流网络、技术支持等各项项目推进、运营与管理工作将是一项庞大复杂又要求很高的工程。

各国学校在推进自身改进的演进与发展上，不仅认识到要以结构化的项目方式推进学校改进工作，而且还进一步意识到学校改进项目本身运营与管理的重要性，并为此创建专门的组织机构，以协调各方主体与资源并提供支持与服务。政府在发动或立项上，是不可替代的主要责任人和项目推动者；学校同化顺应，是不可替代的关键主体；大学举足轻重，发挥不可替代的专业作用；社会共同关心和支持学校，是不可替代的补充力量。四者各尽其能，各负其责。由于各国学校改进项目主导主体不同，这些项目的组织和管理机构称呼各异，有的是政府，有的是大学研究机构，有的是社会非营利性基金会。美国“综合性学校改革”项目由综合性学校改革质量中心管理；美国“为了所有学生的成功”项目管理者是“为了所有学生的成功”基金会；英国“全面提升教育质量”项目的管理机构是伦敦大学学院教育学院[1]；英国“教育行动区”项目管理者是“行动论坛”；澳大利亚“智慧学校”项目由澳大利亚改革委员会管理。

二、学校改进的共同问题

无论从实体还是从样态来说，学校改进都是一项系统工程，多方参与，关系众多，管理复杂，过程漫长，体量巨大，投入很高，问题很多。在获得宝贵经验和清晰思路的同时，上述国家的学校改进也遭遇同样的问题：巨大的投入是否有相匹配的收益？轰轰烈烈的学校改进项目是否忠实于其初衷而的确是促进了学生的成长和进步？如何进行高屋建瓴的设计和细致入微的管理而取得更好的改进效能？

1. 成本相对高

众所周知，学校改进的成本严重制约着改进的可持续性。然而，各国学校改进项目的高成本问题已经成为一个不争的事实。

一是财力成本高。各国政府是学校改进项目的最大资助方，为各项目投入了巨额资助。美国联邦政府 2009 年为“学校改进拨款”项目投入 30 亿美元，1998 年至 2008 年每年为“综合性学校改革”项目拨付 1.45 亿至 3.1 亿美元；英国政府在 3 年内为“国家挑战”项目投入 4 亿英镑；德国联邦政府在 2003 年至 2007 年，为“未来的教育和照管”项目投入 40 亿欧元，并每年投入 430 万欧元用于支持全日制学校建设，德国联邦和州两级政府共为“中小学尖子生培养资助计划”项目投入 1.25 亿欧元；澳大利亚联邦政府为“智慧学校”项目投入近 26 亿澳元。从项目学校的改进经费支付看，一所常规规模（500 名学生）的美国小学，如果连续 3 年实施“为了所有学生的成功”项目，每年都需支付 7.5 万美元的相关改进费用[9]。这些费用主要用于：一是项目材料与产品、项目培训与专业发展，如美国“为了所有学生的成功”项目学校每年支付的 7.5 万美元费用一半用于项目材料与产品购置，一半用于教师专业发展；二是学校基础设施，如德国“未来的教育与照管”与日本“中小学一贯制”的学制改革对餐厅、教室、一体化校舍、装备等基础设施的需求；三是正式课堂教学之外的非正式活动开展，如第二课堂等。

二是人力成本高。从项目参与人员的多样性来看，上到政府官员、大学研究人员，下到项目教练员与学校协调员，外到家长、社区与社会人员，各国学校改进项目实施的各个环节均需要投入不同种类的人力资源。从项目参与人员的数量看，美国“为了所有学生的成功”基金会仅教练员一职，就聘请 120 人之多，以确保为项目学校提供专业的项目培训与教师专业发展。从项目学校的师资投入看，德国“未来的教育与照管”与日本“中小学一贯制”的学制改革需要项目学校补充和重构师资队伍，而德国“中小学尖子生培养资助计划”和“国家融合行动计划”、日本“教育与地区联动发展”项目、澳大利亚“高品质学校和高水平学业”项目还会对一些专门师资有较高的专业需求，如语言教师、心理咨询教师、职业生涯规划教师、放学后第二课堂教师等。

三是时间成本高。各国学校改进项目周期至少三年。美国“为了所有学生的成功”项目要求项目学校至少连续实施该项目三年；英国“教育行动区”项目规定各行动区法定运行期限为

1 随项目主要研发者大卫·霍普金斯（David Hopkins）任职高校的变更，该项目组织机构先后由剑桥大学、诺丁汉大学转移至伦敦大学学院。

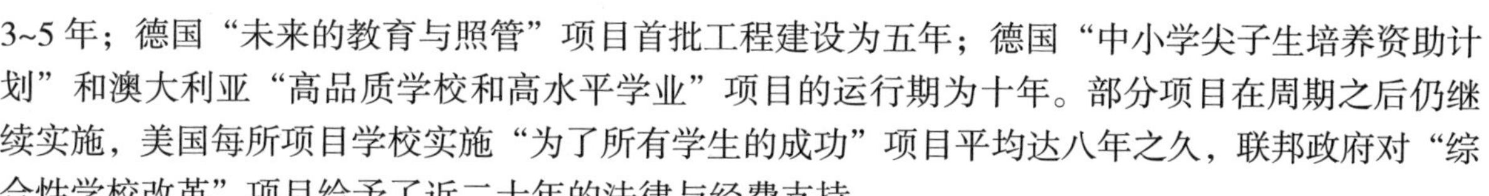

3~5 年；德国“未来的教育与照管”项目首批工程建设为五年；德国“中小学尖子生培养资助计划”和澳大利亚“高品质学校和高水平学业”项目的运行期为十年。部分项目在周期之后仍继续实施，美国每所项目学校实施“为了所有学生的成功”项目平均达八年之久，联邦政府对“综合性学校改革”项目给予了近二十年的法律与经费支持。

2. 成效相对小

学校改进的实施效果通常有三项衡量指标：一是学生学业成就，如考试成绩、批判性思维能力、学习习惯、社会情感技能等；二是教师专业发展，如专业学习的机会、合作力的提升、责任心的提升等；三是学校变革能力，包括改进效果持续保持的能力、积极应对外部其他教育变革对学校影响的能力建构（capacity building）等。虽然各国学校改进项目得以有效实施，并取得一定成绩，但研究表明学校改进成效相对较小，未充分达到理想期待和预期效果。

美国学者开展的一项整合 232 项“综合性学校改革”效果评估研究的元分析（meta-analysis）显示，该项目对学生学业成绩影响的效应值（effect size）（效应值为 0.2 表示影响较小，0.5 表示影响中等，0.8 表示影响较大。）为 0.15，影响较小[10]。美国联邦教育部对“学校改进拨款”项目的年度审核与效能评估数据显示，随着时间的推进，该项目的总体收效一年不如一年。2017 年 1 月，奥巴马政府结束前几天，联邦教育部发布的一项研究发现，“学校改进拨款”项目对受助学校学生数学或阅读考试成绩、高中毕业率或大学入学率无显著影响[11]。

德国联邦政府对“未来的教育和照管”项目中全日制学校的教育效果的评估显示，虽然全日制学校促进了教育机会均等，但并未对学校里的课堂教学质量产生实质性的积极影响。荷兰研究发现，运用“小学自我评估”项目中的自我评估工具，虽然对学校的组织特征、教师专业发展有积极影响，但对学生学习产生的影响有限；在“全国学校改进计划”实施期间，对该项目的准实验评估显示，项目内容和改进策略是有效的，教师的教学行为发生了相应改变，促进了学生阅读效果的改善，但项目结束后一年，后续研究发现项目效果并未持续。日本政府对“中小学一贯制”教育成果的调查显示，虽然八成被调查者同意项目取得了成果的观点，但只有一成认同“中小学一贯制”的实施取得了重大成果。虽然自 2000 年开始，澳大利亚政府接连实施“智慧学校”、“学生优先”和“高品质学校和高水平学业”等改进项目，但从其 2000 年之后学生的 PISA (Programme for International Student Assessment) 测试结果来看，澳大利亚学生阅读素养、数学素养和科学素养在所有参与国中排名不断下降。

3. 成功相对难

作为一个话题不太新也不太旧、时间不太长也不太短的领域，学校改进本身就是缘起于各项教育变革的难以成功。整个国际教育和各国学校改进各个发展阶段的交替与演进，也正是因为前一阶段学校改进“效果不佳”。学校改进要想收获完全而充分的成功是困难的。当前，有些项目已宣告失败。2008 年美国联邦政府拨付完最后一笔“综合性学校改革”项目经费之后，800 余种综合性学校改革模型中的绝大多数由于难以维持生计，陆续成为过去时。有些项目即便得以幸存，也已不再是高峰期。作为美国“综合性学校改革”项目的高效能模型代表，“为了所有学生的成功”项目虽然从其他途径获取经费后得以继续存活，但由于其成本较高，项目学校数量不断减少；美国“学校改进拨款”项目随着奥巴马政府的结束，也过了鼎盛期。有些项目正危机四伏，日本“中小学一贯制”不仅教育成效不明显，还引发了择校不自由、教学内容难以消化、学校行政机构冗余等一系列教育问题。

学校改进的成功何以如此艰难？原因很多。有的同项目本身的改进方案设计有关。美国教育研究者和实践者认为“学校改进拨款”项目中更换校长和教师的举措设计存在难题，且薄弱学校对改进模式方案设计的熟悉程度不高。英国“教育行动区”方案的制定者试图在短期内解决各方面问题，然而面面俱到的改进策略相对缺乏重点和针对性。有的同项目落实的过程因素有关，如成本、参与、评估、反馈等。在英国“教育行动区”和“国家挑战”项目中，尽管社会各界积极参与学校改进过程，但却没有建立一套完善的督导和优化措施；缺乏对改进的适时评估，也在一定程度上影响了改进效果。在德国“未来的教育与照管”项目中，大部分州的全日制学校实施的仅是在上午常规教学基础上简单增加下午第二课堂的“加法模式”，并不是项目初衷主张的“融合模式”。在荷兰“小学自我评估”项目中，学校自我评估由于受到评估工具质量及过程性因素的影响，难以为后续改进提供可靠信息。除了项目内部因素外，有时还同外部的政治因素相关。美国布什政府 2001 年上台后，提议撤销“综合性学校改革”项目的经费，虽然国会起初反对，但 2004 年最终同意。2008 年最后一批经费拨付后，历时近二十年的项目宣告终结[12]。特朗普政府上台后一直支持教育私有化和创建特许学校。在澳大利亚，代表不同集团利益的两党轮流执政，使得原有学校改进项目实行起来很难具有持续性，接二连三推行各种新项目。

三、学校改进的共同趋势

迈克尔·富兰（Michael Fullan）总结的教育变革的八大教训之一是：“问题是难以避免的，它们是我们的朋友，没有它们我们无法吸取教训获得新的学习。”[13]学校改进经验需要不断得到强固和光大，直面和解决顽固问题是前行的理由和动力。上述国家的学校改进的经验和问题，相互斗争相互成就，改革道路曲折，但前途美好，共同孕育和展现出学校改进和教育变革的共同趋势，彰显了生机勃勃的时代活力。学校改进研究和实践从设计到管理、从评估到指导都必须加强整体性、专业性和精细性，从而呈现更好的学校改进样态。

1. 系统化工程

学校改进需要系统思考和高屋建瓴的精密设计，它是一种复杂且持久的努力，要经历至少几年的系统化建设[14]。从“研究 – 开发 – 传播 – 应用”范式的视角来看，当下这项系统化工程呈现如下趋势。

一是青睐系统改进方案。在学校改进的研究上，相比于局部 / 焦点的学校改进模式，整体、全面、系统的全校性改进方案越来越受到重视和应用。这些全面和系统的改进方案还特别注重从学校和课堂两个层面帮助学校建构自我改进的能力，即“能力建构”，以突破学校改进项目普遍存在的“项目结束后其良好效果难以继续保持”的尴尬局面。

二是推广区域化改进。在学校改进的传播上，不管是政府主导的“自上而下”的学校改进，还是源发基层的“自下而上”的学校改进，都开始有意把改进方案与策略结构化后在整个区域层面上进行推广，尤其是在教育薄弱地区。相比于薄弱学校的逐个改造，区域内改进资源的共享更有助于驱动教育薄弱地区学校的整体发展，进而实现教育的优质与均衡。

三是精细阶段化改进过程。在学校改进的应用上，除了一如既往地要求富有执行力地、高保真地实施改进方案外，也开始认清学校改进至少历经三个阶段，以及各个阶段中的核心矛盾。在采纳和启动阶段，不管是学校自己设计的还是外部研发的学校改进方案，其使用一定要征得全校师生的投票认可与支持。在实施阶段，协调合作是重中之重。“学校不仅意味着教学楼、课程、

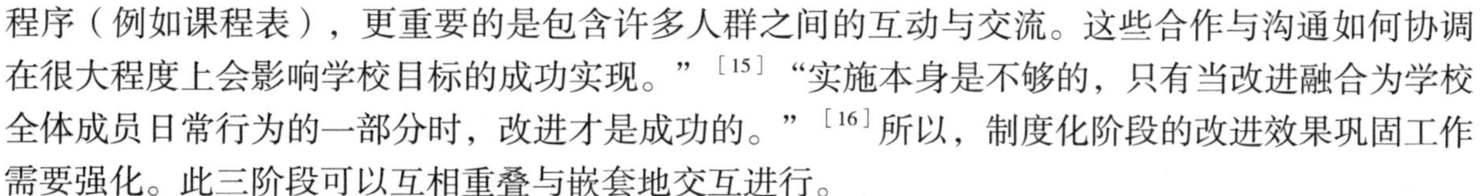

程序（例如课程表），更重要的是包含许多人群之间的互动与交流。这些合作与沟通如何协调在很大程度上会影响学校目标的成功实现。”[15]“实施本身是不够的，只有当改进融合为学校全体成员日常行为的一部分时，改进才是成功的。”[16]所以，制度化阶段的改进效果巩固工作需要强化。此三阶段可以互相重叠与嵌套地交互进行。

2. 专业化网络

“没有一所学校是一座与世隔绝的孤岛。尽管学校是改进的中心和单位，但学校改进并不是学校的单独行动。”[17]也有学者指出，世界各国的学校改进的第四阶段已经开启（始于2010年前后），而其中心议题正是学校改进的网络建构（networking）[18]，在校外、校际和校内三个层面上建构和利用专业化网络，提高学校改进的专业水平以获得持续发展能量。

一是借助校外专家力量。“相比于学校自己制定的改进计划，外部研发设计的改进方案在适应学校的具体情境后，更容易实施并实现提升学生学业成就的目标。”不论是“由内而外”还是“由外而内”的学校改进，都离不开校外专家力量的支持[19]。专家团队的贡献主要在三方面：改进方案的实施，如果没有外部专家的校本培训，改进方案的要素很难被完全实施；改进成效的评估，借助专家团队的专业知识与技能，以量化研究数据和质性研究数据全面而准确地衡量、评估与反馈学校改进成效；改进巩固的指导，针对评估中出现的问题进行专业指导，学校改进才能取得事半功倍的效果。

二是建立校际支持网络。“一所走在教育变革与学校改进前沿的个体学校有可能仅仅坚持几年而无法继续前行，但是当一群有着共同的变革兴趣与语言、分享着共同的变革愿景和技术支持的学校组建成一个支持性的网络体系时，每个成员学校相比于‘单打独斗’的个体学校会更加有可能进行系统化和持续性的变革，并最终获得变革的成功。”[20]校际的外部支持网络的创建不仅能够为学校提供情感上的支持，也有益于专业技术等改进资源的充分利用。良好的伙伴关系能够促进各学校通过合作共享取得共赢效果。

三是形成校内专业学习社群。专业学习社群（professional learning communities）的主要任务和活动是学校全体成员共同设定学生学业的提升目标；基于目标制订可行的行动计划；组成合作团队进行教学试验；评估学生的学习效果[21]。显然，专业学习社群的合作效果有赖于社群中所有成员的个体能力，提升教师个人能力的专业发展始终是关键。

3. 数据化驱动

虽然学校改进是一个深受数据驱动的过程，这已经获得广泛认同，但数据化驱动贯穿学校改进全程的发展趋势需要被进一步清醒认识到和明确做到。

一是必须基于科学研究进行学校改进的结构化研发。即学校改进的核心策略、具体组成要素、配套支持性材料与专业培训的结构化研究、开发要建立在既有的科学理论与研究发现的知识基础之上。

二是必须基于效能证据决策学校改进的采纳与启动。利用元分析技术对各学校改进项目的多项效能评估研究进行整合，并最终得出能够直观显示各项目效能高低的效应值，能够方便教育实践者和政策制定者做出采纳与启动真正高效能的学校改进项目的明智决定。

三是必须利用调查与反思结果推动学校改进的实施。学校改进实施阶段的多方面数据调查是改进方案执行的“监测器”，有助于及时掌握改进执行的进展情况。但只是单纯地收集调查数据是不会达到改进学校的目的的，还需要对数据进行认真反思，赋予数据以改进的意义，所以，基于数据调查结果的反思有助于适时修订下一阶段的执行计划。

四是必须利用评估与反馈保障学校改进的制度化。一方面，要利用实验或准实验的量化研究设计、质性研究设计抑或混合研究设计对学校改进的效果进行准确评估。另一方面，也要将评估信息透明、共享，以便获得各方主体的评价性反馈，“学校需要高质量的反馈循环圈（feedback loops），以便获取能够维持持续改进的智力”[22]。

事实上，上述几种发展趋势已在世界部分国家的学校改进项目中得到初步践行。作为学校全面改进样态的代表，英国“全面提升教育质量”项目从学校和课堂两个层面帮助学校建构改进能量，“教育行动区”项目在区域层面上进行学校改进的传播；美国“为了所有学生的成功”项目要求其项目学校采纳决定必须获得 80% 以上师生的投票支持，并为项目学校创建全国性和地方性支持网络；日本“教师互学互助体系”项目支持教师职业生涯各个环节上的专业发展；荷兰学校改进项目运用教育与准实验的研究方法对项目效能进行评估；等等。学校改进是形成优质教育群落和实现美好生活的必要手段，不仅能满足期待，实现生产公平，还能积累幸福，创造意义。

参考文献：

[1][13][21] HOPKINS D. School improvement for real[M]. London：Routledge, 2001：xii, 42, 161.

[2][22] HOPKINS D, REYNOLDS D. The past, present and future of school improvement：towards the third age[J]. British educational research journal, 2001, 27(4)：459-460+462, 472+474.

[3][6] HARRIS A, CHRISPEELS J H. Improving schools and educational systems：international perspectives[M]. Abingdon, OX：Routledge, 2006：4, 299.

[4] 时晨晨 . 美国高效能学校改进的能量建构研究——以“为了所有学生的成功”项目为例[D]. 北京：北京师范大学 , 2016：25-26.

[5][10] CROSS C T. Putting the pieces together：lessons from comprehensive school reform research[M]. Washington DC：The National Clearinghouse for Comprehensive School Reform, 2004：3, 80.

[7] 马健生 , 时晨晨 . 英国“全面提升教育质量”项目成功的动力之源：基于霍普金斯能量建构理论的分析[J]. 比较教育研究 , 2015(12)：69.

[8] SLAVIN R E. Programs and practices[EB/OL]. (2018-08-23)[2019-02-28]. https：//robertslavinsblog. wordpress. com/2018/08/23/programs-and-practices/.

[9] Evidence for ESSA. Success for All-whole class[EB/OL].［2017-02-28］[2019-02-16]. https：//www. evidenceforessa. org/programs/reading/success-all-whole-class.

[11] U. S. Department of Education. Institute of Education Sciences. School improvement grants：implementation and effectiveness[R/OL].［2017-01-10］[2019-03-05]. https：//ies. ed. gov/ncee/pubs/20174013/pdf/20174013. pdf.

[12] SLAVIN R E. Comprehensive school reform[M]//GOOD T L. 21st century education：a reference handbook(Vol. 2). Thousand Oaks, CA：Sage, 2008：261.

[14][16][19] HOPKINS D. The practice and theory of school improvement：international handbook of educational change[M]. Dordrecht：Springer, 2005：8, 9, 253+257.

[15] HOPKINS D, AINSCOW M, WEST M. School improvement in an era of change[M].

London：Cassell, 1994：166.

［17］REYNOLD R, HOPKINS D, STROLL L. Linking school effectiveness knowledge and school improvement practice：towards a synergy［J］. School effectiveness and school improvement, 1993, 4(1)：42.

［18］MUIJIS D. A fourth phase of school improvement? Introduction to the special issue on networking and collaboration for school improvement［J］. School effectiveness and school improvement, 2010, 21(1)：1-3.

［20］SLAVIN R E, MADDEN N A. Disseminating success for all：lessons for policy and practice［R/OL］. (1999-01-01)［2019-03-10］. https：//files. eric. ed. gov/fulltext/ED428138. pdf.

（作者张东娇系北京师范大学教育学部教授，博士生导师；时晨晨系北京师范大学教育学部博士研究生，约翰·霍普金斯大学访学博士研究生。）

主体共治，校本管理：英国基础教育治理模式探析

朱春芳

导读：治理是在科层管理与市场失灵的背景下，政府、市场、公民社会和组织为解决共同问题而共担责任并分享权利的新型管理方式。在这种新型管理方式下，英国政府一方面以自治之名放松了对学校资源投入的控制，另一方面以问责之名强化了资源产出控制，监控方式由投入性控制变为产出性控制。但由于过度重视问责，学校自治仅限于资源操作层面，专业决策权仍由政府集权管理，这导致学校管理日益商业化。有效的教育治理需要真正形成政府、市场、公众和学校共担责任的大教育观，并建构相应的功能性支持体系以营造适宜的治理环境。

一、英国基础教育治理的起源

治理标志着公共事务管理的重心从“政策制定”（policy-making）变为“问题解决”（problem-solving）。克劳斯·奥菲（Claus Offe）指出：“治理的话语之所以在短期内引起广泛关注，原因之一就是包括公众、政府在内的广大民众认识到对于无数公共生活领域中的‘问题’，政府政策或广义的科层行为模式与市场机制一样都明显失效。”[1]这种关于“问题解决”的意识出现于20世纪90年代早期。简·库伊曼（Jan Kooiman）指出：“在社会福利、环境保护、教育规划等领域，政府与社会之间出现了新的互动模式，这些互动模式旨在解决新问题，或发现新的治理可能性。”[2]

不管上述“问题”是什么，都需要一种新的解决方案。从20世纪90年代开始，在公共管理领域涌现的大量有关治理的话语都将网络（networks）作为这些问题的解决方案。早期的治理概念就是通过网络进行决策，网络也在当代社会三种治理形式（科层管理、市场和网络）中处于优势地位。

治理理念风靡于20世纪90年代的英国，是各种内外部因素共同作用的结果。就内部原因而言，20世纪70年代以来，英国经济不断衰退，政府无力维持第二次世界大战后福利民主社会时期的经济繁荣。英国国内普遍认为，导致经济萎靡不振的一个重要原因是公共部门的投资效率低，运转失败，尤其是教育失败[3]。外部原因之一是政府职能的镂空（hollowing-out of the state），即政府将很多职能上移给欧盟委员会这样的国际组织，下移给诸如教育标准局（Office for Standards in Education，Ofsted）这些履行特定职能的机构，外移给一些私人或民间机构，从而形成国际组织、国家各级政府、半官方机构、私人和民间机构共同分担权利与责任的局面。此外，全球环境变化、恐怖主义和金融危机等诸多新问题已跨越了民族国家的边界，需要各国协同合作，共同解决。这些导致社会各界更为关注与新问题有关的各部门和资源的协调和整合[4]。

治理的本质是互动，又称互动治理（interactive governance）。互动治理就是“全部的互动活动都旨在解决社会问题和创造社会机会，包括形成和应用指导互动活动的原则，关照那些能

促进或控制互动活动的机构”[5]。在互动治理中，政策不由政府单方面决定，而由政府、市场、公民社会和组织共同决定，因此打破了公与私、政府与非政府、正式与非正式间二元对立的局面。

二、英国基础教育治理的变革

自20世纪80年代始，英国政府实施了自治与问责双管齐下的教育改革。一方面，以自治之名将原本属于地方当局的对学校的财政和人事控制权下放给学校，并通过学校董事会吸收地方社区（包括地方议员）、学校员工、慈善机构、赞助商和企业代表们参与学校管理。另一方面，对原本属于教师群体的专业自主权——课程设置和考试权进行集权管理，如实施国家课程标准和设置各年龄段学生的考试目标，建立各种半官方机构定期对学校进行绩效评估，发布学校排名表，要求学校向教育部、督导机构、家长、学校董事会和各种社会人士公开绩效信息。在自治与问责的双重作用下，教育系统随之革新，形成了政府、市场、公民社会和学校共同管理教育事务的治理网络，权责更加分散。而变革前，只有各级政府与教师专业群体分担资源与权力。

这一从管理到治理的发展过程，被认为是中央政府逐步退让并引入其他利益相关者参与的过程。但事实上，中央政府并非退让，而是在适应不断变化的环境的过程中采用了新的治理方式[6]。政府只是用一些“柔性”的治理方式代替了以前“硬性”的治理方式[7]，代表着政府与社会之间新的互动模式[8]。在这种模式中，政府并未失去管理的能力，也并非管得更少，而是可以更好地管理。网络和伙伴关系改变了公、私的界限，参与治理的主体数目逐渐增多，这些主体组成了一个具有共同目标的治理网络。在这一网络中，各主体之间相互依赖，交换资源。尽管政府现在与大量非政府机构形成新的伙伴关系，但约翰·芬威克(John Fenwick)和凯伦·约翰斯顿·米勒（Karen Johnston Miller）等人的研究表明，在这些治理关系中，政府仍是核心主体。政府凭借网络、伙伴关系、共治和共同体治理等多种方式提升了自己在公共政策和服务供给中的作用[9]。

三、英国基础教育治理模式的分类——以英格兰为例

教育治理的转变主要是通过变更政府监控手段实现的，即从“投入性控制（Input Control）”转向“产出性控制（Output Control）”，从事前控制和需求导向转向事后监控和结果导向。根据政府对资源投入（即教育投入所需的财政和人事等物质性资源）和资源产出（资源投入所产生的成果，即目标导向的国家课程和绩效评估）的控制程度，可将教育治理模式分成4种，分别用象限1、2、3和4表示（具体见图1）。

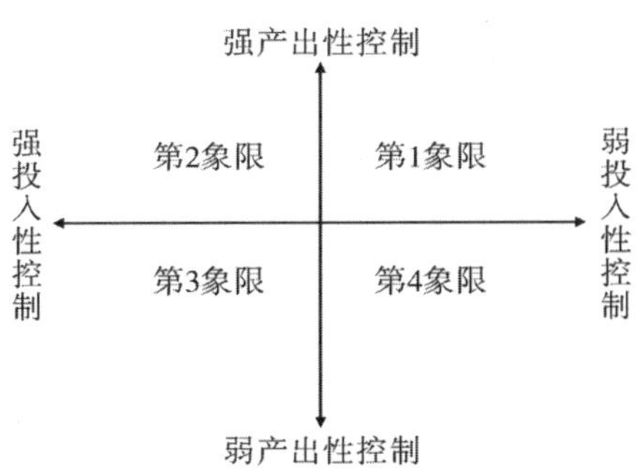

图1　教育治理模式的划分

在第 1 象限，政府对资源投入没有严格的限制，但对资源产出的结果进行了严格限制，这是英国现代治理中居于主导地位的模式。在第 2 象限，政府既严格控制了资源投入，又严格控制了资源产出，这是一种典型的中央集权管理模式。在第 3 象限，政府严格控制了资源投入，但放松对资源产出的限制，这是传统的教育管理时期，这一模式见于第二次世界大战后到 20 世纪 70 年代晚期的英国。在第 4 象限，政府既不严格控制资源投入，又不监控资源产出，是一种自由放任的无政府管理模式。

20 世纪 80 年代后期以来，英格兰以"自治"之名将资源投入的决策权下放给学校，以"问责"之名对资源产出进行集权管理。就对资源投入的控制而言，英格兰绝大多数学校都已摆脱了地方当局的限制，成了学院（Academy）、独立学校（Independent Schools）和自由学校（Free Schools）等各种类型的自治学校。这些学校可自由决定财政和人事分配，因而在资源投入方面不受政府的控制。但对于那些非自治学校而言，其在资源投入方面仍受地方当局的严格控制。

对资源产出的控制包括国家课程和问责体系。在课程方面，英格兰从 1988 年开始实施国家课程，规定了学校必须达到的各项标准。2010 年以来，信奉要素主义的保守党政府执政，强调加强对课程的控制。在问责方面，英格兰发布学校的各种绩效信息，家长根据绩效信息择校，政府根据招生数提供资助，因而形成了一个准教育市场。学校的绩效信息包括绩效排名表、国家平均分、国际比较和进展指数、教育标准局评价和基准。这些都向学校灌输了一种绩效文化。因为这种绩效文化，英格兰的教师所承受的问责压力是世界上最大的[10]。英格兰督导机构聘用大量私人公司的人员对学校进行评审，评审标准不断变化并伴有严厉的惩罚措施。

根据上述分析，英格兰的教育治理模式可用图 2 表示。

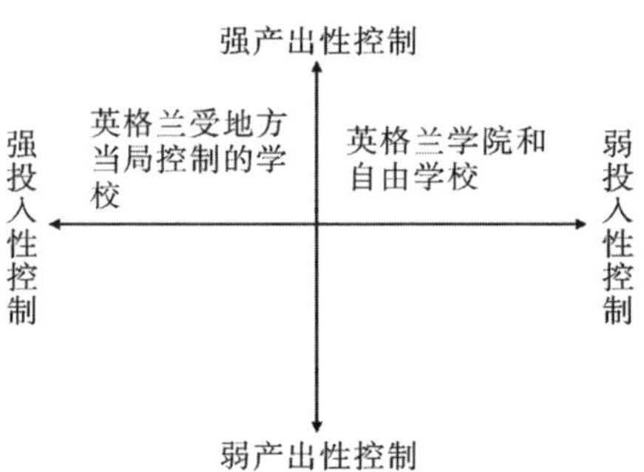

图 2　英格兰的教育治理模式

四、英国基础教育治理中存在的问题

随着中央政府将财政和人事权逐渐下放给学校，地方当局的权限日益萎缩，学校治理中涉及越来越多的校外资源与人员。这在缓解学校财政负担的同时也带来了新问题。

（一）自治的两面性

尽管政府持续不断地强调自治，但大多数一线实践工作者们认为，受到政府控制的程度远远超过了 1975 年。根据 2011 年对英格兰 2000 名教师的一项调查，52% 的教师曾经或正在考虑辞职，其中 62% 的人将其归因于政府干预过多[11]。这说明政府在扩大学校自治的同时增加了

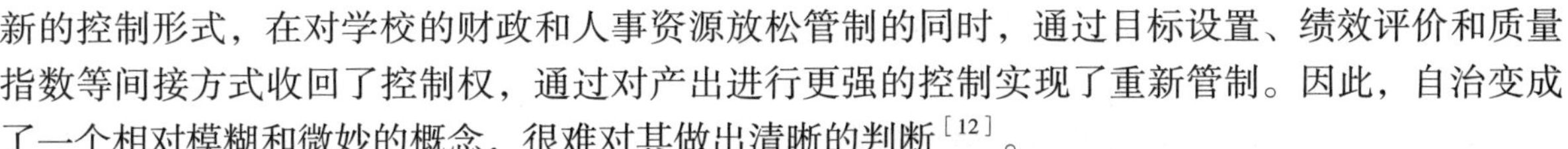

新的控制形式，在对学校的财政和人事资源放松管制的同时，通过目标设置、绩效评价和质量指数等间接方式收回了控制权，通过对产出进行更强的控制实现了重新管制。因此，自治变成了一个相对模糊和微妙的概念，很难对其做出清晰的判断[12]。

对此，亚克西姆·温策尔（Joachim Wentzel）指出，这种治理模式促使学校更积极地回应市场需要，提高了公共部门的运行效率和成本效率。但在转移下放服务供给权的同时进行了更严格的管制和监控，这是"新公共管理"理念与生俱来的典型矛盾[13]。这种模式通过增加决策参与度提高了政府合法性，使政府摆脱了一些财政责任，并通过降低生均成本提高竞争力。中央政府将风险和不确定性转移给地方政府或学校，与此同时通过大量密集的信息交换过程对学校和地方当局进行了更强的绩效监控[14]。中央政府借助多个层面的自治达到控制的目的，自治与控制同时发生，二者之间的界限也越来越模糊。一些评论家直陈，因为政府有效地促使学校按照政府所期望的方式进行管理，所以权力下放就是中央政府的一种控制机制[15]。这种情况下，就很难区分学校是"被控制了"，还是"具有自治权"[16]，政府只不过是以自治之名行他治之实。

（二）问责为主，自治为辅

政府对学校自治进行了各种严格的规定和限制，因为"伴随着各种自治而来的是大量沉重的绩效指数和目标"[17]。所谓的"自治"只是有效管理公共资金的一种手段，因为政府只给了学校操作自由，下放的只是资源自治权，而对学校至关重要的专业自治权却依旧由政府控制。学校自治不是政府的主要目标，而是因为其他的变革，如削减地方官僚体系和公共开支，被迫将这些责任授予学校[18]。诺丁汉大学教育学院的帕特·汤姆森（Pat Thomson）教授指出："自治只不过是问责的附属产物。在学校内部，增加校长的自由纯粹是出于问责的需要。因为以前教师具有高度的专业自治，而问责源于对教师公共权威的质疑，为了满足公众对教学专业人士的问责要求，需要对其进行更多监控，但是由于地方政府的行政官僚体系被认为过于低效，且地方当局的权限逐渐削弱，对教师监控的责任只能下放给有能力对课堂直接进行监控的校长或学校管理层。"[19]

（三）学校管理日益商业化

所谓的学校自治，只是相对于地方当局而言，因为学校在摆脱地方当局的控制后又受到更多利益相关者的控制，不得不满足不断增长的问责要求。随着政府将财政和人事资源决策权下放给学校，地方当局不再为学校提供所需的各种资源和支持，再加上中央政府财政紧缩，学校万般无奈，采用更加商业化的方式进行经营管理。随着学校在资源决策和行政管理方面的自治越来越多，董事会亟需擅长财政管理的技能熟练人员，因而具有项目管理、商业经营管理和会计经验的人就成了董事会炙手可热的人才，他们在学校决策，甚至诸如课程设置这些专业性极强的事务中发挥着重大作用。罗汉普顿大学的安德鲁·威尔金斯（Andrew Wilkins）的研究表明，董事会吸纳更多这样的人参与学校治理，可以更好地管理学校财务。学校在财政管理和满足教育部的要求方面变得愈益专业了，权力也日益集中在少数董事会成员手中，这一趋势在学院，尤其是受到商业赞助的学院中格外明显。但是，董事会由于过度关注教育部的要求而忽视了学校和地方民众的利益，因而学者建议董事会和学校领导团体应努力让更多家长和地方社区成员参与学校治理[20]。

五、对英国基础教育治理的理论思考

（一）治理的实施需要新的教育观

自治与问责是健全民主体系的一对孪生子，也是治理的两个重要机制。自治在保护行动者自由地履行职责的同时，又强化了问责，使问责更有意义[21]。由于外界无法评判自我管理的行动者是否履行了应尽的职责，所以需要通过问责使行动者向外界展示自治的结果。通过自治与问责的相互制衡，达到善治的目的。但是，在现实中，很难维持自治与问责间的平衡。

解决自治与问责间的矛盾，必须加强对整个教育宏观系统的顶层设计。既然“教育治理”是政府、学校和社会共同完成的，是不同群体行动者之间的互动性集体活动，那么学校教育的质量应是教育政策、行政管理、学校督导与管理、教师、学生和家长的“共同产品”。这就是伴随着“治理”而产生的大教育观。

既然学生成就是一种共同产品，那么学生的教育就不能仅由学校或制度化的教育来进行，而是需要整个社会承担共同责任。事实上，影响学生成就的因素只有很小一部分来自学校，更多的来自家庭和整个社会。首先，学校教育的时空非常有限，教师用于教学的时间和精力也非常有限。因而，作为孩子“第一所学校”的家庭就必须承担起更多的责任。其次，作为学生完整人格培养的“第三所学校”，即社会，也应承担相应的责任，努力变成一个学习型社会。在历次 PISA（Programme for International Student Assessment）测试中夺冠的芬兰的社会是一个典型的学习型社会，学校、家庭、地方社区和整个社会联合而成一个学习共同体。各个社会子系统之间相互学习，共同成长，形成一个集体学习的共同体。但在其他许多国家，公众将所有的教育责任推给了学校，造成学校不堪重负，让学校承担了本不应承担的责任与罪名。因此，有效的教育治理需要社会各个子系统维持合理的权力边界，共同承担责任。既然学校教育是有限的，对学校问责的要求应该也是有限的，不能把学生成就仅仅归因于学校教育。

（二）治理的实施需要一套功能性支持体系

政府、市场和网络是治理的三种资源配置机制。这三种机制相互独立，具有很强的自发性。尽管教育治理中来自政府、市场、公民社会和教育机构的诸多行动者们主要关注的是学生的学习成就，但教育目标在某种程度上具有一致性。然而这些不同的行动者来自不同的系统，代表着不同群体的利益，持有迥异的价值观和评判标准。政策选择通常面临的是不兼容、不可通约和不能比较的价值冲突。因此，很有必要澄清决策的规范和原则。互动治理的核心是互动学习，即治理过程中的公私行动者通过交互行为协调彼此之间的差异[22]。伊娃·索伦森（Eva Srensen）指出：“为了确保治理网络的有效运作和民主性，需要对自我管理的治理网络进行谨慎的管理和监控。换言之，需要公共权力机构、其他合法机构、掌控资源的机构或网络对自治的治理网络进行后设治理或管控，即元治理（Meta-governance）。”[23]因而，需要开发一套具体可行的功能性支持体系，来促进各群体间的沟通和信任。

具体而言，这些支持性体系需要协调多个部门间的关系，整合多项资源，平衡各利益主体的权益，促进各主体形成共享价值观。这些功能体系是连接各个子系统的桥梁，能够调解各种冲突以促进各子系统之间的沟通与合作。如苏格兰地方当局的质量提高经理（Quality Improvement Manager）及其所属的质量提高办公室就是沟通学校、督导员、地方当局和家长的一种有效机制。根据上述分析，本文构建了大教育观下教育治理支持性体系的运行模式（具体见图 3）。

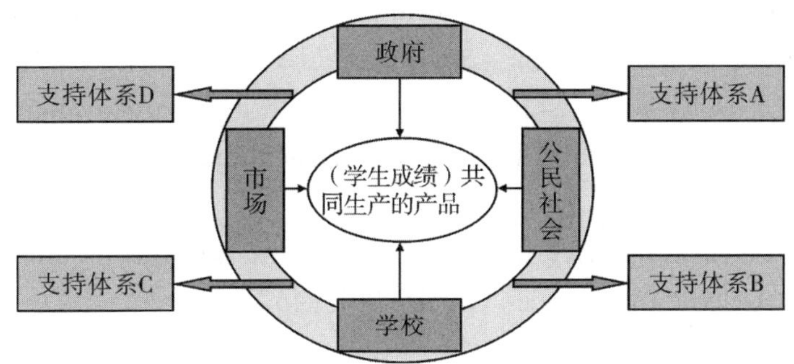

图 3　大教育观下教育治理支持性体系的运行模式

总之，治理理念的兴起需要人们对教育本质形成新认识，即教育是一种共同产品，需要社会各个子系统共同分担责任和权利。英国教育治理打破了传统的公和私、政府和社会二元分割局面，形成了多主体共治、校本管理的新格局。但是，由于过度强调问责而使自治流于形式，导致学校管理日益商业化。如果能妥善平衡自治与问责的关系，让每所学校、每个人都成为自我管理的组织或个人，政府终将以无为而治实现善治的目标。

参考文献：

[1] OFFE C. Governance: an empty signifier? [J]. Constellations, 2009, (16): 554.

[2] KOOIMAN J. Modern governance: new government-society interactions [M]. London: SAGE, 1993: 1.

[3] ARNOTT M , OZGA J. Nationalism, governance and policymaking in Scotland: the Scottish national party (SNP) in power [J]. Public Money & Management, 2010, 30 (2): 91.

[4] ENROTH H. Governance: the art of governing after governmentality [J]. European Jounal of Social Theory, 2014, 17 (1): 63-64.

[5] [22] KOOIMAN J, JENTOFT S. Meta-governance: values, norms and principles, and the making of hard choices [J]. Public Administration, 2009, 87 (4): 819-820, 819.

[6] [15] HUDSON C. Governing the governance of education: the state strikes back? [J]. European Educational Research Journal, 2007, 6 (3): 266, 276.

[7] MOOS L. Hard and soft governance: the journey from transnational agencies to school leadership [J]. European Educational Research Journal, 2009, 8 (3): 397.

[8] COLE A, JOHN P. Local governance in England and France [M]. London: Routledge, 2001: 5.

[9] FENWICK J , MILLER K J , MCTAVISH D . Co-governance or meta-bureaucracy? perspectives of local governance 'partnership' in England and Scotland [J]. Policy & Politics, 2012, 40 (3): 416-418.

[10] LEAT D , LIVINGSTON K , PRIESTLEY M . Curriculum deregulation in England and Scotland: different directions of travel? [A]. KUIPER W, BERKVENS J (ED.). Balancing curriculum regulation and freedom across Europe [M]. CIDREE Yearbook, Enschede The Netherlands: SLO Netherlands Institute for Curriculum Development, 2013: 232-240.

[11] GLATTER R . Persistent preoccupations: the rise and rise of school autonomy and accountability [J]. Educational Management Administration & Leadership, 2012, 40 (5): 564-571.

[12] HIGHAM R, EARLEY P. School autonomy and government control: school leaders' views on a changing policy landscape in England [J]. Educational Management Administration & Leadership, 2013, 41 (6): 703.

[13] WENTZEL J. An imperative to adjust? skill formation in England and Germany [M]. Wiesbaden: Springer Fachmedien Wiesbaden GmbH, 2011: 157.

[14] ZAJDA J , FREEMAN K , GEO-JAJA M L , et al. International Handbook on globalisation education and policy research [M]. Berlin: Springer, 2005: 103.

[16] CRIBB A , GEWIRTZ S . Unpacking autonomy and control in education: some conceptual and normative groundwork for a comparative analysis [J]. European Educational Research Journal, 2007, 6 (3): 210.

[17] SMYTH J. Why the push for greater school autonomy, and what does it mean for schools? [EB/OL]. (2015-04-08) [2021-06-23] .http: //the-conversation.com/why-the-push-for-greater-school-au-tonomy-and-what-does-it- mean-for-schools-23639/.

[18] COGHLAN M, DESURMONT A . School autonomy in Europe: policies and measures [EB/OL] .(2007-01) [2021-06-23]. https://www.researchgate.net/publication/44838718_School_Autonomy_in_Europe_Policies_and_Measures.

[19] THOMSON P . Headteacher autonomy: a sketch of a Bourdieuian field analysis of position and practice [J]. Critical Studies in Education, 2010, 51 (1): 15-16.

[20] HELEN ,WARD. Are cliques taking control of our governing bodies? [EB/OL]. (2014-11-04) [2016-10-11]. https: //www.tes.co.uk/article.aspx?sto- ryCode=6450359.

[21] MIDWINTER A F . Local government in Scotland: reform or decline? [M]. London: Palgrave Macmillan, 1995: 138.

[23] EVA SRENSEN, TORFING J. Making governance net-works effective and democratic through meta governance [J]. Public Administration, 2009, 87 (2): 242-245.

作者朱春芳系浙江师范大学教育学院博士后，讲师。

英国中小学自我改进系统的多元审视

吕杰昕

导读：自 2010 年英国政府发布《教学的重要性》白皮书以来，“自我改进的学校系统”在英国迅速发展。该项改革依托学校之间的相互协作实现学校办学质量的提升，具体的形式是“国家教学学校”与“学院制学校信托”。对于此项改革，有研究者对其意义和改革路径进行了分析，提出构建“自我改进的学校系统”需要学校进行“专业发展、伙伴关系、合作资本”三个维度的能力建设。从改革的效果来看，虽然“自我改进的学校系统”部分地实现了提升学业成绩的目的，但其负面作用与质疑仍然存在。

2010 年，英国教育部发布了《教学的重要性》（The Importance of Teaching）白皮书，力图依靠学校之间的相互协作，构建“自我改进的学校系统”（self-improving system of schools）。在此背景下，很多地方教育当局的教育管理权和学校改进职责被大大削弱，英国中央政府将教育改革的重任委任于学院制学校信托、国家教学学校联盟等学校间的协作组织。本次改革越来越显著地凸显出市场化、绩效化、校本化的改革导向。

一、“自我改进的学校系统”的理念源头与相关政策

（一）新自由主义的改革理念

第二次世界大战后，英国以《1944 年教育法》为基础，建立了一个以“中央政府与地方教育当局的伙伴关系”为基础的教育管理系统。然而，随着 20 世纪 80 年代新自由主义改革的开始，这种“伙伴关系”不断受到挑战，英国中央政府逐渐削弱地方教育当局在教育发展中的作用，直至今日，依靠学校协作形成“自我改进的学校系统”。

20 世纪 70 年代后期，在石油危机的影响下，推崇市场机制和自由选择的新自由主义占据了英国民意的主流。从 1979 年到 1997 年，新自由主义成为官方的执政导向，教育等公共服务行业中也越来越多地采用市场机制。市场机制并不是简单的私有化或民营化，更重要的核心在于自主选择和自由竞争，通过倡导自主选择，促进自由市场竞争，实现整体效率和质量的提升。为此，《1988 年教育改革法》推出了“直接拨款公立学校”[1]（Grant-maintained school）与“国家课程”（National Curriculum），此后又建立了“教育标准办公室”（Ofsted）作为质量监督机构。这样一个架构的功能与目的是：“直接拨款公立学校”使学校可以摆脱地方教育当局的束缚，

1　“直接拨款公立学校”直接由中央政府进行财政拨款，不受地方教育当局束缚，在办学自主权上类似美国的特许学校。虽然“直接拨款公立学校”在 1998 年被《学校标准与框架法》废除，但这类学校转型成为“自愿受资助的学校”（voluntary aided school）和“预科学校”（foundation school），此后又可以转型成为“学院制学校”（academy），无论哪种转型，都可以保持独立于地方教育当局的办学自主权。

通过校本管理实现学校改进；“国家课程”则提供了一种教育标准，用以指导和衡量学校在摆脱地方当局束缚后的基本标准与办学质量；“教育标准办公室”则是监督学校办学质量的专业机构，代替地方教育当局，行使基于全国统一标准的教育督导权力。这三者共同构成了市场竞争与自由选择的基础。然而，这从另一个侧面则破坏了“中央政府与地方教育当局的伙伴关系”，因为传统上的学校管理权、质量标准制定权、质量保障权在很大程度上属于地方教育当局。

在此后历届英国政府的改革中，这一新自由主义的教育改革趋势一直延续下来。即便是高呼“第三条道路”的布莱尔所领导的新工党政府，也采取了类似的市场化机制实施“教育行动区计划”（Education Action Zone）和“城市卓越计划”（Excellence in Cities）。与之前保守党政府的区别在于，在这两项学校改进计划中，学校不再像“直接拨款公立学校”一样单打独斗，学校之间甚至是学校与外部机构之间的合作被作为重要的政策举措，而这也为后任布朗政府的“城市挑战”（City Challenge）“学校联盟”（School Federation）项目打下了基础，为今日联合政府执政下英国流行的“自我改进的学校系统”吹响了前奏。

（二）“自我改进的学校系统”的相关政策

2010 年，英国保守党牵头组建联合政府。同年，英国教育部发布了学校教育白皮书《教学的重要性》，拉开了“自我改进的学校系统”建设的序幕。该白皮书充分强调了教师队伍和教学品质的改善在学校改进中的核心地位，并将此任务赋予学校：“改善学校教师与学校领导者的招募、选拔和培训，给予教师和学校领导者更大的权力，给学校更大的办学自主权，这将赋予学校系统更大的进行改进的能力。”[1]而在如何推动学校自主办学并以此促成学校改进的问题上，该白皮书则提出，通过学校之间的协作，建立一个“自我改进的学校系统”：“我们要设计这个系统，促进最有效的教育实践得到迅速的传播，使最好的学校和学校领导者承担更大的责任……我们将停止由中央政府控制学校改进的方式，促进学校之间的相互学习。”[2]

需要说明的是，尽管在上述评论中，联合政府将前任工党政府的政策形容为“使用高度中央集权化的方式来改进学校”，但在实际情况中，此前工党政府有两个项目已经显现出“自我改进的学校系统”的初步特征：通过学校之间的协作来促进薄弱学校的改进。这两个项目分别是“学校联盟”和“城市挑战”。在 2002 年开始的“学校联盟”项目中，英国政府启动了 37 个“学校联盟”，参加的学校组成联盟、相互协作，提高学生的成绩，提供全纳教育。有些“学校联盟”采取了松散的联盟形式，通过联合委员会做出学校发展决定；有些则采取紧密的联盟形式，统一学校治理结构，各参与学校成为一个学校下的不同分校[3]。“城市挑战”项目最早是 2003 年在伦敦开始，2008 年拓展到曼彻斯特等地区，旨在通过地方教育当局与学校之间、学校与学校之间的合作，改善城市薄弱学校的总体办学水平，获得了不错的成效[4]。

为了落实《教学的重要性》的设想，英国现任的联合政府通过两个政策抓手——“国家教学学校联盟”与“学院制学校信托”，促进公立学校之间的相互协作，推动“自我改进的学校系统”的建立。

1. 国家教学学校联盟

2011 年，英国政府正式开始实施“国家教学学校”（National Teaching School）计划。入选该计划的学校均是在教育标准办公室的督导中被评为“优秀”的学校，其职责是与其他学校和相关组织合作，组建“国家教学学校联盟”，为不同学校提供高质量的教师培训与专业发展项目，把优秀的办学实践辐射到普通学校，以实现区域内办学质量的整体提升。作为“国家教学学校”，需要承担的职责包括六大核心领域：初任教师培训、在职教师专业发展、支持其他学校、培养学校后备领导、培养专家型教师、研究与发展[5]。英国政府的目标是，到2016年10月建成600所“国家教学学校”，并以此为抓手促进学校的自我改进，建立一个可持续发展的、由学校自主引导的教育系统，从而推动英国学校教育水平的提高。截至2016年7月，已有“国家教学学校”764所，“国家教学学校联盟”596个[6]。申请成功获得“国家教学学校”称号的学校，第一年可以获得6万英镑的财政经费，第二年递减至5万英镑，第三年和第四年为4万英镑。该经费可以用于增强入选学校的领导与管理能力，从而带动联盟中的其他学校提高教学质量。“国家教学学校联盟”中的学校在接受“国家教学学校”的支持与服务时，也可能需要向后者支付一定的费用。项目财政经费递减的原因是，英国政府希望“国家教学学校联盟”能够逐渐形成自给自足的“自我改进的学校系统”[7]。

2. 学院制学校信托

“学院制学校”（academy）是当前英国最重要的“自我改进的学校系统”的组成部分。该类学校始自于工党政府2000年的一项政策，其最初目的与“教育行动区”类似，是一项薄弱学校改进政策。“学院制学校”直接从中央政府获得财政拨款，独立于地方教育当局，享有办学自主权，从这个意义上又与“直接拨款公立学校”类似。在工党执政时期，每个“学院制学校”都必须有一个“发起者”（sponsor），其中大部分“发起者”来自产业部门，也有部分“发起者”来自大学和慈善机构。最初，“发起者”要提供新校建设10%的资金，2007年，英国对资金要求开始松动[8]。2010年，英国议会通过了《学院制学校法案》（Academies Act of 2010），自此后所建立的“学院制学校”不再将“发起者”作为必要条件，也废止了对“发起者”资金投入的要求。此举带来了“学院制学校信托”的扩张。“学院制学校信托”（Multi-academy Trust）是学院制学校的管理者，可以将其理解为架构于学校之上的治理机构，其性质是非营利的教育公司。一个信托组织可以同时托管多个“学院制学校”，在不同的学校之间建立联盟和协作机制。“学院制学校信托”的这种赋权和学校间合作特征，充分满足了“自我改善的学校系统”的要素，被英国政府大力推广。英国前任教育大臣尼基·摩根（Nicky Morgan）公开呼吁所有中小学转型成为“学院制学校”，宣称到2022年将至少有3/4的中学和1/3的小学成为“学院制学校”。这种说法并非没有数据基础，截至2016年4月，英国已经有66%的中学和19%的小学成了“学院制学校”[9]。以此态势发展下去，所有英国中小学都转型成为“学院制学校”并非痴人说梦。在2010年之前，只有203所学校是“学院制学校”，其中绝大多数都是薄弱学校，学生来自弱势群体。而在2010年之后，许多新成立的“学院制学校”是优质学校，学生的学业表现很好。对于学业表现持续低下的学校，相关部门甚至会强制其转型为“学院制学校”，被某一个“学院制学校信托”托管[10]。英国各地都有学生家长抗议这种强制托管，进行游行，甚至组建了“反学院制学校联盟”[1]，然而并没有使英国政府放弃这一决心。

在上述这两项政策抓手及其所倡导的“自我改进的学校系统”中，延续了新自由主义的改革取向：通过赋予学校更大自主权——不仅是单个学校的管理自主权，而且是整个中小学教育系统的改革自主权，促进学校之间的相互竞争（市场机制）；通过学校联盟的自主探索，创造各种不同的改革路径（多样化选择）；英国政府继续保持甚至提高学业标准，并以此衡量中小学的办学成绩（绩效驱动）。

1 The Anti Academies Alliance，网址：http：www. antiacademies. org. uk.

二、“自我改进的学校系统”的理论框架

英国政府大力推行的“自我改进的学校系统”，核心的智力支持来自剑桥大学的大卫·哈格里夫斯教授。自 20 世纪 80 年代开始，大卫·哈格里夫斯教授致力于校本管理和学校改进的研究。2010 年，联合政府上台后，首任教育大臣迈克尔·高夫（Michael Gove）认为应通过赋予学校更大的办学自主权，促进学校教育质量的提升[11]。这一改革理念与大卫·哈格里夫斯教授的思想一致。在《教学的重要性》白皮书发布之前，英国教育部的下属机构国家教学与领导力学院（National College for Teaching and Leadership）委托大卫·哈格里夫斯撰文阐述背后的理论基础[12]。大卫·哈格里夫斯先后完成了四篇关于“自我改进的学校系统”的思辨性文章，由国家教学与领导力学院出版推广，在理论上阐述了“自我改进的学校系统”的意义、构成要素及其相互关系。

（一）“自我改进的学校系统”对教育改革的意义

在第一篇关于“自我改进的学校系统”的文章中，大卫·哈格里夫斯论述了这样一个系统的四个“主要建筑”（main building blocks）。这四个“主要建筑”更像是“自我改进的学校系统”的四大意义[13]。

1. 发挥学校联合体的优势

学校之间的联盟与合作，可以更好地满足教师与学生的需求；新任的学校领导可以获得联盟学校资深领导者的指导，对学校领导的培养也能更有计划性；当一个学校的办学出现问题时，联盟内其他学校也可以得到警示；教学的创新可以在不同学校分工进行，不同学校教师的合作更能促进专业知识的迁移；学校的辅助服务系统也能得到整合，节省办学资源。

2. 凸现教育改革的“当地解决方式”（local solution approach）

在“自我改进的学校系统”中，学校摆脱了官僚体制的束缚，可以从当地和本校的情况出发探索问题解决方案。这意味着学校自己承担问题责任，在学校系统之内通过校间合作寻求问题的答案，学校与学校之间的合作在学校改进中的作用也就越来越大。

3. 共同建构有效的教育系统

在学校之间的合作过程中，不同学校在特定的背景、特定的人群中通过教育行动共同建构有效的办学方案，不断调整课程与教学方法，以达到预期的教育产出。通过这样的共同建构过程，学校系统得以共同进化而成为有效的社会组织。

4. 拓展“系统领导”

在迈克尔·富兰提出“系统领导”的概念之后，许多学者对这个概念进行了界定。在大卫·哈格里夫斯看来，“自我改进的学校系统”符合并扩展了“系统领导”的三个核心特征：价值观——学校领导者应致力于所有学校和学生的成功，而不局限于本校；行动倾向——与其他学校一起工作并帮助他们一起成功；参考框架——理解个体和学校作为领导者服务于整个教育系统的意义。

（二）“自我改进的学校系统”的构成要素

在后续的三篇关于“自我改进的学校系统”的文章中，大卫·哈格里夫斯主要论述了这样一个系统的构成要素及其相互关系。在他看来，构成一个“自我改进的学校系统”有“专业发展、伙伴关系能力、合作资本”三个维度的 12 条要素[14]。

1. 专业发展维度（professional development dimension）

在这个维度上的要素包括：（1）共同的专业发展。大卫·哈格里夫斯认为，传统的教师专

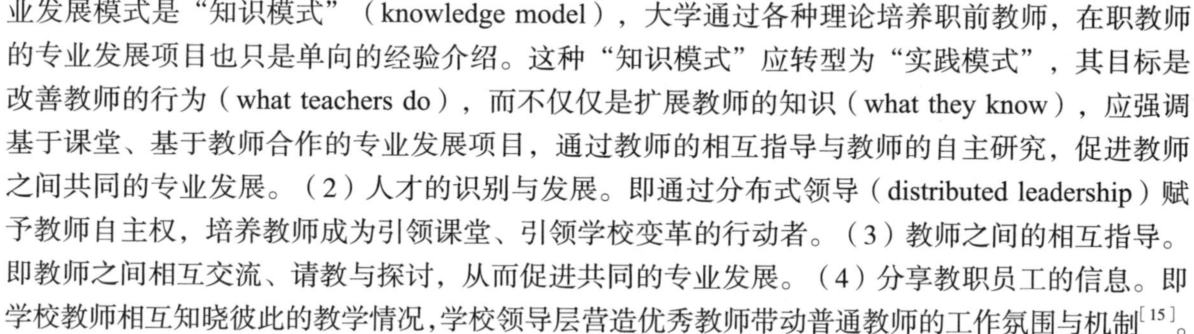
业发展模式是“知识模式”（knowledge model），大学通过各种理论培养职前教师，在职教师的专业发展项目也只是单向的经验介绍。这种“知识模式”应转型为“实践模式”，其目标是改善教师的行为（what teachers do），而不仅仅是扩展教师的知识（what they know），应强调基于课堂、基于教师合作的专业发展项目，通过教师的相互指导与教师的自主研究，促进教师之间共同的专业发展。（2）人才的识别与发展。即通过分布式领导（distributed leadership）赋予教师自主权，培养教师成为引领课堂、引领学校变革的行动者。（3）教师之间的相互指导。即教师之间相互交流、请教与探讨，从而促进共同的专业发展。（4）分享教职员工的信息。即学校教师相互知晓彼此的教学情况，学校领导层营造优秀教师带动普通教师的工作氛围与机制[15]。

2. 伙伴关系能力维度（partnership competence dimension）

（1）高社会资本。即营造教师之间信任、互惠的关系，形成组织内的社会资本，促进智力资本的分享，并随着智力资本的分享巩固和提高社会资本。（2）适当的治理结构。即学校联合体内的成员对联合体的目的和工作方式达成一致，作为校长需要思考合作选择（Selection）、合作范围（Scope）与合作深度（Scale）。（3）评估与挑战。即学校之间相互评估对方的办学情况，发现彼此的问题，提出挑战，并共同寻求解决办法。（4）分布式系统领导[1]。系统领导的核心在于，领导者致力于所有学校和学生的成功，而不仅仅局限于自己的学校和学生。而在“自我改进的学校系统”中，这种精神和行动应广泛地分布在所有的教师当中[16]。

3. 合作资本维度（collaborative capital dimension）

（1）分析式调查。即学校联合体的成员具备通过调查研究分析办学情况的能力，能够发现本校和其他学校的办学问题。（2）创造性企业精神。即在学校联合体运作中，应具备的经费运作能力和其他维持组织运行的企业精神。（3）共同体构建能力。即在一个成熟的学校联合体中，每个成员在获得了本校的改进之后，有能力去构建新的学校共同体，建立新的学校联合体。（4）有组织的创新能力。即学校联合体能够对教学创新进行分工合作，发挥联合体的组织优势[17]。

三、“自我改进的学校系统”实践效果

从政策和理论的视野来看，“自我改进的学校系统”似乎是正确的改革路径。然而，自《教学的重要性》发布五年多以来，其在教育实践中的效果似乎并不乐观。

（一）“自我改进的学校系统”与学业成绩之间的关系

如前所述，“新自由主义”是“自我改进的学校系统”的政策源头。例如，开始推动此项改革的前教育大臣迈克尔·高夫就极力批判学校的综合课程忽略了核心知识、A-level考试中的低难度考试科目降低了教育质量，认为：“大不列颠人民都向往这样的学校：首要的活动是学习，首要的目标是学业成绩，首要的纲领是优质教育的广泛传播。”[18]在英国教育实践中，基于全国统一考试的学生成绩排名表（league table）全部对公众公开，在对学校办学质量的评判中起着关键性作用，绩效驱动的特征可谓毫无遮掩。然而，从学生的成绩数据来看，“自我改进的学校系统”在实践中并未达到英国政府所希望的效果。

以“学院制学校”为例，英国教育部在2015年9月公布的《学院制学校与地方教育当局的成绩测量报告》中选取了19个学院制学校联合体、100个地方教育当局，对其下属学校的学生

1　受迈克尔·富兰的影响，大卫·哈格里夫斯后来在《自我改进的学校系统：走向成熟》中将这个要素改为“共同道德目的”。

的普通中等教育证书考试（General Certificate of Secondary Education，简称 GCSE，旧称 O-level）成绩进行了比较。为了充分显示该系统对成绩的“提升作用”，该报告采用了等效附加值（equivalent value added）的算法，即比较在第二关键阶段（小学毕业）同等水平同等背景学生在不同中学就读后，第四关键阶段结束后 GCSE 成绩上的差异。结果显示，地方教育当局所管理的学校中，学生 CCSE 成绩提升的等效附加值平均为 9.7，学院制学校学生 GCSE 成绩提升的等效附加值平均为 13.8，后者高于前者[19]。然而，有评论指出，两个成绩最突出的学院制学校联合体（ARK Schools 和 Harris Federation）都位于伦敦地区，而同处伦敦地区的地方教育当局（Hackney、Barnet 和 Haringey）也表现非常好，甚至超越了最突出的学院制学校。因此，对学生成绩提升起到关键作用的因素可能并不是学院制学校的办学体制[20]。

再来看“国家教学学校”项目，2015 年 12 月英国政府公布了“国家教学学校”项目第一轮的总结性评估。该评估本来是分两部分进行的，一部分是质性研究，另一部分则是基于学生成绩的量化研究。最终的量化研究报告因为成绩不理想，英国政府决定不予公开。但是，在公布的质性研究报告中提到，本来就是优质学校的“国家教学学校”学生成绩获得了进一步提升——第一关键阶段和第二关键阶段的学生成绩，比同类学校的学生成绩分别高出 5% 和 4%。然而，加入“国家教学学校联盟”的普通学校，在学生成绩上则与未加入的学校之间不存在显著差异[21]。

（二）“自我改进的学校系统”的负面作用

尽管大卫·哈格里夫斯强调，学校联合体可以通过“高社会资本”来化解联合体内不同学校的竞争关系，形成一种良性的“伙伴关系能力”[22]；但有学者通过质性研究指出，由于英国政府目前仍在倡导以学业成绩来衡量办学水平，学校之间的竞争关系仍然存在，这种高风险绩效机制的存在就使得学校之间无法形成良性的合作关系[23]。而且，作为一项奉行市场机制的新自由主义改革，“自我改进的学校系统”所带来的弊端不仅仅是竞争，也带来了“学院制学校信托”等组织的商业化运作，甚至曝出丑闻。例如，前文讲述到的学院制学校信托 Harris Federation，其首席执行官年薪高达 40 万英镑[24]，而根据英国教育部 2015 年颁布的《学校教师薪酬与工作条件》，即便是工资水平最高的内伦敦地区，教育领导者的年工资标准也只是在 45891 英镑到 114437 英镑之间[25]。作为公司 CEO，高年薪无可厚非，但“学院制学校信托”的资金是来自于纳税人的公共教育经费，政府对此不设任何管制措施，这受到了很大非议。更加严重的是，英国教育智库“教育数据实验室”（Education Data lab）对照了参加第二关键阶段和第四关键阶段考试的学生数量，发现超过 1 万名的英国学生在中学阶段被开除，约占学生总数的 2%[26]。

四、总结与反思

（一）谁应该扮演“中间层”

从某种意义上说，“自我改进的学校系统”是“校本管理”的延伸与拓展，而校本管理成为改革趋势之后，传统的教育行政管理部门面临转型。在这场“自我改进的学校系统”改革中，英国地方教育当局的作用被大大削弱，地方教育当局不再对加入“国家教学学校联盟”或者被“学院制学校信托”托管的学校负责，中央政府也越来越少地将教育经费下拨给地方教育当局，转而投向各种非营利性学校组织。在 2009 年至 2013 年间，地方教育当局的教育经费减少了 18%[27]。对薄弱学校进行改进的工作，越来越多地转向了各种学校联合体，英国的教育体系变得越来越分权化；与此同时，英国中央政府越来越强调对绩效的监管、对督导结果的改进，英国的教育体系变得越来越集权化。在这看似矛盾的现状背后，是教育管理体系“中间层”（mediating layer）的隐匿。

有研究表明，在学校教育系统寻求改进的旅程中，越来越多地依靠一个“中间层”在中央与学校之间行动。“中间层”通过三项工作维持学校改进的过程：为学校提供目标明确的实践性支持、缓冲学校与中央的关系、在学校间分享与整合相关的改进[28]。而在各种学校联合体从地方教育当局手中接过“中间层”的接力棒时，相关经验的缺乏、学校间竞争的事实（教育标准办公室仍没有改变对单个学校进行督导的传统）、人力资源的不足都成为巨大的挑战。如前所述，工党时期的“城市挑战”项目获得了不错的成效，然而，该项目的评估报告充分强调了地方教育当局在项目成功中的重要作用[29]。在“国家教学学校”的评估报告中也显示，很多“国家教学学校”需要寻求地方教育当局和高等教育机构的支持[30]，放弃地方教育当局这个“中间层”能否成功，尚是一条未知之路。

（二）市场化、多样化、绩效驱动改革取向的非理性特征

“自我改进的学校系统”是当前英国教育改革中“新自由主义”的极端表现，多年来的改革，已经折射出“新自由主义”市场化、多样化、绩效化等改革取向上的一系列特征。

市场化的核心是促进竞争，以市场竞争促进经济发展是撒切尔时期的执政指导思想，它帮助英国顺利挺过了第四次经济危机，从“英国病”的梦魇中醒来。此后，与新自由主义一脉相承的新公共管理运动席卷了多国的多个公共服务部门，很多国家的政府越来越多地通过外包、购买服务的市场化形式，推进公共服务的多样化与可选择性[31]。然而，作为公共服务部门，其公益性特征是无法逃脱的，如果政府通过市场化机制推进公共部门改革，就难以避免地要采用必要的质量保障手段来监控市场化运作的结果，而这种质量保障手段往往要依靠一系列的绩效指标。但是，这在教育领域中则面临一个难题：教育的品质很难用单纯的绩效手段进行监管。尤其是在英国放弃由地方政府部门承担“中间层”之后，中央政府要承担全国数量如此庞大的中小学的绩效监管，就会倚重于纯数据的指标检测——纸笔测验成绩。而纸笔测验无法展现出学生的全面发展情况，无法展现出学生的创造性培养情况，无法真正有效地促进学校之间学习共同体的构建，甚至在强调校际合作的“自我改进的学校系统”中也难以回避学校之间的竞争关系。市场化、多样化、绩效驱动等这些“新自由主义”式的改革理念，在英国面临着巨大的挑战，也值得各国警醒。

参考文献：

[1][2] Department for Education. The importance of teaching: the schools white paper 2010[M]. London: DfE, 2010: 73.

[3] CHAPMAN C, LINDSAY G, MUIJS D, HARRIS A. The federations policy: from partnership to integration for school improvement?[J]. School Effectiveness and School Improvement, 2010, 21(1): 53-74.

[4][29] MERRYN H, CHARLEY G, SUMI H, AYO M, ANTHEA R. Evaluation of the city

challenge programme [M]. London: Department for Education, 2012: 98-109; 95.

[5] National College for Teaching and Leadership. Teaching schools: a guide for potential applicants [EB/OL]. (2014-03-21) [2016-09-03]. https: //www. gov. uk/guidance/teaching-schools-a-guide-for-potential-applicants.

[6] Department for Education. Teaching school map [EB/OL]. (2016-07-31) [2016-09-01]. https: //www. gov. uk/government/uploads/system/uploads/attachment_data/file/544761/Teaching_Schools_Map. pdf.

[7] Department for Schools. National teaching service: for schools [EB/OL]. (2016-05-13) [2016-09-18]. https: //www. gov. uk/guidance/national-teaching-service-for-schools.

[8] National Audit Office. Department for education: the academies programme [EB/OL]. (2010-09-10) [2016-09-30]. http: //www. nao. org. uk/publications/1011/academies. aspx.

[9] NICKY M. Academies Show 2016: Educational excellence everywhere [EB/OL]. (2016-04-20) [2016-09-18]. https: //www. gov. uk/government/speeches/academies-show-2016-educational-excellence-everywhere.

[10] ANDREW E, CLAUDIA H, STEPHEN M. Academies, charter and free schools: do new school types deliver better outcomes? [J]. Economic Policy, 2016, 88(10): 453-501.

[11] [18] MICHAEL G. What is education for? [EB/OL]. (2009-06-30) [2016-10-01]. https: //www. thersa. org/globalassets/pdfs/blogs/gove-speech-to-rsa. pdf.

[12] DAVID H. A self-improving school system and its potential for reducing inequality [J]. Oxford Review of Education, 2014, 40(6): 696-714.

[13] DAVID H. Creating a self-improving school system [M]. Nottingham: National College for Teaching and Leadership, 2010: 6-12.

[14] [15] [16] [17] [22] DAVID H. Leading a self-improving school system [M]. Nottingham: National College for Teaching and Leadership, 2011: 8; 10-15; 16-25; 26-28; 17.

[19] Department for Education. Measuring the performance of schools within academy chains and local authorities [M]. London: DfE, 2015: 48-56.

[20] CHRIS C. Academy chains vs local authorities [EB/OL]. (2015-03-24) [2016-10-02]. http: //www. bbc. co. uk/news/education-32038695.

[21] [30] QING G, SIMON R, LINDSEY S, JOHN D, MATT V, PAM S. Teaching schools evaluation final report [M]. Nottingham: National College for Teaching and Leadership, 2016: 187-188.

[23] CHRISTOPHER C. Academy federations, chains, and teaching schools in England: reflections on leadership, policy, and practice [J]. Journal of School Choice, 2013, 7(3): 334-352.

[24] WARWICK M. Harris academies boss's salary nudges £400k after latest pay rise [EB/OL]. (2016-02-09) [2016-10-03]. https: //www. theguardian. com/education/2016/feb/09/harris-

academy-salary-chief-executive-daniel-moynihan-schools.

[25] Department for Education. School teachers' pay and conditions document 2015 and guidance on school teachers' pay and conditions [M]. London: DfE, 2015: 11.

[26] WARWICK M, RICHARD A, PATRICK E. England schools: 10, 000 pupils sidelined due to league-table pressures [EB/LO]. (2016-01-27) [2016-10-05] https: //www. theguardian. com/education/2016/jan/21/England-schools-10000-pupils-sidelined-due-to-league-table-pressures.

[27] TOBY G. More fragmented, and yet more networked [J]. London Review of Education, 2015, 13(2): 125-143.

[28] MONA M, CHINEZI C, MICHAEL B. How the world's most improved school systems keep getting better [M]. London: McKinsey, 2010: 22.

[31] KEVIN L, TONY W, IVAN S, SCOTT D. New pubic management and new professionalism across nations and contexts [J]. Current Sociology, 2009, 57(4): 581-605.

（作者吕杰昕系上海师范大学副教授，教育学博士，英国诺丁汉大学访问学者。）

芬兰推进儿童教育参与权的积极举措及特点

杜丽静

导读：芬兰是一个具有高度竞争力的高福利国家，其竞争力的重要来源是让人持久享受幸福的教育。幸福教育的重要表现之一是每一位儿童都有平等、充分的教育参与权。在芬兰，政府建构完善的儿童教育参与法律体系，成立正式的团体组织，自上而下实施了一系列儿童教育参与计划，提高民众儿童教育参与的意识与观念，形成了层次分明、独立透明的内外部评估体系，充分保障了芬兰儿童教育参与权利的实现。

2000 年，在经济合作与发展组织（Organization for Economic Cooperation and Development，OECD）实行的国际学生评估项目（Program for International Student Assessment，PISA）中，芬兰教育不仅拔得头筹，而且学生与学校间的积分差异值最小，由此得出的结论是，芬兰的综合学校在教育成果上已成功地达到了优质的表现以及高度平等性[1]，学生在教育过程中享受到教育带来的幸福和参与其中的责任感。联合国 2007 年公布了《正视儿童贫困：富裕国家儿童福利概览》（Child Poverty in Perspective：An Overview of Child Well-being in Rich Countries），报告显示芬兰的教育幸福指数跃居经济发达国家的第 4 位[2]。教育能够让人享受幸福的原因之一是每位儿童享有平等、充分的教育参与权，真正体会到自己是学习的主人，由内而外地流露出享受教育的幸福。因此，梳理芬兰推进儿童教育参与权的背景和积极举措，对揭开芬兰幸福教育的神秘面纱具有重要意义，也为其他国家儿童教育参与权的推动提供了有效参考。

一、芬兰推进儿童教育参与权的背景

（一）国际性约定所提供的原则性引领

1989 年，联合国大会决议通过了《儿童权利公约》（Convention on the Rights of the Child，CRC，以下简称《公约》），《公约》界定儿童为“18 岁以下的任何人”，规定了儿童享有平等的参与权。

《公约》第 12 条指出，缔约国应确保儿童有权对影响本人的一切事项自由发表意见，根据儿童年龄和成熟程度适度看待儿童的意见，为此，缔约国须在尊重国家法律的前提下，在司法和管理程序中提供儿童被倾听的机会，可以是直接的，抑或是通过代表、其他机构进行的[3]。该条款虽然没有出现“参与”这个术语，但蕴含了儿童参与的精髓。首先，儿童对影响自身的任何事务都有权利倾听并自由发表意见。这是《公约》对缔约国人民“正确儿童观”的启蒙，成人应该坚信儿童有能力形成自己的看法和认识，并能用独特的方式表达（比如游戏、肢体语言、面部表情、绘画等）。这种表达是儿童的一种选择，他可以在一个安全、受尊重的氛围中毫无压力或者不受任何人操纵地表达出自己的心声。其次，成人应该以适当的方式看待儿童的观点，“适当”意味着成人不仅要尊重儿童的表达，还要向儿童解释他们是如何看待这个观点的，他们将如何处理问题[4]。当成人能够主动倾听、理解、接纳、反馈、处理儿童的观点或意见时，就自然而然地打破了“适当对待儿童参与”的形式主义窠臼，建构了具有内生力的“适当看待儿童观点”的社会支持系统。最后，缔约国应该为所有儿童顺利行使参与权提供各种机会，无论是时间保障还是资源提供，都务必促使儿童具有独立发表意见的自信、能力和时机。

《公约》是第一部保护儿童权利的国际性公约，为各个缔约国提供了尊重、保护儿童权利的原则性引领。1991 年芬兰签署《公约》后，政府一直致力于从各个层面探索保障儿童权利最大化的路径和策略，而且每年向联合国报告芬兰的儿童权利和福祉是如何发展的，以期在不断探索、反省和修正中走出一条适宜芬兰的儿童权利之路。

（二）欧洲委员会主导了一系列计划推动儿童教育参与权的实现

2005 年，欧洲委员会（Council of Europe）[1]第三届国家元首和政府首脑会议授权专业机构推广将儿童权利融入所有政策的思想，协调所有与儿童相关的活动，消除侵害儿童的暴力行为。2006 年 4 月，在联合国《儿童权利公约》《欧洲人权宣言》及其他法律法规的引领下，欧洲委员会在摩纳哥推出“为了儿童、与儿童共建欧洲（Building a Europe for and with Children）”的计划，旨在促进和保护 1.5 亿欧洲儿童的权利[5]。目前，该计划已经开展了三个周期（2006–2009 年，2009–2011 年，2011–2015 年），并取得瞩目成果。例如：建立不同平台提升儿童权利和儿童参与的工作人员的专业性；将儿童权利融入所有政策，形成一个全面且能补充《公约》的议程；扩充儿童获取信息的渠道，增加儿童参与的机会，形成儿童参与的政策评论，与儿童保持协商，确定儿童权利的标准；给成员国提供如何最佳实施儿童权利标准的指导、建议和支持，具体策略包括宣传儿童参与的策略、提升民众儿童参与的意识、建构完整的儿童参与系统等[6]。除了总结成果之外，每期计划都会深入分析存在的问题，揭示现实中儿童在公共生活和私人生活中参与的程度，从提供儿童友好的服务和系统、保障弱势儿童（残疾儿童、被拘留儿童、移民儿童、罗马儿童[2]）的权利、增进儿童参与权几个方面提出有效策略和方法。在每次计划中期和末期，欧洲委员会对计划的效率、效果、可持续性、采取的行动措施进行内外部评估，并将评估结果公布于部长委员会（the Committee of Ministers）的报告中[7]。芬兰民主化程度较高，又率先在国内推动“为了儿童、与儿童共建欧洲”的一系列计划，促使芬兰儿童较欧洲其他国家儿童更早享受到教育参与的权利，获得丰富的有益经验，得到欧洲委员会的充分肯定。

二、芬兰推动儿童教育参与权的积极举措

（一）建构合理的法律体系保障儿童教育参与的权利

自芬兰 1991 年签署《公约》后，政府颁布了一系列鼓励儿童参与的法律法规。1995 年，芬兰政府颁布《当地政府法案》（Local Governmental Act），指出公民有机会参与影响自身的所有事务，当局应考虑公民意见并给出处理意见。这意味着自治市层级的每位公民都具有参与和行

1　欧洲委员会是 1949 年成立的一个国际性组织，现在拥有 47 个成员国，主要职责是推进人权、民主和法治，它基于欧洲人权公约确立了共同的民主原则，对人类保护提出建议。

2　罗马儿童（Roma Children），包括罗马人、埃及人、吉卜赛人等。参见：http://www.coe.int/en/web/portal/roma.

动的机会。1998 年芬兰教育部[1]（Ministry of Education）颁布《基础教育法（628/1998 年）》[Basic Education Act（628/1998）]，指出教育旨在增进社会文明和平等，儿童的重要任务是参与教育并在生活中获得自我发展。每所学校应组建学生委员会便于学生参与学校事务，学生可以与教育工作者、家长、抚养者合作制订个人学习计划，必要时可以与学生立法代表协商。同年颁布的《高级中学法（629/1998 年）》[Upper Secondary School Act（629/1998）]和《职业教育与训练法（630/1998 年）》[Vocational Education and Training Act（630/1998）]重申教育机构要重视学生的教育参与，在做出相关决策前应咨询学生。1999 年，芬兰修订宪法（Constitution of Finland），把《公约》的第 12 条完整纳入宪法，对儿童参与权进行了基本规范，为制定其他法律法规提供了立法依据。总之，2000 年，前芬兰的教育法律法规都明示 6~18 岁儿童有权利参与教育发展和决策制定，但未单独提及年龄较小的儿童，婴幼儿的教育参与权还未得到法律的保障。

2002 年，芬兰社会事务及健康部（Ministry of Social Affairs and Health）颁布《幼儿教育保育政策的定位（2002 年）》[Government Resolution Concerning the National Policy Definition on Early Childhood Education and Care（2002）]，针对幼儿教保指明政府的服务方向，堪称芬兰幼儿教育政策的白皮书[8]。其中指出幼儿是平等、独立的个体，对自身发展有一定影响力，早期教育工作者应依据幼儿年龄和发展水平尊重幼儿的意见。这是芬兰第一部提及 6 岁以下儿童教育参与权利的政策。2010 年，教育与文化部修订《学前教育核心课程》（National Core Curriculum for Pre-primary Education）（简称《核心课程》）。提出“教育旨在提高幼儿参与教育的能力以及在生活中自我发展的能力”[9]。2014 年，教育与文化部再次修订了《核心课程》，明确提出儿童教育参与的要素：“儿童积极、负责任、民主地参与需要儿童的个人技能、积极参与活动的意愿，以及儿童对自身影响力的信心。”[10]同时，《核心课程》对幼儿参与课程有了更为具体的规定，要求各地政府在建立地方课程前，学前教育工作者、幼儿、家长共同融入课程的计划、评估和发展中，各地政府应努力营造尊重儿童、倾听儿童的文化氛围。2015 年 5 月，教育与文化部修订《幼儿日间照顾法案》（Day Care Act），将幼儿的“教育参与”列为幼儿教育的发展目标之一：“确保幼儿有机会参与、影响他们自己的事务，幼儿的早期教育计划可以由支持幼儿学习与发展的专家、行政部门、其他机构及幼儿共同参与。”[11]从历时性的角度来看，2000 年前的芬兰教育法律法规“只见大儿童，不见小儿童”，2000 年后颁布的法规折射出芬兰政府对婴幼儿的尊重，站在文化的高度倡导全社会把每一位小儿童、大儿童都当作有担当的公民对待，建构了相对完善的法律体系，为儿童行使平等而充分的教育参与权保驾护航。

（二）自上而下实施一系列计划推动儿童教育参与权的实现

立法是芬兰儿童教育参与的基础，使儿童教育参与“落地生根”则需要一系列计划的推动。2007 年，芬兰政府颁布《儿童与青年政策计划（2007–2011 年）》[Child and Youth Policy Program in Finland（2007–2011）]，简称《计划》。《计划》每四年为一个周期，每届政府必须将其纳入工作日程，力促新一轮计划的实施。从政府的角度而言，《计划》的设计初衷是敦促各个自治市在经济健康、繁荣的基础上，能够使 5~17 岁的儿童通过参与早期教育、学校和其他教育机构日常活动的计划、实施和评估发挥自身影响力，成人应尊重不同年龄儿童的背景和需求，将各市建设成为一个对儿童友好的地区[12]。为达到此目标，《计划》围绕民主教育的发展、平等与反歧视、全球教育责任、可持续发展的生活方式、媒介素养、儿童权利信息传播等几个方面提出 300 条策略。同年，芬兰实施了辅助计划——《政府的儿童、青年、家庭政策计

1　2010 年 5 月 1 日，芬兰教育部更名为教育与文化部（Ministry of Education and Culture）。

划（2007–2011年）》[Government's Children，Youth and Families Policy Program（2007–2011）]，该《计划》为儿童、青年、家庭福利创建了一个框架，倡导各自治市给儿童更多机会参与学前教育环境建设，学校、教育机构和图书馆建设。

2011年12月，芬兰政府启动了新一轮《儿童与青年政策计划（2012–2015年）》，倡导不论什么社会背景的儿童都有享受优质教育的权利，儿童应加强身份认同和公民责任意识，大胆发表意见，与成人共同决策并改变现状，每个自治市应建立评估体系监督儿童教育参与的情况。可见，芬兰实施的一系列儿童教育参与计划一脉相承，前期计划为各个自治市提出了阶段性目标，后期计划延伸前期计划的发展方向，建构更完整的督导体系和翔实的策略体系，步步为营地推动儿童教育参与权的最大化实现。

（三）成立各种正式组织提供儿童教育参与的平台

1. 成立儿童议会，为儿童行使教育参与权利构筑平台

议会是芬兰的最高权力机关和立法机关，芬兰人民通过议会行使权利，儿童亦然。儿童议会（Children's Parliament）分为国家层级和地方层级，国家儿童议会包括来自220个城市的440名儿童议员，议员为7~13岁的儿童，每个自治市推选2名，正式议员和候选议员各1名，任期两年。342个自治市成立了地方级的儿童议会，每所学校推选2名议员。儿童议会分为决议和倡议，每年召开两次会议，一次是网络会议，另一次是现场会议。现场会议规模较大，所有议员必须全部参加，儿童议员与国家议员、教育与文化部工作人员、儿童监察专员共同讨论与儿童相关的所有论题。在这个过程中，儿童议员通过陈述问题、提问、举行新闻发布会、问卷调查、邀请其他儿童和成人参与讨论等方式，坦诚展现他们的观点及想法，敦促决策者能够在“倾听、对话”的过程中逐渐融入“儿童意识”，树立“儿童立场”，从儿童的视角为儿童制定更切实有效的法律法规，为儿童提供更周全细致的服务。

2. 组织学生委员会、青年委员会及儿童和青年论坛增加儿童教育参与的机会

各个自治市为13岁以上的儿童组建学生委员会（Student Council）和青年委员会（Youth Council），每个自治市为儿童提供的教育参与机会各不相同。譬如，位于芬兰西海岸的皮耶塔尔萨里自治市（芬兰语：Pietarsaari）只在中等教育和高等教育机构组建学生委员会（小学没有），儿童只有在政策将要尘埃落定的时候才有机会表达意见。而坦佩雷自治市（芬兰语：Tampere）在各种类型的学校都设立了学生委员会（包括小学、中学、高中、大学），儿童一开始就参与到教育政策的商讨中。另一个重要组织是青年委员会，每个自治市建立一个青年委员会，由13~19岁的28名成员组成（正式成员和候补成员各一半），任期两年，成员可受邀参加自治市相关委员会的会议（如技术服务委员会、环境委员会、教育与文化委员会、运动委员会），对影响自身的决策提出意见，并对每个委员会的工作进行评估。此外，2007–2010年，芬兰教育部在赫尔辛基组织了儿童和青年论坛，每个自治市选送两名学生代表参加（综合学校、高级中学、职业学校的学生），国家的政策决策者应邀参加论坛，听取代表的建议和想法，回答代表的问题，解释相关决策的依据[13]。

儿童议会及政府建立的各种正式组织切实为儿童提供了教育参与的机会，允许一部分儿童代表自由“发声”，但能够真正表达思想的儿童屈指可数，大量的移民儿童、少数民族儿童、特殊需求儿童、经济弱势的儿童鲜有表达的机会。

（四）实施一系列措施提高公民儿童教育参与的意识

欧洲委员会副秘书长莫德·德·布尔－布基契奥（Maud de Boer-Buquicchio）曾说：“如

果政府工作人员、法官、监察专员、教师、医生、家长能够更好地理解儿童的观点就可以做出更适宜的决策。”[14]为此，芬兰政府细化并实施了一系列宣传儿童教育参与权利的措施，力求全面提高所有儿童相关工作人员的儿童教育参与意识。一方面，负责师资培养的高等教育机构为专业教育工作者提供儿童参与、儿童权利的相关课程和工作坊，例如，韦斯屈莱大学（the University of Jyvaskyla）的教师教育部、儿童教育部、社会教育部开设主题式课堂和工作坊，系统地为教育工作者提供专业引领和支持。另一方面，芬兰政府特设了一个独立机构——儿童监察专员办公室（Office of the Ombudsman for Children），包括5名儿童监察专员（the Ombudsman for Children），其职责是告知12岁以下的儿童其拥有的权利，给所有儿童相关工作人员讲解儿童权利的理念和课程，提升政府工作人员对儿童的正确认识，给所有公民普及儿童权利意识[15]。具体来说，儿童监察专员为12岁以下儿童提供不同语言（芬兰语、瑞典语、萨米语、英语、德语等）的儿童权利小册子，定期修订、评估册子中的内容；专员和韦斯屈莱大学Agora中心（the University of Jyvaskyla Agora Center）合作，共同研发网站（www. lastensivut. fi）向儿童、家长、教育工作人员宣传儿童权利的理念；儿童监察专员还和联合国儿童基金会（UNICEF）、曼纳汉儿童福利联盟（the Mannerheim League for Child Welfare）、教育与文化部、路德教会（the Lutheran Church）合作[16]出版《儿童人权教育手册》（Manual on Human Rights Education for Children），社会各界人士均可通过线上、线下两种方式了解儿童的人权及实施策略。此外，儿童监察专员需每年发布报告，把儿童的观点、意见系统呈现给政府工作人员，帮助其从儿童的立场、儿童的视角制定出“儿童友好”的政策，随后，专员必须把政府的处理意见及时、充分地反馈给儿童，使双方保持信息畅通。

（五）建构科学、规范、严格的内外部评估体系监督儿童教育参与的实施情况

芬兰儿童教育参与权的评估体系有两个层级：一个是国家层级，另一个是欧洲委员会层级，两级评估都以内外部结合的方式建构，具有独立、透明、客观的典型特征。2009年，芬兰教育与文化部颁布了《基础教育质量标准》（the Basic Education Quality Criteria），用内外结合的方式评估基础教育质量，内部评估是自治市和学校进行的自我评估；外部评估主要由独立专家组织——教育评估委员会（Education Evaluation Council，EEC）担负[17]，《基础教育质量标准》制定了一些儿童教育参与的标准（如表1所示）。

2011年，欧洲委员会颁布了《儿童权利和对儿童与家庭友好的社会服务》（Children's Rights and Social Services Friendly to Children and Families），要求在质量标准、督导和评估方面对儿童权利的实施情况进行透明、独立的外部评估。欧洲委员会聘请相关专家编制了《儿童参与评估工具》（Child Participation Assessment Tool，简称《评估工具》），为成员国提供了一个通用的评估标准。《评估工具》包含10个指标，儿童教育参与权的指标融入10个评估指标中（如表2所示）。10个指标分为三类：关于儿童教育参与权政策基础的指标为结构指标；为实现儿童参与权所采取的行动为过程指标；儿童参与权的“可衡量”变化为结果指标。每个指标包括操作性定义、数据资源、评估标准（不合格、合格、较好、优秀4级）、解析四个部分。欧洲人权法院（the Europe Court of Human Rights）监督所有成员国儿童参与权利的实施情况，特设国际审查小组进行外部评估，同时，芬兰教育与文化部设立的国内审查小组（包括政府工作人员、儿童监察专员、青年委员会成员、移民公民、6人组的儿童焦点小组）对儿童教育参与进行内部评估。

表 1　芬兰《基础教育质量标准》儿童教育参与的相关评价标准

评价指向	评价标准
指导权	注册学生有权利依据课程标准进行学习，获得学习指导和足够的支持，在失学时可以根据需要补习功课。
免费教育	残疾儿童和有特殊需求的儿童可以免费参加教育部门或其他部门提供的额外教育援助服务。
学生会	学校有学生会，学生会都由学生组成，学生会的职责是促进学生参与各项事务。若学校没有学生会，学校必须采取其他方式让学生能够对相关事宜提出自己的观点和建议。
课程实施	学生有机会参加课程讨论，教师应在讨论基础上为学生提供教育评价和支持。教师应为学生提供课程与教学的信息。学生参与教学和其他学校活动必须得到学校的反馈。
经营文化	学校必须营造开放、互动的文化，提高学生和监护人的参与度。

［资料来源：The Ministry of Education. Basic Education Act（628/1998）Amendments up to 1136.［2010.10–24.］

表 2　欧洲委员会儿童参与评估工具

评估指向	评估指标
	指标一：国家宪法和法令中有儿童参与权利的法律法规 第三个子指标：有教育参与的相关法规
	指标二：国家通过跨部门合作实现儿童参与权利
	指标三：当地有独立的儿童权利机构并受到法律保护
	指标四：建立一个促使儿童和青少年有权利参与司法和行政程序的机制
	指标五：建立儿童喜欢的个体投诉程序 第三个子指标：对教育中的不满可以畅通地投诉，工作人员要依据儿童年龄采用其能够理解的方式对投诉进行积极反馈。
提升儿童参与权的意识	指标六：把儿童参与融入到儿童相关工作人员的培训课程中 第三个子指标：对教师与其他教育工作者开展儿童参与的培训
	指标七：为儿童提供参与权利的信息
创建儿童参与的空间	指标八：儿童和青年代表可以参与当地、行政区、国家三个级别的管理
	指标九：建立为儿童提供公共服务的反馈机制，学校与其他教育机构要建立评估、调查、投诉程序的完整机制，保障不同年龄和背景的儿童都参与影响自身的事务，并得到反馈。
	指标十：儿童和青少年可以监督《儿童权利公约》的实施情况，监督儿童权利委员会的影子报告和欧洲委员会的文书发表情况。

（资料来源：Council of Europe Children's Rights Division and Youth Department. Child Participation Assessment Too［Z/OL］.（2016-03-01）[2021-07-03]. https://rm.coe.int/1680648zd9.）

三、芬兰儿童教育参与的主要特点

（一）建构相对完善的法律体系是推进儿童教育参与的根基

芬兰政府建构了相对完整的法律体系，确保儿童教育参与“有法可依”。芬兰儿童教育参与的法律体系呈现出两个典型特点。第一个特点是法律法规的纵向结构合理。芬兰的基本大法——《宪法》规定每位公民都具有参与权，主管部门应为公民提供参与机会。教育单行法中《基础教育法》《高级中学法》《职业教育与培养法》都指出儿童的首要任务是参与教育，学校要尽力为学生提供机会参与到自我发展中，使儿童能对影响自身的事务和决策提供信息。教育行政法规中的《幼儿日间照顾法案》将幼儿的教育参与列为幼儿教育的目标之一。此外，《幼儿教育保育政策的定位（2002 年）》《学前教育核心课程》等规范性文件与上位法规一脉相承，力倡儿童教育参与的必要性。

第二个特点是芬兰政府尊重从婴幼儿至高中生所有儿童的法律地位。上文已述，2000 年前，相关法律法规主要明示 6~18 岁儿童的教育参与权利，6 岁前儿童的教育参与权没有单独提及，这说明芬兰法律体系中还存在看不见“学前儿童”的问题，年龄较小儿童的利益和独立权利没有被政府给予必要的认同和重视。而在 2000 年后，大量与学前儿童权益相关的教育行政法规、规范性文件如雨后春笋般涌现，这意味着学前儿童教育参与的合理权利受到应有的重视，并在实践层面进一步推广。

在公共生活中，相对完善的法律体系具有强制性、导向性，儿童教育参与的相关法律体系对芬兰公民提升儿童教育参与的意识，解读儿童教育参与的行为，尊重儿童教育参与的行动，营造儿童教育参与的文化具有根基性影响。

（二）唤醒整个国民的儿童意识是推进儿童教育参与的前提

权利是一个最终与文化价值观分不开的概念[18]，民众有什么样的文化价值观就会形成什么样的行为方式，这会影响儿童教育参与权利的实现程度。芬兰政府意识到儿童是充分的权利拥有者，在实践中强化儿童的教育参与权不是一种治国选择，而是整个国家的义务，是国家得以繁荣兴旺、延年永续的根基所在。因此，芬兰政府特设了单独的儿童监察专员办公室，主要负责通过网络、纸媒、文化活动等多种渠道唤醒儿童、家长、政府工作人员、儿童相关工作人员的儿童教育参与意识，借助高等教育机构强化儿童教育工作者的儿童教育参与的意识与理念。唯有全社会高度重视儿童的需要和兴趣，还给儿童应有的话语权和参与权，关注儿童教育参与的实现情况，才能营造一种尊重儿童、崇尚儿童参与的文化氛围。换句话说，一个文明社会只有“看到”儿童的“存在”，以平等、敬重的态度对待儿童的“参与”，才会得以“存在”并永续发展。

（三）提供儿童教育参与的各种组织和平台是实现儿童教育参与权利的关键

真正有效的儿童教育参与不是成人主导的，而是源于儿童自身，儿童自发地敞开心扉，放开拘谨，大胆地参与到与教育相关的所有事务中。这就需要给儿童提供适宜的组织和平台。“适宜”有两个层面的意涵：一是组织和平台要保持相对独立的性质，也就是组织是儿童的、为儿童的，平台只适合儿童使用，其版面设计、功能设计、文图设计都契合儿童的年龄特征和心理需求；二是组织和平台要撕下冷冰冰的面纱，深蕴情感和信任，使得儿童能够敞开心扉地宣泄、表达，平台工作人员必须以“海纳百川之心”对儿童的言辞、话语、意见表示理解和尊重。芬兰政府非常重视儿童组织和平台的建设，甚至在法律中明确要求地方政府要建立青年委员会、儿童议会、青年论坛，每个学校要成立学生委员会，让学生、教师、家长共同商讨教育相关问题。这些实体组织的最大特点是让儿童自己管理、自己组织、自己运行，儿童在一个真正属于"我"的组织中抛弃顾虑，畅所欲言，向一些相关部门提出自己诚挚的想法和中肯的建议。除此之外，芬兰政府提供了一些网络平台、电话平台，各个自治市鼓励儿童利用先进的通信设备自由参与和表达。

（四）建立科学、规范、严格的评估体系是实现儿童教育参与的推手

芬兰儿童教育参与的评估体系是一个层级分明、权责清晰、导向明确、指标具体、内外联动的完整体系。从层级而言，评估体系分为两级：欧洲委员会层级和国家层级。欧洲委员会委托欧洲人权法院依据《儿童参与评估工具》引领各个成员国参照《评估工具》建构合理而完善的儿童教育参与评估体系。芬兰国内组建了教育评估委员会，细化了各项评估指标，国家对每个自治市的儿童教育参与的实现情况进行系统评估，包括每个自治市是否提供了自下而上的参与途径，是否重视非正式的儿童参与渠道，如何对儿童参与的相关法律进行定期评估，如何对提供儿童权利培训的机构进行筛选和评估，如何为更多教育人员提供系统的课程培训[19]。从导向而言，欧洲委员会制定的《儿童参与评估工具》的宗旨是帮助成员国测量其支持儿童权利获得哪些进步，并提供一些可行的改进建议，欧洲人权法院实施的评估也是具有发展导向的，芬兰政府对各个自治市的评估同样是以发展为主旋律的。从内外部联动而言，欧洲委员会层级的外部评估主要由欧洲人权法院执行，内部评估由芬兰政府组建的国内审查小组执行；国家层级的外部评估主要由教育评估委员会执行，内部评估则由每个自治市和学校进行。

参考文献：

［1］陈文团，温明丽．芬兰教育：理论与实务［M］．台北：教育资料馆，2010：99.

［2］UNICEF. Child poverty in perspective：an overview of child well-being in rich countries (Report Card 7)［R］. Florence：Unicef Innocenti Research Centre, 2007：18.

［3］UN. Convention on the rights of the child［EB/OL］. (1989-12-12)［2021-06-21］.http：//wunrn.org/reference/pdf/Convention_Rights_Child.PDF.

［4］SZAJ C M. The right of the child to be heard［C］. //TODRES J, WOJCIK M E, REVAZ C. The United Nations Convention on the rights of the child：an analysis of treaty provisions and implications of U.S. ratification. New York：Transnational Publishers, 2006：127-141.

［5］Council of Europe. Building a Europe for and with children［EB/OL］.(2006-04-09)［2021-06-21］. https：//coe.bsu.by/index.php/en/camp-en/eu-chi-en.

［6］［7］Council of Europe. Council of Europa strategy for the rights of the child (2012~2015)［R/OL］. (2012-12-15)［2021-06-22］.https：//www.coe.int/t/dg3/ children/MonacoStrategy_en.pdf.

［8］刘豫凤．芬兰幼儿教保现况 —— 教育均等理念之实践［J］. 教育资料集刊，2013 (57)：101-122.

［9］Finnish National Board of Education. National core curriculum for pre-primary education (2010)［S/OL］. (2010-12-02)［2021-06-21］. https：//docplayer.net/ 20777636-Finnish-national-board-ofeducation-national-core-curriculum-for-pre-primary-education-2010.html.

[10] Ministry of Education and Culture. National core curriculum for pre-primary education (2014) [S/OL]. (2014-12-22) [2021-06-21] .https://www.oph.fi.sites/default/files/documents/esiopetuksen opetussuunnitelman perusteet 2014.pdf.

[11] SOUKAINEN U. The curriculum process-case Turku in Finland [C]. // Inquiry in education. Chicago: National-Louis University. 2016: 2.

[12] [19] Ministry of Education. The Finland government's child and youth policy program 2007~2011 [M]. Helsinki: Helsinki University Press, 2008: 7, 79-81.

[13] [14] Council of Europe. Child and youth participation in Finland——a council of Europe policy review [R]. The Council of Europe, 2011: 76,119.

[15] [16] Office of the Ombudsman for Children. Office of the ombudsman for children's action plan for 2013[M/OL]. The office of the Ombudsman for Children, 2013: 3-6.(2013-12-25)[2021-06-22]. https://www.lastensivut.fi.

[17] 田腾飞 . 芬兰基础教育的质量标准及其评估机制探析 [J]. 比较教育研究, 2013 (04): 54-59.

[18] 艾伦 · 普劳顿 . 童年的未来 —— 对儿童的跨学科研究 [M]. 华桦 , 译 . 上海: 上海社会科学出版社, 2014: 31-32.

（作者杜丽静系金华职业技术学院师范学院讲师。）

美国 K-12 学校氛围改进：重点、标准及实施策略

王树涛

导读：为促进学生的学业与情感发展，长期以来美国政府十分重视 K-12 学校的氛围改进，重点强调在学校氛围塑造中教师、学生和家庭的参与，学生生理和情感安全的保障以及学校及周边环境的建设等几个方面。美国政府设定共享愿景和积极计划，制定系统、个性化和可测量的学生发展促进策略，识别、优先支持相关实践，创造欢迎、支持和安全的环境，在学校的实践、活动、规范等方面，形成富有意义和吸引力的学校氛围改进标准。此外，政府加强对学校氛围改进的拨款，将学校氛围纳入学校质量标准，制定专门的学校氛围标准，加强学校氛围评估及对学校氛围改进予以资源与技术支持。

长期以来，学校氛围改进受到美国政府及社会各界的广泛关注。《不让一个孩子掉队法案》（No Child Left Behind Act，NCLB）明确提出“推动整体学校氛围（Improvements in School Climate）”，并将之纳入学校成功和项目资助的重要评估指标[1]。自此，美国政府不断加强包含学校氛围改进在内的学校问责，并将之与政府的资助与惩罚政策相关联。基于逐年递进的适当年度进步率（Adequate Yearly Progress，AYP），各州开始寻求有效的学校整体改进策略。如果连续不达标，那么学校轻则被贴上“需要改进”的标签，重则要接受重组、关闭或被州接管的惩罚。《每一个学生成功法案》（Every Student Succeeds Act，ESSA）进一步强调对学校氛围的评价，并将之作为学校绩效评估的重要指标，新法案不再仅仅依靠标准化考试，而是利用多种方法进行评估[2]。从联邦政府到各州政府，美国教育部门对学校氛围改进的热情高涨，各项举措纷纷出台。

一、学校氛围的内涵及意义

关于学校氛围的内涵，美国国家学校氛围中心主任科恩（Cohen）教授认为，学校氛围体现了学校生活的质量和特点，反映了一所学校的规范、目标、价值观、人际关系、教学和学习实践以及组织结构[3]。美国的学校氛围改进具有以下几个特征：设立积极和综合的目标，致力于构建安全、支持、参与和充满活力的学校生活；使用一组支持学习和行为的综合数据，包含学生、家长、教师个体及群体等对学校安全、人际模式、教与学以及环境的感知；强调通过参与使学生成为合作学习者和合作领导者，以促进他们的社会能力及内在动机的发展；是一项广泛和系统的工作，建立在民主知情的基础上，使学生、家长 / 监护人、学校人员甚至社区成员在学校校长领导下成为共同学习者和共同领导者；承认成人驱动的重要性，明确强调将成人学习作

为有效学校氛围改进的基本要素；注重形成学校社区系统政策，倾向于把数据当作指引改革的“手电筒”，而不是做出判断的“法锤”[4]。

作为学校中被成员所体验并对其行为产生重要影响的、相对持久而稳定的学校环境特征，学校氛围以成员的共同行为感知为基础，对学校和学生发展具有重要作用[5]。可持续的、积极的学校氛围有助于促进青少年在民主社会中培养及发展富有创造力的和奉献精神的，创造令人满意的生活所应必备的学习能力，包含一系列支持人们社交、情感和身体安全的规范、价值观和期望。青少年在校时间占据其日常时间的 2/3 还多，学校经历无疑是家庭经历之外对青少年身心产生深远影响的另一重要经历[6]，它不仅能促进学生的学业发展，还能培养学生成为一名情感健全、有责任心的公民，以及富有爱心和工作素养且终身学习的人[7]。

二、美国学校氛围改进的重点

美国学校氛围改进重点强调参与、安全和环境等方面[8]，为此美国教育部专门设立国家安全和支持性学习环境中心（National Center on Safe Supportive Learning Environments，NCSSLE）来协助处理相关事宜。

（一）强调教师、学生和家庭的参与[9]

学校须为学生提供全纳教育，提升学生的文化和语言竞争力。具有文化和语言竞争力的教师与来自其他文化的学生交流起来更为顺畅，可以为不同文化族群学生及家长建立不同的规范，有助于学生更好地理解文化差异，进而有效地发挥美国“大熔炉”的作用。当前，少数族裔的学生已经占到美国公立学校学生的 43%，并且随着学龄儿童的多元化，这一趋势还在增长。这就要求学校必须意识到学生的多元文化差异及这一差异对学生学习风格、交往及行为的影响，为学生提供全纳教育体验。另外，教师和学生之间的语言差异成为阻碍学生学业进步的重要障碍，目前大约有 20% 的 5~17 岁的学生在家使用英语以外的语言，有 5% 的学生存在英语表达困难。教师掌握和使用多种语言的能力越来越受到重视。

建立信任和支持性的环境，培养学生之间积极的人际关系。积极的人际关系有利于学生和教师、学生和学生之间形成积极的关系联结，那些与学校存在积极联结的学生更容易成功，他们较少产生抽烟、喝酒、暴力等问题行为，也较少产生情感问题。建立信任、支持性的学习环境是形成这种积极人际关系的前提，其所形成的人际联结有助于提升个体对学校的责任感。而富有关怀的教师在环境建设及与学生联结中发挥着重要作用，更有助于提升学生对学校的依恋感。

鼓励教师、学生和家庭参与建设安全和富有支持性的学习环境。教师、学生和家庭在安全和支持性学习环境建设中都发挥着关键作用。当学生感受到父母和老师的支持时，他们更愿意参与学校活动。为提升家庭的教育功能，教师需利用专业知识帮助家庭形成一个鼓励性的家庭环境以促进学生的成长。另外，应鼓励学生参与学校管理，并在学校政策、规章、制度制定过程中让学生的声音得到充分体现。学生在与教师和管理者合作塑造学校氛围时能够更好地感受与学校的联结，这有助于学生获得新知识、新技能和亲密的人际关系，并为他们的未来做好准备。

（二）强调对学生安全的保障[10]

保障学生的身心安全。保障身体安全的对象应囊括所有的利益相关者，包括学生、家长 /

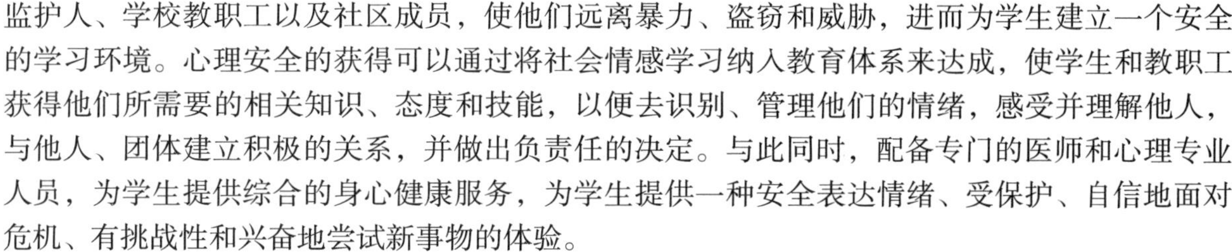

监护人、学校教职工以及社区成员，使他们远离暴力、盗窃和威胁，进而为学生建立一个安全的学习环境。心理安全的获得可以通过将社会情感学习纳入教育体系来达成，使学生和教职工获得他们所需要的相关知识、态度和技能，以便去识别、管理他们的情绪，感受并理解他人，与他人、团体建立积极的关系，并做出负责任的决定。与此同时，配备专门的医师和心理专业人员，为学生提供综合的身心健康服务，为学生提供一种安全表达情绪、受保护、自信地面对危机、有挑战性和兴奋地尝试新事物的体验。

减少校园欺凌。采取措施减少身体欺侮、言语欺侮和社交欺侮，尤其注意那些通过故意的侵犯来破坏他人名声和人际关系的社交欺侮行为，包括故意忽视他人，告诉其他孩子不要和某儿童做朋友，散布某人的谣言或者在公共场合侮辱某人等。减少网络欺凌，防止运用手机、电脑和平板等电子设备，通过社交媒体网站、短信、聊天室及微博等通信工具对其他学生进行欺凌。

减少学生药物滥用等行为。药物滥用、酗酒、抽烟以及吸毒，会破坏学生完成学业的能力，导致问题行为的产生，与安全和支持性的学习环境不相容。

加强对突发事件的应对与管理。学校要与周边社区紧密合作，制定有效的危机应对方案，应对暴力、犯罪、自然灾害、传染病等突发事件的发生。

（三）强调学校环境的建设[11]

优化学校的物理环境，如降低学校周边的噪音，保持适宜的室内照明亮度、空气质量及温度。学校物理环境会影响学生的学业行为和成就，安全、适宜的学校设施是各类教育项目成功实施的基础，与教师的出勤率、身心投入、教学有效性及工作满意度都显著相关。

提供支持性的教学环境。教学环境往往是支持或阻碍学习的关键因素。一个支持性的学习环境往往具备高质量的教学、成就导向的学业支持行为、积极的角色模式、高水平的学业期待以及为学业困难学生提供帮助等特征。教师对学生高期待并配以强有力的支持是促进学生学业成功的秘诀，而一个管理良好的课堂则是减少问题行为、提升学校效能的前提。

减少惩罚性的学校纪律。与惩罚相比，应当鼓励学生更多地自律并减少违纪问题。当违纪问题发生后，学校须采取积极的方式鼓励学生重新与疏远的同伴和教师复合关系，并增进他们对学校积极的体验。

三、美国学校氛围改进的标准

美国国家学校氛围标准由国家学校氛围咨询委员会和教育工作者、心理健康专家、学生家庭、学校董事会及社会活动家等共同制定而成，旨在为全国各地的学校氛围改进设立基准[12]。具体内容包含以下五个方面。

（一）促进、优化和保持积极学校氛围的愿景和计划

首先学校的政策和实践应支持学校、家庭、青少年和社区成员共同努力建立一个安全和有效的学习共同体。他们能够就学校氛围改善策略达成共识，并参与实施；政策和实践能够得到定期评估以保证它们不断细化以提升学习共同体的质量。其次，学校面向学生、教职人员、学生家长收集准确和可信的学校氛围数据，并与共同体成员分享，以促进学校氛围持续的改进。再次，发展面向全校范围的预防和干预策略，并形成政策和系统变革，使得所有的学校成员能够满足学校氛围的标准。

（二）明确推动学生社交、情感、道德、公民素养及认知技能的发展政策

首先，学校要制定促进学生社交、情感、道德、公民素养及认知技能发展的系统政策。这些政策要使课程内容、监督及标准有利于学生上述素养的发展，将其有效地融入课堂中，并与当前学生的流行文化、环境和话语相结合。其次，指导和评估过程及标准应是个性化的，有助于促进成员之间的互相尊重、关怀及集体意识的感知。再次，采用可靠的测量及数据来说明促进学生社交、情感、道德及公民素养学习的效果。

（三）摆在优先位置、能被识别并受到充分支持的实践

首先，学校应设计专门的实践活动使每一个学生参与到以课堂为基础的社交、情感、道德及公民素养学习与校园活动中来。这些实践活动应关注学生对良好认知与行为的学习，促进他们发展与他人分享自己观点的意愿和能力，培养自己的兴趣，学会压力管理并作出负责任的决定，为学生提供丰富的机会和指导，减少他们被外部强迫的交往。其次，教师与学校管理者应设计专门的课堂和实践，促进教师的教学与学生的学习，并促进不合群学生重新参与到学校活动中来。促进学生的健康发展和预防负面事件的发生，并在负面事件发生后作出最及时的反应，给予那些处于困境中的学生以大量的帮助；设计课堂和学校干预策略促进学生最大程度的参与，接纳所有的学生，对“掉队”学生的学习与行为问题给予干预；为学生提供充分的入学、升级支持；加强家校之间的联系，及时反映并有效地进行危机干预，充分地利用社区志愿者及社区资源等促进社区的参与和支持，为家长和学生寻求帮助提供便利；为学生发挥领导角色提供充分的机会，提升学生对学校的承诺。再次，课堂和学校实践应形成一个综合和相互联结的学习支持系统，整合学校和社区的资源。学校领导须实施学校氛围标准达成的领导责任制，并将责任制写入职务说明书。配备充足的相关方面的教师，并不断促进教师专业发展。促进硬件设施建设以整合学校和社区资源，形成持续的计划、实施、评估的综合学习支持系统。

（四）创造使组织成员受到欢迎、支持和安全的环境

首先，学校领导须推动综合的和基于证据的教学和学校管理改进，使学生、教职工及其他人员在学校感受到社交、情感、认知及身体等各方面的欢迎和支持；其次，学生、家长、教师及社区人员经常被征询对学校改进的建议，促进学校受欢迎、支持的程度的提高及安全环境的建设；再次，学校制定监督和评估学校的预防和干预策略，并运用这些策略促进相关政策制定、设施配备、员工素养提升等。

（五）形成富有意义和吸引力的实践、活动、规范

首先，塑造教师和学生负责任的和有道德的行为，这些行为是他们持续学习的保障，使他们拥有知识、意识、技巧和能力去识别、理解并尊重社区成员特殊的信仰、价值观、习俗、语言及传统。要做到这些，需要在课程教学中促进学生对不同信仰、价值观、风俗、语言形成好奇心和对相关仪式活动积极参与，并且可使学生在学校和社区有丰富的机会帮助他人。其次，学生和教师之间要相互尊重、支持，要礼貌地对待彼此，这需要每一个学生都能在学校找到一个对他关怀和负责的成年人。学校规范有助于负责任和积极的人际关系的形成，并且保证只有基于支持学生学习的目的才可以实施惩罚。尊重每一个学生，并让学生真正有机会在合适的时

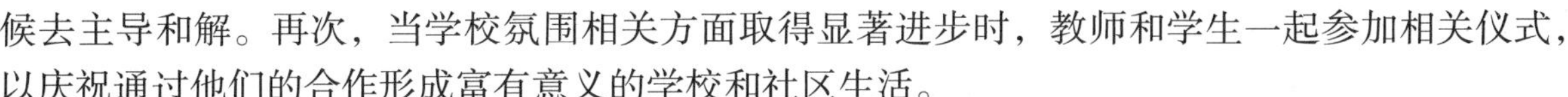

候去主导和解。再次，当学校氛围相关方面取得显著进步时，教师和学生一起参加相关仪式，以庆祝通过他们的合作形成富有意义的学校和社区生活。

四、美国学校氛围改进的实施策略

（一）加强对学校氛围改进行动的拨款

2014 年美国联邦政府的“现在正当时”（Now Is the Time）促进学校安全及减少枪支计划中就包含学校氛围改进的内容。为此，美国教育部制订了超过 7000 万美元的拨款计划，支持 38 个州 130 所学校进行学校氛围改进。该拨款计划包含学校氛围转变、学校危机预防及突发事件管理等三个方面、四类拨款项目。其中学校氛围转变学区拨款和学校氛围转变州拨款用于开发、加强以证据为基础的多层次行为框架支持系统，以改善学生的行为结果和学习条件。学校危机预防拨款用于为学生提供帮助他们处理创伤和焦虑的咨询服务，给学生社会情感支持以帮助他们处理暴力影响，以及提供其他校园暴力和冲突的预防和解决策略。这部分拨款还用于改善校园环境以减少骚扰、欺凌、暴力、参与黑社会和滥用药物的发生率。突发事件管理拨款用于帮助学区制定和实施学校突发事件的管理行动，为学区提供相应的培训和技术支持[13]。《每一个孩子成功法案》则将使学校氛围改进的拨款更加常态化，要求改革国家的问责体系，必须将学生参与、学校氛围与学校安全等至少一个指标纳入问责体系之中，促进各地区创造安全、健康的学校环境。该法案设立专门的学生支持与学业改进项目，资助州和地方教育部门为所有学生提供全面的教育，改善学生的学习环境[14]。

（二）将学校氛围因素纳入学校质量标准

学校质量标准是基于学校目标、目标适合度及实现过程中资源利用的有效度和目标达成度所做出的判断[15]。《每一个孩子成功法案》的颁布使得学生成功被给予更宽泛的定义，包括学校氛围等非学术性指标被纳入学校质量和学生成功的评估体系。这意味着学校氛围相关因素成为学校质量建设的目标，为此学校必须调动必要资源以促进该目标的有效达成。美国某些州就采取这种方式推动学校氛围改进。例如，阿拉斯加州的学校质量标准就要求针对不同社会阶层和文化背景的学生、教师、管理者、家庭和社区成员，学校目标和教职员工行为要促进公平和对多元化的尊重，并且学校的环境应具有支持性和安全性。佛蒙特州的学校质量标准强调学校设施和学习环境，要求每一个学校要维持一个安全、有序、文明和积极的学习环境，这样的环境建立在充分的指导和班级管理、明确的纪律和出席制度的基础上，减少戏弄、骚扰和欺侮行为的发生。蒙大拿州的学校氛围相关政策包含在他们的学校改进战略计划中，需要地方当局鼓励教师、学生、家长及社区建立合作和谐的关系，并制定政策、规程及章程以保护所有学习者的权利，促进对他人幸福的关怀，排除欺侮、恐吓和骚扰[16]。

（三）制定专门的学校氛围标准和指导方针

除了一些州将学校氛围因素纳入学校质量标准之外，也有一些州制定专门的学校氛围标准和指导方针。例如，威斯康星州的指导方针就要求帮助儿童成为有关怀、奉献精神的和有价值的负责任的公民。学校对学生的行为有着较高的期待，为他们提供丰富的专门课程、合作课程及课外机会，培养他们自我发展与人际交往的技能。这样的学校氛围可以使所有学生都感到自己是安全和有价值的。俄亥俄州学校氛围的指导方针描述了学校如何创造每个学生都感到受欢迎、受尊重和有学习动力的环境。具体可概括为 9 条措施：学校、家长和社区共同支持学生学业发展；将学生的社会情感需要纳入地区学校改进框架中；评估学习环境并确保其得到持续改进；维持关怀、参与及管理良好的教室；排除安全隐患使学生更好地关注学习；培养学生社会情感技能以促进他们成功；将学生父母和家庭的力量纳入学习环境建设中，以最大程度促进他们的学习；向学生授权以密切他们与学校的联系；提供高质量的食物服务并强调体育活动。另外，俄亥俄州的学校氛围指导方针还设置了基准以及建议的活动以帮助学校落实这九条措施[17]。

（四）加强对学校氛围改进的评估

以往美国教育测量更多关注阅读、数学等，越来越高的呼声要求对 K–12 学校学生的社交、情感、道德及学业等进行全面的评估[18]。学校氛围评估满足了这一要求，受到国家学校氛围中心等专业机构、联邦及各州教育系统领导和 K–12 学校校长的重视。国家学校氛围中心在对以往研究综述的基础上制定了一个包含安全、教与学、人际关系、学校环境及教职员工等五维度的学校氛围测评指标体系（见表 1）。密西西比州则制定了自己的学校氛围评估工具，其学校安全与秩序评估工具包含评估清单、访谈问卷及学校地图。评估清单的第一个维度是“积极氛围 / 预防”，其包含三个方面：项目实施程序，如冲突解决、攻击性管理、交往技能、欺侮预防、宽容训练及亲社会技能发展；实施树立主人翁意识和以学校为荣的氛围计划；制定政策和程序以促进多元文化理解及持续的程序应用。加利福尼亚州教育局制定了一套学校氛围评估工具，将之纳入加利福尼亚学校氛围、健康及学习的调查问卷中，并对该州学校两年实施一次测量。近些年通过联邦“安全、支持学校拨款”（Safe and Supportive Schools Grant，S3）资助，更多州寻求学校氛围评估，田纳西州就是其中之一。它要求评估与学校氛围相关的参与、安全以及环境等因素，最大程度上帮助这些学校。更多的州通过领导力标准来评估和监测学校氛围或文化，有 13 个州的领导力标准包含领导学校氛围改进指标。密歇根州在学习环境方面要求教师与他人一起创造一个支持个体和合作学习的环境，支持积极地交流互动，活跃地学习参与和自我激励[19]。

表 1　美国学校氛围评估维度和指标[20]

维度	指标
安全	
1. 规章制度	针对身体暴力和言语谩骂、骚扰、戏弄等制定清晰的沟通准则，加强成人干预制度。
2. 人身安全	学校中学生和成人感受到人身安全。
3. 社会情感安全	学生远离言语谩骂、骚扰、戏弄。
教与学	
4. 学习支持	实施支持性的教学实践，鼓励建设性的反馈；给予多样化展示知识与技能的机会；支持大胆独立思考；给予对话和质疑的氛围；给予富有挑战性的学业支持及个体关怀。
5. 社交和公民行为支持	支持社交和公民知识、技能及性情发展：包括有效地倾听、冲突解决、自我反馈以及情绪稳定、移情、负责任和富有道德的决定。

续表

维度	指标
人际关系	
6. 尊重差异	相互尊重个体差异（如性别、种族、文化等），包括教师之间、师生之间、生生之间，彼此之间互相宽容。
7. 成人社交支持	成人对学生支持和关爱，包括期待学生成功，善于倾听学生，认识到他们是独立的个体，对学生的问题展现私人关怀。
8. 同伴社交支持	同伴之间支持关系的发展，包括在社交、问题、学业等方面的互相帮助和对新同学的友好。
学校环境	
9. 学校联结 / 参与	积极地支持学生、教职工及家庭参与到学校生活中来。
10. 物理环境	干净、有序和富有吸引力的设施以及充足的资源和材料。
教职员工	
11. 领导力	领导者能够创造出一个清晰的愿景，帮助教职工和学生发展。
12. 职业关系	教职工之间有积极的态度和关系，有效地支持共同的工作和学习。

（五）加强对学校氛围改进的资源与技术支持

美国学校氛围改进由国家安全和支持性学习环境中心、国家学校氛围咨询委员会、国家学校氛围中心提供资源和技术支持，倡导建立安全、可参与和具有支持性的学习环境，为各州的管理者提供培训和支持，并通过评估和项目实施改善学校的教学环境，让所有学生相信他们都能在安全、可参与和有支持性的学习环境中取得学业成功。27 个州为各地区和学校提供与学校氛围改进相关的技术支持。大多数州通过州教育局网站以及教育培训的方式提供技术支持。例如，佐治亚州教育法案要求制订学校氛围管理计划，帮助地方学校和机构提升他们的学校氛围及管理过程，这些过程被设计用来提升学生的学业成就、学生和教师的士气、社区的支持力度及教师和学生的出席率，同时减少学生的留级、开除、辍学及其他负面学校环境因素。新罕布什尔州公立学校准入最低标准包含学校氛围和文化部分，它要求学校管理者提供专业的发展机会，以支持对安全和健康学校环境的政策理解与需求[21]。

参考文献：

[1]U. S. Department of Education. No child left behind act[EB/OL]. (2002-01-08)[2017-08-08]. https：//www. congress. gov/107/plaws/publ110/PLAW-107publ110. pdf.

[2] U. S. Department of Education. Every student succeeds act [EB/OL] . (2015-12-10) [2017-08-08] . https：//www2. ed. gov/documents/essa-act-of-1965. pdf.

[3] [18] COHEN J, MCCABE E M, MICHELLI N M, et al. School climate：research, policy, practice, and teacher education. School Climate Research and Educational Policy [J] . Teachers College Record, 2009, 111 (1)：180-213.

[4] COHEN J. School climate policy and practice trends：a paradox [J] . Teachers College Record, 2014 (2) ：1-5.

[5] HOY W K, HANNUM J. Middle school climate：an empirical assessment of organizational

health and student achievement [J]. Educational Administration Quarterly, 1997, 33(3): 290-311.

[6] ECCLES J S, ROESER R W. Schools as developmental contexts during adolescence [J]. Journal of Research on Adolescence, 2011, 21 (1): 225-241.

[7] COHEN J. Social, emotional, ethical, and academic education: creating a climate for learning, participation in democracy, and well-being [J]. Harvard Educational Review, 2006, 76(2): 201-237.

[8] National Center on Safe Supportive Learning Environments. Safe supportive learning: engagement, safe, engagement [EB/OL]. (2016-02-12) [2017-08-08]. https: //safesupportivelearning. ed. gov/.

[9] National Center on Safe Supportive Learning Environments. Engagement [EB/OL]. (2016-02-12) [2018-01-08]. https: //safesupportivelearning. ed. gov/topic-research/engagement.

[10] National Center on Safe Supportive Learning Environments. Safety [EB/OL]. (2016-02-12) [2018-01-08]. https: //safesupportivelearning. ed. gov/topic-research/safety.

[11] National Center on Safe Supportive Learning Environments. Environment [EB/OL]. (2016-02-12) [2018-01-08]. https: //safesupportivelearning. ed. gov/topic-research/environment.

[12] [20] National School Climate Center. School climate standards [EB/OL]. (2009-12-17) [2017-09-15]. http: //www. schoolclimate. org/programs/documents/dimensions_chart_pagebars. pdf.

[13] U. S. Department of Education. U. S. Department of education invests more than $70 million to improve school climate and keep students safe [EB/OL]. (2014-09-23) [2017-07-08]. https: //safesupportivelearning. ed. gov/resources/us-department-education-invests-more-70-million-improve-school-climate-and-keep-students.

[14] NCSSLE. ESSA, Title IV, Part A, Student support and academic enrichment (ssae) grants [EB/OL]. (2017-06-30) [2017-12-23]. https: //safesupportivelearning. ed. gov/ESSA-TitleIVPartA-SSAE.

[15] 蔡永红，毕妍. 美国国家质量奖学校质量标准对我国的启示 [J]. 比较教育研究，2011(12): 1-5.

[16] [17] [19] [21] PISCATELLI J, LEE C. State policies on school climate and bully prevention efforts: challenges and opportunities for deepening state policy support for safe and civil schools [EB/OL]. (2011-07-01) [2017-08-15]. https: //files. eric. ed. gov/fulltext/ED566375. pdf.

（作者王树涛系清华大学公共管理学院博士后。）

关于教师对学校变革积极态度形成策略研究

杨润东

导读：教师作为学校变革的“主力军”，其对学校变革的态度对于变革实践具有重要价值。国外关于教师对学校变革态度的影响因素研究主要聚焦于以下几个方面：从态度持有者本身来看，有教师的教龄、个体经历、时间和精力、教师对工作的满意度、教师对变革的认知和情感；从学校变革这一态度对象来看，有变革的民主性和实用性。这对于国内教师对学校变革积极态度的形成有如下启示：合理协调学校变革远景及当下行动；辩证看待变革理念和教师认知的统一性；关注教师的生存处境；增强教师的参与性；重视教师变革行动的情感体验；考虑不同地方与不同学校的差异性。

影响学校变革的因素是复杂多样的，学校和系统层面的变革都有利于学校变革的成功，但教师层面的变革是变革的中心[1]。在一些研究者看来，教师是学校变革的关键阻力，是许多学校变革问题的核心所在，故而教师时常成为学校变革失败的“替罪羊”。安迪·哈格里夫斯（Andy Hargreaves）和迈克·富兰（Michael Fullan）对此批判道：“人们更多地将教师视为问题的一部分，而非解决方案[2]。”这种思维引导研究者关注教师对学校变革的积极影响，强调教师对变革的价值所在。其实，教师对学校变革的影响是双向的，既可能是正面的，也可能是负面的。这促使我们把解决问题的方向指向教师，毫不夸张地说，学校变革一旦发生后，解决了教师问题就解决了学校变革的主要问题。

国内众多的研究者在从教师的视角去探究如何提升学校变革实效时，大多聚焦于教师的专业发展，缺少对教师内在的个性、情感、态度等方面的重视，尤其是关于教师对学校变革态度的专门研究比较少。

一、教师对学校变革态度的内涵及意义

态度指个体以一种持续的赞成或不赞成的方式对某一客体做出评价性反应的习得的心理倾向[3]。经典的情绪 ABC 理论[1]把态度系统看作由三个主要成分构成，即认知、情感、行为或行为倾向[4]。丹尼尔·卡茨（Daniel Katz）认为态度主要有四种基本功能：适应（adjustment）功能、自我防御（ego defense）功能、价值表现（value express）功能、认识或理解（knowledge or understand）功能[5]。人们对某一对象的态度通常有两个层面：一是外显态度，它是个体对态度对象的有意识评价[6]；二是内隐态度，它是个体对态度对象的自动化的、不受控制的无意识情感反应[7]。教师对学校变革的态度是教师对学校变革这一对象所持的相对持续的赞同或不赞同

1　情绪 ABC 理论，其中 A 即 Antecedent，指前因；C 即 Consequence，指后果；B 即 Belief，信念是前因到后果的桥梁。

的心理倾向，这种心理倾向处于赞同和不赞同两个极端之间的某个位置，并非固定不变。一般来说，教师对学校变革的态度类型通常表现为三种身份：赞同者、中立者或旁观者、不赞同者。

在现实中，教师对学校变革的态度通常表现得更复杂。从表现形式上看，有的是显见的，有的则是隐藏的。从态度结构的关系来看，有的在认知、情感、行动各维度间是一致的，有的则是矛盾的。从程度上看，赞同与不赞同并不是绝对的。从跨时间的稳定性上看，有的教师对学校变革态度具有相对的稳定性，有的教师则在不同时期可能会在不同的态度间摇摆。从空间上看，教师对学校变革的态度具有学校间、地域间、不同文化间的差异性。

教师态度对于学校教育活动具有重要意义。一些研究者探讨了教师态度与学校教育中一些变量的相关性，如教师态度与教师的工作效率[8]、新教学方法的采用[9]、教学成效[10]、学业成就[11]等变量的关系，研究者从中得到了大量的证据支持。有研究者如此强调：比起知识和技能，教师态度更是变革成功的基础[12]。可见，由于教与学是一个双边活动，教师态度不仅直接影响教师对工作的看法、体验和行动，也间接影响学生的成长和发展。此外，教师对学校变革的态度还是教师教学和学校变革的内在动力。因此，教师对学校变革的态度对变革的影响是不容忽视的。

二、国外关于教师对学校变革态度的影响因素研究

既然教师的态度对于学校变革是十分重要的，那么就有必要探究教师态度的影响因素。简要来说，有两个方面的影响因素：一是态度持有者（教师）内在的影响因素，主要有教师的教龄、个体经历、时间和精力、对工作的满意度、对变革的认知和情感等因素；二是态度对象（学校变革）的影响因素，主要有变革的民主性和实用性等因素。

（一）教龄

一些研究者认为教师的教龄是影响其对学校变革态度和行为的重要变量。哈格里夫斯的研究发现，教师对学校变革的看法存在差异，这种差异表现在不同的职业生涯阶段：青年教师（0~5年教龄）更认可学校变革，超过20年教龄的教师最反对学校变革、最质疑和批评新的教学实践，教师教龄越长，对学校变革的看法越负面；6~20年教龄的教师的反应是最复杂的，他们一方面认为自己能应对教育变革，另一方面又担心需要学习新技能和知识来适应变革[13]。有研究者得出了不一致的结论，发现教师的教龄与其对变革的态度并没有显著的相关性[14]。

研究结果不一致的原因或许是不同文化背景下教师对学校变革态度的不同；也或者是教龄这一变量只在变革的某一阶段或某一维度（如教学变革）起作用，而且存在着其他的中介变量影响教师态度；或者是教龄背后所蕴含的教师个体经历、不同教龄教师的认知方式等更细微的变量在起作用。这种不一致也正反映了教师对学校变革的态度的复杂性。

（二）个体经历

一些研究看到了教师过往经历的影响，他们发现教师之前的知识、信念、个体的学校经验会妨碍他们对新教学方法的适应[15]。一旦形成强烈的教学习惯或风格，教师对教学变革的态度就更偏向阻抗。埃瓦德·特哈特（Ewald Terhart）认为当一个还未完全建立起来的实践方式要取代原有的、习惯了的、通用的实践方式时，就会存在一种极大的不确定性，进而导致教师对改革的抵制[16]。其他一些研究者则得出了不一样的结论，他们认为教师信念、自我效能和专业发

展对于提升教师对学校变革的积极态度是重要的，但教师经历并不是一个显著的预测因子[17]。

这种研究结论的不一致说明了教师经历这一变量对其变革态度的影响并不具有稳定性，或者说教师经历并不是一个很明确的变量，它过于笼统，可以涵盖的因子太多。因此教师经历固然是重要的，但需要更细微的研究，或者提供更丰富的解释。如有的学者就主张将归因理论与教师积极性联系起来，他们发现当教师将失败归因于不可控的、稳定的和内部的因素时，他们便感到无助，认为不管自己多努力都无法改变那些不好的结果，一旦他们认为学生的学习是不可控的，他们就很可能减少教学投入和降低自己的努力水平[18]。

教师的这种过往经历，尤其是对变革的以往经历所形成的个体对变革的价值观和信念，一般来说会成为个体对学校变革态度的认知基础，进而左右他们对学校变革的看法并形成相应的态度。并且这种观念是极其牢固的，其日常的工作方式如若不改变，这种观念就很难被打破。反之，这种观念被打破的过程，就是教师的认知经历某种不确定性的改变的过程。一旦这种观念被打破，教师的日常工作方式就会被重置，认知会被重组，甚至既往的信念或价值观也会被颠覆。故而，过往生活积淀所形成的成见会影响态度，当下日常的改变也在塑造、重构教师的世界观和价值观。

（三）教师的时间和精力

教师总是给人勤勤恳恳地从事教书育人工作的职业形象，也容易让他人对其形成相对封闭和保守的职业偏见。从这种意义上说，他们是更偏爱稳定而不愿变革的，不愿改变的一大原因便是改变会让个体离开原本的“舒适区”，打乱原本的生活节奏，并且得花更多的时间和精力去适应新的工作与生活方式。

时间对于教师变革态度及行动的重要性不断地被相关研究所证明，如必要的时间对于教师间的成功合作以及教学改进的重要性[19]。古勒·杜曼（Güler Duman）等提出大多数教师不关注教育改革是因为他们缺乏足够的时间[20]。另有研究也表明，缺乏时间被教师看作是专业性不足和课程改革实施受阻的原因之一[21]。学校变革需要花费教师的时间，同时也需要教师付出相应的（甚至是过多的）精力。很多时候，变革行动要求教师既要付出体力劳动，又要进行脑力劳动。如一项关于融合艺术改革的研究发现，这个项目需要教师花费大量劳动去制作新的教学材料，同时这个项目需要教师教一些新的东西，而且需要教师调整他们的行为，甚至是重新学习如何教学[22]。因此，倘若教师没有必要的时间和精力，他们就没有办法学习新的知识、技能、方法，从而为变革做准备，因此也就难以应对变革。变革还未发生，他们对变革的认知和自我效能感就是消极的了；变革一旦发生，他们对变革的情感体验和行动也会走向负面，进而导致他们对变革消极态度的形成。

（四）工作满意度

人们对工作的满意度可视为他们对工作的态度的一个成分[23]。基于此，员工对工作场所的满意度越低，他们对工作态度的认知和情感维度得分就越低[24]。由此观点可知，教师如果对工作越满意，那么他们对变革会持越乐观的看法，在变革行动中的情感体验会越好，越可能做出积极的变革行为，其态度也会越积极，反之则越消极。工作满意度的确可以作为预测教师对学校变革态度的一个重要因子，但需要与其他前因变量一起综合考虑。因为教师对工作越满意，并不一定就对变革越满意，或者说工作满意度更多的只作为教师对学校变革持有积极态度的必要条件。即要想使教师愿意变革，就得先让教师对工作满意，但只有对工作满意，对于教师积极变革态度的形成是不够的。

（五）教师对学校变革的认知和情感

认知作为态度的重要成分，是理性态度的核心。人们对某一活动的认知可表现为他们对该活动持有的信念。研究发现，如果教师的信念与支撑改革的理念不一致，那么自上而下的改革将达不到预期的效果[25]。当教师对自己胜任变革任务越有信心时，其对学校变革的自我效能感就越高，这种自我效能感会影响教师对变革的接受性水平和变革意愿[26]。故而，教师的变革信念是教师认知结构的重要组成部分。那如何改变教师的变革信念呢？有研究建议，要想让教师改变教学实践，必须了解教师信念和塑造其信念的环境，并将教育改革的理念纳入其原有的信念之中[27]。也有研究者把改变教师认知与观念寄希望于教师教育[28]。

教师对学校变革的认知备受瞩目，但他们对学校变革的情感体验往往遭到忽视，尤其是那种大刀阔斧或自上而下的变革。劳拉·拉克（Lara Lackey）和狄安娜·胡克斯侯德（Dianna Huxhold）的研究发现，教师在变革时会面临情感和现实的冲突：一方面教师期望变革获得成功，另一方面，他们又得承受变革所带来的额外工作及沉重的压力和焦虑[29]。因此，在学校变革中如若忽视了教师的情感体验，变革行动将成为机械的任务完成，变革也会沦为教师们抱怨的对象。

认知和情感作为态度的两个主要成分，表现在态度主体身上有时候又是矛盾的，如对学校变革有积极看法和评价的人，并不一定会有很好的情感体验，他们可能会觉得虽然变革是必要的、有价值的，但让人感到压力极大、身心疲惫。但是，让教师形成对学校变革的积极认知和情感同等重要，不可偏废。

（六）变革的民主性

在国内，一般由校长或相关的行政人员决定学校变革能否发生，变革的设计和决策工作通常由校长及管理层来承担。可是在变革现实中，变革行动者却主要是一线教师，变革能不能考虑到教师对其的影响，将直接影响变革成效。因此，让教师参与到变革的设计和决策中来，才能充分调动教师的变革积极性，进而最大限度地利用学校内的人力资源。希瑟·安·鲍尔（Heather Ann Bower）认为学校变革的反对者通常会反对那些草率的、单方面的决策以及批评那些用于决策的信息和知识[30]。从这种角度来说，只有倾听反对者的声音，考虑他们的诉求、期望和意见，才能凝聚更多的变革力量。当变革是民主的变革的时候，变革才是大多数人所想要的变革，变革行动才能内含大多数人的变革意愿。

（七）变革的实用性

教师是否赞同变革，更多地看变革能否带来直接的效用，如能否提升教师的教学水平和学生的学业成绩、能否改善教师的工作处境等。一些研究者认为教师在决定是否实施变革时或多或少会依据“实用原则”，即教师会在权衡改革的成本和收益之后做出是否实施改革的决定[31]。一方面，教师对变革的态度可能影响变革成效；另一方面，让教师看到成效又能反过来促进教师对变革积极态度的形成。只有让教师觉得“有用”，他们才可能去用、去做。这种实用性一是要对教师的工作效率和成长发展适用，二是要对教师所教学生的成长发展适用。

三、教师形成积极变革态度的策略

影响教师对学校变革态度的因素是复杂多样的，当然远不止以上提及的这些，更普遍的因素以及本土的、文化的因素则需要更深层次的挖掘与探究。但这些因素对于如何使当下国内教

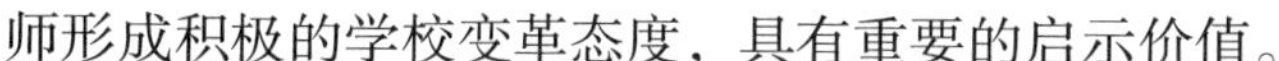

师形成积极的学校变革态度，具有重要的启示价值。

（一）合理协调学校变革远景及当下行动

学校变革需要宏观的图景，高瞻远瞩，以引导学校的发展走向。同时，学校变革也需要落到实处，落地生根，才能走得更远。只看到未来、不顾当下的变革是飘浮在梦想之上的，只看到当下、走一步是一步的变革是盲目的。如果教师不清楚变革的未来，他们在当下是不会真心跟随变革发起者而行动的；同样，如果教师看不到当下实实在在的变革，他们是不会相信变革的未来的。因此，要想教师持有积极的变革态度，必须协调好学校变革的未来和当下。

如何协调学校变革的未来和当下？宏观来看，学校变革应是有规划的；微观来看，变革行动应是实实在在发生的。从过程上看，变革应是有条不紊地往前迈进的。具体来说，要让教师看见变革的当下成效，让其感受到变革成功的可能性。如在教学变革上，如果教师看不到学生的学业成就和自己教学水平的提高，甚至正常的教学秩序被扰乱，教师继续坚持新教学方式的动机就会不足，进而影响他们对教学变革的态度。理性行为理论和价值 – 账户模型（The value-account model）强调了与态度客体相联系的价值及后果的预期对态度形成的重要性[32]。因此，变革的指导思想和相关理论不应该是悬在半空的，而应在教师看来是实用的，或者是可操作的。

只有具体的变革成效是不够的，这些成效应该指向未来的发展方向，或是朝向原本的变革蓝图，或用于修正原来的设计。每一行动阶段都需要进行行动和设计上的反思，以更好地与下一行动阶段进行良好的衔接。变革不应是“三心二意”的，不同阶段、不同方向的变革设计要有内在逻辑和关联，以保证各个方向、各个时期的变革都是统一的，而不是“东打一枪”“西打一枪”。

（二）辩证看待变革理念和教师认知的统一性

变革理念应当和大部分教师对变革的认知相一致，否则学校想要的变革就不是大多数教师想要的变革，教师的变革行动就是一种被动的行动，甚至是一种假装的行动。教师对学校变革的看法和评价自然就会走向消极，其对学校变革的整体态度就会受到影响。

要使教师认知与变革理念一致，一是变革理念应吸纳教师对变革的看法，这要求变革设计和变革反思都含有教师的“声音”。只有这样，变革才是内含教师立场的变革，变革的未来才可能和教师想要的变革的未来方向一致。二要加大教师教育投入，帮助教师形成必要的变革知识、正确的变革信念、积极的变革认知。通过学习，增加教师自身的教育学及学校变革的相关知识，教师才能更好地理解学校变革的设计和理念，才可能在“做”变革行动的时候知道“为何”如此去做，同时也可以消除教师对一些变革举措的误解。深入理解态度对象（学校变革），是教师形成相应的积极态度的重要前提。

学校变革中教师的观念与变革所倡导的理念一致，固然很大程度上有助于学校变革，但许多时候变革发生之初两者常常是不一致的，且可能是冲突的。只有当教师在变革行动中慢慢获得变革主体的角色，体会到变革的效果，看到变革的价值，冲突才可能化解，分歧才可能消除。更重要的是，两者的不一致对于变革也是有一定价值的。其价值主要体现在学校变革的很多更合理、更合适的认知和理念是在变革行动中形成的。在学校变革过程中保留少数的、有价值的不同意见，有利于防止冒进的变革行动，也有益于学校变革理念的修正和反思。

通常来说，改变一个人对某事物的看法很难，尤其一些个人成见往往是根深蒂固的。认知改变往往不是一朝一夕就能达成的，更多地表现为日积月累的经验和知识积淀所引发的质的变化。教师认知改变是困难的，这需要转变方式，如不应停留在说教式、文本学习式的教师教育方式上，要结合实践去改变观念，让教师在具体的变革行动中感受变革效益，体悟变革收获。除了靠外力推动教师改变，更需要教师内生的认知变革动力。所有力图改变教师认知的外在方式，都应受到教师的认可，而不是暴力、强权式的改变。否则改变只会是徒劳的，会增长教师的消极态度，或是使他们将态度隐藏和伪装起来。

（三）关注教师的生存处境

试想一下，如果教师的生存处境是糟糕的，他们不管在生活上还是工作上都是不幸福的，那么他们还有什么意愿去支持变革？因此，只有教师的生存处境是良好的，变革才能在一个好的环境中得到保障。为教师提供一个良好的生存处境，在国内首要的一点是让教师有更多可支配的时间和精力。时间和精力之所以对于学校变革是重要的，是因为时间和精力是学校变革设计和行动的必要条件。没有充裕的时间和精力，变革蓝图的实施可能就成为粗制滥造的混合，变革行动可能就会沦为忙于应付、匆匆了之的任务。

时间和精力的匮乏，一方面，会使教师不能为变革做准备（如学习新的教学模式和班级管理理念）；另一方面，会导致教师也没有机会去规划和反思自己的变革行为。由此，变革就成了“心有余而力不足”之事。但是，教师仅仅有时间和精力去支持行动是不够的，这只是教师变革的基础条件。倘若能让教师感觉到幸福，他们对生活和工作都有较高的满意度，他们就更愿意去支持变革。

变革势必会占用教师的时间、精力，甚至影响教师的生活和心理状态等，这就要求在变革的过程中要注意对教师时间和精力的占有是不是已经超出了其对自由和幸福的阈限，倘若是，变革只会适得其反。当教师的生存处境在朝良好的方向转变时，教师才能无后顾之忧，在一种好的环境里安心工作、积极变革。可以想象，如果教师没有时间和精力去兼顾家庭，并且以巨大的压力、焦虑等负面心理去应对工作，这样的学校变革能成功吗？如果变革要牺牲教师的幸福，这样的变革的代价和后果能承受吗？

（四）增强教师参与性

在变革实践中，如果把校长比作学校变革的“领军人”，教师则是冲锋陷阵的“一线战士”。“领军人”固然重要，尤其在变革设计、领导变革行动和决策等方面。然而，教师作为变革行动的最大群体，其群体动力更是不容小觑。教师是变革的主力军，他们是变革蓝图的直接实施者。如果剥夺了变革实施者对变革设计的参与，变革就成了一群人想象而让另一群人干活的分离行动，成为变革设计者的一厢情愿。同时，对于教师来说，变革行动也就成了一种被动的接受和执行，以及变革设计者的强权压制。最终，“主力军”就可能转而成为“阻力军”。

人们对那些他们参与的东西持有更积极的态度。一方面，态度的对象（学校变革）本身就有态度持有者的“心血”；另一方面，参与本身就能带来较好的体验，而变革行动过程中的体验对变革态度的影响又是至关重要的。因此，要想让教师持有积极的变革态度，必须让教师有“主人翁”感，让其积极参与到学校变革的设计和反思中去。如果变革行动者中的最大群体对变革都没有发言权，那么如何知晓这群变革行动者遇到了什么问题，他们抱以什么样的态度，又谈何在行动中改进变革？

（五）重视教师变革行动的情感体验

教师知觉到变革是有用的并不必然导致教师对变革持积极的态度。有研究表明，在态度形成前，个体首先基于自己的无意识情感反应作出评价性判断（联结性评价过程），而联结性评价过程独立于任务的真实效价[33]。也就是说，很多时候我们对某一对象态度的情感体验可能先是感性的，并且这种感性往往不被对象的真实效价所左右。

在学校变革中，变革领导者往往过于强调教师认知的转变，教师情感的影响却被大大低估。教师作为一个“人”，不仅仅是理性的存在，也是情感的存在，这才是教师作为一个正常而完满的“人”的真实存在。很多时候，变革的阻碍恰恰不在于教师有多认可改革，而在于他们的情感有没有得到足够的重视。一种情况是哪怕教师对变革的看法和评价不好，但如果情感体验不错，他们也可能采取积极的行动。这种积极的情感体验便可能慢慢地改变教师原来对变革的负面认知，使其与积极的情感保持一致。另外一种情况是本来教师对变革持有积极的认知，却由于情感体验不好，大大影响了教师的态度，导致其对变革的认知朝反方向发展。此外，教师的消极情感体验会弥漫于教师群体之中，形成一种不利于变革的情感氛围，最坏的情况是成为一种群体性的情感抵制，进而演变为群体性的变革阻力。

教师对变革的认知往往外化于个体的情感表现，故而教师对某变革举措有不良的情感，恰恰说明此处的变革存在“症结”，“症结”点也正是变革的重要节点。因此，教师对变革的情感其实是变革前进的一个重要突破口。为了使教师在学校变革过程中有更多积极的情感，学校变革要关注教师的情感体验，注意变革过程中教师的情绪变化。教师的情感阻抗有的是显见的，有的是隐藏的，需要变革领导层时常的关心和询问，找出教师消极情感产生的原因，想方设法帮助教师消除情感压力和负担，以排除或转化学校变革中的情感阻力。

（六）考虑不同地方与不同学校的差异性

教师对学校变革的态度具有不同学校和不同文化的差异性，即不同地区与不同学校的教师对学校变革的态度可能是不一致的。每个学校可以说都是不同的，不同地方与不同学校的教师也是有差异的，就连同一学校的不同年龄与不同学科的教师间也是存在差异的。这种差异主要表现在教师在面对学校变革时的需求是不一样的。有的地方教师的工资及其他待遇是比较差的，那么变革中首先去考虑改变教师的待遇、生活处境可能更重要。有的地方可能提升教师自身的专业发展水平是首要的，也是教师自身迫切需要获得的。由于历史、传统、制度等原因，一些学校大刀阔斧的改革是可行的，或者是最适合、最有效的，但一些学校可能更应该走改良的道路。器物、技艺以及精神和文化，应先变革哪个方面，抑或三者齐头并进，这都要考虑各个学校的具体情况。

倘若学校变革不考虑学校间的差异性，不认真审视本土特点和学校的自身情况，盲目借鉴和模仿，那么只会让教师感到“不切实际”，教师也不会有积极的变革态度。任何“一刀切”的学校变革，要么注定失败，要么得付出惨重的代价，而为此买单的，首先便是师生。

参考文献：

[1] SCHMIDT M, DATNOW A. Teachers' sense-making about comprehensive school reform: the influence of emotions [J]. Teaching and Teacher Education, 2005(21): 949-965.

[2] 安迪·哈格里夫斯，迈克·富兰.专业资本：变革每所学校的教学[M].高振宇，译.上海：华东师范大学出版社，2015：38.

[3] EAGLY A H, CHAIKEN S. The Psychology of attitude [M]. Fort Worth, TX: Harcourt Brace College Publishers, 1993: 89.

[4] 菲利普·津巴多，迈克尔·利佩．态度改变与社会影响[M]．邓羽，肖莉，唐小艳，等，译．北京：人民邮电出版社，2008：26.

[5] KATZ D. The Functional approach to the study of attitudes [J]. Public Opinion Quarterly, 1960, 24(2): 163-204.

[6] GAWRONSKI B, BODENHAUSEN G V. Associative and propositional processes in evaluation: an integrative review of implicit and explicit attitude change [J]. Psychological Bulletin, 2006, 132(5): 692-731.

[7] FRIESE M, HOFMANN W. Control me or I will control you: Impulses, trait self-control, and the guidance of behavior [J]. Journal of Research in Personality, 2009, 43(5): 795-805.

[8] JACOBS N, HARVEY D. The extent to which teacher attitudes and expectations predict academic achievement of final year students [J]. Educational Studies, 2010, 36(2): 195-206.

[9] LAW Y. Open attitudes, attribution beliefs, and knowledge of Hong Kong teacher interns in an era of education reform [J]. Asia Pacific Journal of Education, 2008, 28(2): 177-187.

[10] ARENAS E. How teachers' attitudes affect their approaches to teaching international students [J]. Higher Education Research & Development, 2009, 28(6): 615-628.

[11] DAHER W, ALFAHEL E, AHMAD M S. Educational reform in elementary schools in Israel: Arab teachers' attitudes and satisfaction [J]. International Journal of Innovation & Learning, 2016, 20(3): 233-250.

[12] DATNOW A, CASTELLANO M. Teachers' responses to Success for All: how beliefs, experiences, and adaptations shape implementation [J]. American Educational Research Journal, 2000, 37(3): 775-799.

[13] HARGREAVES A. Educational change takes ages: life, career and generational factors in teachers' emotional responses to educational change [J]. Teaching & Teacher Education, 2005, 21(8): 967-983.

[14] TŮMOVÁ A. Effects of age and length of professional experience on teachers' attitudes to curricular reform [J]. Central European Journal of Public Policy, 2012, 6(2): 84-99.

[15] PUTNAM R T, BORKO H. Teacher learning: implications of new views of cognition [M] // International Handbook of Teachers and Teaching. Springer Netherlands, 1997: 1223-1296.

[16] TERHART E. Teacher resistance against school reform: reflecting an inconvenient truth [J]. School Leadership & Management, 2013, 33(5): 486-500.

[17] DONNELL L A, GETTINGER M. Elementary school teachers' acceptability of school reform: contribution of belief congruence, self-efficacy, and professional development [J]. Teaching & Teacher Education, 2015, 51: 47-57.

[18] JESUS S N D, LENS W. An integrated model for the study of teacher motivation [J]. Applied Psychology, 2005, 54(1): 119-134.

[19] RENTNER D S, KOBER N, FRIZZELL M, et al. Listen to us: teacher views and voices [J]. Center on Education Policy, 2016: 27.

[20] DUMAN G, KURAL BAYKAN A, KOROGLU G N, et al. An investigation of prospective teachers' attitudes toward educational reforms in Turkey [J]. Educational Sciences Theory & Practice, 2014, 14(2): 622-628.

[21] MCGOEY K E, RISPOLI K M, VENESKY L G, et al. A preliminary investigation into teacher perceptions of the barriers to behavior intervention implementation [J]. Journal of Applied School Psychology, 2014, 30(4): 375-390.

[22] LACKEY L, HUXHOLD D. Arts integration as school reform: exploring how teachers experience policy [J]. Arts Education Policy Review, 2016, 117(4): 211-222.

[23] OLORUNSOLA E O. Job Satisfaction and personal characteristics of administrative staff in South West Nigeria Universities [J]. Journal of Emerging Trends in Educational Research & Policy Studies, 2012, 3(10): 49-54.

[24] SCHLEICHER D J, WATT J D, GREGURAS G J. Reexamining the job satisfaction performance relationship: the complexity of attitudes [J]. Journal of Applied Psychology, 2004, 89(1): 165-177.

[25] NUNAN D. The impact of english as a global language on educational policies and practices in the Asian-Pacific Region [J]. TESOL Quarterly, 2003, 37: 589-613.

[26] BRIGHTON C M. The effects of middle school teachers' beliefs on classroom practices [J]. Journal for the Education of the Gifted, 2003, 27(2): 177-206.

[27] ZHANG F J, LIU, Y B. A study of secondary school English teachers' beliefs in the context of curriculum reform in China [J]. Language Teaching Research, 2014, 18(2): 187-204.

[28] ZULJAN M V. Teacher perceptions of the goals of effective school reform and their own role in it [J]. Educational Studies, 2007, 33(2): 163-175.

[29] LACKEY L, HUXHOLD D. Arts integration as school reform: exploring how teachers experience policy [J]. Arts Education Policy Review, 2016, 117(4): 211-222.

[30] BOWER H A, PARSONS E R C. Teacher identity and reform: intersections within school culture [J]. Urban Review, 2016: 1-23.

[31] DOYLE W, PONDER G A. The practicality ethic in teacher decision-making [J]. Interchange, 1977, 8(3): 1-12.

[32] BETSCH T, PLESSNER H, SCHALLIES E. The value account model of attitude formation [M] // HADDOCK G, MAIO G R. Contemporary perspectives on the psychology of attitudes. Hove & New York: Psychology Press, 2004: 251-274.

[33] STRACK F, DEUTSCH R. Reflective and impulsive determinants of social behavior [J]. Personality & Social Psychology Review, 2006, 16(3): 220-247.

（作者杨润东系华东师范大学教育学部博士研究生。）

信息时代智慧学校建设

国外智慧学校建设的基本特点、实施条件与路径

鹿星南，和学新

导读： 智慧学校作为研究学校的一种新视角，引领了信息时代学校发展与变革的国际潮流与趋势，是未来学校变革的重要走向。综观国外有关智慧学校建设的研究与实践，得出政策法规、组织机构、智慧学习环境、数字教材、课程体系与教学范式以及学校基本支持服务体系是影响智慧学校建设最直接、最重要的实施条件。各国从不同层面将明晰智慧学校的内涵意蕴，重视发挥政府职能，建构以转变教与学方式为中心的智慧学习环境，建立智慧学校示范基地，构建多主体参与的智慧学校建设支持系统作为智慧学校建设的主要经验。

21 世纪以来，随着大数据、物联网、云计算、增强现实等信息化热点技术在教育领域的深入应用，多个国家围绕智慧学校（Smart School）不同程度地展开了相应的规划、部署与建设活动，并积累了宝贵的经验。本文在分析美国、韩国、新加坡、马来西亚、英国等国家有关智慧学校的研究和实践的基础上，界定智慧学校的概念，归纳智慧学校建设的基本特点，分析智慧学校建设的实施条件，并总结国外智慧学校建设的主要经验。

一、国外智慧学校建设的基本特点

（一）智慧学校的概念

智慧学校的概念发轫于马来西亚教育部的“智慧学校项目”（The Smart School Project）。该项目指出，智慧学校是一种教育机构，旨在运用技术系统进行学校管理和更新、设计教学方法，培养具有技术素养和批判思维能力的学生，从而全方位参与 21 世纪的国际竞争[1]。在新一代信息技术的推动下，美国、韩国、新加坡等国也展开了对智慧学校的研究与实践。当前，国外对智慧学校的探究主要集中在智慧教育（Smart Education）和智慧学习环境（Smart Learning Environment）两个方面。

早在 2000 年，美国安纳伯格学校改革研究所（Annenberg Institute for School Reform）及其成员为建立一个能够有效支持校内外儿童学习的教育系统，提出了建设智慧教育系统的理念。他们认为智慧教育系统具有灵活、高效、自适应的特点，可以根据儿童及其家庭的差异性需求为他们提供不同的教育支持服务[2]。2006 年，新加坡政府在“智慧国 2015”（Intelligent Nation 2015，IN 2015）计划中着重推出了智慧教育计划，旨在通过创新利用信息技术为新加坡公民创建以学习者为中心的学习环境，实现随时随地的个性化学习，培养具有全球竞争力的人才。2011 年，韩国教育科学技术部颁布了《智慧教育推进战略》（Strategy for Promoting SMART

Education），指出智慧教育是未来教育的蓝图，是一种智能化、定制化的学习系统，它将改造传统课堂，使传统教育在时间和空间、学习资源、教学方法等方面获得解放[3]。美国IBM公司在智慧地球的理念下提出了智慧教育愿景，充分肯定了大数据、物联网、云计算等新一代信息技术在教育领域中的重要作用。由上观之，智慧教育是信息技术与教育深度融合的新型教育形态，代表着未来教育的发展方向，它致力于通过先进信息技术打造一个智能化、个性化、定制化、自适应的学习系统，变革教育理念和学习方式，进而促进学习者智慧的养成和发展。

智慧学习环境作为智慧学校建设的重要内容，相关成果主要集中在学者、企业以及学校的自主研发层面。第一，学者层面。马来西亚学者康崴持（Kang Wai-Chin）认为智慧学习环境是一种以信息技术的教育应用为基础、以学习者为中心的学习环境，它具备如下特征：应对学习者差异性的学习风格、为学习者的发展提供有效支持等[4]。中国学者黄荣怀等认为：智慧学习环境是一种能够智能感知学习情境、识别学习者特征、提供适配的学习内容和学习工具、自动记录学习过程并评估学习结果，促使学习者有效学习的学习场所或活动空间[5]。第二，企业层面。国外部分IT企业从实践角度探讨了智慧学习环境的构建问题，如苹果（Apple）的明日教室将计算机、扫描仪、摄像机等融入课堂教学，从而大大提高了课堂教学效率；戴尔（Dell）的智慧教室强调利用个人计算的展示技术创建一个交互式协作学习环境。第三，学校层面。美国北卡罗来纳州的格雷汉姆小学构建了基于教育云的智慧学习环境[6]，使得全体师生通过云计算技术获取“虚拟电脑桌面”，随时、随地、随需定制自己的学习套餐。

综上所述，智慧学校与智慧教育、智慧学习环境等相近概念有密切的联系。一方面，智慧学习环境是利用多种智能技术构建的一种智能化学习平台，是实现智慧学校中学习方式变革的重要支撑条件，即智慧学习环境是智慧学校形态得以实现的基础。另一方面，智慧学校是智慧教育的重要组成部分，它们在技术基础、建设理念、发展目标等方面具有一致性。因此，智慧学校就是以智慧教育理念为基本导向，借助物联网、大数据、云计算、移动互联网等信息化热点技术构建具有感知化、智能化、泛在化的智慧学习环境，以促进信息技术与教学、管理等学校主流业务的深度融合为基本目标，以培养具有批判思维、创新、协作等能力的智慧型人才为根本目的的学校。

（二）智慧学校建设的基本特点

智慧学校作为信息时代学校变革的风向标与显示器，是人们在审视与考量学校发展现状的基础上，对未来学校的思考与展望。从国外智慧学校建设的实践经验来看，它主要具有如下基本特点。

1. 基于情境感知技术的智能感知。利用各类情境感知技术感知、记录外在的学习环境和学习者的学习状态，在获取相关情境数据的同时，借助各种学习工具或设备，自适应地向学习者提供推送式的学习资源与支持服务。

2. 基于高宽带、泛在网络的无缝互联。通过泛在、高速的基础网络环境，智慧学校支持校园中有关人、物、环境等各类数据信息间的实时传递、互联互通。

3. 优质教育资源的集成与共享。智慧学校秉持共建共享的原则，借助新一代信息技术和多种建设机制，促进地区、国家甚至全球范围内优质教育资源的无缝整合与共享。

4. 基于大数据理念的智能管理。依据大数据技术，智慧学校可以对校园环境、教学活动、教育资源、信息服务等进行智能化诊断、调控与管理，保证学校决策的科学性与准确性。

5. 信息技术与课堂教学的深度融合。智慧学校中的课堂教学，信息技术不再是脱离教学活动的技术实体，而是以一种自然而然的方式“消融”在教学之中，让师生沉浸在技术所带来的独特的学习体验中。

二、国外智慧学校建设的实施条件

智慧学校的建设是一项复杂、庞大的系统工程，需要多种实施条件的支持。其中，最直接、最重要的实施条件体现在政策法规、组织机构、智慧学习环境、数字教材、课程体系与教学范式以及学校基本支持服务体系六个方面。

（一）智慧学校教育政策的制定

世界上多个国家通过制定教育政策，明确智慧学校的指导思想、发展目标、建设重点等，不断加强对智慧学校的规划与引导。1997 年，马来西亚教育部起草了第一份有关智慧学校的文件——《马来西亚智慧学校：一个巨大的飞跃》（Smart School in Malaysia：A Quantum Leap），旨在以学校组织的整体性变革引发传统教育的改弦易辙。同年，马来西亚教育部又出台了《马来西亚智慧学校概念蓝图》（The Malaysia Smart School：A Conceptual Blueprint）和《马来西亚智慧学校实施计划》（Malaysia Smart School Implementation Plan）等文件。这些文件详细阐述了智慧学校的概念、构成要素、教育目标、实施方针等，为其创建指明了方向与道路。其中，《智慧学校概念蓝图》列出了智慧学校的六个核心要素[7]：（1）教与学，包括课程、评价、教学方法和教学材料；（2）行政与管理，体现在学校管理、教育资源、设备等方面；（3）人员、技巧与责任，指参与智慧学校建设的相关人员需要掌握的知识、技能以及履行的岗位职责；（4）技术，指智慧学校中各种 IT 技术的开发与应用；（5）运作流程，旨在追求智慧学校系统的优化与整合；（6）政策，指保障智慧学校顺利运行的规章制度。《智慧学校实施计划》提出了三项实施策略[8]：第一，从多方面综合考虑，包括明确任务、展开培训、提供技术支持和参与社会各方面；第二，分级别实施，即依据学校技术条件由低到高分为五个等级：边远地区级、一级、二级、三级和四级；第三，先试点后推广，分两阶段实施。

美国、新加坡、韩国在出台的政策中没有直接提到有关建设智慧学校的问题，但其发布的国家信息技术规划在一定程度上助推了智慧学校的发展。2010 年，美国政府颁布了第四个教育技术规划——《变革美国教育：以技术推动学习》（Transforming American Education：Learning Powered by Technology），声明进行技术助力教育系统的结构性变革。该规划提出了“技术支持的学习模型”，包括“学习、教学、评价、基础设施和生产力”[9]五个要素，这些都是智慧学校的核心要素。2015 年，美国出台了第五个教育技术规划——《为未来的学习做准备：重思技术在教育中的角色》（Future Ready Learning：Reimagining the Role of Technology in Education），其中提出了迎接未来学习的基本框架[10]：学习、教学、领导力、评价和基础设施。新加坡在智慧国 2015 中提出了智慧教育计划的战略目标[11]：依托信息技术创建以学习者为中心的个性化学习环境；建设覆盖全国的教育基础设施；使新加坡成为全球教育领域内使用信息技术的创新中心。韩国《智慧教育推进战略》旨在通过智能化的教育系统培养具备 21 世纪学习者特征的国际化人才。美国、新加坡、韩国在其国家信息技术规划中所提倡的技术变革教育理念及其核心内容均为其智慧学校的发展指明了方向，奠定了基石。

（二）智慧学校组织机构的确立

组织机构是支持智慧学校顺利实施的关键因素。要把建设智慧学校的各项措施落实到位，必须成立一个专门的组织机构，负责智慧学校建设的规划与引导，明晰职责范围、人员分工。相关国家在智慧学校建设过程中，通过设立专门的组织机构，为智慧学校的有序运转和可持续发展创建了强有力的组织保障环境。比如，马来西亚教育部组建了一个由教育部官员、工商界代表和多媒体发展公司官员组成的智慧学校项目组（Smart School Project Team，SSPT），负责为智慧学校计划的实施提供必要的指南。其中，上文提到的智慧学校概念蓝图和实施计划均由智慧学校项目组起草和制订。在制订过程中，智慧学校项目组研究与借鉴了不同国家和地区有关智慧学校建设的案例，并广泛吸取教育界、商业界以及社会公众的意见和建议。马来西亚政府还设立了智慧学校指导委员会（Smart School Steering Committee），参与智慧学校计划的指导和修订工作。另外，韩国成立了“智慧教育推进委员会”（Smart Education Promotion Committee）。该委员会由教育部、相关部委及非政府组织（如工商界、学术界等）的专家或学者组成，专门为智慧学校各项工作的推进及其面临的难题提供专业指导与决策咨询[12]。

（三）智慧学习环境的构建

智慧学校建设离不开智慧学习环境的支持。美国北卡罗来纳州立大学与国际商业机器公司IBM(International Business Machines Corporation)合作创建了基于云的“虚拟计算实验室”(Virtual Computing Lab)。作为一种学习环境，该实验室允许校园用户利用个人计算机、笔记本或其他移动设备随时随地访问所需的应用程序和资源，为用户提供个性化的学习服务[13]。杜兰大学将传感器技术（Sensor Technology）和高级学习分析技术（Learning Analysis Technology）移植到陈旧的教学楼和学校园区，以期建成一个既节约能源又可持续发展的校园学习环境。

在以学校为中心的制度化教育中，可以借用一个教室的风气、文化或氛围来描述学习环境[14]。智慧教室正成为信息时代的一种新型学习环境隐喻，有学者通过打造智慧教室来构建智慧学习环境。加拿大学者劳拉·维纳（Laura Winer）和杰里米·库伯斯托克（Jeremy Cooperstock）以麦吉尔大学为依托开展了智慧教室项目，旨在综合利用多种技术改善教与学的效果[15]。在学习方面，智慧教室内安装的硬件和软件设备能够自动获取教学活动中的音频、视频、幻灯片和教师的手写注释，以便于学生自由访问；在教学方面，智慧教室将教学设备和工具的控制统一集中在一个控制面板上，使教师从复杂的操作过程中解放出来。英国雷丁大学的智慧教室重点关注互动技术，并通过实验研究发现先进的信息技术、交互式的课桌系统、灵活的学习环境，有助于实现人、技术、环境之间的自然化、多维度交互[16]。此外，新加坡国立教育学院（National Institute of Education）的“未来教室”项目，致力于打造一个汇聚3D仿真、学习分析和射频识别等多种技术于一体的智能化学习环境。

（四）数字教材的研发

数字教材是支持课堂教学的重要载体，在智慧学校实施过程中发挥着关键作用。它可以突破传统纸质教材不易携带、共享性差、难以满足学生个性化需求等局限。近年来，一些国家建立了以数字教材为中心的学习资源体系。2010年，韩国政府将数字教材项目（Digital Text book Project）列为智慧教育推进战略的核心内容。韩国课程与评估研究所（Korea Institute for Curriculum and Evaluation）指出[17]：数字教材是基于数字化技术，将教师用书、课后习题、词汇表以及多媒体教学资源（如视频、音频、照片和动画等）融入传统纸质教材，为学习者提供内容丰富、交互性强、突破时空限制的新型教材。为了支持数字教材的开发和部署工作，韩国也采取了一系列措施，如研制数字教材的标准规范，建设数字教材推广应用的示范学校，完善数字教材相关法律法规等。韩国学者金洁京（Kim Jae-Kyung）等人开发了数字教材的注释－内容学习组件（Annotation-Content Learning Component）来分析学生在数字教材中的电子书签和笔记，并将具有相似学习风格的注释汇聚到一起，使得学生之间能够相互交流合作以及分享各自的知识、经验[18]。

（五）课程体系与教学范式的创新

智慧学校也试图借助信息技术推进学校课程体系和教学范式的创新发展。2007 年，新加坡教育部提出实施“未来学校”（Future Schools）项目，计划在本国选取五所学校作为未来学校项目的试点学校[19]。该项目可以作为新加坡智慧学校的先导举措，是一个很好的前期开发工作。其中，克信女中、崇辉小学在信息通用技术与课程、教学融合方面发挥着引领作用。克信女中推出了名为“Crezsphere”的基于网络的学习环境课程[20]，鼓励学生运用信息技术进行跨学科项目工作，如将空气污染和能源消耗等现实生活问题作为课程内容，以更好地促进学科知识和生活知识的统整。崇辉小学设计了数字化故事讲述（Digital Story Telling）的教学方式[21]，即利用先进数字技术把图像、文本、视音频等多媒体元素以故事的形式呈现，充分激发学生的积极性、主动性和创新意识。英国埃塞克斯大学依托混合现实、情景感知、云计算、无线网络等技术，并利用交互式白板、壁挂式触摸屏、平板电脑等设备提供的多媒体互动体验提出了一种新型教学方式——智慧教学[22]。

（六）智慧学校基本支持服务体系的完善

建设智慧学校还必须直面每所学校存在的共性问题，如经费投入、基础设施建设及教师培训等。因此，必须完善学校支持服务体系建设，为智慧学校提供基础性支撑与保障。

1. 充足的经费支持，完善的基础设施。作为教育信息化深入发展背景下的智慧学校需要充足的经费投入。比如，新加坡在智慧学校实施初期，政府联合相关企业和财团投资 8000 万新币，为其提供了资金保障。在基础设施建设方面，新加坡教育部投入约 12 亿新币，研制了学校信息化环境标准（Standard Informational Environment of School），旨在为本国多数学生、教师提供诸如笔记本、平板电脑等整套信息化装备。2009 年，美国总统奥巴马签署了《美国复苏与再投资法案》（American Recovery and Reinvestment of Act），法案规定在教育方面投资 1150 亿美元，其中约 130 亿美元用于教育科技和教育信息化基础设施建设。

2. 重视教师信息、通信和技术（ICT）素养培训。世界各国都非常重视培养教师的信息化知识和教学应用能力，以此确保智慧学校建设的顺利进行。韩国开发了智慧学校培训课程，并在师范类高校设立教师培训中心，以不断提升教师信息素养和信息技术应用能力。同时，计划每年培养大约 2880 名智慧顾问教师，分配到各级各类学校，对智慧学校的教学提供良好的指导。马来西亚则成立了教师培训部（Teachers Training Division），旨在更新教师对智慧学校理念和价值的认识，并对教师进行技术支持下的教学知识和技能培训，以适应智慧学校的工作要求。

三、国外智慧学校建设的经验

基于国外学者以及不同国家对智慧学校的研究与实践，有关智慧学校建设的经验可以概括为如下几个方面。

（一）明晰智慧学校的内涵意蕴

智慧学校不仅是一种高度技术化的学校形态，更是信息技术与教育深度融合的学校新形态。相关国家在发展智慧学校过程中并没有过分强调技术的工具价值，而是将变革教育系统和培养人才作为最终落脚点。例如，马来西亚智慧学校计划的目标指向学校教育的整体性、全方位变革，韩国兴建智慧学校旨在促使学生习得 21 世纪学习技能。因此，智慧学校追求的是学习者的智慧养成与发展这一长远目标，并非暂时的技术炫耀。智慧学校不只是关注先进技术工具的变化，更代表着一种教育理念和人才培养模式的革新与转化。

（二）重视发挥政府职能

学校教育属于一种国家行为，政府具有管理、调控、指导学校教育的功能。从国际经验看，无论是中央集权制国家，还是地方分权制国家，政府在推进智慧学校建设工作中都担任着重要角色。从马来西亚《智慧学校实施计划》、韩国《智慧教育推进策略》的颁布，到智慧学校项目组、智慧学校咨询委员会的确立，再到智慧顾问教师的培训、数字教材的研发，都彰显了政府在智慧学校建设中的宏观调控和组织领导职能。

（三）建构以转变教与学方式为中心的智慧学习环境

智慧学习环境是智慧学校的基础与保障，脱离了智慧学习环境，智慧学校建设就成为空谈。国外智慧学校建设的一个重要特征是构建智慧学习环境。具体而言，就是将信息化热点技术、智能化工具、电子设备融入学校、社区等物理环境，构建一个能够智能感知学习情境、识别学习者个性特征、按需推送学习资源、自动评估学习结果的学习空间，从而有效转变教与学的方式。需要明确的是，智慧学习环境强调的不只是设备与技术的先进性，更是如何灵活运用技术来创新变革当前的教学模式与学习方式。

（四）建立智慧学校示范基地

智慧学校建设作为一项复杂的系统工程，难以在短时间内大范围推开。这就需要选择信息化环境良好、数字资源丰富、师生信息素养高的学校作为智慧学校建设试点。创建示范学校，充分发挥它在技术与教育深度融合方面的示范作用，是加速推进智慧学校建设的一条重要路径。比如，马来西亚政府采用“先试点后推广”的原则，从全国中小学选取 90 所不同类型的学校作为首批试点，总结经验后辐射到其他学校。韩国则在世宗特别自治市建立了四所智慧学校，以充分发挥其引领作用，为其他学校提供可资借鉴的经验。

（五）构建多主体参与的智慧学校建设支持系统

如果说政府清晰的规划布局、科学的顶层设计以及具体的实践指导是智慧学校赖以生长的土壤，那么强化政府、企业、学校之间的联系与合作，就是推进智慧学校建设不可或缺的水分和养料。检视国外智慧学校建设的实践经验，强化多主体之间的协同合作是发展智慧学校的一大亮点。政府主要负责智慧学校建设的顶层设计，并制定相关政策。企业则提供资金、技术和智力支持，如 IBM、微软等企业不仅为智慧学校提供必要的经费支持，而且开发了诸如电子教材、教育云、智慧教室等信息化产品，并选派优秀技术人员到学校服务于师生信息素养的提升、硬件软件设备的维护与升级等。学校在政府和企业的支持下，还通过自主研发、招标采购等模式进一步推进智慧学校建设。新加坡未来学校项目的实施就采用了这种 PPP（Public、Private、People）模式，以此来建立与企业、研究机构以及民众之间的紧密联系。

参考文献：

[1] OMIDINIA S, MASROM M, SELAMAT H. Determinants of smart school system success: a case study of Malaysia [J]. International Journal of Academic Research, 2012, 4(1): 29-36.

[2] ROBERT R. Building smart education system [EB/OL]. (2007-08-01) [2021-06-06]. https://www.edweek.org/education-industry/opinion-building-smart-education-systems/2007/07.

[3] Ministry of Education, Science and Technology. 2011 Adapting education to the information age [EB/OL]. (2011-12-29) [2016-11-25]. http://english.keris.or.kr/whitepaper/WhitePaper_eng_2011_wpap.pdf.

[4] KANG W C. Smart learning environment model for secondary schools in Malaysia: an overview making a difference in Malaysian edu [EB/OL]. (2012-05-16) [2016-11-25]. http://www.slideserve.com/reuel/smart-learning-environment-model-for-secondary-schools-in-malaysia-an-overview-making-a-difference-in-malaysian-edu.

[5]黄荣怀,杨俊锋,胡永斌.从数字学习环境到智慧学习环境——学习环境的变革与趋势[J].开放教育研究, 2012(01): 75-84.

[6] IBM. Smart education [EB/OL]. (2012-01-10) [2016-11-25]. http://www-31.ibm.com/solutions/cn/industries/education/wp/economic_success.pdf.

[7] Ministry of Education, Malaysia. Smart school bluenprint [EB/OL]. (1997-07-09) [2016-11-30]. http://www.slideshare.net/mariating/smart-school-blueprint.

[8] Ministry of Education, Malaysia. The Malaysian smart schools implementation plan [R]. Kuala Lumpur: Smart School Project Team, 1997: 81-88.

[9] U.S. Department of Education. National educational technology plan 2010. transforming American education: learning powered by technology [EB/OL]. (2010-03-05) [2016-12-02]. http://files.eric.ed.gov/fulltext/ED512681.pdf.

[10] U.S. Department of Education. National educational technology plan 2016. future ready learning: reimagining the role of technology in education [EB/OL]. (2017-01-08) [2017-01-20]. https://tech.ed.gov/ files/2017/01/NETP17.pdf.

[11] Infocomm Development Authority of Singapore. Empowering learners and engaging minds, through infocomm: report by the in 2015 education and learning sub-committee [EB/OL]. (2006-06-13) [2016-11-25] https://www.ida.gov.sg/~/media/Files/Infocomm%20Landscape/iN2015/Reports/03_Education_and_Learning.pdf.

[12] 朴钟鹤.教育的革命：韩国智能教育战略探析 [J].教育科学, 2012(04): 87-91.

[13]Digital Learning. North Carolina State and IBM to provide access to educational resources [EB/OL]. (2008-10-31) [2016-12-05]. http://digitallearning.eletsonline.com/2008/10/north-carolina-state-and-ibm-to-provide-access-to-educational-resources/.

[14] LOGAN K A, CRUMP B J, RENNIE L J. Measuring the computer classroom environment: lessons learned from using a new instrument [J]. Learning Environments Research, 2006, 9(1): 67-93.

[15] WINER L R, COOPERSTOCK J. The “Intelligent Classroom”: changing teaching and learning with an evolving technological environment [J]. Computer & Education, 2002, 38(1): 253-

266.

[16] TIBúRCIO T, FINCH E F. The impact of an intelligent classroom on pupils' interactive behaviour [J]. Facilities, 2005, 23(5/6): 262-278.

[17] KIM M, YOO K H, PARK C. et al. Development of a digital textbook standard format based on xml [J]. Advances in Computer Science and Information Technology, 2010, 6059(1): 363-377.

[18] KIM J K, SOHN W S, LEE Y S. Advanced knowledge sharing strategies based on learning style similarity for smart education [J]. Communications in Computer & Information Science, 2012, 353: 141-148.

[19] Ministry of Education, Singapore. MOE selects first five future schools@Singapore [EB/OL]. (2007-05-22) [2016-12-10]. https: //www.moe.gov.sg/media/press/2007/pr20070522.htm.

[20] CHUA S K C. Futuristic schools: “Little Red Dot” Strategies in a Globalized Economy [J]. International Journal of Learning, 2009, 16(8): 393-404.

[21]Ministry of Education, Singapore. Future schools @singapore[EB/OL]. (2008-11-14)[2016-12-12]. https: //wiki.nus.edu.sg/display/SPORE/FutureSchools(at)Singapore.

[22] ANASOL P R, VIC C, GARDNER M, et al. Towards the next generation of learning environments: an inter reality learning portal and model. Proceedings of 2012 eighth international conference on intelligent environments, June 26-29, 2012 [C]. Washington DC: IEEE Computer Society, 2012.

（作者鹿星南系华中师范大学信息化与基础教育均衡发展协同创新中心博士研究生； 和学新系天津师范大学教育科学学院教授。）

奥地利“学校 4.0”数字化发展战略研究

赵文平

导读：近年来，奥地利在推进教育信息化方面，出台和实施了“学校 4.0”数字化发展战略，具有重要的意义。奥地利的“学校 4.0”数字化战略有四个支柱：在小学阶段开始开展数字化基础教育，培养具有数字化能力的教师，完善数字化基础设施和 IT 设备，建立或开发数字化学习平台或工具。在四个支柱的基础之上，为深入有效推进“学校 4.0”数字化发展战略，奥地利采取了如下行动：将媒体素养作为“学校 4.0”的价值目标，推进数字化课程建设，构建数字化能力模型框架，开展“学校 4.0”的 IT 认证。从其影响来看，奥地利“学校 4.0”数字化战略迎合了数字化的时代需要，带来了数字化的教育观念，推动了学校的整体性变革。

奥地利作为德语圈国家，受德国“工业 4.0”的影响，在德国提出“教育 4.0”（Bildung 4.0）、“学校 4.0”（Schule 4.0）等概念后，为迎接“工业 4.0”所带来的智能化和数字化等方面的挑战，奥地利教育部门也提出了“学校 4.0”（Schule 4.0）的数字化发展战略。在奥地利的联邦教育、科学与研究部（Bundesministerium für Bildung，Wissenschaft und Forschung，以下简称 BMBWF）网站上有专门的“学校 4.0”（Schule 4.0）栏目，并有一系列推进计划和行动出台。我国当前正在积极推进中国制造 2025 战略，也面临着数字化发展的挑战，教育改革亟须跟进，本文试图引介奥地利“学校 4.0”数字化发展战略，以期提供可借鉴思路。

一、奥地利“学校 4.0”数字化发展战略的背景

（一）“工业 4.0”的推进需要数字化人才

在“工业 4.0”的背景下，数字化发展成为奥地利企业的重要方向。奥地利《新闻报》2016 年 9 月 13 日报道指出：“埃森哲公司对奥地利百强企业的调查显示，奥地利企业因缺乏数字化战略发展迟缓。与德国和瑞士的百强企业相比，奥地利百强企业 2013 和 2014 年在营业额和利润率方面均表现欠佳，奥地利行业在数字化方面也存在较大差异，其中数字化程度最高的为金融业，其次是物流交通业，工业领域数字化程度最低。而增速超过百强企业的奥地利公司均在数字化方面表现优秀。”奥地利经济部官员表示：“不管我们愿不愿意，数字化和自动化都将自然而然地发生，而数字化带来的机遇大于风险[1]。”奥地利《信使报》在 2017 年 5 月 5 日的报道中指出：“数字化将是奥地利化工行业未来的重要发展方向[2]。”那么，要实现“工业 4.0”所引发的企业数字化发展，就需要大批数字化人才。

（二）数字化的人才培养需要数字化的教育

为迎接“工业 4.0”，进行数字化人才培养，奥地利政府采取相应的数字化教育行动。奥地

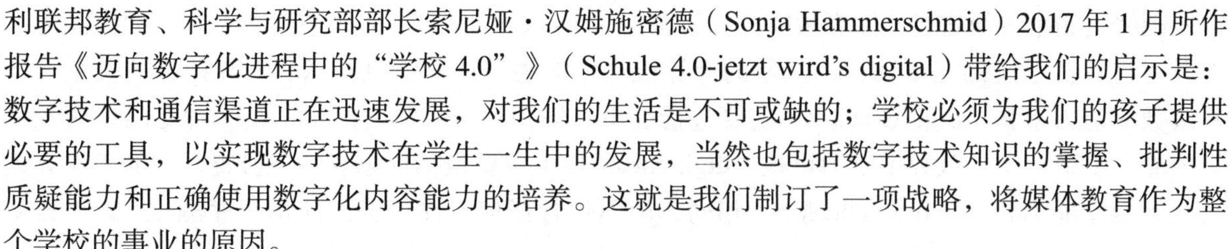

利联邦教育、科学与研究部部长索尼娅·汉姆施密德（Sonja Hammerschmid）2017年1月所作报告《迈向数字化进程中的“学校4.0”》（Schule 4.0-jetzt wird’s digital）带给我们的启示是：数字技术和通信渠道正在迅速发展，对我们的生活是不可或缺的；学校必须为我们的孩子提供必要的工具，以实现数字技术在学生一生中的发展，当然也包括数字技术知识的掌握、批判性质疑能力和正确使用数字化内容能力的培养。这就是我们制订了一项战略，将媒体教育作为整个学校的事业的原因。

（三）数字技术的发展对教育发展产生影响

此外，全社会数字技术的发展也对教育发展产生深刻影响。奥地利教育界认识到，数字媒体已在某种程度上改变了我们的世界和我们的生活，就像印刷技术的引入那样。正如有的学者所分析的那样，“工业4.0”中的数字技术发展带给学校教育的新挑战体现在多个方面，比如无处不在的移动设备和社交媒体、多种可用的设施媒体和技术、可持续性的灵活就业能力、几乎任何学科都在迅速取得进步而不断产生新知识、跨学科和跨学科问题及相关研究领域的出现，等等[3]。面对未来数字化的工作环境，奥地利教育界意识到，学生未来将在交互网络或开放结构且流动的组织中工作，他们将不得不在全球市场上竞争就业。新的技能和能力将变得更加重要，如非线性思维、跨文化技能、自我管理和自主能力。为了最好地支持学校应对“工业4.0”的数字技术发展带来的挑战，奥地利教育界采取了各种相应的措施：以区域集中的形式开展跨学校培训；通过虚拟教育大学提供网络服务；为教师和学生提供更安全的互联网环境来开展教学活动；提高对数字技术和数字媒体使用的认识。

总之，在上述背景下，奥地利联邦教育、科学与研究部于2016年在其官方网站中提出“学校4.0”（Schule 4.0）数字化发展战略，并从2017—2018学年开始实施该战略，“学校4.0”的目标和重点是培养数字化人才，“电子学习/新技术在课堂上的应用”和“媒体教育”成为学校教学改革的方向。

二、奥地利“学校4.0”数字化发展战略的四大支柱

奥地利联邦教育、科学与研究部的官网显示，“学校4.0”数字化发展战略有四个支柱：在小学阶段开始开展数字化基础教育，培养具有数字化能力的教师，完善数字化基础设施和IT设备，建设或开发数字化学习平台或工具。这四大支柱实质上是奥地利“学校4.0”数字化发展战略的基本框架。

（一）小学阶段开始数字化基础教育

奥地利尝试在小学阶段开始有趣味性地向学生教授信息技术方面的内容，并开展数字化基础教育（digitale grundbildung）。数字化基础教育主要以课程为中心，重点放在三年级和四年级。从五年级到八年级，每周安排2~4小时的教学。这种实施是在现有的科目中渗透还是作为一个独立的体系，可以由学校自主决定。在八年级结束时，所有学生都应该掌握基本的计算机技能和标准程序的使用能力，并能够批判性地反思社交网络、信息和媒体内容。

为考查学生的数字能力发展情况，联邦教育、科学与研究部提出了数字能力审核（digi. check），通过审核对学生所获得的数字和信息能力进行考核鉴定和证明。数字能力审核实质上是一种关于数字化能力的证明。数字化能力发展分为四级、八级、十二级和P级四个阶段或等级，

审核围绕这四个等级进行。四级数字能力审核（digi. check 4）主要是考查学生基本的数字能力，涉及对计算机系统的基本认识，基本的计算机操作能力，认识信息技术、人和社会的关系等。八级数字能力审核（digi. check 8）主要包括反思、知识检查和能力测量，是一种专门针对八年级的能力模型。十二级数字能力审核（digi. check 12）主要包括反思和知识检查，它的工作方式与八级数字能力审核（digi. check 8）相同，但不包含任何具体任务的应用程序测试。P 级数字能力审核（digi. check P）主要考查有意识地规划自己进一步发展的能力。其中，四级、八级、十二级的数字化能力模型均从信息技术、人和社会、计算机科学系统、应用、观念几个维度展开[4]。从上述四个阶段的数字能力审核中可以看出，从小学阶段开始的数字化基础教育既涉及一些观念性的内容，也关注了实际应用能力；既强调对计算机科学系统本身的掌握，也重视信息技术在人和社会发展中的意义；既培养学生在信息技术使用中的技能，也注重学生在信息技术使用中的责任。这是一种全面的数字化教育。

（二）培养具有数字化能力的教师

“学校 4.0”数字化发展战略的第二个支柱是培养具备数字化能力的教师队伍。在传统的教师教育中，教师很少接受过数字化能力方面的教育培训。“超过 50% 的奥地利教师是数字移民，因为他们在童年或正式教师培训中没有获得数字能力[5]。”有关资料显示，到 2012 年时，奥地利还不能保证受训教师和新合格教师接受了信息技术和素养方面的培训。奥地利规定，从 2017 年秋季开始，要求所有新入职的教师获得标准化的数字技能培训，联邦教育、科学与研究部（BMBWF）还对教师的数字技能进行审查认证。对教师的数字技能进行培训主要包括三个方面：一是在入门阶段开始进行数字技能测查；二是参加有 6 学分的继续教育模块化课程学习；三是运用数字能力和思维反思自己的教学。大学的教育学院为教师提供相关的课程，帮助教师在专业生活中扩展数字技能。为了促进教师的数字化能力发展，联邦教育、科学与研究部已于 2017 年开始在奥地利的部分教育大学设立了教育创新发展工作室，其目标是提高教师的数字与信息化能力，以使教师能够运用计算机进行创造性的教学设计。此外，维也纳教育大学与联邦家庭与青年部（Bundesministerium für Familien und Jugend，BMFJ）合作建立了奥地利第一个未来学习实验室，在这里，教师能够对数字工具进行实验，并接受相关培训。

（三）完善基础设施和 IT 设备

奥地利“学校 4.0”数字化发展战略的第三个支柱是完善学校的网络基础设施和 IT 设备。在 2016 年上半年，教育统计部门对所有奥地利学校的信息技术基础设施的设备和使用情况进行了数据收集和调查，重点关注了因特网的连接和使用、学校网络和电子学习等主题领域，最终形成调查报告《信息和通信技术基础设施调查 2016》。调查结果显示[6]：在所调查的 517 所学校中，72% 的房间接入了局域网连接，96% 的教室拥有互联网连接。电子学习是教学方法的一个组成部分，在奥地利学校中开始使用，特别是在中学，4/5 的中学将电子学习融入其教学理念中，1/5 的小学将电子学习纳入其教学理念之中。截至 2016 年底，奥地利 96% 的学校教室拥有互联网接入，78% 的义务教育学校接入了互联网。在课堂上使用平板电脑的移动学习项目正在小学中推广。

（四）建设和开发数字化学习平台或工具

数字化学习工具或平台是奥地利“学校 4.0”数字化发展战略的又一支柱。奥地利教育部门特别重视数字化学习平台或工具的建设。比如，教育部门与基础设施部门于 2015 年秋季启动的“移动学习”（Mobile Learning）项目后来被纳入奥地利“学校 4.0”数字化发展战略，实际就是要建立一种数字化学习教育平台。该项目建立在电子教育网络的专业知识和经验基础之上，是一种基于跨学校同伴学习的项目，并展示了学生如何从使用数字媒体中受益。在该项目中，课堂中使用数字技术较少的两到三所学校与一所经验丰富的学校合作，形成一个区域集群，一起制定在课堂教学中使用平板电脑的教学方案。同时，专家在为期 1 年的“移动学习”项目期间持续给予支持以帮助其合作学校全面正式实施数字化教学。“移动学习”项目自 2017 年 2 月开始进行第二轮，并从 31 个群组的 94 个学校扩展到 55 个群组的 171 个学校。参与第二轮区域集群的每一个学校从 2017 年 2 月至 2018 年 1 月期间都会收到 20 台平板电脑和 1 部平板手推车[7]。如果需要，还可以调用移动互联网连接。在对第一轮“移动学习”项目的总结评估中发现：数字化学习平台能够鼓励个别学习，能够实现不同学习进度的学生在共同任务和团队中共同学习，并且学生能够在不同的学习速度和进程中获得好评。所参与学校的老师看到了参与该项目的好处——能够提高他们的教学质量，因此他们也愿意更好地与同校和其他学校的同事建立联系和合作。此外，从 2016—2017 学年开始，奥地利的普通高中和中高级职业培训学校也开始引进电子教科书作为一种数字化学习工具，以弥补传统纸质版教科书的不足。

三、奥地利“学校 4.0”数字化发展战略的推进行动

在上述四个支柱的基础之上，为深入有效推进“学校 4.0”数字化发展战略，2017 年以来，奥地利教育界积极采取了以下推进行动。

（一）确立媒体素养的“学校 4.0”价值目标

在数字化时代的背景下，媒体素养成为学校人才培养的一个目标。奥地利教育界认为，“媒体素养是使用媒体，理解和批判性地评估媒体和媒体内容的不同方面，并在多种情况下进行交流的能力。媒体素养应体现在所有媒体的应用上，包括在电视和电影、各种录音制品、报纸和杂志、书籍、互联网和其他新型数字通信技术上的广播和音乐等方面的问题处理和应用上。我们需要媒体素养，以便能够在不同的媒体之间进行选择，以便能够批判性地评估内容和信息，并以各种媒体进行交流。我们需要媒体素养来提高学生互联网风险认知和媒体专业知识方面的能力[8]”。媒体素养是帮助个体做出更好决策的关键技能。媒体教育致力于建立媒体文化，并反映了不断变化的媒体世界。在奥地利，媒体教育被理解为人格的形成，是一个过程，也是世界和媒体通过媒介进行调解过程的结果，批判性和创造性思维素质是媒体教育的核心内容。

（二）推进数字化课程建设

在课程建设方面，奥地利“学校 4.0”数字化发展战略的推进有以下具体行动：首先，关于如何开设数字化课程，学校可以自主决定是否专门独立开设数字基础教育课程，或者融入其他课程。比如在小学，数字技能的课程的重点是媒体教育，以此来反映互联网和数字技术的使用，以及解决问题的有趣方法。

其次，关于数字化课程内容，在 2017 年启动的“基础数字教育”（Basic Digital Education）项目中，奥地利明确了数字化课程内容的要点：社会中的媒体变革和数字化、信息数据和媒体

能力、操作系统和标准应用程序、媒体设计、数字通信和社交媒体、安全、技术问题解决方案、计算思维。从 2017—2018 学年开始，奥地利在 178 所新的中学进行试点，从 2018—2019 学年起，将数字化基础教育方面的课程在全国所有中学实施。

第三，课程实施平台建设。奥地利实施了一个旨在促进小学生信息化思维和创造性问题解决的试点项目，即“学会思考——解决问题（DLPL）”项目。这一项目是“学校 4.0”数字化战略的一部分，它的目的是利用数字媒体的教学来加强小学生的信息思维。

（三）构建数字化能力模型框架

为推动“学校 4.0”数字化发展战略的有效落实，联邦教育、科学与研究部构建了数字化能力模型框架，框架包括四个维度：（1）信息技术、人与社会。这个框架维度强调，学生获得必要的能力，负责任地使用数字媒体，并避免伤害自己和他人。他们能够在个体生命发展和群体社会应用中批判质疑数字媒体，并了解信息在互联网上处理和传播的机制。这些能力包括能够在互联网上安全地进行沟通和通信，积极塑造自己的数字身份，运用基本权利和义务保护个人数据，并安全地保存重要文件或进一步开发数字和信息内容。（2）IT 系统。该维度能力包括快速有效地使用数字技术，确定和调整基本设置以便以计算机辅助方式处理、组织、输入和输出信息，通过网络交换信息等方面的所有必要技能。（3）应用。应用维度的能力包括通用标准应用程序的掌握，例如商业软件领域的应用程序。这些应用程序使学生能够通过数字技术表达自己的观点，设计创意流程并制作文字、图像、音频或动态图像等媒体文件。（4）观念。观念维度的能力主要涉及学生获得必要的基础知识，如编码和解码的基础知识。这有助于他们思考和质疑日常生活中信息的自动处理，并负责地选择使用数字内容。在计算机模型的帮助下，学生还将在计算思维和解决问题领域迈出第一步。下面以四级数字能力审核（digi. check 4）为例，详细介绍其模型框架的具体内容（详见表 1）。

表 1　digi. check 4 数字化能力模型框架[9]

一级指标	二级指标	具体内容
1. 信息技术、人和社会	1.1 信息技术在儿童生活中的重要性	能够列出信息技术在生活环境中的重要应用领域；能够知晓计算机无法取代人的领域；能够利用数字媒体同父母和教师交流
	1.2 使用 IT 的责任	可以区分真实世界和虚拟世界；可以在网上设计数字自我；知道通过适宜的行为在网上留下痕迹，而且可以识别；知道处理自己和第三方数据的基本权利和义务；能够懂得要尊重版权（音乐、电影、图片、文字、软件）以及保护个人数据的权利；知道使用信息技术的风险，并知道如何在特定情况下行事；知道在互联网上既可以得到帮助，也可能会存在风险；知道可以在互联网上完成许多业务，但也可能涉及风险
	1.3 隐私和数据安全	知道在使用互联网时可能会存在恶意软件等威胁；知道保护计算机的方法，并知道在必要时可以求助的人；知道有些数据是无法访问的，在某些情况下滥用访问权限会受到惩罚
	1.4 发展和职业前景	可以举出与计算机相关的一些职业；了解信息技术的发展历史

2. 计算机科学系统	2.1 技术部件及其使用	可以识别和使用日常生活中的数字设备及存储设备
	2.2 个人电脑系统的设计和使用	可以在学习中使用数字设备和互联网；可以启动和关闭电脑；可以正确登录和注销；可以启动程序并在其中工作；可以在系统中保存、检索和打开文件；可以插入、移动、复制和删除文件；可以使用适合自己的平台
	2.3 网络中的数据交换	可以使用网络搜索和显示信息；可以使用网络进行通信；可以使用网络进行协作
	2.4 人机界面	知道数字设备在日常生活情境中可以有多种不同的使用
3. 应用	3.1 文档、出版物和演示	可以输入文本并对其格式化；可以复制、粘贴、移动和删除文本；可以更正文本，并在必要时使用拼写辅助工具；可以用图片和图形设计作品，并做出展示；可以创建和设计数字图形和图像；可以使用数字音频和视频文件
	3.2 计算和可视化	能够理解表格的结构，可以创建和设计电子表格；可以进行适合年龄的计算；可以创建一个图表
	3.3 搜索、选择和组织信息	知道有关的搜索引擎，并能够使用它们；可以在工作中使用互联网上的信息
	3.4 沟通与合作	可以编写、发送和接收数字信息，并在互联网上注意网络礼仪；可以使用数字工具进行协作
4. 观念	4.1 管理信息	可以加密和解密日常生活中的一些信息
	4.2 数据结构	可以捕捉、保存和更改数据
	4.3 指令的自动化	可以理解并执行简单的指令；能够创建简单的指令
	4.4 流程的协调和控制	知道计算机程序是通过将一系列指令串起来编制而成的

（四）“学校 4.0”的 IT 认证

为确保学校数字化发展质量，奥地利自 2017 年 6 月开始实施“‘学校 4.0’的 IT 认证”（IT-Zertifizierungen für Schule 4.0）计划，实施这一计划的目标是要让奥地利的学生达到欧洲计算机资格标准，主要的举措是在学校引入微软办公专家（MOS）和微软技术助理（MTA）的认证[10]。执行该计划的合作伙伴是教育机构和代表奥地利联邦教育、科学和研究部的奥地利计算机协会（österreichische Computergesellschaft，OCG），学生将能够通过国际认可的标准化证书来证明他们的 IT 技能，从而在进入未来专业工作领域时能够获得决定性的优势。

四、结语

奥地利“学校 4.0”数字化发展战略不是一个简单的教育领域的战略，而是一个应对全球数字化发展时代到来的国家战略，迎合了“工业 4.0”的时代发展需要。

奥地利“学校 4.0”数字化发展战略带来了数字化教育观念。首先，学校教育人才培养目标定位是基于当前奥地利社会经济向数字化转型的大背景来确定的。以数字化能力所引发的信息搜集处理的能力、知识检索和共享的能力、可持续性发展的能力、可迁移的能力等成了学校教育目标的内容，这也是“学校 4.0”的学校教育目标。其次，实现了数字化时代下的课程观转型。在“学校 4.0”战略下，奥地利学校形成一种基于资源的课程观，数字信息技术作为一种传播媒介技术，是课程的新形态或新载体。课程不再拘泥于传统的教材、知识等实体形态，学校课程新形态朝在线化、虚拟化发展。第三，奥地利“学校 4.0”数字化发展战略强调，教学是一个在教师教的引导下的推动学生自主学习的过程，教学实质上是为学生学习的发生提供资源和平台，这也是“学校 4.0”的教学观。

奥地利“学校 4.0”数字化发展战略推动了学校的整体性变革。首先，它构建了学校数字化教育的系列标准，以标准引领方向。所构建的数字化能力模型为学生的发展目标和教师教学活动提供了方向，引领了学校教育其他方面的工作。其次，提升了教师的数字化能力。赋予了教师的数字化能力以非常丰富的内涵。教师不仅要具有信息技术的操作能力，也要具有信息技术使用的责任意识；教师不仅要具有使用信息技术的能力，也要具有运用信息技术开展教学的能力；教师不仅要具有熟练地使用数字化教学资源的能力，也要有创造数字化教学资源的能力。第三，它推进了学校教育数字化平台建设。奥地利“学校 4.0”数字化发展战略不单纯是学校自己的事情，它既需要教育内部系统与教育外部系统之间的协同，也需要教育系统内部学校之间的协同，以实现数字化教学资源的共享。

参考文献：

［1］中华人民共和国驻奥地利共和国大使馆经济商务参赞处 . 奥地利工业领域数字化程度差强人意［EB/OL］. (2016-09-01)［2018-06-02］. http：//at.mofcom.gov.cn/article/jmxw/201609/20160901394356.shtml.

［2］中华人民共和国驻奥地利共和国大使馆经济商务参赞处 . 奥地利化工行业推进数字化建设［EB/OL］. (2017-05-10)［2021-06-08］. http：//at.mofcom.gov.cn/article/jmxw/201705/20170502572797.shtml.

［3］WALLNER T, WAGNER G. Academic Education 4.0［C］//END 2016 International Conference on Education and New Developments. 2016：155-159.

［4］digi.check：Nachweis digitaler Kompetenzen［EB/OL］. (2018-02-14)［2021-06-08］. https：//www.bmbwf.gv.at/Themen/schule/zrp/dibi/dgb/digicheck.html.

［5］Supporting Digital Immigrants. On-line Courses for Teachers on Internet Safety in Austrial［EB/OL］. (2017-09-28)［2018-06-12］. https：//www.openeducationeuropa.eu/sites/default/files/asset/FromField_28_3.pdf.

［6］IKT-Infrastrukturerhebung 2016［EB/OL］. (2018-04-06)［2018-06-12］. https：//bildung.bmbwf.gv.at/schulen/schule40/iktie.html.

［7］［8］Medienkompetenzen Medienbildung［EB/OL］. (2018-04-19)［2018-06-12］. https：//bildung.bmbwf.gv.at/schulen/unterricht/uek/medien.html.

［9］digi.check：Nachweis digitaler Kompetenzen［EB/OL］. (2018-04-06)［2018-06-12］. https：//bildung.bmbwf.gv.at/schulen/schule40/digicheck/digicheck.html.

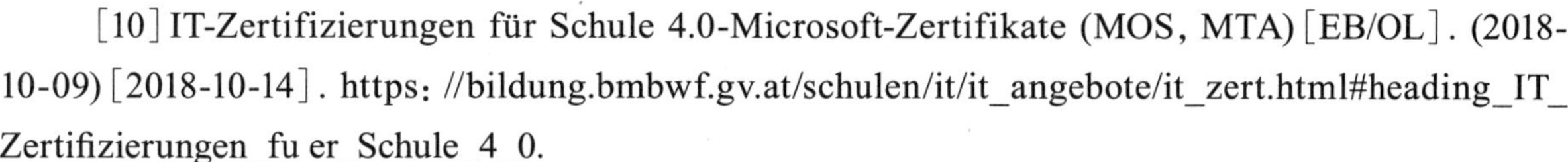

[10] IT-Zertifizierungen für Schule 4.0-Microsoft-Zertifikate (MOS, MTA) [EB/OL]. (2018-10-09) [2018-10-14]. https: //bildung.bmbwf.gv.at/schulen/it/it_angebote/it_zert.html#heading_IT_Zertifizierungen_fu er_Schule_4_0.

（作者赵文平系天津职业技术师范大学职业教育学院教授，天津市普通高等学校人文社会科学重点研究基地职业教育发展研究中心研究人员，教育学博士。）

美国虚拟特许学校的运行机制述评

王佳佳，胡甜

导读： 虚拟特许学校是虚拟学校与特许学校的结合体，反映了美国最新的教育改革动向。其办学主体较为多元，需满足特定的办学资质要求并获取相应的授权。而且虚拟特许学校具有门槛较低、学生来源多样的特点，学生学费主要由政府资助。他们所采取的是市场化的教学运营系统，其课程通常交由第三方公司编制，虚拟特许学校通过网络平台提供个性化的教学，并对学生的学业状况进行动态监控。虚拟特许学校的评价体系包括质量导向的政府评价、优胜劣汰的市场评价和丰富多样的社会评价等。

在美国近年来的教育改革中，虚拟学校和特许学校是两股重要的动向。近年来，这两股改革力量开始出现合流，形成了一种新型的学校形式，即虚拟特许学校（Virtual Charter School）。由于美国各地对这类学校的称法不同，虚拟特许学校没有统一的名称和定义，因此又被称为网络特许学校（Cyber Charter School）、在线特许学校（Online Charter School）等。虚拟特许学校兼顾了虚拟学校和特许学校的特点，是在法律允许并获得特许授权的前提下，由社区组织、教师或团体、大学、企业或个人经营和管理，依靠网络平台为各种有不同需求的学生提供多样化、个性化的远程教学和课程服务的公立学校。它不受学区和州的直接管辖，享有相当大的办学自主权。虚拟特许学校受到越来越多学生和家长的青睐，数量迅速增长，逐渐成为美国教育体制中一个新的流行体。在 2000 年底，美国仅有 3 所虚拟特许学校；2001 年，这一数据增长至 14 所；2003 年，美国共有 57 所虚拟特许学校，分布在 13 个州，注册学生约 1.6 万名；到 2016 年，根据全国公立特许学校联盟（National Alliance for Public Charter Schools）的统计，美国虚拟特许学校的数量达到了 135 所，覆盖 23 个州及华盛顿哥伦比亚特区，就读学生超过 18 万名[1]。

一、美国虚拟特许学校的办学要求

（一）多元化的申办主体

与特许学校一样，美国虚拟特许学校的办学主体具有多元化的特点。其中最常见的是社会组织、社区、企业和个人等。通常，非营利性社会组织的办学目的在于扩大其社会影响力和贡献度。譬如，全国公立特许学校联盟宣称，该组织致力于推动美国现代教育改革和公立特许学校运动，为更多的孩子提供教育服务，满足他们的教育需求[2]。社区办学主要是为了服务于社区所在的城市或州，让当地的学生接受更好的教育，使其成长为合格的社会公民。在一些地区，经常会有孩子因居住地与学校距离较远、学业成绩不佳、与同学无法相处等因素濒临辍学，当地社区便通过开办虚拟特许学校尝试解决此类问题。位于新泽西州的帕特森社区特许学校（Community Charter Schools of Paterson）提出，其办学使命在于赋予社区家庭、孩子和工作人员更多的教育机会，让他们能够积极塑造和改变自己的生活。企业或营利性机构参与办学大多是为了占据教育市场，从中获取利益回报。艾莉森·卡尔－查尔曼（Alison Carr-Chelman）指出，虚拟特许学校与营利性机构的关系是一个值得关注的议题。有些虚拟特许学校本身就是营利性的。更多的虚拟特许学校虽然性质是非营利性的，但是其课程开发公司属于营利性机构。在很多情况下，虚拟特许学校与课程开发公司属于同一家机构，前者提供“客户源”，后者实实在在地赚钱，巨额利润由此产生[3]。最后，由于对传统公立学校教育的不满，教师和家长希望借助虚拟特许学校满足孩子多样化的教育需求，包括学习自主性、特长发展、“在家上学”等。在教师和家长的推动下，部分教育质量相对较差、生源流失问题严重的学校会选择转型为虚拟特许学校。

（二）全方位的办学标准

美国各州之间对虚拟特许学校设置的办学标准要求存在较大差异，具体内容非常全面，涉及办学规模、入学条件、师资状况、课程内容、教学方法、技术支持、经费保障、教育质量报告等。其中，最为核心的标准主要体现在三个方面：申办者资质、教师资质和课程资源。在申办者资质方面，虚拟特许学校的申办者必须提供充分的证据，表明其具备必要的办学能力。全国特许学校授权协会（National Association of Charter School Authorizers）以《优质特许学校授权的标准与原则》（Principles & Standards for Quality Charter School Authorizing）为基础，提出了虚拟特许学校申办者所应具备的核心能力，包括学校财务管理能力、教学管理能力、遴选服务供应商的能力、提供网络教学服务的能力以及履行特许授权合同的能力等[4]。在教师资质方面，相应学科的教师资格证书或教学辅助证书是必要条件。几乎所有的州均对虚拟特许学校的教师资格提出了要求，以确保学生的网络学习能得到有效监管。事实上，相较于实体的特许学校，虚拟特许学校更看重教师资格证书[5]。在课程资源方面，虚拟特许学校需要符合《美国网络课程国家质量标准》（National Standards for Quality Online Courses）的有关规定，课程内容的遴选要符合各州的课程内容标准、学术标准和评价标准，并在课程目标、课程内容和课程评价的广度与深度方面达到要求[6]。此外，为了提高办学声誉，部分虚拟特许学校会申请对课程进行认证。例如，新罕布什尔州的虚拟学习特许学院（Virtual Learning Academy Charter School）开设的运动员课程便得到了全国大学体育协会（National Collegiate Athletic Association）的认证，其大学预修课程得到了大学委员会（The College Board）的认证。

（三）简便易行的申办程序

根据美国各州虚拟特许学校授权机构的差异，虚拟特许学校的申办者需要向不同的授权机构提出办学申请。其中既有州教育主管部门、特许学校专门委员会、学区和大学，也有一些社会中的非营利性机构。譬如，阿肯色州由州教育委员会授权，马里兰州由当地的学区授权，亚利桑那州和华盛顿哥伦比亚特区等则设有独立的特许机构。整体而言，美国虚拟特许学校的申办程序并不复杂，通常包括三个步骤。首先是与教学或管理的供应商签订合同，然后需要向授权机构提出申请，最后是提交一份标准的申请书。在佛罗里达州，普通公立学校申办虚拟特许学校时，首先要与佛罗里达虚拟学校（Florida Virtual School）或相关部门批准的虚拟教学项目（Virtual Instruction Program）供应商签订服务合同；接下来，要在每年 8 月 1 日之前向学区提出申请；最后，虚拟特许学校申请人要提交一份由教育部门编制的申请表。相比之下，在已有特许学校的基础上开办虚拟特许学校则更为简便。申办者只需要向授权机构提交申请，请求批准开办虚拟特许学校或修改现有的特许状即可。如果特许学校选择提交新的申请书，申请书中需要包含与虚拟教学服务供应商签订的合同文件，并详细说明学校创办的关键信息，如办学理念与原则、课程安排、学生成绩目标、年度财务计划等。

二、美国虚拟特许学校的生源状况

（一）广泛的招生范围

虚拟特许学校招生范围相当广泛，没有区域、种族、贫富等条件的限制。在生源类型上，虚拟特许学校对多种类型的学生具有吸引力，包括“在家上学”的学生、农村地区学生、残障学生、流动性强的学生以及不太适合传统学校教育的学生等。调查显示，大约 90% 的全日制虚拟特许学校向所有普通学生开放，另外 10% 的学校主要服务于特定类型的学生群体[7]。在种族构成上，虚拟特许学校招收各个种族的学生，但白人比例相对较高。在 2012—2013 学年，全日制虚拟特许学校招收的学生中，71% 是白人，14% 是黑人，12% 是西班牙裔，还有 3% 来自其他种族[8]。生源是虚拟特许学校维持生计的重要因素。这是因为学校的办学经费有很大一部分来自政府财政拨款，而学生人数是这项拨款的主要依据。如果学生数量减少，会直接降低其办学经费数量，导致虚拟特许学校运行艰难，甚至面临倒闭的风险。因此，为了拓展生源，许多虚拟特许学校会开展针对性的招生宣传，以吸引不同类型的学生。例如，罗得岛州的乡村绿色虚拟特许学校（Village Green Virtual Charter School）在其官网上特别强调，该校非常注重生源的多样化，确保各类学生能在学校受到平等对待；在招生上，不会带有任何性别、种族、宗教信仰、民族、年龄、退伍军人或军事地位、性取向、性别表现或残疾状况的歧视。

（二）门槛较低的学业成绩要求

为了吸引到更多的学生，虚拟特许学校对入学申请者没有明确的学业成绩要求。通常，虚拟特许学校会对刚入学的学生进行诊断性评估，但这并不是为了确定入学资格，而是为了了解学生的具体教育需求。调查发现，虚拟特许学校学生的学业基础和能力普遍较差，他们的学业成绩不仅不如实体的特许学校，而且与普通的公立学校相比也存在一定的差距。斯坦福大学教育成果研究中心（Center for Research on Education Outcomes）的一项调查显示，绝大多数虚拟特许学校学生的学业成绩不如普通公立学校的学生。在阅读方面，67% 的虚拟特许学校全日制学生的表现不如普通公立学校的学生；在数学方面，88% 的虚拟特许学校全日制学生的表现不如普通公立学校的学生[9]。为此，全国公立特许学校联盟、50 州学业成就运动（The 50-State Campaign for Achievement Now）和全国特许学校授权协会联合发布了一份文件《行动倡议：改进全日制虚拟特许学校的教育质量》（A Callto Action: To Improve the Quality of Full-Time Virtual Charter Public Schools）。倡议书中提出，各州的授权机构和学校应为全日制虚拟特许学校制定符合特许状期望的入学标准，限制学生数量，提高办学质量[10]。

（三）公共经费支持的学费

全日制虚拟特许学校的学费主要由州政府或公共经费支持。虚拟特许学校的学费资助与学生所属州或学区内的公立学校一致，生源学区要按本区就读的学生人数向虚拟特许学校划拨经费，以缓解学生家庭的经济压力。换言之，在同一个州的全日制虚拟特许学校中，每个学生所得的教育经费与当地公立学校的学生一样，大部分的学费源于州政府或公共经费，学生个人不必支付太多的费用。因此，虚拟特许学校这一公益性的学费政策吸引了许多家庭，特别是“在家上学”群体。在过去，一旦选择了“在家上学”，就意味着家庭必须承担所有的教育开支[11]。而现在一旦这些学生被虚拟特许学校录取，他们的学费将从该学区的总教育经费中划拨。许多虚拟特许学校不仅会为学生提供教科书、教辅资料、网络教学资料等，还会为学生提供电脑、打印机、乐器等学习设备。这样一来，原本无法享受政府资助的“在家上学”群体，就能通过注册虚拟特许学校获得丰富的学习材料和教学资源，在一定程度上缓解“在家上学”的经济压力。于是，大批“在家上学”群体选择虚拟特许学校以获得相应的政府资助或补贴，减轻家庭的经济负担。在加利福尼亚州，2004 年虚拟特许学校的入学人数为 37，000，其中有 1/2 是曾经“在家上学”的学生[12]。在宾夕法尼亚州，公共经费不允许用于资助“在家上学”的学生，但该州虚拟特许学校中 60% 以上都是“在家上学”的学生[13]。

三、美国虚拟特许学校的教学运行

（一）第三方公司提供的课程资源

通常，虚拟特许学校自己不开发课程，而是依靠第三方课程设计公司提供课程。统计显示，3/4 以上的虚拟特许学校，其课程是向供应商购买的，或者由学校所属的管理组织提供[14]。例如，罗德岛混合特许学校（Rhode Island’s Blended Learning Charter School）的所有课程资源均由埃齐纳蒂（Edgenuity）公司提供。这种现象的内在根源在于虚拟特许学校与运营商之间密不可分的关系。虚拟特许学校与营利性机构存在着千丝万缕的联系，部分学校甚至由私人营利性机构直接管理或承包。这些营利性机构有着强烈的利益诉求，需要在美国教育市场中立足和不断壮大。据全国公立特许学校联盟统计，近 70% 的美国全日制虚拟特许学校与营利性教育管理组织签订合同，并且保持着密切的合作关系[15]。虚拟特许学校会向这些管理组织购买各类教育服务，包括教师培训项目、课程与教学资源、学生评价系统、信息技术支持等。其中以两家公司最为著名：美国 K–12 教育集团和联系学院（Connections Academy），它们占据了虚拟特许学校教育服务近一半的市场规模。随着虚拟特许学校的迅猛发展，这两家企业获利颇丰。

（二）基于网络的个性化教学模式

为了适应市场需求，虚拟特许学校在教学方式、方法和主体方面均呈现出个性化的特点。在教学方式上，虚拟学校充分利用信息技术手段，以多种方式支持同步教学。其中最常见的有电话、视频共享或网络会议、视频会议和音频会议等。虚拟特许学校也会使用在线聊天论坛、即时消息或其他一对一聊天以及短信的形式，以便随时与学生和家长沟通。在教学进度上，虚拟特许学校根据学生的需求设置了两种不同的教学模式：同步教学模式和异步教学模式。这两种教学模式均依赖于自学和家长辅导，它们之间最大的区别就在于教师的教和学生的学是否同步。虚拟特许学校一般为学生提供平均每周 45~60 分钟一对一的教学，即同步教学。学生在课余时间主要是通过异步教学的方式，即在家长的帮助下学习课程或独立学习。此外，为了学生更好地理解和巩固课程，虚拟特许学校经常会采用的一种方式是在教师指导下的师生同步交流。在教学主体上，虚拟特许学校充分开发和利用了学生家长这一教学资源，让学生家长成为学科教师的补充。在虚拟特许学校，学科教师的主要任务不是直接教授知识，而是通过回答问题和反馈来指导学生，发挥辅助性的教学功能。相应地，更多的时间和责任被委托给了家长，由家长承担更多的教学和监督工作。

（三）动态监控的学业评估

频繁对学生的学业状况进行评估并提供及时的反馈是虚拟特许学校教学的一个重要特点。为了建立良好的办学声誉，以吸引更多的学生就读，虚拟特许学校的学业评估比普通公立学校的频次高。绝大多数虚拟特许学校在入学之初，就开始对学生的知识和技能进行诊断性评估。大多数虚拟特许学校还会对学生过去的学习经历和学习基础进行调查。在学期间，学校会经常对学生的学习成绩进行测试，以跟踪和反馈学生的学业进展状况。调查显示，大约 2/3 的虚拟特许学校每周都会对学生进行学业评估，对象包括各个年级的学生，内容涉及各个主要学科。通常，学校规模越大，测试的频率就越高。有超过 10% 的虚拟特许学校甚至每天都会对学生的英语和数学学业状况进行测试[16]。评估的标准和要求主要参照州或学区对公立学校的问责标准。由于虚拟特许学校本质上是接受公共经费资助的公立学校，其学业成绩标准通常与公立学校的标准相当。此外，美国许多州的虚拟特许学校法也明确规定了学生成绩的评定方法，要求虚拟特许学校在绩效方面达到公立学校的标准。在实践中，结合自身网络办学的特点，许多虚拟特许学校会尝试开发测试系统和平台，或与一些学习服务机构、测试机构、社区学院等合作，借助于网络平台对学生的学业状况进行动态监测和评估。

四、美国虚拟特许学校的教育质量评价

（一）质量导向的政府评价

美国政府对虚拟特许学校的评价重在考查虚拟特许学校的整体办学质量。在具体的操作过程中，美国联邦政府和各州采取的标准不尽相同，但评价的主要内容都聚焦于学生的学业成绩和教学质量两个方面。在学生的学业成绩方面，虚拟特许学校通常要达到特许学校的相应标准和要求，或者与实体的公立学校相当。由于网络教学的特殊性，有些州的虚拟特许学校法律还明确规定了评定方法和评价标准。在教学质量方面，美国联邦法律规定各州的虚拟特许学校必须聘用获得资格认证的教师，并通过教学评估对虚拟特许学校进行问责。部分州还专门制定了监测虚拟特许学校教师素质和教学质量的政策。近年来，随着虚拟特许学校的迅速发展，美国政府开始采取更多的措施以保证虚拟特许学校的办学质量。这些措施主要包括限制办学规模、提高入学条件、强化课程监管、设置办学硬件要求等。目前已经有 5 个州对虚拟特许学校的班级规模进行了限定，以确保教师能在网络平台上对学生进行有效监管。其中，北卡罗来纳州规定，虚拟特许学校的生师比不能超过 25：1。这一要求甚至高于普通公立学校的 50：1[17]。

（二）优胜劣汰的市场评价

特许学校产生和发展的一个重要理论基础就是它代表着市场的力量。特许学校的支持者坚信，特许学校的出现将引发竞争，从而激发美国公立学校的活力[18]。虚拟特许学校的出现则极大地拓宽了市场竞争的时空范围。在生源上，虚拟特许学校可以跨越地区的限制；在学习时间上，虚拟特许学校具有极强的灵活性，能适应学习者对时间的要求。这就意味着，虚拟特许学校将带来更为激烈的市场竞争。除了虚拟特许学校内部之间的竞争之外，它还要与实体公立学校、虚拟学校展开竞争。在这个市场上，虚拟特许学校是教育服务的提供者，学生是消费的顾客，虚拟特许学校要想方设法吸引学生就读。学生们“用脚投票”所作出的入学选择是市场评

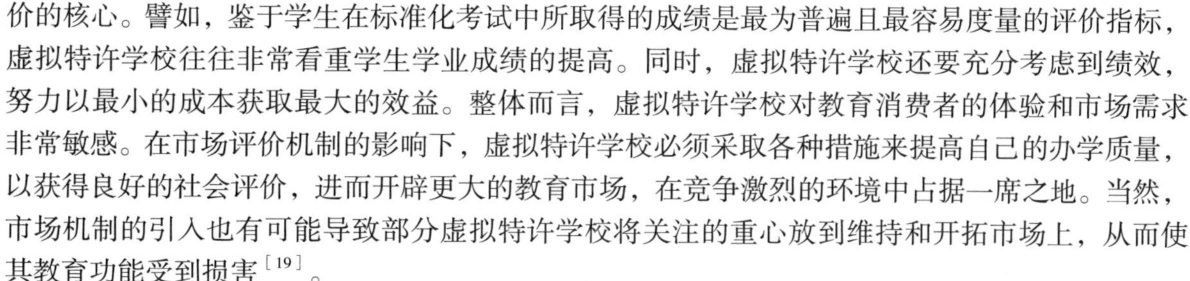

价的核心。譬如，鉴于学生在标准化考试中所取得的成绩是最为普遍且最容易度量的评价指标，虚拟特许学校往往非常看重学生学业成绩的提高。同时，虚拟特许学校还要充分考虑到绩效，努力以最小的成本获取最大的效益。整体而言，虚拟特许学校对教育消费者的体验和市场需求非常敏感。在市场评价机制的影响下，虚拟特许学校必须采取各种措施来提高自己的办学质量，以获得良好的社会评价，进而开辟更大的教育市场，在竞争激烈的环境中占据一席之地。当然，市场机制的引入也有可能导致部分虚拟特许学校将关注的重心放到维持和开拓市场上，从而使其教育功能受到损害[19]。

（三）丰富多样的社会评价

虚拟特许学校的社会评价具有丰富多样的特点。在评价主体上，由于虚拟特许学校的办学主体差别很大，其社会评价主体也非常多样。其中既有一些特许学校的社会组织，如全国公立特许学校联盟、全国特许学校授权协会等，也有一些教育基金会、教育研究机构等，如重建公共教育中心、斯坦福大学教育成果研究中心。在评价内容上，社会评价的关注点涉及虚拟特许学校的授权结构、入学标准、运行状况、绩效问责等诸多方面。在评价方法上，面向公立学校、特许学校、虚拟学校的许多评价方法均被用于评价虚拟特许学校的办学成效，具体包括观察法、绝对评价法、增值评价法、“虚拟双胞胎”绩效评价法等[20]。不过，由于虚拟特许学校兼有上述类型学校的共同特点，这些针对不同类型学校的评价方法并不完全适用。如何科学有效地对虚拟特许学校进行评价仍然是一个亟待解决的难题。

五、结论与反思

近年来，信息技术的发展已然打破了传统学校教育对学习的垄断，将教育等同于传统学校教育的观念已被改变。制度化的学校教育越来越无法适应高度开放的社会，其序列化、同质化、封闭性等体现工业社会时代要求的特征开始受到解构。与此同时，具有灵活性和开放性的非制度化教育开始崛起，并受到越来越多的认可[21]。作为虚拟学校与特许学校的融合体，虚拟特许学校则为学校教育的发展指出了一个新的方向。它致力于将网络学习的优势与公共教育体制的优势结合起来，实现信息技术与公立学校教育的联姻。信息技术的优势在于其能为学习者提供量身定制的教育服务，满足学习者个性化的教育需要。公共教育体制的优势在于其能促进社会公平，为公民提供更加均衡的教育机会。如果说特许学校代表着美国公立学校的改革方向、将市场机制引入公共教育体制以激发其活力的话[22]，那么虚拟特许学校则走得更远，它通过信息技术的引入进一步推动公共教育体制的改革。

市场、信息技术、问责制、公共教育属性等多重因素的共同作用决定了美国虚拟特许学校运行机制的复杂性。在实际运行中，各方利益相关者均希望虚拟特许学校能保障各自的利益诉求，并借助于问责、选择、经费拨款等方式对虚拟特许学校施加影响。而虚拟特许学校要努力在平衡各方利益关系的基础上，尽可能地争取更多的资源以谋求自身的发展。开拓市场与保证质量、营利动机与问责体制、购买服务与自主运营之间的矛盾导致虚拟特许学校必须经常性地作出取舍。可以预见，将来随着虚拟特许学校的发展壮大，这些矛盾将会日趋尖锐，围绕虚拟特许学校的办学要求、招生条件、经费来源、教育质量等议题，还会产生更多的争议。只有充分利用多重因素的优势，不断优化运行机制，虚拟特许学校才能拥有一个光明的前景。

参考文献：

[1] [7] [10] [15] National Alliance for Public Charter Schools. A call to action: to improve the quality of full-time virtual charter public schools [R]. Washington DC: National Alliance for Public Charter Schools, 2016: 2, 4, 6, 3.

[2] National Alliance for Public Charter Schools. 2016 annual report [R]. Washington, D.C.: National Alliance for Public Charter Schools, 2017: 28.

[3] 王悠然 . 美国网络特许学校兴盛背后藏隐患—— 访宾夕法尼亚州立大学教授艾莉森·卡尔 — 查尔曼 [N]. 中国社会科学报, 2014-03-05(A03).

[4] National Association of Charter School Authorizers. Key questions for reviewing virtual charter school proposals [R]. Chicago: National Association of Charter School Authorizers, 2011: 4.

[5] [17] PAZHOUH R, LAKE R, MILLER L. The policy framework for online charter schools [R]. Seattle, WA: Center on Reinventing Public Education, 2015: 9, 9-10.

[6] 熊华军, 闵璐 . 解读美国网络教育质量国家标准 [J]. 中国电化教育, 2012(12): 36-40.

[8] [14] [16] GILL B, WALSH L, WULSIN C S, et al. Inside online charter schools: a report of the national study of online charter schools [R]. Cambridge, MA: Mathematica Policy Research, 2015: 5-7, 17, 17.

[9] WOODWORTH J L, RAYMOND M E, CHIRBAS K, et al. Online charter school study [R]. Palo Alto, CA: Center for Research on Education Outcomes, 2015: 36.

[11] 王佳佳, 王文倩 . 美国“在家上学”现象动因探析 [J]. 外国教育研究, 2011, 38(4): 65-70.

[12] MARSH R M, CARR-CHELLMAN A A, SOCKMAN B R. Selecting silicon: Why parents choose cyber charter schools [J]. Techtrends, 2009, 53(4): 32-36.

[13] [19] ELLIS K. Cyber charter schools: evolution, issues, and opportunities in funding and localized oversight [J]. Educational Horizons, 2008, 86(3): 142-152.

[18] 戴安 · 拉维奇 . 美国学校体制的生与死: 论考试和择校对教育的侵蚀 [M]. 冯颖, 译 . 北京: 北京大学出版社, 2014: 147.

[20] 范元伟, 孙穗 . 特许学校“虚拟双胞胎”绩效评价法述评 [J]. 外国教育研究, 2013, 40(4): 81-87.

[21] 张忠华, 张苏 . “互联网 + 高等教育”变革路径探析——基于《斯坦福 2025》的思考 [J]. 高校教育管理, 2018, 12(3): 66-71, 101.

[22] 魏建国 . 为何美国“特许学校”教育改革久盛不衰——兼论公立教育中的政府与市场 [J]. 比较教育研究, 2018(2): 51-60.

（作者王佳佳系江苏大学教师教育学院副院长，教授，教育学博士；胡甜系江苏大学教师教育学院硕士研究生。）

校外培训发展治理

公共政策选择与影子教育参与

陆伟

导读：国家的公共政策选择是影响学生参与影子教育的重要中介因素。公共政策可以直接介入影子教育市场：鼓励政策能够促进学生参与影子教育，但也会遇到参与率低的难题；管制政策对学生参与影子教育的影响存在异质性，高收入家庭的学生往往不受实际的约束。同时，公共政策对学校教育的干预可能引发连锁反应，引发非预期的影子教育需求。公共教育财政投入的整体水平和内部差异如何影响教育参与尚需更多的研究来说明；允许教师提供有偿补习可能迫使学生被动参与影子教育，若干低收入国家的案例研究提供了这方面的证据。

学科类的补习或辅导是教育领域中的全球现象，国际学生评估项目（Program for International Student Assessment，PISA）也关注了受访国（地区）学生参与补习的情况。总体上看，民众对补习的需求呈上升态势。例如，根据国际学生评估项目（PISA）的调查，2003 年时，美国、西班牙、泰国和新西兰 15 岁学生参与补习的比例分别为 11.7%、32.3%、19.9% 和 14.5%；2012 年时，参与补习的比例分别攀升至 17%、41.6%、50.3% 和 20.6%[1]。由于早期的补习活动主要是对正规学校课程的跟随与模仿，玛里姆（Marimuthu）等学者将其喻为“影子教育”（shadow education），这一概念经过史蒂文森和贝克（Stevenson & Baker）以及马克·贝磊（Mark Bray）的阐释后得到了广泛的传播与认同[2][3]。

目前已有很多文献分析过决定影子教育参与的因素。理论文献关注社会制度与文化传统，例如，高利害（high-stake）的考试筛选制度和儒家文化对教育成就的重视等[4]，强调投资教育是家庭实现阶层流动的重要途径；其他的宏观因素，例如，全球化背景下的跨国流动需要更高的语言与数字技能，收入不平等或经济不景气加剧了教育竞争等[5]，也时常被提及。实证文献偏好分析微观个体或家庭特征，关于家庭社会经济地位对影子教育需求影响的讨论不可胜数[6][7][8]。本文尝试从概念与事实、宏观与微观、制度与行动的角度揭示和分析影响影子教育参与的重要中介因素——国家的公共政策选择。

一、对影子教育的政策取向：鼓励、默许或管制

作为一种全球现象，影子教育在世界各国或地区所面临的政策环境有明显的差异，即使在同一个国家，政府对待影子教育的政策和态度在不同时期也会有所变化。根据马克·贝磊的观点，政府对影子教育的政策取向可以划分为六类：一是支持和鼓励；二是放任自由（laissez-faire）；三是监督但不干预；四是管制和控制；五是混合型；六是完全禁止[9]。笔者将这一渐变的政策光谱进行了归并，来考察不同国家的“政府之手”是如何调控影子教育市场，继而影响学生的

影子教育参与机会的。

（一）“引导之手”：鼓励与支持

鼓励或支持课外补习活动通常基于两种考虑：从短期看，个性化、有针对性的学科类辅导有助于提高学生的学业成绩；从长期看，学生学业水平的提高则有助于国家整体的人力资本水平的提高。除了出台引导性的政策文件，鼓励与支持影子教育的措施还包括推出资助项目或进行干预实验，为从事补习服务的工作者提供免费的培训，推行购买补习服务的税费减免政策等。美国、英国、澳大利亚、法国等国家的政府都曾出台政令，引导或激励本国的学生参与课外辅导。

2002 年，布什政府推出《不让一个孩子掉队法案》（*No Child Left Behind Act*），试图提高美国中小学校的教育质量。在联邦政府的强势干预下，学业评估不达标的学区和学校需要为学生提供“补充教育服务”（Supplemental Education Services）[10]。学区通常向市场上的公司购买学科类的补习服务，这些机构的雇员可以在课后进入学校，为有需求的学生提供辅导[11]。在美国的案例中，影子教育与学校教育之间的边界已经变得模糊——补习的场所在校园内，但这类活动并非发生于常规上课时间，提供服务的则是以营利为目的的辅导公司。值得一提的是，政府的公共服务购买促进了美国影子教育市场的发展。例如，伯奇（Burch）等学者研究发现，《不让一个孩子掉队法案》通过后的三年，美国一家课外辅导巨头公司的年营收增长了 300%，而在法案实施前的三年，其年营收增长约为 86%[12]。

2003 年，澳大利亚政府试验了“补习券计划”（Tutorial Voucher Initiative，TVI）——补习券的金额为 700 澳元，直接发放给试验组家庭，在约 19000 名未达到阅读课程标准的三年级学生中，有近 6200 人接受了辅导资助[13]。研究显示，即使是接受相对短期的一对一辅导，学生的学业表现也得到了正向的发展[14]。2009 年，英国的儿童、学校和家庭部（Department for Children，Schools and Families）推出了一项全国性的资助政策，为成绩落后的学生提供数学和英语的课后一对一辅导，该项目在 3 年内使近 30 万 7~16 岁的学生受益；为学生提供辅导的老师既可以来自正规的学校，也可以受雇于补习机构[15]。法国政府近年来出台了一系列税收减免和退费政策，鼓励家庭购买课外辅导服务，收入达到一定水平的家庭甚至可以获得高达 50% 的费用减免，但这些政策并不适用于弱势群体家庭或者成绩落后的学生[16]。

西方国家鼓励、支持学生家庭参与课外辅导的政策通常需要公共财政提供保障，在经济下行的背景下，政策的可持续性可能会受到影响，且这些方式也避免不了效率与公平之争。例如，2015 年，奥巴马政府推出《每个学生都能成功法案》（*Every Student Succeeds Act*）以取代《不让一个孩子掉队法案》，新法案削弱了联邦政府对地方学校的管制和干预能力。对《不让一个孩子掉队法案》的反思在美国学界持续了十余年，一个老生常谈的难题是如何提高学生家庭的参与率——倘若家长缺乏兴趣，不愿意申请或督促子女参与补充教育服务，那么即使符合条件的学生也无法受益于这一计划[17]。法国政府的税收减免政策事实上更可能让高收入群体受益，即使减免了部分费用，补习服务的市场价格依然很高，普通家庭难以承担；而对于低收入家庭来说，由于收入达不到征税门槛，扣除税收并无实际意义[18]。

（二）“无为之手”：默许或监督

在部分国家和地区，政府对待影子教育市场的态度是无为而治，默许影子教育市场自由发展或者对影子教育市场采取监督但不干预的态度[19]。在一些经济落后的国家或地区，影子教育的市场规模较小，政府部门疲于应对更为迫切的社会问题，无暇顾及影子教育产业的规范与治理。

同时，对于这些国家或地区的决策者来说，影子教育属于一种市场化的商业活动，而非教育活动，因此不干预是其主动设定的方针。市场自由主义的拥趸认为，在不干预的情况下，课外辅导市场的自我调节即可实现服务供给的多样化，自动匹配生产者与消费者，达到服务质量与价格的最优均衡；更激进的观点认为，政府应该完全退出课外辅导领域，因为这个领域充满了财政和政治陷阱[20]。

日本政府对课外辅导行业的"不作为"被认为是政府放任自由式治理影子教育市场的典型。在日本，课外辅导机构由经济产业省（Ministry of Economy，Trade and Industry）管理，而不是文部科学省（Ministry of Education，Culture，Sports，Science and Technology）[21]。20 世纪 60 年代至 90 年代，在政府无为而治的背景下，日本的影子教育产业经历了三次发展高潮期。第二次世界大战后的婴儿潮一代开始进入高中学习，经济衰退和石油危机、传媒和广告产业的发展、校园霸凌的流行等因素在不同时期促进了影子教育的发展[22]。课外辅导机构的功能和定位开始精细化：有的专注于考试辅导，有的注重培养学习习惯和方法，有的专为差生补习，有的仅招收辍学者，还有的则综合了上述各种类型[23]。根据文部科学省的调查，1985 年时，约有 16.5% 的小学生和 44.5% 的初中生参与课外补习；2007 年时，参与课外补习的比例已分别增长至 25.9% 和 53.5%。20 世纪 70 年代起，"宽松教育"（relaxed education）的理念受到日本教育界人士的认可和推崇，这为影子教育的发展创造了新的契机。伴随着课程内容的减少和上学时间的缩减，越来越多的日本家庭意识到仅仅接受学校教育会导致学生缺乏竞争力，影子教育逐渐成为家庭教育消费的必需品，而不再是可有可无的附属品。

国际学者通常并不建议政府放任影子教育市场的发展，因为这可能会使主流教育体系中存在的问题无法得到及时的揭露。换言之，政府默许课外辅导产业蓬勃发展可能会导致学校教育和影子教育之间失衡[24]，尤其当学校教育存在不足或缺陷时，影子教育的性质和功能往往会发生变化——它不再追随学校教育的脚步，在很多时候，它走在了学校教育之前，这反映出学生个体无法从学校中满足应获得的教育需求。事实上，即便日本经常被视为放任自由式治理的代表，它依然有一定的限制政策来管控整个影子教育产业。例如，日本公立学校的教师不能在课外辅导市场兼职[25]。

（三）"抑制之手"：禁止或管制

禁止或管制影子教育活动的政令在多个国家的不同历史时期都曾出现过，其目的通常是为了促进教育公平，减轻家庭和学生的负担，但这些政策的有效性甚至合法性却时常遭受质疑。韩国、柬埔寨、缅甸、毛里求斯等地的政府部门都出台过"禁补令"，尝试完全禁止课外补习活动，然而这些努力无一例外都失败了。在柬埔寨和缅甸，禁令无法推行的原因在于行政机构能力不足，无法有效贯彻各项措施；在毛里求斯，禁令遭到了很多既得利益者的反对，这迫使政府退而求其次，采取了更为现实的管制策略[26]。

现有文献中讨论最充分的是韩国的管制历史。韩国政府在 1980 年时禁止了全部类型的课外补习服务，但依旧无法阻止"补习黑市"的悄然存在，在"黑市"上成交的补习服务甚至出现了风险溢价[27]，学生家庭的补习花费呈现出两极化。随后的地方分权和自由化运动使政府的补习禁令有所松动，在校大学生和经过审核备案的辅导机构被允许提供有偿补习服务。2000 年，韩国立宪法院宣判"禁补令"违宪，课外补习市场恢复生机，影子教育需求日渐升温[28]。此后，韩国教育部门对待影子教育的管制思路开始由堵转疏——政府通过改善学校设施、降低生师比等方式提高公立学校的教育水平，试图弥补学校教育与影子教育之间的质量差距[29]。可惜此类

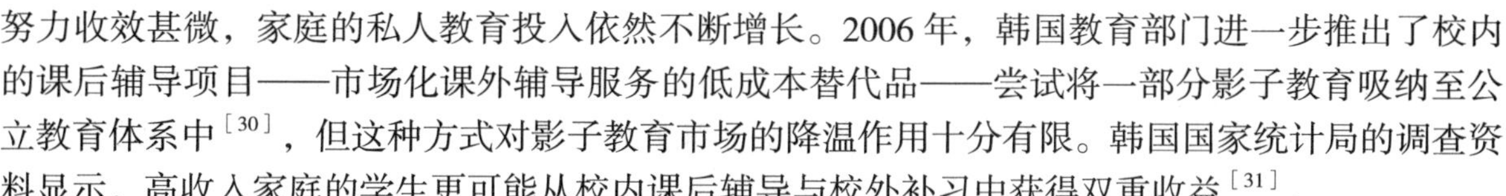

努力收效甚微，家庭的私人教育投入依然不断增长。2006 年，韩国教育部门进一步推出了校内的课后辅导项目——市场化课外辅导服务的低成本替代品——尝试将一部分影子教育吸纳至公立教育体系中[30]，但这种方式对影子教育市场的降温作用十分有限。韩国国家统计局的调查资料显示，高收入家庭的学生更可能从校内课后辅导与校外补习中获得双重收益[31]。

政府干预影子教育活动的常见方式是管制。管制既可以针对非教学类内容，如辅导机构的消防设施和通风系统；也可以针对教学环节，如任课教师的资质、课程设计、班级规模、辅导时间等[32]。管制政策会直接影响补习市场的服务供给量，并可能以一种微妙的方式影响学生的影子教育参与。韩国政府曾在全国范围内推行补习“宵禁令”，“宵禁令”规定课外辅导机构的经营时间不得超过晚上 10 点。但是，对于将补习视为刚需的家庭来说，他们总可以找到规避策略——或在早晨参与课外补习，或将补习时间从每晚移至周末，或直接聘请补习教师上门服务[33]。崔仔诚（Jaesung Choi）等学者研究发现，“宵禁令”没有降低家庭的影子教育支出，但增加了学生的睡眠和互联网娱乐时间，不过这种时间模式的改变并没有在社会经济地位高的学生组群中出现[34]。这意味着政策的影响存在异质性，富裕家庭的学生可以轻松绕开政策限制，对于他们来说，昂贵的一对一私人辅导或许才是常态。

二、对学校教育的政策干预：变革的非预期后果

政府对影子教育市场的调控会直接影响学生参与补习的需求和机会，但由于学校教育和影子教育之间的联动性，公共政策对学校教育体系的变革同样可能波及影子教育市场，且这种影响或冲击通常并非政策制定者的本意。笔者以印度的课程改革和韩国的学校均等化改革为例，讲述政府对学校系统做出政策干预时，可能会打破学校教育与影子教育之间的动态平衡，引发政策的非预期后果。

（一）以印度的课程改革为例

传统意义上，影子教育是对学校课程的模仿和加固，相比于统一、标准、公共的课程学习，市场化的补习服务更有针对性，也更能满足学生的个性化需求。当学校课程体系出现变革时，影子教育体系也会有相应的调整，但这种调整绝非亦步亦趋的跟随。影子教育参与是一种市场行为，需求与供给之间的匹配才是市场的逻辑，发生在印度的课程改革及其影响充分说明了这一点。

1983 年，印度的西孟加拉邦政府取消了公立小学的英语课程，促使家庭将有限的资源用于较少的学习科目上，旨在降低贫困农村学生的辍学率，最终达到促进阶层流动的目的[35]。这一改革确实增加了学生，尤其是贫困学生的受教育年限；但它也迫使家庭开始投资影子教育[36]。在一个多语言国家，掌握英语技能的重要性不言而喻。很多印度家庭都意识到了这一点，开始雇用英语辅导老师或参加英语补习班。虽然当地政府分别于 1999 年和 2004 年恢复了小学三年级和一年级的英语课程[37]，但是整个影子教育市场经历了极大的扩张，多数学生已经习惯了参与课外辅导。这项改革的初衷之一是缩短不同阶层之间的受教育差距，但最终的效果却没有达到预期。贫困家庭的学生无力承担课外补习费用，即便延长了他们的受教育年限，但由于英语技能的相对匮乏，他们在选拔性考试或劳动力市场的竞争中仍然处于十分不利的位置。

课程改革所导致的影子教育参与程度的变化凸显了政策诉求与家庭需求之间可能存在的不一致性。对于决策者而言，追求均衡发展、促进社会进步是教育政策的目标；但对于学生以及

家庭而言，满足个性化发展、实现社会地位跃迁才是教育投资的目的。两类理性观念的冲突和博弈是课程改革引发非预期后果的内在原因。事实上，在格鲁吉亚、柬埔寨和中国香港都曾发生过类似的现象[38]，无论是增加课程难度，还是简化课程内容，学生应对此类变革的常见方式就是诉诸影子教育，从而维持自身的竞争优势或满足差异化的家庭教育需求。

（二）以韩国的学校均等化改革为例

学生参与影子教育的核心目的在于提高学业表现，使自己在升学考试中更具竞争力。升学竞争的存在意味着学校等级结构的存在。在某些学业阶段，学校间的质量差异或许能够由政策消除，但学生间的竞争却很难真正得到缓解，韩国的学校均等化改革说明了这一点。20 世纪 60 年代至 70 年代，韩国的学生对中学教育的需求与日俱增，当时的公立或私立中学（包括初中和高中）已经建立了排名体系，并且都能够通过选拔性的考试招收学生[39]。为了减缓入学考试的竞争压力，同时减轻家庭的课外支出负担，韩国政府推出了学校均等化政策（school equalization policy）——学生仅需通过一项全国性的资格考试，即可以随机派位的方式进入学区内的某所中学。学校均等化政策使得私立学校与公立学校在入学机会与教学质量方面的差别变得微乎其微[40]。初中阶段的学校均等化改革于 1967 年在首尔率先实行，并在随后的四年内逐渐推广至全国；高中阶段的学校均等化改革于 1974 年在首尔和釜山率先实行，并在随后的六年内逐渐推广至国内其他的大城市[41]。由于政策在实施过程中遭到了很多反对意见，韩国政府于 20 世纪 80 年代放缓了这一改革政策的实施。

韩国学者研究表明，学校均等化改革不但没有减少家庭的影子教育支出，反而导致补习需求的应激性增长[42]。其中的逻辑不难理解：学校均等化政策虽然消除了初中和高中阶段的学校差异，但并没有消除学生间的竞争。对于高中毕业生而言，大学入学资格考试依然严苛，进入名牌大学学习依然困难。事实上，在学校均等化改革的影响下，韩国政府禁止高校将高中学校质量作为录取的参考标准，这进一步加深了高校对入学测试成绩的依赖[43]。学校均等化改革试图打破某个阶段内的学校等级结构，减轻学生的升学竞争压力，但无法改变升学竞争的连续性和传递性。进入好中学的目的是为了进入一所好大学，倘若中学教育不能为学生提供有差别化的竞争力，影子教育的功能就会被放大和强化。

三、影响影子教育参与的其他政策因素

政府对补习市场的干预或对学校教育的变革可能会在短时期内改变学生的影子教育需求。除此之外，学生的影子教育参与还会受到国家层面政策因素的影响。国家对公共教育财政投入的重视程度和教师能否参与课外辅导是之前的研究文献中常提及的因素，其影响可能因时而异、因地而异。即使在一个国家内部，由于经济发展水平和文化传统的差异，地方政府对于教育事业的重视或管制程度也各有不同。

（一）国家对公共教育财政投入的重视程度

2015 年，联合国教科文组织发布《教育 2030 行动框架》，提出了两个关于公共教育财政的具体目标：“国内生产总值（GDP）中至少有 4% 至 6% 分配给教育……公共支出总额中至少有 15% 至 20% 分配给教育。”[44]《全球教育监测报告 2017/8：教育问责：履行我们的承诺》指出，2015 年，公共教育支出占国内生产总值（GDP）的比例，全球范围的中位数为 4.7%，处于提议

范围内；公共教育支出占公共支出总额的14.1%，略低于提议的范围[45]。不过，国家和地区间的支出水平存在一定差距[46]。一般认为，国家的公共教育质量与政府对教育的投入程度紧密相关。随着公共教育财政支出的提高以及公立教育体系的完善，民众对影子教育的需求会如何变化？回答这一问题并非易事。

贝克（Baker）等学者使用1994年至1995年国际数学与科学趋势研究（Trends in International Mathematics and Science Study，TIMSS）的数据，对比了41个国家及地区的参与情况。从而发现公共教育财政支出占国民生产总值（GNP）越高的国家，影子教育的参与率和参与强度越低[47]。因此，作者认为影子教育是对疲软、欠发达的公共教育系统的替代和补充。不过，该研究并没有控制国家人均收入水平的影响，人均收入水平与公共教育的投入水平相关，同时也会影响国家整体的影子教育参与率[48]。由于研究结论存在可能的内生性缺陷，对结果的解读必须要谨慎。

中国学者袁诚和张磊使用国家统计局发布的2002年至2006年度城镇家庭入户调查数据，分析了基础教育阶段的公共教育支出与家庭影子教育投入之间的关系。研究发现，在区县层面，生均公共教育支出的提高显著降低了家庭课外补习的支出，而这种效应主要存在于收入最高和最低的两类家庭中[49]。该研究使用的数据较早，考虑到国内补习市场近年来的繁荣，需要更多的研究提供关于财政投入是如何影响补习市场的经验证据。事实上，观察其他国家的案例，也能看到相反的现象。例如，根据韩国教育发展研究院（Korean Educational Development Institute）的统计，1977年至1998年期间，韩国的公共教育投入占GDP的比例由2.22%逐渐攀升至3.37%；与此同时，家庭在学校内的支出占GDP的比例由1.6%下降至0.84%，而家庭影子教育的支出占GDP的比例却由0.7%增长至2.9%[50]。不难发现，公共教育财政投入的提高抵消了一部分家庭的校内教育支出，而这种“收入效应”可能给家庭的校外教育支出提供了资源。

支出总量并不是衡量教育体系成功的唯一指标。如果支出存在极大的不平等或无法触及预想的受益者，再多的支出也无助于实现总体教育目标。贝克等人的研究以国家为单位，分析组间差异与影子教育参与之间的关系。一个同样重要但缺乏深入研究的问题是：组内差异，即国家内部教育财政投入的不平等如何影响影子教育参与机会？这种不平等可以表现为多种形态。例如，由于经济发展水平的不同，不同地区公办学校的生均教育经费存在一定的差距；由于地方官员的晋升和考核机制不同，地方政府对教育的重视程度和投资策略不同；由于教育政策的倾向性差异，重点或示范学校与非重点或非示范学校之间也存在财政资源的差距。公共教育财政投入应更有效地惠及弱势学生，避免公立教育供给侧不平等与影子教育参与不平等给贫困学生带来双重的不利影响。

（二）教师能否参与课外辅导

新加坡、尼泊尔、菲律宾、泰国、乌兹别克斯坦和中国的香港、澳门等国家或地区对教师参与课外辅导的管制政策十分宽松。例如，中国香港、中国澳门和泰国对此没有任何约束；新加坡的教师在不耽误本职工作的情况下被允许参与课外辅导，建议时间为每周六小时以内；尼泊尔的教师被允许辅导自己的学生，这类辅导也可以直接由学校组织[51]。在发达国家或地区，即使教师的工资水平已经很高，教师依然有提供补习服务的动力，原因可能是为了维持高消费的生活方式。在经济落后的国家，允许教师参与课外辅导有助于提高教师的收入水平且能够降低优质教师的流失率。个别国家、地区，例如非洲的桑给巴尔甚至出台过政令，限制除学校教师外的其他人员从事课外辅导，最大限度地为教师创收[52]。事实上，允许教师提供有偿补习服务充满了争议，因为这可能会歪曲教师的教学行为，诱发教育腐败。笔者以尼泊尔和格鲁吉亚为例进行说明。

在尼泊尔等相对贫困的国家，教师群体为了增加微薄的收入有较强的意愿为学生补习，教育管理部门和学生家长的默许也为部分教师提供了额外的寻租空间。乔埃昆顿（Jayachandran S）使用尼泊尔教育部针对学生、学校、教师和家长的全国调查数据（2004 年至 2005 年），分析了教师提供课后辅导服务对学生成绩的影响[53]。该研究揭示的一个核心问题是教师参与课外辅导会导致他们在学校课堂内消极怠工。为了“创造”学生的课后补习需求，教师可能只在课堂中策略性地讲解必要的知识点，这种不正当的教学行为致使尼泊尔学生的中学毕业测试成绩出现下滑，这种不利影响对于家庭经济背景较差的学生表现得更为明显[54]。基于这些发现，作者建议应禁止教师为自己任教班级的学生提供补习服务，降低补习市场的准入门槛，允许更多的第三方（非学校教师）补习服务提供者进入市场，以减轻学生的效用损失。

在低工资、弱问责和缺乏监管效率的教育体系中，为学生提供课后辅导会成为一种“生存策略”。科巴希泽（Kobakhidze MN）对格鲁吉亚的 18 位教师进行了深入访谈，从而揭示了学校教师为学生提供课外补习背后所隐藏的专业失职和教育腐败。这些教师来自小学、初中和高中各个阶段，学科背景包括数学、格鲁吉亚语、英语、物理和化学等。几乎所有的教师在受访时都表示自己正为自己的学生提供有偿补习，同时也承认教师和补习老师的双重身份使他们难以定位自己的职业角色。部分教师表示为了有更多时间为学生补习，他们刻意减少了学校内的工作量，不充分的备课也影响了课堂教学质量[55]。值得注意的是与之相关的腐败风险。一方面是由需求者发起的腐败：一些家长会主动将学生送到教师家中补习，直接或间接要求教师给予学生更高的考试成绩或泄露考试题目，以获得不正当的竞争优势。另一方面，则是由供给者发起的腐败：教师可能故意压低学生成绩，迫使学生怀疑自身的学习能力，诱导他们参与补习；或者直接告知家长，他们的孩子亟须补习，并通过给学生打高分的策略让家长看到补习的“效果”[56]。这些做法会降低教学质量，影响机会公平，使学生被动参与影子教育，并给学生传递一种不道德的职业价值观。

很多发达或发展中国家或地区（如日本、韩国、蒙古、不丹和中国台湾等），禁止学校教师参与有偿课外补习。这种政策的出发点是为了杜绝可能发生的教育腐败，保证教师专注于学校内的教学工作。当然，也应注意“一刀切”的做法可能导致政策弹性不足。在偏远和落后地区，课外辅导的市场化供给相对不足，但学生的补习需求依然存在，公立学校的教师很可能是当地补习市场的主要甚至唯一供给者，禁止教师从事课外辅导会减少一部分学生接受补习的机会或使他们付出更高的补习成本。

四、结语

在一定历史时期内，影子教育参与不仅由家庭的经济和文化资本决定，参与的差异性事实上也取决于政策、市场、学校和家庭之间的互动，公共政策又在其中扮演了关键角色。一方面，公共政策可以直接介入影子教育市场。鼓励政策以政府购买、税收补贴等形式激励学生家庭更多地投资教育，但这类政策实践也常常因参与率低或受众面窄而受到质疑。管制措施对影子教育参与机会的影响存在异质性，高收入家庭的学生可以轻易地找到规避路径，摆脱实际的约束；过于严厉的管制措施（如全面禁止补习）通常不具备可行性，且会扭曲补习服务的市场价格。

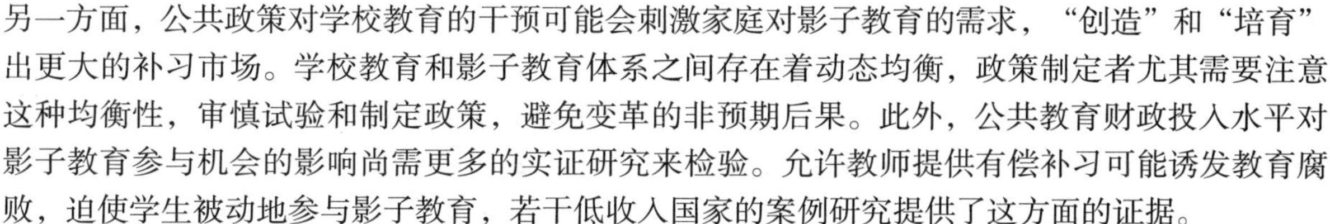
另一方面，公共政策对学校教育的干预可能会刺激家庭对影子教育的需求，“创造”和“培育”出更大的补习市场。学校教育和影子教育体系之间存在着动态均衡，政策制定者尤其需要注意这种均衡性，审慎试验和制定政策，避免变革的非预期后果。此外，公共教育财政投入水平对影子教育参与机会的影响尚需更多的实证研究来检验。允许教师提供有偿补习可能诱发教育腐败，迫使学生被动地参与影子教育，若干低收入国家的案例研究提供了这方面的证据。

参考文献：

[1][5] PARK H, BUCHMANN C, CHOI J, MERRY J. Learning beyond the school walls: trends and implications [J]. Annual Review of Sociology, 2016, 42(1): 231-252.

[2] STEVENSON L, BAKER D. Shadow education and allocation in formal schooling: transition to university in Japan [J]. American Journal of Sociology, 1992, 97(6): 1639-1657.

[3][9][19][20] BRAY M. The shadow education system: private tutoring and its implications for planners [M]. Paris: UNESCO, 1999: 17, 74-77.

[4][26][48] DANG H A, ROGERS F. The growing phenomenon of private tutoring: does it deepen human capital, widen inequalities, or waste resources? [J]. World Bank Research Observer, 2008, 23(2): 161-200.

[6] DANG HA. The determinants and impact of private tutoring classes in Vietnam [J]. Economics of Education Review, 2007, 26(6): 683-698.

[7] ZHOU Y, WANG D. The family socioeconomic effect on extra lessons in Greater China: a comparison between Shanghai, Taiwan, Hong Kong, and Macao [J]. The Asia-Pacific Education Researcher, 2015, 24(2), 363-377.

[8] MATSUOKA R. Inequality in shadow education participation in an egalitarian compulsory education system [J]. Comparative Education Review, 2018, 62(4): 565-586.

[10] DOHERTY C, DOOLEY K. Responsibilising parents: the nudge towards shadow tutoring [J]. British Journal of Sociology of Education, 2018, 39(4): 551-566.

[11][17] BURCH P, STEINBERG M, DONOVAN J. Supplemental educational services and NCLB: policy assumptions, market practices, emerging issues [J]. Educational Evaluation and Policy Analysis, 2007, 29(2): 115-133.

[12] BRAY M, ZHAN S, LYKINS C, WANG D, KWO O. Differentiated demand for private supplementary tutoring: patterns and implications in Hong Kong secondary education [J]. Economics of Education Review, 2013, 12(2): 20-28.

[13][14] AXFORD B. Parents and their children working together: a scaffolding literacy case study [J]. Australian Journal of Language and Literacy, 2007, 30(1): 21-39.

[15] TANNER E. DAY N, TENNANT R, TURCZUK O, IRESON J, RUSHFORTH K, SMITH K. Private tuition in England [EB/OL]. (2009-06-30) [2019-01-21]. https: //dera.ioe.ac.uk/11367/1/dcsf-rr081.pdf.

[16][18] BRAY M. The challenge of shadow education: Private tutoring and its implications for policy makers in the European Union [M]. Luxembourg: European Commission, 2011: 58-59.

[21][22][24] DAWSON W. Private tutoring and mass schooling in East Asia: reflections of

inequality in Japan, South Korea, and Cambodia [J]. Asia Pacific Education Review, 2010, 11(1): 14-24.

[23] ROESGAARD M. Japanese education and the cram school business: functions, challenges and perspectives of the juku [M]. Copenhagen: NIAS Press, 2006: 30-33.

[25] [51] BRAY M, KWO O. Regulating private tutoring for public good: policy options for supplementary education in Asia [M]. Hong Kong: The Central Printing Press Ltd, 2014: 47.

[27] [28] [29] [31] CHOI H, CHOI A. Regulating private tutoring consumption in Korea: lessons from another failure [J]. International Journal of Educational Development, 2016, 49: 144-156.

[30] [50] KIM S, LEE JH. Private tutoring and demand for education in South Korea [J]. Economic Development and Cultural Change, 2010, 58(2): 259-296.

[32] [33] [34] CHOI J, Cho M. Evaluating the effects of governmental regulations on South Korean private cram schools [J]. Asia Pacific Journal of Education, 2016, 36(4): 599-621.

[35] [38] BRAY M, LYKINS C. Shadow education: private supplementary tutoring and its implications for policy makers in Asia [M]. Manila: Asian Development Bank, 2012: 54-56.

[36] [37] ROY J. The impact of lowering of academic standards on educational outcomes: evidence from an unusual policy in India [EB/OL]. (2019-01-20) [2019-01-20].https: //ncspe.tc.columbia.edu/working-papers/OP162.pdf.

[39] [40] [41] [43] LEE CJ, LEE H, JANG HM. The history of policy responses to shadow education in South Korea: implications for the next cycle of policy responses [J]. Asia Pacific Education Review, 2010, 11(1): 97-108.

[42] KIM H. Analyzing the effects of the high school equalization policy and the college entrance system on private tutoring expenditure in Korea [J]. KEDI Journal of Educational Policy, 2004, 1(1): 5-24.

[44] UNESCO. Education 2030 framework for action [EB/OL].(2016-06-30) [2019-01-07]. https: //en.unesco.org/news/education-2030-framework-action-be-formally-adopted-and-launched.

[45] [46] UNESCO. Accountability in education: meeting our commitment [EB/OL].(2017-06-30) [2019-01-08].https: //en.unesco.org/gem-report/report/2017/accountability-education.

[47] BAKER D, AKIBA M, LETENDRE G, WISEMAN W. Worldwide shadow education: outside-school learning, institutional quality of schooling, and cross-national mathematics achievement [J]. Educational Evaluation and Policy Analysis, 2001, 23(1): 1-17.

[49] YUAN C, ZHANG L. Public education spending and private substitution in urban China [J]. Journal of Development Economics, 2015, 115: 124-139.

[52] [53] [54] JAYACHANDRAN S. Incentives to teach badly: after-school tutoring in developing countries [J]. Journal of Development Economics, 2014, 108: 190-205.

[55] [56] KOBAKHIDZE MN. Corruption risks of private tutoring: case of Georgia [J]. Asia Pacific Journal of Education, 2014, 34(4): 455-475.

（作者陆伟系北京大学中国教育财政科学研究所博士研究生。）

影子教育治理的国际经验与启示

仰丙灿

导读： 世界各地政府基于影子教育是否会增进社会福利、是否会加剧教育不平等、是否会影响学校教育等考虑，对影子教育采取了不同的态度和治理政策。一般治理政策都会包括机构登记注册及其基本要求、人员聘用、学费、税收、监督与奖惩等内容。政府需要以评估影子教育影响的性质和程度作为政策基础，以影子教育驱动力的识别作为政策方向，以寻求各方合作作为政策手段，以提高学校教育质量作为根本，实现治理目标。对我国而言，影子教育需要政府治理，而治理的主要内容是规范市场，当下的规范重点是控制提前教育和应试教育、保障教育公平，治理的根本还在于提供满足异质性需求、实现人人成才的学校教育。

中小学生在校外参加补习和辅导被称为“补习教育”（private tutoring 或 private supplementary tutoring），早期主要是学校后进生的补课行为，而随着人力资本理论的盛行以及优质教育资源竞争的加剧，它逐渐演变为几乎所有学生都需要的一种教育形式。不管参与者怎么演变，补习教育都是与学校教育相配套，依托于学校教育内容和目标的，所以国外的不少学者把它称为“影子教育”（shadow education）。影子教育的形式分为家教、课外补习班以及近几年兴起的网络学习，当这些形式对学校教育系统和社会公平产生较大影响时，政府开始关注这一领域，并推行治理政策以规范影子教育。

在我国影子教育还被称为“校外培训”，我国校外培训规模较大，虽然有一些对非法、违规校外培训的整顿，如 2017 年西安市取缔了 397 家无证培训机构等，但一般意义上的行业治理和规范还是非常欠缺的。2017 年，上海市发布了较为系统的校外培训机构监管政策，即《上海市民办培训机构设置标准》《上海市营利性民办培训机构管理办法》和《上海市非营利性民办培训机构管理办法》。鉴于上述政策自 2018 年才开始实施，其治理的效果尚不明确，而其他国家和地区关注影子教育并对其实施治理的时间较长、方法多样，因此梳理影子教育的国际治理经验，对我国当前各级政府规范及治理校外培训市场具有启发意义。

一、为何开展影子教育治理?

这一问题涉及对影子教育进行治理的动机和目的，即是否需要对影子教育进行治理以及治理影子教育所要实现的目标。按照联合国教科文组织专家马克・贝磊（Mark Bray）教授的观点，影子教育治理主要存在 6 种不同的态度或方法[1]：一是放任自流；二是监督但不干预；三是规范与控制；四是积极鼓励；五是混合方法，即允许某些影子教育形式如家教，禁止另外一些形式如公立学校教师强制性或变相强制性为自己的学生提供影子教育；六是完全禁止。这些不同的方法反映了政府态度的差异，放任自流、监督但不干预是政府认为无须开展治理，而禁止反映了政府的治理决心。态度差异的背后是政府对影子教育治理动机和目标的差异。是否治理以及为何治理影子教育一般主要基于以下三个方面的考虑。

（一）政府要考虑影子教育是否会增进社会福利

政府代表的是公共利益，任何政策的制定都应该围绕增进社会整体福利这个目标。参与影子教育的学生提升了学习成绩，并有可能获得更优质的教育资源；对影子教育的提供者来说，影子教育为他们创造了市场，提供了就业岗位；对政府而言，社会对公立学校教育的期望不再是无限制的提升，相对减轻了政府的财政负担。在这个意义上，影子教育增进了社会福利，所以政府放任或鼓励影子教育市场自主调节，甚至对影子教育的参与者给予补贴。但如果大部分的学生都参与影子教育，那么所有参与家庭增加的投资总和肯定大大高出政府财政负担减轻的额度，成本收益关系会大大改变；尤其是大量学校教育效果较好或最好的那部分学生参与影子教育，其成本收益率会进一步下降。因为对这些学生而言，参与影子教育只有较小的积极影响，甚至没有积极影响。所以，诸如日本、韩国等国政府认为应该规范影子教育市场，甚至颁布部分禁令（如韩国“宵禁令”计划），避免影子教育市场盲目扩张。

（二）政府要考虑影子教育是否会加剧教育不平等

政府对影子教育采取管制、禁止等政策的原因之一来自于影子教育加剧了教育、经济和社会等方面的不平等。社会上层家庭通过额外支付补习教育成本，占据优质教育资源竞争的有利位置，而社会底层或边远农村地区家庭的学生或因支付不起补习费用，或因没有机会接受影子教育，他们所得到的教育机会不平等，这种不平等还可能通过教育收益率的差异实现代际传递，所以政府对影子教育应采取管制措施。反对对影子教育采取管制措施的人则认为，影子教育对富裕家庭的孩子和拥有良好教育背景家庭的孩子只有轻微的优势，因为这些家庭已经给他们的孩子在其他方面提供了教育优势，为他们提供了更多的书籍及学习设备，或是质量更高但收费高昂的全日制民办学校[2]，家庭在经济、社会和文化方面不平等的代际传递并不一定会依托影子教育而发挥作用。影子教育的存在并不等同于教育机会不平等，因此政府无须管制影子教育市场。

（三）政府要考虑影子教育是否会影响学校教育

影子教育对学校教育具有外部性，从正外部性上来看，不论影子教育的产生和流行是否由学校教育质量低下而引起，只要影子教育有足够的需求和规模，那么影子教育就可以成为学校教育的镜子，显示出学校教育可能存在的问题，从而引导学校教育不断改进教学、提高质量；更显而易见和更直接的是影子教育的负外部性，如果政府鼓励影子教育，课外补习现象则会不断增加，这会导致人们对学校教育体系的焦虑和不安，“导致人们认为正规教育不足以保证教育的成功”[3]。影子教育机构为使学生在优质教育资源竞争中占据有利地位，可能会违背教育规律，实施超前教育，强化应试教育，影响学生身心健康，阻碍素质教育和人的全面发展，所以政府制定政策时应考虑这些负外部性，从而决定是否对影子教育实施控制以及采取何种程度的控制。

二、影子教育治理的内容是什么？

世界各地政府基于各自的实际情况和价值判断对影子教育市场采取了不同的政策：有的影子教育市场规模小且无明显负外部性，政府无须采取任何政策，如芬兰；有的则不考虑影子教育规模，坚持市场主义原则，放任或鼓励影子教育市场的发展，如新加坡；更多的则是正视影子教育的正、负外部性，积极采取各项政策，调整、规范和引导影子教育市场健康发展，如日本、韩国以及我国台湾和香港地区等。这些政府治理政策的侧重点各不相同，治理内容各异，主要包括机构登记注册与基本要求、机构人员聘用、学费、税收、监督与奖惩等方面的治理内容。

（一）机构登记注册与基本要求

我国香港地区规定补习班必须登记注册，班级人数不能超过 45 名学生。澳门地区规定每次超过 6 名学生或每天超过 29 名学生的补习中心都需要登记，并对补习中心负责人、行政人员、最低安全设施、后勤等方面有明确要求[4]。我国台湾地区和泰国则做出了更为详细具体的规定。台湾自 20 世纪 70 年代开始治理影子教育，在 21 世纪初对相关政策进行了修订，形成了详细的关于影子教育机构登记注册及基本要求方面的规定，规定包含机构设立条件、设立程序、设施、管理、组织、课程和考核监测等方面。2002 年，台北市发布了关于影子教育机构（文件中称为“辅导中心”）基本要求的规定，要求影子教育机构要具有固定教学场所；目的是补充知识和技能，或帮助学生提升他们的受教育水平；不允许在上课时间提供课程辅导；不允许在学校内宣传或招募学生；广告不应夸大；不应向公众特别是学生及其家长提供虚假信息；广告海报必须包括辅导班的类型，即“×× 技能 / 艺术及科学辅导中心”之类，且文字尺寸应足够大[5]。泰国影子教育机构分为个人和公司，超过 7 名学生的私立补习机构需要向私立教育委员会办公室登记并获得正式许可；委员会要求机构所用场地是专门为教育而设计的建筑，总空间必须不小于 100 平方米，其中应包括行政区、导师室、教学空间、提供洁净水的学生娱乐空间、男女厕所；课程方面，机构可以提供考试技巧，但是必须遵守教育部制定的课程规定，全年课程不得超过 1200 小时；私人辅导机构的管理人员必须至少持有学士学位（或同等学历），并至少有 3 年的教学经验[6]。

（二）机构人员聘用

影子教育机构人员的聘用主要涉及聘用教师的基本要求以及公立学校教师能否参与影子教育的问题。2003 年，立陶宛的教育法引入了“自由教师”的概念，用“自由教师”来定义个人从事教育活动的人员，他们可以提供非正规教育，实施补习教育或正规教育方案中的课程单元。自由教师有权根据自己的个人工作方案，选择教学活动的方法和形式，但也要遵守道德规范，保护学习者安全，提供符合卫生要求的教学场所以及履行与学生商定的教学程序等义务[7]。我国台湾地区对影子教育机构全职教师做出了“没有犯罪记录、学位要求、技能要求”等方面的规定。泰国还规定了影子教育机构的师生比，每个教师负责的学生人数不得超过 45 人，每间教室最多只能容纳 90 名学生，必须有 1 名工作人员负责安全和技术。关于公立学校教师是否可以参与影子教育的问题，各地基本都采取禁止公立学校教师为自己的学生开设辅导班的政策。如 2004 年，为回应家长关于教师提供“强制性补习”的投诉，乌克兰教育部颁布了禁止公立学校教师为自己的学生提供辅导的政策[8]；我国台湾地区也规定家教中心不应该聘请在职教师为兼职导师。

（三）学费

影子教育的学费一般是由市场决定，所以有关规定学费的政策较少，只有个别政策对影子教育的学费提出要求，如泰国政府规定学费不得超出机构所得利润的 20%，增加费用需要事先提出正式请求，且需有正当理由（如租金增加或损耗支出）；补习学校须在各自机构内醒目处张贴核定学费，以保护学生及家长利益。我国台湾地区则集中于学费退费这类容易引起纠纷的内容，并对此做出详细、有可操作性的规定：如果学生在开课前 60 天申请退还学费，那么所交所有费用中的 95% 都应该退还；如果扣除的 5% 超过 1000 新台币，超出部分也应退还给学生；如果学生在开课前 8 到 59 天申请退还学费，那么他们所交所有费用中的 90% 应该退还；如果学生在 1/3 的课程（或 1/3 的学时）完成后申请退还学费，则不退还任何费用[9]。

（四）税收

对影子教育机构进行征税是政府在制定这一领域政策时最具争议的问题。根据泰国私立学校法，私人补习被认为是一种非正规教育，非正规教育的收入是免税的，不过其他服务如出售任何其他产品的收入或佣金，都不会免税。罗马尼亚要求教师的家教收入须申报税收，但在 2008 年，只有 1500 名教师报税，这显然只是总数的一小部分；2011 年，美国国家财政管理局向所有教师发送表格，要求教师填报他们从事培训的所有收入信息[10]。在其他国家，税务机关会监督在商店橱窗和网站上进行宣传的辅导广告，有时还会跟踪个人以获得影子教育教师的收入情况。当然，除了向参与影子教育并获得收入的机构和个人征税以外，塞浦路斯、法国还通过税收向影子教育机构或参与者提供支持，塞浦路斯采用一个混合政策，公开提供部分经费赞助影子教育，以减少影子教育所需费用，不过这个政策最终失败。为了缓解家庭的影子教育负担，法国政府规定，居民请家教（不包括影子教育学校的补习）可享受 50% 的减免税，但由此带来的问题是，只有收入高于征税门槛的家庭才有资格享受税收减免的政策，而低收入家庭只能选择要么不请家教，要么全额支付。

（五）监督与奖惩

对影子教育机构的监督是获得关于影子教育治理和决策相关信息以及实施奖惩的基础，但由于参与者的回避和信息保密，这往往是很困难的。我国台湾地区为了保证教育行政部门各项规章制度的有效性，建立了一套监测制度，教育局会定期与私人辅导中心的校长举行会议，讨论有关事宜，校长不能无故缺席；同时，如果教育局派人巡视或检查辅导班学生、教师、设施和资金等，私人辅导中心不能拒绝，巡视和检查结果将由主席团公布，成绩优异者将得到奖励，而成绩不佳者将受到处罚。泰国则建立了一套内部质量保证体系（IQA），IQA 包括 12 个标准和 29 项质量指标，实施影子教育的机构自愿申请参加评估，国家教育标准和质量评估办公室作为正式的教育质量评估机构，可以为私人辅导机构或其他非正规学校进行外部质量评估（EQA）。另外，泰国还制订了影子教育机构与消费者保护办公室（OCP）的合作协议，邀请 OCP 代表参观影子教育机构的内部质量监控，并由 OCP 向符合标准的影子教育机构提供批准印章。我国香港地区要求影子教育学校和教师必须登记注册，“未注册的学校面临着被罚最高 25000 港元的可能；未注册学校的教师可能被判处 5000 港元罚款和两年的牢狱生活”[11]。

三、如何治理影子教育？

2011年，教育和培训社会科学专家网公布了欧洲影子教育调查报告《影子教育的挑战：欧盟家教及其对政策制定者的影响》。该报告对治理影子教育提出了“评估影子教育”“识别影子教育驱动力”“寻求合作”“照镜子”等四个建议[12]，在此借用这四个建议来分析影子教育机构的治理路径。

（一）评估影子教育

对影子教育的评估主要是为了了解影子教育的规模、形式、特点及其影响，影子教育规模较小的时候是很少产生或几乎不产生不利影响的，反而可能会有提升学习效果、增强学习动机、恢复或提升学校教育效果较差学生学习信心等方面的积极影响，对此政府不需要采取措施，至少不需要采取管制措施。大学生或个别教师所提供的作业辅导性质的家教补习，对学校教育、经济和社会也不能产生重要影响。当影子教育尤其是由专门培训机构提供的班级授课形式的影子教育达到一定规模，影响到学校教育系统及教育和社会公平时，政府就需要采取措施予以应对，评估影子教育影响的性质和程度是制定治理政策的基础。当然，需要注意的是参与被描述为“秘密课程”[13]、“罪恶而秘密的影子教育”[14]、“灰色经济的影子教育”[15]这类影子教育的学生与家长、影子教育机构以及相关的学校和教师都会刻意隐藏真实信息，导致政府用以评估的信息不充分甚至是错误的，因此科学评估需要政府重视收集影子教育的信息。

（二）识别影子教育驱动力

影子教育的兴起无外乎受到经济、教育和文化三个方面的影响，经济的影响是最初的动力。20世纪90年代，东欧教师工资购买力下降，因此教师被迫寻找替代职业或设法补充收入。在该地区大多数国家，官方工资已不足以维持教师家庭的基本需要。如，1990年罗马尼亚的教师工资只有该职业同等级别标准收入的40%左右。波帕（Popa）的教师在接受采访时也表明低工资是教师提供影子教育的主要原因。采访中，教师没有提到“利润”，而是提到“生存”和“收支相抵”[16]。2006年，政府提高了教师工资，学校在职教师提供影子教育的现象得到一定缓解。影子教育的接受者能承担得起影子教育的成本是另外一个经济因素，当大部分家庭为学生提供影子教育时，政府就要考虑为社会底层家庭提供一定支持。

影子教育的影响为政府决策制造了两难困境。一方面，政府必须改革以提高公立学校的教育水平来应对影子教育的影响，这些改革可能成为刺激影子教育需求的动力。随着教育在经济、社会和个人发展中的作用不断增强，家庭和社会对教育的重视程度会越来越高，对优质教育资源的竞争会越来越激烈，政府必须不断深化公立学校教育教学改革，提高教育质量和水平。政府的改革和教育质量的提升都是长远的目标，如素质教育、人的全面发展、全人发展教育、实践创新能力以及身心健康等，政府在公立学校推行这些改革往往都会成为驱动影子教育发展的力量。1969年，韩国推行中学学校均等化政策，取消中学入学考试，1974年继续推行高中学校均等化政策，取消高中入学考试，目标指向过热的应试教育、影子教育，不过政策结果却加大了民众对影子教育的需求[17]。另一方面，政府要面对教育质量提升过程中的局部不平等，通过加强监督、考核和问责，来推动学校教育改革和质量提升，这种以效率为导向的改革会让学校之间形成局部的质量等级差异。有的学校或地区实施教育教学改革并取得成功，教育水平得到提升，有的则会改革失败，教育质量可能会大幅下滑，还有的则墨守成规、不思变革，教育质量维持现状或有所下滑。因此可以说，在教育质量提升的过程中往往伴随着学校质量等级的变化。从短期看，等级性和不均衡性是普遍存在的，这种不均衡性传递给家庭和学生，导致教育资源的竞争更为激烈，影子教育市场也就越来越广阔。

影子教育的文化驱动力是政策最难以调整的地方，有学者提出将影子教育归因于文化因素会陷入文化本质主义[18]或“教育成就血缘论”[19]，虽然在助推影子教育发展的众多动力中，文化可能不是决定性因素，但却是我们无法忽视的重要因素。在亚洲，尤其是东亚的中国、日本和韩国，影子教育特别普遍，儒家文化传统发挥了重要作用，学习成绩优异的学生往往是东亚家庭的骄傲，家庭和个人在时间与财力方面投入教育的意愿普遍且强烈，这驱动了影子教育市场的扩张。在澳大利亚悉尼，影子教育现象普遍存在也与第一代和第二代中国移民相关，他们具有更多的机会选择学术性公立学校并取得成功[20]。在“万般皆下品，惟有读书高”的儒家文化的影响下，教育的目的已不仅仅指向人的成长和全面发展，通过增加努力程度、延长学习时间、实施应试教育而获得更优教育资源和更高学历甚至会比教育本身的目的更重要，在学校实施素质教育的环境下，影子教育满足了这种需要。所以东亚影子教育的治理需要改变文化观念和教育传统的不良影响，这对政府制定政策而言将是巨大的挑战。

（三）寻求合作

治理影子教育不是政府或通过政府制定政策所能单独完成的，政府应该大力寻求合作伙伴。理性的参与者是实现政策治理目标的前提，也是政府应该要大力培养的合作伙伴，政府应培养作为参与者的家庭和学生具有明智选择、理性消费的能力，不盲目跟风。我国台湾地区为公众提供影子教育行业的总体情况和具体机构信息，为市民提供样本合同和公众咨询服务，受理关于影子教育的投诉。影子教育的提供者除了要接受政府和影子教育接受者的监督之外，还要培养行业自律，希腊、塞浦路斯、德国、英国都成立了影子教育相关联合会，倡议实现行业自律。比如，塞浦路斯的影子教育机构联盟在对成员登记注册、负责人、合格教师以及不得聘用公立学校教师等方面倡议影子教育机构自律[21]。在政策推行过程中，政府的人力及其他资源都是非常有限的，常见的做法是与公立学校进行合作，即政府资助公立学校进行校内补习。从1999年开始，以色列实施了针对表现不佳学生的补习教育计划，为每所学校10~12年级最有可能考试不及格的5名学生提供课后辅导，由政府资助，由任课教师实施[22]。韩国和日本的“放学后计划”则实现了政府与学校、社区的合作，部分课程由社区提供，场地由社会或社会公共机构提供，解决了政府资源有限的问题。非营利组织和志愿者同样是政府的重要合作者，印度一家大型非政府组织布拉罕（Pratham）资助来自贫困家庭的学生，为那些没有掌握基本技能的儿童实施补习教育，实施者则是社区的年轻妇女[23]。在马耳他，天主教和工党则免费为贫困地区儿童提供辅导；美国除了政府补助之外，也鼓励志愿者服务和自我服务来满足课程与活动多样化的需求。

（四）照镜子

对影子教育性质、动力、影响等方面进行考察可为公立学校教育提供“镜子”，以映照出学校教育的问题，从而为公立学校改进指明方向。影子教育的存在——虽然不是绝对，但是在相当程度上反映了家长对学校教育质量满意度不高的问题，解决此问题的根本是提升学校教育质量。影子教育有其合理性，比如有针对学生个体特点、满足学生个性需求的课程体系，较少的官僚约束，更灵活的方法等，如罗马尼亚教师提供影子教育的动机除了创收之外，还有部分原因是被灵活教学方法的承诺、不受正规教育系统官僚约束的机制所吸引[24]。而芬兰的教育则提供了一个很好的反例，即影子教育市场较小则反映了学校教育质量较高，芬兰的学生在 PISA 阅读测试中取得优异成绩，校外因素如家庭文化、父母社会经济背景等因素发挥了一定作用，但与影子教育明显无关[25]。在 PISA 数学和科学测试中，芬兰多年名列前茅，主要原因是学校系统内提供了适当的方法，而非受影子教育的影响[26]。因此学校教育改革应借鉴影子教育经验，推行小班教学，满足学生个性发展需求，灵活教学方法，赋予教师更多控制权，并不断提升教师的能力和水平。

四、对我国影子教育治理的几点启示

我国目前所提的“校外培训”按照其培训的内容，大致可以分为两大类，第一类是影子教育，即以学校教育内容尤其是基础教育内容为对象，以提升学校教育效果或以提升应试效果为目标的校外培训或课外培训；第二类是影子教育之外的培训，其内容包括兴趣爱好、实践动手能力、职业知识与技能、身心健康等，这类教育的对象就不仅仅是学校教育中的学生了。这类教育的培训基本上属于学校教育的补充，对学校教育及教育公平不产生直接冲击，目前我国对校外教育的治理主要针对的是第一类的校外培训，因此以下论述沿用“影子教育”的概念而非“校外培训”。

（一）政府应重视对影子教育的治理和引导

近年来，影子教育在我国迅猛发展，中国教育学会发布的调查显示，2016 年全国中小学辅导机构的市场规模超过 8000 亿元，参与课外辅导的学生达 1.37 亿人，课外辅导机构教师规模达 700 万至 800 万人，培训机构达 20 多万家[27]。规模的大小虽不是政府决定是否治理影子教育的主要因素，但规模过大还是在一定程度上体现了在影子教育领域的过度投资，盲目跟风导致私人成本和社会成本同时增加，社会福利没有增加反而会减少，因此需要政府规范并治理影子教育市场。从教育平等角度来看，我国目前基础教育阶段不论是整体上还是局部上都有一定程度的不均衡发展，由于对影子教育市场缺乏规范和治理，影子教育机构通过一些违规操作让经济、社会的不平等直接转换成为优质教育资源分配的不均衡，这在一定程度上复制了经济、社会的不平等。有调研指出，在一些公立学校禁止教师提供影子教育的地方，教师可以通过向校外培训机构推荐学生来获得提成，更严重的是学校与校外培训机构勾结，一些学校委托培训机构组织一些诸如奥林匹克及类似的、教育主管部门禁止学校举行的竞赛，还有学校给培训机构支付报酬，邀请培训机构师资进入学校实施相关课程教学——在课堂中伪装成“思维训练”或“人才培养”之类[28]。新华社记者也调查指出，有些学科类培训机构成为“‘小升初’秘密招考的‘白手套’”[29]。我国影子教育市场对学校教育的积极影响并不明显，更多的则是消极影响，影子教育机构通过超前教育、应试训练、掐尖秘考等手段，助推社会焦虑，影响学生身心健康，学校系统推进的素质教育、全面发展政策也受到严重冲击，因此，我国应治理和引导影子教育的发展。在 2018 年全国两会“部长通道”上，教育部部长陈宝生已明确表示，要通过立法等形式，加强治理“野蛮生长”的课外培训机构。

（二）明确当下治理的重点

相比于影子教育市场的巨大规模和可能扩张的巨大潜力，我国的影子教育治理还处在起步阶段，治理的主要目标应是规范影子教育市场。上海市颁布的“一标准两办法”系统涵盖了影子教育机构、人员、安全等基本要求以及综合监管、奖惩机制、分类治理等方面内容，为其他地区政府采取治理政策提供了范本。这样一个系统的政策想要实现其目标还需要较长时间的政策执行和实践检验，当下治理工作的重点应放在控制影子教育对学校教育和学生发展的负外部性方面，即控制超前教育和应试教育，保障教育公平。对超前教育和应试教育的补习是影子教育机构生存发展的重要法宝，也直接冲击了学校教育和学生学习的正常秩序。影子教育机构根据测试或学生基础，面向不同学生开设各种类型班级，其学习进度和难度都大大超过学校教育的安排，实施超前教育，在相应机构网站都能发现明显的“提前学习”目标（如某知名网校所提供的初一暑假培优班的培养目标便是“暑期提前学习初一上学期的课程，注重新知识的讲解与基础题的训练，夯实基础，稳健迈出第一步”）。除在内容上超前以占据应试有利位置外，这些影子教育机构在教学方法上单纯注重走“捷径”，只解决“是什么”和“做什么”，不解决“为什么”，学生根据“捷径”找答案，被训练为解题机器，单纯为了应付学校考试，缺乏思维和能力训练，缺乏应用知识解决生活实际问题的能力。

影子教育机构与正规学校的直接或间接合作影响教育公平，应是当下政府治理影子教育的另一个重点。一些正规学校甚至包括公办学校为追逐优质生源，违反义务教育就近入学原则，专门留出名额，通过影子教育机构秘密实施选拔考试，筛选生源。这些考试有的是学校委托影子教育机构组织的；有的直接利用较大规模的影子教育机构内部组织的统考或排位考成绩；有的与影子教育机构合作办班；有的将影子教育机构组织或承办的各类竞赛成绩作为招生依据，各种手段名目繁多、花样百出，严重影响了学校教育，尤其是义务教育阶段学校教育的公平性。

对此，政府治理政策一方面应突出规范，另一方面应加强监管和惩罚。可以考虑限制影子教育机构作业量、辅导人数相对应的总时间量、课程内容等；规范正规学校尤其是义务教育学校招生过程；提供举报网站、电话，接受各类投诉；对违反规定的影子教育机构、正规学校和学校教师等实施严厉惩罚，惩罚严厉程度应大大超出其违规行为的获利，以示警戒。当然，在考虑教育和社会公平的情况下，政府应适当考虑社会底层家庭，为其提供一定的补贴，补贴的来源可以是专门税收，即对影子教育征收专门税款。

（三）影子教育治理的根本在于提高学校教育质量

我国影子教育的负外部性问题已经较为明显，当下的重心应围绕学校教育实施治理，根本之举是提高公立学校的教育质量。什么是学校教育质量，学校教育质量高是否就能消灭教育资源不均衡？这是很现实的问题，而且从表面看似乎这些问题根本就无法得到回答或解决，所以必须明确教育质量，这种质量应是满足异质性需求均衡的质量。芬兰的基础教育是一个很好的例证。芬兰教育政策的核心是公平和公正原则[30]，并能在学校教育过程中贯彻落实该原则，做到以学生为中心，通过灵活的校本课程、教师计划课程，在教育内容、策略方法及教育评价方面充分考虑学生的兴趣和选择，以适应异质性的学生群体[31]。芬兰学校拥有适应异质学生群体需要的教师队伍，能够照顾每一位学生，同时重点关注学习困难的学生，帮助几乎所有的学生成为成功的学习者。具有识别儿童学习困难的能力是芬兰教师的基本技能，对处于学习挣扎中的孩子实施提前干预，不让他们被忽视或陷入困境[32]。由芬兰的例子我们可以看出，学校教育的质量并不是无限提升，亦不是应试成绩突出，而是异质性的全人教育，让所有学生都成功、成才。如果满足了这个条件，那么就不存在统一的优质教育资源，也就不存在无限制的应试竞争，影子教育的市场就会缩小，对经济、社会、教育以及人的发展的影响也就会不断降低。

在达到这样的教育质量之前，政府还需要经过漫长的治理改革，在此过程中，寻求合作伙伴、补贴弱势群体、推进学校放学后课程落实等措施还需稳步进行。与志愿者组织、非营利组织、家庭、社区、企业等形成合作伙伴关系是非常有必要的，政府应鼓励或补贴非营利组织实施免费或低学费影子教育，满足家庭需求，实现易于规范、控制和收集相关信息的目标。政府提供政策鼓励或支持大学生、教师提供义务家教，如将大学生志愿者相关活动折算成教育见习和社会实践的学分，将教师通过网络提供作业辅导折算一定课时，给为弱势群体提供家教的教师以一定报酬等。放学后课程在韩国、日本已推行多年，其既可以实现学生托管、作业辅导等家庭基本需求，亦可以提供艺体类、活动类课程，满足学生兴趣爱好的发展需要。在这一方面，家庭、社区、企业和公共机构都可能拥有空间资源、人力资源以及潜在的课程资源，完全可以实现合作和资源共享，既实现学校与家庭、社会的紧密联系，又能在一定程度上满足学生的影子教育需求，从而降低社会影子教育的不利影响。

参考文献：

[1][11]马克·贝磊．教育补习与私人教育成本[M]．杨慧娟等，译．北京：北京师范大学出版社，2008: 141-144, 175-176.

[2] [23] HAI-ANH DANG, F. ROGERS. The growing phenomenon of private tutoring: does it deepen human capital, widen inequalities, or waste resources? [J]. World Bank Research Observer, 2008, 32(2): 161-200.

[3] PANAGIOTIS J, ANASTASIOS K, FRAGKISKOS K. Review of private tutoring across the Mediterranean: power dynamics and implications for learning and equity [J]. Asia Pacific Journal of Education, 2014, 34(4): 522-525.

[4] KWOK, PERCY L. Demand intensity, market parameters and policy responses towards demand and supply of private supplementary tutoring in China [J]. Asia Pacific Educational Review, 2010, 11(1): 49-58.

[5] [9] ZHAN, SL. The private tutoring industry in Taiwan: government policies and their implementation [J]. Asia Pacific Journal of Education, 2014, 34(4): 492-504.

[6] RATTANA L. Analyzing the Thai state policy on private tutoring: the prevalence of the market discourse [J]. Asia Pacific Journal of Education, 2014, 34(4): 476-491.

[7] BŪDIENĖ V, ZABULIONIS A. [C]. SILOVA I; BŪDIENĖ V, BRAY M(eds.). Education in a hidden marketplace: monitoring of private tutoring. NewYork: Open Society Institute, 2006: 211-235.

[8] HRYNEVYCH L, ANNA T, TYMOFIY P, LEONID S, ULYANA G. [C]. in SILOVA I, BŪDIENĖ V, MARK B (eds.). Education in a hidden marketplace: monitoring of private tutoring. New York: Open Society Institute, 2006: 166-289.

[10] Fiscul a luat la control profesorii care dau meditatii [EB/OL]. (2017-06-16) [2018-05-06]. http://www.ziare.com/scoala/profesori/fiscul-a-luat-la-control-profesorii-caredau-meditatii-1068650.

[12] [21] NESSE. The challenge of shadow education: Private tutoring and its implications for policy makers in the European Union. An independent report prepared for the European Commission [DB/OL]. (2017-06-14) [2018-05-06]. http: //www.nesse.fr/nesse/activities/reports.

[13] RUSSELL J. The secret lessons [J]. New Statesman, 2002(8): 10-13.

[14] VERDIS A. School effectiveness research for educational evaluation in Greece [M]. London: University of London, 2002: 323.

[15] [16] [26] POPA S.Defensible spaces: ideologies of professionalism and teachers' work in the Romanian private tutoring system [M]. Pennsylvania: University of Pittsburgh, 2007: 9, 136.

[17] WALTER D. Private tutoring and mass schooling in East Asia: reflections of inequality in Japan, South Korea, and Cambodia [J]. Asia Pacific Educational Review, 2010, 11(1): 14–24.

[18] MU G. Chinese Australians'Chineseness and their mathematics achievement: the role of habitus [J]. The Australian Educational Researcher, 2014, 41(5): 585-602.

[19] WATKINS M, NOBLE G. Disposed to learn: schooling, ethnicity and the scholarly habitus [M]. London: Bloomsbury Academic, 2013: 17.

[20] BROINOWSKI A. Testing times: selective schools and tiger parents. Good Weekend magazine [N]. Sydney Morning Herald. 2015-01-24.

[22] LAVY V, ANALIA S. Targeted remedial education for underperforming teenagers: costs and benefits [J]. Journal of Labor Economics. 2005, 23(4): 839-874.

[24] [31] VÄLIJÄRVI J, LINNAKYLÄ P, KUPARI P, REINIKAINEN P, ARFFMAN I. The finnish success in PISA–and some reasons behind it [M]. Jyväskylä:Institute for Educational Research, University of Jyväskylä, 2002: 16, 40.

[25] LAVONEN J, LAAKSONEN S. Context of teaching and learning school science in Finland: Reflections on PISA 2006 results [J]. Journal of Research in Science Teaching. 2009, 46(8): 922-944.

[27] [29] 郑天虹, 毛一竹. 校外培训决不能市场热监管冷 [EB/OL]. (2017-06-14) [2021-06-07]. http: //www. xinhuanet. com/2017-06/14/c_1121141128. htm.

[28] ZHANG W, MARK B. Micro-neoliberalism in China: public-private interactions at the confluence of mainstream and shadow education [J]. Journal of Education Policy, 2017, 32(1): 63-81.

[30] ASKEW M, HODGEN J, Hossain S, Bretcher N. Values and variables: mathematics education in high-performing countries. London: Nuffield Foundation. [EB/OL]. (2017-06-16) [2021-06-07]. https: //mk0nuffieldfounpg9ee.kinstacdn.com/wp-content/uploads/2019/12/Values_and_Variables_Nuffield_Foundation_v__web_FINAL.pdf.

[32] OECD. Strong performers and successful performers in education: lessons from PISA for the United States [R]. Paris: Organisation for Economic Co-operation and Development, 2010: 124-129.

（作者仰丙灿系华东师范大学教育学部博士研究生，淮北师范大学副教授。）

试析美国校外辅助项目对中小学生学习成绩的改进

陈华仔，汪霞

导读：改进学生学习成绩不仅仅是学校的责任，更需要全社会的支持。美国校外辅助项目作为社会支持的平台，以丰富的形式和多样化的方法在提高学生学习成绩方面取得了很大的成功，但在与学校的合作上仍然存在不足。美国校外辅助项目通过深化与学校的协调与合作，进一步促进了学生学习成绩的改进，成为学校教育的重要补充。

中小学生之间的学习成绩差距一直是美国教育界公认的问题，特别是低收入少数族裔家庭学生（low-income minority students）与富裕白人家庭学生（well-off white students）之间的成绩差距更为突出。2009 年，奥巴马政府设立了专门用于支持改进中小学校教学质量的“学校发展资助”（School Improvement Grant，SIG）项目，试图通过改进低质量中小学校的表现来缩小学生之间的成绩差距。“学校发展资助”项目计划为全美 1200 所表现不佳的中小学校提供总额超过 40 亿美元的专项资金。事实上，由于《美国复苏与再投资法案》（American Recovery and Reinvestment Act）资金的大量投入，仅 2009 年奥巴马政府用于资助学校发展的资金就超过 30 亿美元。之后的 2010 年到 2014 年，奥巴马政府每年投入“学校发展资助”的资金基本维持在 5 亿美元左右[1]。提高那些最贫困社区，特别是少数族裔家庭学生的学习成绩，确保他们接受全面、优质的教育，仅仅依靠学校单方面的努力是不够的，来自周边社区的支持也至关重要。“在改进全国中小学校的教育质量上，新的教育领导者不仅仅要考虑学校、校长和教师这一方面，还需要为社区范围内的家长、企业、当地政府等伙伴提供支持的机会和平台[2]。”本文将就美国的校外辅助项目对改进中小学生的学习成绩起到怎样的作用做出评析。

一、美国校外辅助项目及其在学生学习成绩改进中的意义

美国校外辅助项目（after-school programs），广义上是指在正常上学时间之外，包括周末和假期，所开展的所有活动和项目，其目的在于为家庭和学校提供帮助，以规避青少年成长中的风险，促进学生全面发展。

很长一段时期，美国的校外辅助项目只是针对贫困家庭孩子，提供的服务大都是简单的照看，缺乏系统性和教育性。1998 年，美国教育部开始实施“21 世纪社区学习中心”（21st Century Community Learning Centers，21st CCLC）计划，首次倡导把校外辅助项目建成社区学习中心，并作为学校教育的补充，以改进学校教学质量，提高学生学习成绩。

美国校外辅助项目为社区伙伴支持中小学生成绩改进提供了一个平台，它联合了家庭、学校、社区等各方面力量，为学生的创造性、主动性学习需要提供机遇，为那些亟待改进的中小学校

营造一种新的育人环境。许多研究表明，过去十几年间，校外辅助项目不仅有效地丰富了中小学生的校外生活，而且极大提高了学生的出勤率和成绩，改善了学生的行为表现[3][4][5]。利泰（Little）把校外辅助项目在改进学生学习成绩方面取得成功的主要原因总结为以下四个方面：校外辅助项目通过开展丰富的活动增加了中小学生学习和参与的机会，而这些机会在学校教育中可能为了学习核心课程而被忽略了；校外辅助项目，特别是暑期项目为学生实现小升初、初升高提供了更多的学习辅导和机会；校外辅助项目通过家长参与、公共活动改善了中小学校的文化氛围和社会形象；校外辅助项目中的教职员工、志愿者和导师能为中小学校教师学习提供帮助和支持[6]。

二、美国校外辅助项目在改进学生学习成绩中的作用及优势

在美国，中小学生在学校学习时间相对较短，校外活动时间和假期相对较多，所以校外学习和生活对学生成绩的影响较为明显。相关研究表明，大部分美国学生被称为“挂钥匙孩子”（latchkey children），他们在放学后基本处于无人监管的状况，他们“更无聊，更容易从事冒险行为和使用毒品、酒精，更有可能成为意外事故和暴力的受害者”[7]。这种校外生活状况是导致学生学习成绩低下的主要根源之一。美国的校外辅助项目关注学生的校外生活，通过采取各种方式去支持学生的学习，具体表现在以下几个方面。

首先，鼓励学生积极参与到学习中去。校外辅助项目通过提供各种令人兴奋的课程，激发学生学习兴趣，使学生积极参与学校学习。在项目的开展过程中，孩子们逐渐看到了校内与校外学习之间的联系，并且逐渐懂得：要想真正享受校外辅助项目中的那些有意思的课程，就必须要把学校的知识学好[8]。乔治（Goerge）和库斯科（Cusick）等人通过对“芝加哥校外事务”（Chicago's Afterschool Matters）辅助项目的研究发现，参与此项目的学生比他们的同班同学有更低的缺勤率；同时，参与该校外辅导较多的学生，在英语、数学、科学和社会研究等核心课程的学习上也有更少的失败经历[9]。阿卡瑞（Arcaira）和维拉（Vile）等通过对全国的“市民学校”（Citizen School）项目进行五轮评估研究发现，在八年级的时候进入此校外辅助项目学习的学生，相对于那些未参与的学生，继续九年级、十年级、十一年级学习的比例更高[10]。这表明了校外辅助项目对于鼓励和吸引学生继续参与学校学习发挥了重要作用。

其次，校外辅助项目营造了积极的教育环境。对于学校教师而言，校外辅助项目最重要的作用在于满足了学生们提高标准化考试分数与等级这一最为迫切的需求。校外辅助项目已经被证明在提高学生成绩方面具有巨大的作用和能量。来自“德州 21 世纪社区学习中心”2013—2014 年的年度报告显示，参与了其组织的“数学校外辅助项目”（math-focused after school programs）的学生，在德州数学知识和技能评价考试中通过的可能性大大增加[11]。埃弗斯博士（Evers）对参加威斯康星 21st CCLC 项目的学生的在校学习表现进行调查，结果发现有 62% 的参与者在学业成绩和其他方面都得到了极大改善，有 40% 参与此项目达到一年的学生，提高了他们的数学（40%）和英语（42%）考试等级，还有 44% 的学生参与班级管理的积极性得到了很大的提高[12]。

最后，校外辅助项目增加了学生的学习时间，这对于提高学生的学习成绩具有一定的作用。但美国校外辅助项目并不是在时间层面对学校教育的简单延伸，它激发了学生的兴趣和激情，而且这才是校外辅助项目成功的重要因素。[13]根据莫兰（Moran）的研究，与正规学校相比，

校外辅助项目在改进学生成绩中的优势体现在以下六个方面：[14]灵活的时间安排，有足够的时间和空间提供特定主题的深入学习；较低的师生比；灵活自由的探讨和学习方式；鼓励积极参与的非正式学习环境；通过一种新的和有意义的方式与年轻人建立联系的多元教师群体；能满足孩子特殊需要和多方面发展的社区伙伴群体。

可见，最好的校外辅助项目应当在学习上与正规学校相互协调和补充，而不是正规学校的简单复制。在这样的关系中，校外辅助项目为学生的成功提供了大量的独特机会，又能真正参与到学校教育中去。通过这种方式，校外辅助项目将成为学校教育的一个强大合作伙伴，在提高学生成绩、改善学习行为表现、促进学生自信发展等所有与学生相关的事务方面做出巨大贡献。

三、学校与校外辅助项目的合作分析

校外辅助项目对激发中小学生的学习参与意识，促进其成绩改进有着积极作用，学校与校外辅助项目不仅限于课程上的合作，二者应在各方面形成良好的合作关系。

（一）学校对校外辅助项目的支持

只有得到学校的帮助，校外辅助项目才能更好、更快地了解学生情况，并有的放矢，进行个性化的辅导。正像新泽西公共学校的管理者阿尔那多（Elnardo）所言："拓展学生的学习空间是教育的秘密武器。"[15]总体来说，学校对校外辅助项目的支持主要通过以下三个途径实现。

1. 分享空间(shared space)。通过分享学校的学习场所和资源，比如教科书、图书馆、娱乐设施、运动场、教室等，校外辅助项目能更好地在学校课程结束后开展有趣而丰富的活动。这不仅消除了学生的来回奔波之苦，而且课外辅助项目能更容易与学生学习产生紧密的联系，取得更佳的效果。美国校外辅助项目是免费的公益性项目，不向学生收取任何费用，虽然有来自联邦政府和各种类型的资金支持，但资源不足所导致的学习空间狭窄、设施陈旧、图书资料缺乏等问题，一直是制约校外辅助项目开展丰富多彩的活动和实施个性化教育的主要因素。学校主动开放空间和设施，使得校外辅助项目获得了更好的发展基础，同时，学校通过分享空间，与校外辅助项目建立了直接的联系，有利于消除彼此之间的沟通障碍，促进合作。

2. 学校领导支持（supportive leadership）。领导支持是建立学校与校外辅助项目紧密联系、帮助学生取得积极效果的最强有力因素[16]。校长、主任和其他的领导是中小学校的核心力量，长期以来，由于中小学校领导对校外辅助项目认识上存在偏差，他们对校外辅助项目发展持冷漠甚至反对的态度。一些学校领导认为校外辅助项目不但不能提高学生成绩，促进学生全面发展，反而增加了学生学习负担，对学生学习毫无助益。随着对校外辅助项目研究的深入，其独特的意义和优势逐渐被认识，中小学校领导开始主动与校外辅助项目建立联系，为校外辅助项目充分利用本地资源提供便利，协调和统一两者之间的教育标准，为校外辅助项目提供学生表现记录和成绩，在实现学校与校外辅助项目的人才共享等方面提供了积极的帮助和支持。

3. 分享人员（shared staff）。教师是学校支持校外辅助项目的核心力量。教师积极参与校外辅助项目的服务，能确保孩子们获得亟需的额外帮助。教师了解每个孩子的特点，他们的参与能加强学校与校外辅助项目之间的沟通和交流，极大改善了学生与教师的关系。另外，教师也能利用自己的经验，深入参与到校外辅助项目的课程设计、课程实施、教学方法以及师资培训等重要问题上来。同时，教师的参与也能使教师在非正式的环境中了解学生的真实想法和真正诉求，有利于加深教师对教育本质的理解，改进学校教育质量。可见，学校与校外辅助项目分享人员，不仅对校外辅助项目的质量提升有益，而且也能促进教师和学校的发展。21st CCLC 项目的第一次全国性评估显示：中学教师特别能感受到自己参与校外辅助项目之后，在教学技巧和与学生的关系方面获得了明显改善[17]。

（二）校外辅助项目加强与学校的合作

虽然实践证明校外辅助项目和学校的合作对学生的学业成绩、社会交往、道德发展等方面都具有积极影响，但美国在校外辅助项目和学校教育到底应不应该保持一致，如何保持一致等问题上仍然存在很大的意见分歧。正像戴奇（Diedrich）等人所言："大部分的校外辅助项目与学校的连接只不过是通过家庭作业辅导来加强学校所学而已。"[18]因此，校外辅助项目需要改变从课程到课程，从学校到学校的传统合作策略[19]，要与学校建立互补的学习系统。当前美国校外辅助项目采取的较为成功的做法主要包括以下几个方面。

1. 保持与学校教师的开放交流。即使是在校外时间，学校教师仍然是提高学生学习成绩的最好选择[20]。高质量的校外辅助项目往往能为学校教师和项目工作人员提供充分的共同工作和交流的机会，以便双方建立起良好的关系。虽然校外辅助项目难以长期雇佣学校教师，但校外辅助项目仍然可以通过为员工进行短期培训和指导、举办正式的交流会议、参加学校会晤和家长会等间接方式，来加强与学校的合作，鼓励学校教师深度参与[21]。这种策略实现了校内与校外的有效对接，为教师与那些最需要帮助的学生之间提供了更多一对一辅导的机会。

位于印第安纳州迪凯特市的"贝尔蒙特中学 21 世纪社区学习中心项目"（The Bellmont Middle School 21st CCLC program），主要为那些在学校阅读和数学学习中有困难的学生提供拓展性学习辅导。该项目招收的每一位学生都会收到来自学校教师的推荐信，项目将充分听取学校教师的意见，以便进行合理的学习安排。5—8 年级的项目分为家庭作业辅导和阅读与数学学习活动两部分。在家庭作业辅导时间，学生将根据学校教师的意见被分成不同的等级组，通过同伴之间的协作来加深对课程的理解。同时，项目组利用学校的成绩数据，在随后的阅读和数学活动中将学生分成不同的小组，这些小组的学生不是固定的，每天都会根据学生的成绩变化进行调整。该项目所有阅读和数学学习活动都是由贝尔蒙特中学的认证教师来教授，促进了学生与教师之间关系的进一步发展，这种人员安排方式有利于教师快速确认每位学生学习上的优点和缺陷，从而在学习活动中提供个性化的干预和补救策略。可以说，贝尔蒙特中学 21st CCLC 项目在提高学生学习上的巨大成功，主要归功于学校教师与校外辅助项目职员之间频繁而持续的日常沟通，以及学校提供的物质和技术资源支持[22]。

2. 加强家长与社区伙伴的参与。家长和社区伙伴参与是校外辅助项目最基本的特征：校外辅助项目利用家长作为连接校内和校外教育的桥梁，通过社区伙伴为学生的校外时间提供额外的支持，能与学校形成一种互补的学习环境，从而促进学生成绩的改善。

位于洛杉矶的"纳维营校外辅助项目"（Nvision After-school Program）每年为位于洛杉矶贫困地区的 15 所公立中小学校的 5000 余名学生提供校外辅导服务。该项目每周一至周五在校园中进行，每天服务的时间是从下午放学一直到 6 点。项目首先安排 45 分钟的家庭作业辅导，工作人员将帮助学生完成学校布置的家庭作业，并根据教师的反馈，有针对性地培养学生良好的学习习惯和有效的学习方法。然后，学生们将会被分散到自己感兴趣的活动小组或"俱乐部"（clubs）中去，各种俱乐部的设计主题旨在支持课堂学习，通过激发学生的想象力来保持学生的全程参与。此外，"纳维营校外辅助项目"在每个学校安排了一个现场协调员和一个教师联络员，这方便学校教师和项目工作人员之间形成有效的工作机制和关系，从而有助于他们之间协调教学内容和方法，而且训练项目的组织者懂得如何为学生提供有效的学术帮助。现场协调员和教师联络员的设立起到了串联校外辅助项目与学校的作用，而合作的精神也始终贯穿于所有的学习和活动中[23]。

3. 校外辅助项目要紧扣学校发展的目标、主题和文化。尽管校外辅助项目由于其学习环境而被认为与学校教育不同，但其也应保持与当地学校课程质量标准的一致性，这将加强校外辅助项目目标与学校教育目标的联系，实现与学生学习的有效对接[24]。

华盛顿的“更高成就”（Higher Achievement）项目主要是为学习表现不佳的中学生提供服务，目的在于促使他们在学习和生活上取得成功。该项目为孩子们提供了丰富多彩的学术发展机会：优秀的学习指导者、有效而实用的课程、大学的支持、丰富的学术竞赛和顶尖的高中布局等。“更高成就”项目每年暑假都会进行为期 6 个星期的夏季学习班，以确保学生掌握前一学年的所学知识。从 9 月份到第二年的 5 月份，学生将在三位优秀指导者的帮助下完成家庭作业，并参与丰富多彩的学习活动。为了能找到最好的方法支持每一位学生的校外成长，项目工作人员也将与学生的学校和教师保持紧密的联系与沟通，并且工作人员将联合家长、学校教师和指导者共同为每一位学生制订成绩改善计划，为学生每一学年的进步设置可测量的目标。在成绩改善计划的制订和实施中，项目工作人员将综合家长、教师和指导者各方的声音，并鼓励他们积极参与和监督。从项目开展的效果来看，虽然美国中学教育质量滑坡的趋势很普遍，但参与“更高成就”项目的学生在学习上取得了明显的进步：GPA 成绩平均提高了一个绩点，毕业生的平均成绩上升为 B，进入顶级高中的人数增加等[25]。

4. 支持数据共享。学校和校外辅助项目之间的透明性是它们之间合作的基础，分享学生的考试分数、等级、行为报告和其他的重要信息有助于建立合作的环境，提高学生成绩[26]。

“校外地带”（After Zones）项目是由普罗维登斯校外辅助联盟（Providence After School Alliance，简称 PASA）建立的覆盖全市范围的校外辅导系统，它通过开展实用的、体验式的学习，每年为 1800 名中学生提供社会健康、道德情感和学术发展等方面的指导。与简单的辅导不同，“校外地带”项目编织起了一个由公共和私人部门组成的伙伴网络，成员包括城市管理部门、学校、社区以及当地的非营利组织和商业组织等。该项目通过积极招募志愿组织和志愿者，充分利用社区的优势和资源，统筹安排，为学生兴趣的发展提供了最大的机会和可能。除了丰富的社区伙伴支持之外，“校外地带”项目与学校的合作也达到了一个新高度：它们与学校签订了数据共享协议。该协议表明学校系统与社区伙伴之间的信任达到了新的水平，确保了学校与校外辅助项目之间的数据共享、亲密合作，这对于深入把握校外辅助项目学员的基本特征，开展更有针对性的个性化辅导具有重要的意义[27]。

结语

校外辅助项目与学校的合作注定不是一个简单任务，目前来看，美国校外辅助项目面临着学校支持不足、资金紧缺、学生数据缺乏等许多问题[28]。尽管存在着种种困难，美国校外辅助项目仍然通过自己的努力，在促进与学校合作，改善学生社会能力、道德情感、学习成绩等方面取得了巨大的进步。校外辅助项目与学校的联合是改进美国教育整体质量的有力武器，它整合了学校教育中规范而丰富的学习知识与校外辅助项目中灵活多样的教育形式以及优美的教育环境的优势。随着双方合作的深化，再加上来自周边的社区支持，那些成绩落后的低收入家庭孩子将能够在学校中获得成功，这对于缩小学生之间的学习差距、改进中小学生的学习成绩起着重要的作用。

参考文献：

[1] U. S. Department of Education. Funding for school improvement grant [EB/OL]. (2015-06-10)[2016-09-10]. https://www2. ed. gov/programs/sif/funding. html.

[2] Afterschool Alliance. Afterschool in action: innovative afterschool programs supporting middle school youth[R]. Washington DC: Metlife Foundation & Afterschool Alliance. 2013: 29.

[3] [22] SILVER S E, ALBERT R J. 21st Century Community Learning Centers administered by coordinated child care of Pinellas, Inc: Summative evaluation report of the school-based program, Year 2[EB/ OL]. (2011-07-29) [2016- 07 - 22]. http: // www. rclub. Net /files/2011_21st CCLC_Eval_Rpt_7-29-11. pdf.

[4] VANDELL D L, et. al. An evaluation of THINK Together Programs in Santa Ana Unified School District. HQSES Study Report-Year Two [EB/OL]. (2010-10-02)[2016-05-17]. http: //www. gse. uci. edu/childcare/docs/HQSES%20Year%20Two%20Report_2009-10. pdf.

[5] STONEHILL, R. Foreword, introduction and report overview. enhancing school reform through expanded learning[EB/ OL]. (2009-09-21)[2016-05-16]. http: //www. learningpt. org/pdfs/Enhancing School Reform through Expanded Learning. pdf. .

[6] LITTLE, P. Supporting student outcomes through expanded learning opportunities. enhancing school reform through expanded learning[EB/OL]. (2009-09 -21)[2016-07-22]. http: //www. learningpt. org/ pdfs/ Enhancing SchoolReformthroughExpandedLearning. pdf.

[7] SNYDER H N , SICKMUND M. Juvenile offenders and victims: 1999 national report[R]. Office of Juvenile Justice and Delinquency Prevention, 1999: 65.

[8] [13] [19] ALLIANCE A. Afterschool in action: how innovative afterschool programs address critical issues facing middle school youth[R]. Washington DC: Metlife Foundation & Afterschool Alliance. 2012: 5, 6, 7.

[9] GOERGE R, CUSICK G R, WASSERMAN M, et al. After-school programs and academic impact: a study of Chicago's after school matters[EB/OL]. (2007-01)[2021-06-26]. https: //core. ac. uk/download/pdf/71340442. pdf.

[10] ARCAIRA E, VILE J D, REISNER E R. Citizen schools: achieving high school graduation[EB/OL]. (2010-08)[2021-06-26]. https: //static1. squarespace. com/static/57542d1b0442628dccd81967/t/5898ae5f9f7456131b0b420d/1486401121825/PSA-Citizen-Schools-Youth-Outcomes-in-Boston. pdf .

[11] BURGETTE J, ZOBLOTSKY T, NEERGAARD L, et al. Texas 21st century community learning centers evaluation 2007–2008[EB/OL]. (2009.)[2021-06-26]. W&as_sdt=2005&sciodt=0, 5&scioq=Texas+21st+Century+Community+Learning+Centers+evaluation+2007–2008.

[12] EVERS T, PHD. 21st century community learning centers: executive summary[EB/OL]. http: //dpi. state. wi. us/sspw/ pdf/ clcexecsumm. pdf. 2010-05-02.

[14] MORAN, K. The Best of Both Worlds: Aligning afterschool programs with youth

development principles and academic standards [R]. Sunset Neighborhood Beacon Center and Aspiranet. 2008: 17.

[15] Regional Education Laboratory-Midwest. Improving student achievement through expanded learning opportunities [EB/OL]. (2009-12-09) [2016-08-13]. http: //dl. nmmstream. net/ media/learn -ingpt/ flash/ 071209 webcast /mediaplayer. html.

[16] [18] [21] DIEDRICH K C, MCELVAIN C K. & KAUFMAN S. Principal's guide to effective afterschool programs: tools for school improvement [R]. Learning Point Associates. 2005: 7, 28, 30.

[17] LITTLE, P. Promising Strategies for Connecting Out- of-school Time Programs to Schools: Learning What Works [R]. Harvard Family Research Project. The Evaluation Exchange XII (1&2), 2006: 16-17.

[20] [24] [28] National Center for Education and Regional Assistance. Structuring Out-of-school Time to improve academic achievement. Institute of Education Sciences [EB/OL]. (2009-07-21) [2016-08-17]. http: // ies. ed. gov/ncee/wwc / pdf/ practiceguides/ost_pg_072109. pdf..

[23] Afterschool Alliance. Helping afterschool better support education reform: Recommendation for the reauthorization of the elementary and secondary education act [EB/OL] (2010) [2016-04-12]. http: //www. afterschoolalliance. org/researchReports. cfm?start=21&idPage= BCA88741-1E0B-E803-CAF1282E4C039474&dSort=0&tSort=0.

[25] MANTOOTH S C. EDGE Up: Building the foundation for a successful after school program. Ventura County Office of Education [EB /OL] (2011 -03 -29) [2016-05-02]. http: //www. vcoe. org/ Portals/ VcssoPortals/ after school/ EDG E%20Up%20Final%20Re port. pdf.

[26] DESCHENES, S. JANC MALONE, H. Year-round learning: link school, afterschool, and summer learning to support student success [R]. Harvard Family Research Project. 2011: 23.

[27] Afterschool Alliance. Afterschool in action: innovative afterschool programs Supporting Middle School Youth [R]. Washington DC: Metlife Foundation & Afterschool Alliance. 2013: 3.

（作者陈华仔系安庆师范大学教育学院副教授，南京大学教育研究院博士后；汪霞系南京大学教育研究院副院长，教授。）

日本校外培训机构学习塾治理探析

姚琳，马映雪

导读：当前，对校外培训机构的监管和治理已经成为国际社会所共同面临的现实课题。日本校外培训机构学习塾在其发展过程中曾面临严峻问题："利益至上"导致"乱塾时代"，应试目标导向干扰学校教育，监管体系不完备造成治理滞后。为此，日本政府主导制定了多部门协作、法律监管和行业自律三管齐下的治理体系。在该体系的治理下，日本学习塾的发展开始回归正轨，行业规模保持稳定，开始关注学生的能力培养，并且学习塾扮演起学校教育合作者的角色，承担起更为重要的社会责任，为自身发展寻找到了新的生长点，也为日本教育事业注入了新的活力。

校外培训机构是依附学校教育系统存在的教育辅导系统，其产生与发展对教育的实施和人才的培养产生着巨大的影响，但由于校外培训机构本身的市场导向和追逐利润的目的，其发展也往往出现一些乱象，干扰了学校正常的教育教学秩序，因此如何对校外培训机构进行监管和治理已经成为亟待解决的现实课题。在重视学习且补习现象普遍的日本，校外培训机构学习塾的发展也经历了从监管不力、野蛮扩张、只重视培养学生应试技巧的无序发展，到参与各方从不同方面共同致力于监管治理学习塾的转变。时至今日，学习塾作为一个规模庞大同时发展路径日趋规范的教育服务行业，开始成为促进日本教育发展的力量之一。本文将分析日本学习塾的发展历程、存在问题以及治理体系，以期对我国校外培训机构的监管治理提供借鉴经验。

一、学习塾的发展概况

日本学习塾发源于古代私塾，而其真正意义上的发展则始于 20 世纪 50 年代中后期，于 20 世纪 60 年代至 80 年代末得到迅速扩张，如今已走进规范发展的新时期。学习塾的发展可划分为以下三个阶段。

（一）20 世纪 60 年代以前

作为学习塾的前身，日本私塾的历史悠久，最早可以追溯到平安时代（794—1192 年）乃至中古时期，而今天学习塾的组织形式与特征等则肇始于江户时代（1603—1868 年）的私塾。私塾作为开创新时代所必需的知识和技术的教授场所，在江户时代取得了空前巨大的发展。从 1789 年到江户末年的 78 年间，日本全国设立私塾 1003 所，占整个江户时代私塾总数的 93%，[1] 其中山口的松下村塾、大阪的适塾、大分的咸宜园、长崎的鸣泷塾等私塾颇负盛名[2]。19 世纪 70 年代至 20 世纪 30 年代，日本进入资本主义社会，学生入塾学习的目的以提升成绩、学习相应技能、得到相应的升学或工作机会为主。相应地，私塾也逐渐由传播新学的私人教育场所转变为营利性质的补习机构——学习塾[3]。虽然这时学习塾数量不多，塾生人数有限，但直到“二战”之前，学习塾始终作为日本民办教育的一分子稳步发展。

“二战”期间，由于社会政治及经济层面的不稳定，学习塾的发展一度出现停滞。进入战后恢复时期，促进经济发展成为日本第一要务，政府需要通过培养大批符合时代需求的高素质人才来助力国家振兴，教育重新受到政府及社会的高度重视。20 世纪 50 年代后半期，以都市为中心、以升学与补习为目的的学习塾开始真正引起社会的广泛关注[4]。

（二）20 世纪 60—80 年代末

20 世纪 60 年代，“团块世代”（战后第一次婴儿潮人口）的升学竞争加剧，进入学习塾学习的学生数量激增，从而引起第一次“学习塾潮”。日本学者在 1962 年的调查数据显示，广岛市及周边地区参与学习塾教育与家庭教育补习的中学生人数比例高达 30.3%[5]。进入 70 年代，由于石油危机后的经济不景气，日本政府更加重视教育对社会经济和文化发展的促进作用。在此背景下，民众也急切地将希望寄托于对下一代的教育和培养上。一方面，大学入学考试的改革使得教育内容范围扩大，加大了升学难度；另一方面，学校枯燥的教学与压抑的人际交往也使相当数量的学生厌学情绪高涨，进而逃学、辍学，“学校教育荒废”问题愈演愈烈。基于上述情况，校外补习在这一时期便成为焦虑的家长们的“救命稻草”。在 70 年代与 80 年代，日本又相继出现了两次“学习塾潮”，且学习塾数量的增长态势达到了惊人的程度。根据日本总务厅的调查数据，1981 年日本全国有 18683 所学习塾，到 1986 年则迅速增加到 34367 所[6]。此外，即使在升学压力较小的小学阶段，学生入塾率也显著上涨。据文部省（于 2001 年改组为“文部科学省”）公布的数据，日本的小学入塾率在 1976 年平均为 12.0%，到 1985 年则上升到了 16.5%[7]。学习塾学生的构成呈现低龄化也成为这一时期学习塾发展的一个重要特征。

（三）20 世纪 90 年代至今

20 世纪 90 年代初期，日本施行“宽松教育”并且进一步推行“周五日制”。为进入名校，中小学生纷纷选择在学校外的空余时间内到学习塾去学习。即使这一时期日本的泡沫经济崩塌，少子化问题也愈演愈烈，但“教育格差”（教育出现阶层差异）、“学力低下”等问题的集中爆发在一定程度上折射出日本社会对于当时学校教育成效的失望，因此学习塾热度并未消减。1985 年，日本中学生入塾率为 44.5%，而 1993 年则上升至 59.5%[8]，到 1991 年，日本全国学习塾总数已达到 45856 所[9]。但与此同时，学习塾自身发展也开始出现一些问题，从 20 世纪 80 年代起，日本社会与学术界开始重新审视学习塾在新时代的价值。政府也开始对学习塾进行治理，并以其作为观照学校教育发展的一面“镜子”，积极探寻学习塾与学校教育共生的新模式，促使学校教育进行反思和改进。进入 21 世纪，学习塾整体已经得到有效监管。据经济产业省的调查数据，2009 年日本全国学习塾数量为 49682 所，2014 年为 49319 所[10]，其发展呈现出比较平稳的态势。

二、学习塾发展历程中显现的主要问题

“二战”之后，学习塾在一定程度上满足了日本民众对学校之外教育的迫切需求，同时为一度低迷的社会经济注入了一定活力。战后，日本的政治经济不稳定，民众对于通过教育来振兴国家的期待高过以往任何时期，庞大的校外教育市场需求、迅猛的发展速度、急剧扩张的机

构规模，导致学习塾在不断发展壮大的过程中不可避免地出现了一些问题，概括起来主要有以下三点。

（一）“利益至上”导致“乱塾时代”

从 20 世纪 60 年代开始，学习塾市场潜力巨大，利益驱使不同行业的从业人员纷纷进军学习塾领域，这其中不仅包括教育界人士，更有百货公司、信贷公司经营者，甚至还包括一般工薪族和家庭妇女等众多非专业教育机构的人士，学习塾行业的规模迅速壮大[11]。学习塾数量增长迅猛，随之而来的则是因“营利主义”造成的各种问题和负面影响。

为追求短期教学成效，一些大型学习塾开始为塾生提供规模庞大且课程编排拥挤的补习活动，这些补习活动大大加重了学生负担。另外，根据 1977 年文部省发布的《有关儿童和学生的校外学习活动实态调查》，当时在日本担任学习塾讲师的从业人员中，没有任何相关教育经验者占比已经达到 22.5%[12]。由于极速扩张，学习塾行业内鱼龙混杂，各个学习塾所提供的教育服务质量参差不齐，因此当时的学习塾整体呈现出野蛮生长的态势，日本媒体将这一时期称为“乱塾时代”[13]。在这一时期里，相当数量的学习塾盲目地追求金钱利益的经营理念使学习塾的负面影响日益加剧。新闻媒体对学习塾的报道也成为社会舆论热点，有杂志甚至将学习塾的负面新闻作为“特集”加以报道[14]。

（二）应试目标导向干扰学校教育

首先，学习塾作为校外教育的一种形式，本应是学校教育的补充，但“乱塾时代”学习塾的发展严重扭曲了其功能，对日本的学校教育产生了日益凸显的干扰作用。学习塾所提供的教育完全以应试培训为中心，教授内容单一，脱离生活，严重阻碍学生的自由发展。在学习塾，无论是大课、小组教学还是一对一的讲练，除对考试题目的讲解与练习外，再无其他有关学生综合素养的教育内容，也看不见形式多样的课程编排，一切均以升学考试为最终目标。在升学压力空前的时期，学生往往需要牺牲掉自己的课余时间去学习塾学习，从而大大增加了学生的学习负担，使得学生的身体健康状况下降，学生在校学习的效率也受到极大影响，形成了恶性循环。

其次，由于学习塾的填鸭式教学对一般考试有着速成的效果，所以有相当数量的学生越来越依靠课外补习，这导致学校教育质量受到明显影响。许多日本的中学教师指出，上过学习塾的学生擅长机械运算，但却不解其中含义。有学者给出数据，45% 的中学一年级教师认为，学生热衷于参加学习塾的学习而忽略学校数学课的情况十分严重；27% 的中学一年级和 50% 的小学五年级教师指出，参加学习塾的学生拒绝参与课外活动[15]。此外，还有日本学者指出，对于同一科目而言，学习塾所教授的应试内容过多，这种以应试为目的的学习会造成学生在正常学习中缺乏思考的持续性和同理心[16]。教育界人士纷纷批评学习塾所提供的教育在很大程度上占据了学生的课后时间，直接干扰了正常的课堂秩序，破坏了主流学校教育的课程及教学安排。

（三）监管体系不完备造成治理滞后

严密的监管体系是保障学习塾行业稳健发展的重要因素。但在很长一段时间里，日本政府的监管责任意识淡薄、力度不足，导致其对学习塾缺乏有效的治理和规范。

一方面，学习塾行业外部监管体系存在明显漏洞。1949 年日本政府颁布《社会教育法》，从法制层面肯定了提供校外教育的民间团体的地位和价值。但该法同时也存在着对“民间团体”定义模糊不清的缺陷，造成了学习塾被排除在社会教育监管体系之外的尴尬局面。而监管部门权责划分不清，各部门权利范围交叉或不及，也在一定程度上导致监管“雷声大雨点小”。1977 年发布的《有关儿童和学生的校外学习活动实态调查》提到，有 17.2% 的学校在职教师在学习塾兼职。根据文部省规定，学校在职教师若在校外兼职，须向教育委员会报告，但因为教育委员会工作过程中存在疏漏，所以鲜有人执行该规定[17]。另一方面，学习塾作为一个发展迅速且规模庞大的行业，对其的规范治理几乎完全依靠外部，当政府部门及法律法规体系欠完备时，学习塾很难依靠自身从内部进行调整。在此情形下，如果消费者对学习塾的服务质量有所质疑，他们也只能诉诸消费者协会而非直接的管理机构。内部自律组织的缺失使得学习塾教育内容的选择、行业准入标准的制定以及从业人员的权益保障等也陷入无理可循的境地，直接导致行业核心竞争力——教育质量低下。

三、政府主导下的多方参与治理体系

正如上文所述，在前期发展过程中，学习塾热度过高、弊端过多的现象引起了日本各界的广泛关注和民众的强烈不满，日本政府因此开始探寻化解症结之道。1987 年文部省发布《充实学校学习的意见》（以下简称《意见》），直批学习塾存在的种种弊端：学习塾存在“对学生身体的影响”“对学生心理健康的影响”“对学生日常生活及行为的影响”“对学校正常学习指导的影响”，会导致学生“自发性的学习热情及逻辑思考等能力不足”，学生“游玩和生活体验不足”，也导致学生“缺席学校活动”，并“加重监护人经济负担”，在经营过程中也存在“夸大宣传及合同纠纷”等众多问题[18]。为解决过度入塾造成的各种负面影响，日本政府以确保学生和谐健康发展及获取监护人对学校教育的信赖为基本目标，从多部门协作、法律监管、行业自律三个方面出发构建完备的治理体系，对学习塾进行治理。

（一）明确责任分工，构建多部门协作模式，深化协调联动

首先，为解决学生入塾现象过热问题，在深入调研学习塾存在问题的基础上，文部省在《意见》中提出了治理建议，明确指出相关行政机关应相互合作，并要求各地教育委员会加大监管力度，必要时可利用行政干预手段，对学生入塾相关问题进行整治[19]。文部省还多次开展“有关儿童和学生的校外学习活动实态调查”“中小学生校外学习活动实态调查”等，收集和分析学生入塾学习情况等相关数据，将结果反馈给政府和社会各界，同时为其他相关监管部门提供支持，以规范学习塾行业发展，提升其教育效能。

其次，其他政府相关部门也积极参与对学习塾的监管。2009 年，经济产业省（原“通商产业省”，于 2001 年改组为“经济产业省”）将学习塾划归到特定服务业中的个人服务业范围，并在《特定服务产业实态调查》中新增学习塾部分内容，对学习塾的从业者人数、年营业额等方面进行调查。同时，经济产业省也开始依照相关经济类法律及行业准则对学习塾进行数据审核、材料报批等方面的监管。另外，为使学习塾从业人员的相关权益得到保障，厚生劳动省依照相关劳动法对学习塾的劳动时间、薪资分配等进行了规范管理。

最后，各部门协作共同完成对学习塾的监管。治理学习塾涉及多个政府部门，为加强治理，日本政府多次召开部门协作会议，协调各方力量，提升治理效力。例如，日本政府于 2005 年 12 月召开第 6 届犯罪对策阁僚会议，具体化了学习塾行业的安全对策。会议决定设置由文部科学省、内阁府、警察厅、经济产业省组成的四省厅局长会议，对学习塾的安全问题进行监督。又如，在 2015 年与 2017 年，文部科学省和厚生劳动省共同开展了针对学习塾兼职人员的调查，发布

了报告《关于大学生工作的劳动条件的保证》，指出学习塾行业在兼职大学生管理方面存在的不足和问题，要求学习塾按照相关劳动法律法规保障从业人员的劳动权益[20]。2018 年，为提升日本教育质量，经济产业省又联合文部科学省提出了"未来的教室"发展提案，对学习塾的教育发展目标、宗旨和形式等方面进行了新的规划，重视学习塾作为民办教育重要组成的参与度[21]。日本政府各部门既各司其职，又协调有序地对学习塾进行监管，不仅有效促进了日本学习塾规范化发展，而且在一定程度上促进了日本民办教育资源的充分利用。

（二）完善法律体系，以法为据，强化监督管理

政府对行业的有效监管，离不开相应法律法规的有力约束。日本政府建立和完善了一系列相关的法律法规，对学习塾行业进行监管和治理，以保障其有序发展。

第一，完善教育法规，肯定学习塾的存在价值。尽管学习塾存在种种弊端，但日本政府认为其存在与发展是日本社会的一种现实需要，具有重要的教育作用。日本政府在2006年修订的《教育基本法》中指出，为使人人都能磨砺自身、度过充沛的人生，任何人都可以利用所有机会在任何场所学习[22]。这不仅为日本国民基本的受教育权利提供了保障，同时也为教育多样化发展和教育资源的最有效挖掘夯实了法律基础。2013 年修改的《学校教育法实施规则》中也明确提出，为使学生在校外时间里也能接受优质的教育，学校、家庭和地区应致力于为学生提供多样的学习方式。在此基础上推行的"周六教育活动推进计划"更是提出，包括学习塾在内的民办教育事业团体有义务助力教育委员会与学校共同推进"周六教育"，以丰富教育环境[23]。这些法律文件明确了政府对学习塾存在价值的认可和发展方向的引导。

第二，利用经济法规，规范约束学习塾行业发展。日本政府对学习塾的治理还包括对学习塾的经营进行法制约束，包括《特定商业交易法》《公司法》《法人税法》《一般社团法人法》《不正当赠品及不正当表示防止法》《著作权法》等，这些法律涵盖了学习塾在经营中应当承担的法律责任和应尽的义务。例如，《法人税法》对应纳税比率、负责人报酬、捐献、税金、准备金等费用和支出的具体扣除范围与标准都做出了详细的规定[24]。又如，《特定商业交易法》规定，学习塾等服务性机构在签订服务合同前，须向消费者提供相关合同书面材料，其中须包括负责人的姓名、地址、电话、服务内容与价格、支付方法等相关事项[25]。在学习塾经营过程中，若出现违反经济法律法规的情况，相关部门可根据相应条例对学习塾进行严厉处罚，情节严重的会勒令其停止运营。

第三，依据相关法规，协同规范学习塾的经营。除上述法律外，学习塾的经营发展还受多种法律监管。如《劳动基准法》《劳动合同法》《最低工资法》等相关劳动法律规定了学习塾从业人员的工作时间、合同签订、最低工资等内容。《个人情报保护法》规定学习塾不得在未经许可的情况下向任何社会团体或个人泄漏学生与监护人的任何信息[26]。《地方公务员法》规定了公立学校教师不得在学习塾兼职，不得兼任以营利为目的的私营企业及其他团体的职务以及其他人事委员会规则规定的职位，不得经营以营利为目的的私营企业等[27]。另外，《民法》《刑法》等法律也对学习塾的监督管理进行补充。

（三）成立行业协会，推动行业自律，健全内部治理

日本对学习塾采取内外兼治的方法。除外部治理外，政府还通过成立行业协会、制定资质认证和从业人员行为规范等来加强内部治理。1988 年，通商产业省牵头并协助学习塾行业成立社团法人全国学习塾协会（后于 2013 年通过公益社团法人认定，全称更改为"公益社团法人全

国学习塾协会”），其职责主要为以下两方面。

第一，资质认证与审查。首先是对学习塾进行认证。全国学习塾协会制定《学习塾业认证制度·认证基准》，对提出申请的、连续经营时间达1年以上的学习塾进行审查，包括合同的合理性、塾生安全保障、个人信息保护、员工培训以及学习塾是否遵循认证基准进行自律或改善等8个一级审查项目[28]。同时，协会还制定了严格的认证流程，规定提出申请的学习塾须严格按照流程递交申请书，之后须接受协会工作人员的现场勘查和文书检查，只有通过全部审查的学习塾才可获得“AAA认定校”认证标志，成为业内典范。不合格者须进行整改，之后才可再次提出申请。认证的有效期限为两年，过期须重新申请审查。由于审查标准严格、内容全面，截至2012年底，全日本仅有11家学习塾获得认证，到2017年，获得认证的学习塾也才只有47家[29]。

其次，全国学习塾协会对塾师实行严格认证。为完善塾师认证体系，实现对塾师的全面评价和有效培训，全国学习塾协会制定了《学习塾讲师检定制度》，同时设计了学习塾讲师能力评价体系，对学习塾讲师的能力、技术、知识进行考核，在考核合格后才能授予相应的认定证书。塾师认证共分为3个等级，其中3级为初级，1级为高级，被考核者须按照从3级到2级再到1级的顺序参加考核，考核内容难度及标准随相应等级的提高而攀升（详见表1）。截至2016年底，约有30人通过了1级认证，500人通过了2级认证，150人通过了3级认证[30]。

最后，为维护在塾兼职人员的劳动权益，全国学习塾协会制定了《安心塾认证制度认证基准》，对经营3个月以上的学习塾雇佣关系的实际情况（包括工作时间、工资发放等）进行评估。通过评估认证的学习塾可获得协会颁发的“安心塾”认证标志，有效期为两年[31]。在认证期间，如发现学习塾违反法律法规或相关认证制度，全国学习塾协会可视情况对其做出勒令整改或撤销认证标志的处罚决定。截至2019年3月，处于有效期内的“安心塾”有125家会社，共计1366间事务所[32]。

表1 日本全国学习塾协会讲师认证概要

等级	考核形式	考核标准	被考核者基本要求
3级	·自我检测 ·笔试	·掌握基本伦理知识； ·充分掌握所授学科知识。	·年满18岁。
2级	·模拟授课	·言行举止得当； ·能激发全体学生的积极性； ·能根据学生接受程度进行指导。	·拥有1年及以上授课经验； ·已通过笔试或3级资格考核。
1级	·模拟授课	·具有教育者应有的品格，品行得当，受学生信赖； ·认真钻研所用教材，充分了解学生特点与需求； ·能够调动全体学生的积极性，掌控课堂，开展高效的授课与指导。	·拥有3年及以上授课经验； ·已通过2级资格考核。

资料来源：全国学習塾協会.学習塾講師検定（集団指導）パンフレット［EB/OL］.（2018-02-07）［2019-05-10］.https://www.jja.or.jp/wp-content/uploads/2018/02/88f6fcacc4e98397b4fe0ba4bf073114.pdf.

第二，制定行为准则。除资质认证外，全国学习塾协会还对各学习塾的经营行为做出规范。协会通过《学习塾事业活动正当化的自主基准》《自主基准实施细则》对学习塾教授内容、授课形式、费用收取、塾师聘用等商业行为进行规范，并且明确禁止学习塾在广告中进行夸大甚至虚假的宣传，或在与消费者订立和解除合同时以迷惑性言语进行劝诱[33]。同时，全国学习塾协会制定了《学习塾学生安全保障指南》，并在保护塾生上下课通勤途中的人身安全、提升学习塾教职人员安全素养、为塾生提供安全的学习环境三个方面对学习塾提出了明确要求、具体建议和运用示例[34]。全国学习塾协会还制定了《学习塾个人信息保护指南》，以保护相关人员个人信息安全。全国学习塾协会的设立，在保障学习塾规范发展的同时，使得监管更加高效、治理更加精准，也帮助该行业在日本社会树立了良好口碑，更在监管的过程中体现了政府在学习塾行业治理理念上的民主性。

四、治理后的学习塾发展趋向

20 世纪 80 年代末以来，由日本政府主导、多主体参与的严密规范的治理体系，为学习塾的发展指引了正确方向，规范了经营活动，健全了相关资质标准，使学习塾行业整体发展更为平稳、健康。

（一）行业规模：在冲击中保持稳定

根据经济产业省 2018 年发布的《特定服务产业实态调查》，截至 2017 年，日本全国的学习塾数量为 47570 所。从近年发展走势可以看出，自 2009 年以来，日本学习塾数量、行业整体年总营业额以及从业人员数量等三项数据虽有所波动，但总体基本维持平稳态势。2009 年，日本学习塾数量为 49682 所，2017 年为 47570 所；行业整体年总营业额 2009 年为 323.324 亿日元，2017 年为 336.877 亿日元；从业人员数量 2009 年为 961109 人，2017 年为 951058 人[35]。经济产业省在 2019 年发布的《有关提高学习塾行业经营力的方针》指出，学生人均教育投资额的增加、低年级顾客群体的扩大等因素仍然促使学习塾行业各项数据有所上升；同时由于消费者需求变化等因素，使得更为灵活的小规模个别指导塾数量增加，[36]因此，学习塾行业数据走势基本在小幅浮动中保持平稳。就目前而言，学习塾行业既没有因日本社会日益加剧的“少子化”问题而轰然倒塌，也未因学力低下和去宽松教育的应激反应而重蹈“疯长”覆辙，而是在遵循了适者生存、优胜劣汰的市场法则的同时分析市场形势、了解市场需求，进行内部规制和调整，采取措施以应对挑战，从而使行业总体规模保持稳定。

（二）教育理念：开始关注学生能力培养

2013 年，文部科学省发布《关于民办教育事业者保证及提升教学质量的措施》，要求包括学习塾在内的民办教育机构应按照《第 2 期教育振兴基本计划》提出的目标，培养学生在社会中生存所必需的，包括思考和解决问题在内的独立、合作和创造的能力[37]。在多重治理下，学习塾的教育理念开始有所转变。学者佐佐木菜津映通过对当下学习塾的广告进行分析研究指出，当前学习塾除倡导重视学力和考试外，还进一步转向关注学生的能力培养，其中包括与学生自身发展相关的自主、自立能力以及与人相处的能力等[38]。例如，日本著名学习塾河合塾在新的教育理念中提到，为帮助每个学生实现自我，除应重视升学教育外，也应重视培养学生自主思考与行动的教育[39]。又如，学习塾业内另一翘楚东进塾在其教育理念中也明确提出，要改变以往的填鸭式教育，教育者应使学生在提高学习成绩的同时，还能掌握未来生活所需的各种生存能力[40]。可以说，经过治理，学习塾在教育理念上的变化还是比较明显的，这一变化也回应了时代和政策要求以及自身发展的需要。

（三）社会角色：扮演学校教育的“合作者”

日本学者高岛真之认为，对比治理之前的学习塾，学习塾近年与地方自治体和学校的交流合作取得了显著进展。学者佐久间邦友认为，学习塾具有独特价值，可被社会灵活利用，发挥其对地方政府的教育协助作用，与学校协同合作，保障学生的学习权利[41]。近年来，学习塾与学校以多种方式积极开展合作，学校提供教材、试题、教学场地以及教师培训等。同时，作为民办教育的一分子，为更好地发挥自身对学校教育的补充作用，体现教育的公益性，学习塾行业还做出了新的努力和尝试：向家境贫困的学生提供学习指导援助服务，向有需要的学生及家长提供免费升学信息咨询服务，派遣塾师到学校内开展周六特别讲座以充实学生课外教育，等等。此外，全国学习塾协会还会作为行业代表，就学校教育中凸显的问题与不足，向文部科学省等部门提交意见书和改进建议，以促进学校教育体系的完善，提升教育质量。综上所述，可以看到经过治理后的学习塾行业逐渐打破了前期固有的“利益至上”思维，已开始从学校教育的“干扰者”向学校教育的“合作者”转变，逐步承担起更为重要的社会责任，为自身发展寻找到了新的生长点，也为日本教育事业注入了新的活力。

参考文献：

[1][11][12][14][17]岩瀬令以子. 現代日本における塾の展開：塾をめぐる社会的意味の変遷過程[J]. 東京大学大学院教育学研究科紀要, 2007, 46：121-130.

[2][4][7][8]黒石憲洋, 高橋誠. 学校教育と塾産業の連携についての一研究：現状の分析と今後の展望[J]. 教育総合研究：日本教育大学院大学紀要, 2009, 2：1-14.

[3][6][9][25][26]牛敏. 日本中小学校外学习塾研究[D]. 大连：辽宁师范大学, 2013：10, 12, 12, 20, 20.

[5]近藤大生, 野垣義行, 原田彰, 等. 進学準備教育の研究：学習塾·家庭教師等に関する調査報告[J]. 教育社会学研究, 1963, 18：239-255.

[10]経済産業省. 特定サービス産業実態調査[EB/OL]. (2018-09-12)[2019-04-29]. https：//www. meti. go. jp/statistics/tyo/tokusabizi/result-2. html.

[13][41]佐久間邦友, 早坂めぐみ, 大和洋子, 高岛真之. 教育学研究における「学習塾」の位置づけ[J]. 日本教育学会大會研究発表要項, 2017, 75：92-93.

[15]马克·贝磊. 教育补习与私人教育成本[M]. 杨慧娟等, 译. 北京：北京师范大学出版社, 2008：167.

[16]早坂めぐみ, 杉森伸吉. 学校と学習塾における授業の比較研究：学習者の視点に着目して[J]. 東京学芸大学紀要. 総合教育科学系, 2018, 69：509-518.

[18][19]文部科学省初等中等教育局初等中等教育企画課. 学校における学習指導の充実等について[J]. 教育委員会月報, 1987, 38(12)：49-51.

[20][24]付含菲, 钟文芳. 日本学习塾规范发展中的政府行为[J]. 世界教育信息, 2017, 30(17)：49-54.

[21]経済産業省. 「未来の教室」と EdTech 研究会第 1 次提言[EB/OL]. (2019-03-05)[2019-05-01]. https：//www. meti. go. jp/press/2018/06/20180625003/20180625003-1. pdf.

[22]张德伟. 日本新《教育基本法》(全文)[J]. 外国教育研究, 2009, 36(03)：95-96.

[23]文部科学省. 土曜日の教育活動[EB/OL]. (2016-03-29)[2019-05-01]. http：//www. mext.

go. jp/component/b_menu/shingi/toushin/__icsFiles/afieldfile/2015/03/16/1355830_6. pdf.

[27] 江洋 . 补习热全球蔓延挑战决策者智慧 [N]. 中国教育报, 2011-08-16(02).

[28] 社団法人全国学習塾協会 . 学習塾業認証制度・認証基準 [EB/OL]. (2018-02-02)[2021-06-05]. https: //jja. or. jp/wp-content/themes/bones_ver0.3/pdf/ 学習塾業認証 認証基準 . pdf.

[29] [30] 高牟 . 日本民办教育培训行业自律模式探析 —— 以全国学习塾协会为例 [J]. 比较教育研究, 2018, 40(8): 14-22.

[31] 全国学習塾協会 .「安心塾バイト」認証制度 運営規程 [EB/OL]. (2018-02-21) [2021-06-05]. https: //jja. or. jp/wp-content/themes/bones_ver0.3/pdf/ 安心塾バイト認証制度運営規程 . pdf.

[32] ReseMom.「安心塾バイト認証塾制度」開始から 2 年で 1, 366 教室まで増加 [EB/OL]. (2019-04-04) [2021-06-12]. https: //resemom. jp/article/2019/04/04/49963. html.

[33] 全国学習塾協会 . 学習塾業界における事業活動の適正化に関する自主基準 [EB/OL]. (2018-02-06) [2019-0 5-11]. https: //www. jja. or. jp/wp-content/uploads/2018/02/99da72e44538d7637d6c466f8435ca68. pdf.

[34] 全国学習塾協会 . 学習塾に通う子どもの安全確保ガイドライン [EB/OL] .(2018-02-06) [2021-06-05]. https: //jja. or. jp/wp-content/themes/bones_ver0.3/pdf/ 学習塾に通う子どもの安全確保ガイドライン . pdf.

[35] 経済産業省 . 特定サービス産業実態調査 [EB/OL]. (2018-09-12) [2019-04-29]. https: //www. meti. go. jp/statistics/tyo/tokusabizi/result-2. html.

[36] 経済産業省 . 学習塾業に係る経営力向上に関する指針 [EB/OL]. (2019-04-10) [2019-10-11]. https: //www. chusho. meti. go. jp/keiei/kyoka/2019/190410kyokaJukuGaiyo. pdf.

[37] 文部科学省 . 民間教育事業者における学習の質の保証 · 向上に関する取組について [EB/OL]. (2013-08-14) [2019-05-11]. http: //www. mext. go. jp/b_menu/shingi/chousa/sonota/004/shiryo/__icsFiles/afieldfile/2013/08/14/1338696_4. pdf.

[38] 佐々木菜津映 . 学習塾のめざすもの: 中学受験向け学習塾の広告パンフレットからの分析 [J]. 情報社会試論, 2005, 10: 54-65.

[39] 河合塾 . 進学教育事業 [EB/OL]. (2018-01-25) [2019-06-18]. https: //www. kawaijuku. jp/jp/education/.

[40] 東進塾 . 指導方針 [EB/OL]. (2016-06-08) [2019-06-18]. http: //toshin-seminar. co. jp/idea/guiding_principle/.

（作者姚琳系西南大学教育学部国际与比较教育研究所副教授，教育学博士；马映雪系西南大学教育学部国际与比较教育研究所硕士研究生。）

后记

21 世纪以来，经济全球化的深入发展，信息技术与智能革命的快速进步，都极大程度地催生了世界各国的教育改革，特别是在人的发展和人才培养中具有奠基性作用的基础教育改革受到格外重视。《比较教育研究》以其“立足中国、放眼世界”的办刊宗旨，积极关注各国基础教育改革与发展态势，及时组织刊发学者们的学术研究成果。由于这些学术研究成果散见期刊各期，读者查找多有不便，所以我们将 2015—2020 年发表的相关文章分主题整理，汇集成册。

“世界基础教育改革与发展最新研究”丛书由 4 本构成:《21 世纪核心素养与课程教学改革》《基础教育治理模式创新与学校变革》《考试招生制度与教育评价新趋势》《青少年价值观培养与德育变革策略》。每本既有不同国家、国际组织的教育政策取向和实践策略，又有学者的理论思考，可谓教育政策、教育实践与教育理论思考相统一。所以，它不仅对学者学术研究有重要的参考价值，而且对基础教育行政管理者、中小学校长、教师等亦有重要的开拓视野和创新实践的借鉴价值。

本丛书是《比较教育研究》编辑部集体工作的成果，也是教育部人文社会科学重点研究基地与教育部国别和区域研究基地北京师范大学国际与比较教育研究院的成果。顾明远先生专门为丛书作序。在丛书即将出版之际，我们要感谢辽宁师范大学出版社把该丛书作为重点选题出版。同时，我们要感谢北京师范大学教育学部研究生黄秦辉、吴桐、修宪如协助我们做了许多具体工作。

本丛书如有疏漏之处，敬请读者批评指正。

《比较教育研究》执行主编　鲍东明

2021 年 6 月 8 日